NATIONAL GEOGRAPHIC TRAVELER

W0105246

BRASILIEN

NATIONAL
GEOGRAPHIC
TRAVELER

BRASILIEN

Bill Hinchberger

INHALT

**Seiten 2–3: Festival von Bumba Meu Boi Serrano, Bundesstaat Maranhão, Brasilien
Gegenüber: die Copacabana**

RÜCKSICHTSVOLL REISEN

Umsichtige Urlauber brechen voller Neugierde auf und kehren reich an Erfahrungen nach Hause zurück. Wer dabei rücksichtsvoll reist, kann seinen Teil zum Schutz der Tierwelt, zur Bewahrung historischer Stätten und zur Bereicherung der Kultur vor Ort beitragen. Und er wird selbst reich beschenkt mit unvergesslichen Erlebnissen.

Möchten nicht auch Sie verantwortungsbewusst und rücksichtsvoll reisen? Dann sollten Sie folgende Hinweise beachten:

- Vergessen Sie nie, dass Ihre Anwesenheit einen Einfluss auf die Orte ausübt, die Sie besuchen.

- Verwenden Sie Ihre Zeit und Ihr Geld auf eine Weise, die dazu beiträgt, den ursprünglichen Charakter eines Ortes zu bewahren. (Auf diesem Weg lernen Sie ein Land auch sehr viel besser kennen.)

- Entwickeln Sie ein Gespür für die ganz besondere Natur und das kulturelle Erbe Ihres Urlaubslandes.

- Respektieren Sie die heimischen Bräuche und Traditionen.

- Zeigen Sie den Einheimischen ruhig, wie sehr Sie das, was den besonderen Reiz ihres Landes ausmacht, zu schätzen wissen: die Natur und die Landschaft, Musik, typische Gerichte, historische Dörfer oder Bauwerke.

- Scheuen Sie sich nicht, mit Ihrem Geldbeutel Einfluss zu nehmen: Unterstützen Sie solche Einrichtungen oder Personen, die sich um die Bewahrung des Typischen und Althergebrachten bemühen. Entscheiden Sie sich für Läden, Restaurants oder Reiseanbieter, denen an der Bewahrung ihrer Heimat gelegen ist. Und meiden Sie Geschäfte, die den Charakter eines Ortes negativ beeinflussen.

- Wer auf diese Weise reist, hat mehr von seinem Urlaub, und er kann sicher sein, dass er seinen Teil zum Erhalt und zur Verbesserung eines Ortes oder einer Landschaft beigetragen hat.

Diese Art des Reisens gilt als zeitgemäße Form eines sanften, auf Nachhaltigkeit bedachten Tourismus; NATIONAL GEOGRAPHIC verwendet dafür auch den Begriff des „Geo-Tourismus". Gemeint ist damit ein Tourismus, der den Charakter eines Ortes nicht aus den Augen verliert. Weitere Informationen zum Thema gibt es im National Geographic's Center for Sustainable Destinations unter *www.nationalgeographic.com/travel/sustainable*.

NATIONAL
GEOGRAPHIC
TRAVELER

BRASILIEN

ÜBER DIE AUTOREN

Bill Hinchberger lebte mehr als zwei Jahrzehnte lang in Brasilien. Er arbeitete als Auslandskorrespondent für verschiedene Medien wie *The Financial Times* und *ARTnews* und war Vorsitzender des São Paulo Foreign Press Club. Später gründete er den Online-Reiseführer *BrazilMax.com* und schrieb Beiträge für etliche Bücher. Hinchberger lebt heute in Paris und gibt unter anderem Brasilien-Seminare am CELSA, dem Institut für Kommunikationswissenschaften der Sorbonne.

Michael Sommers, der Autor des Rio-de-Janeiro-Kapitels, hat fast 15 Jahre als Journalist in Brasilien gelebt, in Salvador (Bundesstaat Bahia), der früheren Hauptstadt Brasiliens. Er fotografiert und schreibt Reiseberichte u. a. für die *New York Times,* die *Globe and Mail* und die *International Herald Tribune.* Außerdem ist er Autor des neuen „National Geographic Traveler: Rio de Janeiro".

Die in São Paulo geborene **Adriana Izzo-Ortolano** ist Weltreisende und Lehrerin und spricht fünf Sprachen. Sie ist über die Website *www. globaldri.com* zu erreichen, auf der sie Auswanderer berät, Reisetipps gibt sowie Recherchen und Verwaltungsdienstleistungen anbietet.

Die Reise planen

Man würde Jahrzehnte benötigen, um den größten Staat Südamerikas bis in alle Winkel zu bereisen. Brasilien — das sind zunächst einmal der Amazonas, das Pantanal, São Paulo und Rio de Janeiro. Darüber hinaus locken die besondere ethnisch-kulturelle Vielfalt, Architektur im Kolonialstil, Reste der Bergbau- und Kautschuk-Boomtowns und ein reiches künstlerisches und musikalisches Erbe. In Brasilien gibt es so viel zu entdecken, dass sorgfältig geplant und realistisch eingeschätzt werden sollte, was davon in die Brasilienreise passt.

Unterwegs in Brasilien

Durch Brasilien zu reisen, kann eine Herausforderung sein, denn das Land ist riesig. Allein das Amazonasgebiet fasst ganz Westeuropa; ein einzelner Nationalpark im Amazonas-Regenwald ist schon so groß wie Belgien oder Nordrhein-Westfalen. Es bedarf daher einer sorgfältigen Reiseplanung.

Am schnellsten ist man hier per Flugzeug unterwegs. Die meisten großen Flughäfen werden von den drei wichtigsten Fluggesellschaften Azul, Gol und TAM angeflogen. Die Kolumbianische Avianca bietet Brasilien-Inlandflüge zu einem Dutzend Flughäfen (siehe Reiseinformationen S. 275). Leider lässt der Reisekomfort oft zu wünschen übrig (überfüllte Wartehallen, kaum VIP-Bereiche), einige Flughäfen befinden sich jedoch im Umbau. Brasiliens Dreh- und Angelpunkte sind die Flughäfen von São Paulo und Brasília. Von hier hat man die besten Verbindungen. Wer von oder nach Rio oder an andere Orte reist, wird oft durch einen dieser Knotenpunkte geleitet. Inlandflüge in Brasilien sind vergleichsweise teuer; Zubringerzüge gibt es nur für vereinzelte Fluglinien.

Auf den Autobahnen sind viele Trucker unterwegs, das macht das Fahren stressig und zeitweise riskant.

Eine stilisierte brasilianische Flagge ziert das Brett eines Kitesurfers am Strand von Prainha

Abgesehen davon sind die Entfernungen von Ort zu Ort oft so groß, dass das Autofahren eine Strapaze darstellen kann; Rastplätze und andere Annehmlichkeiten sind rar. In reicheren Bundesstaaten wie São Paulo sind die Straßen meist in respektablem Zustand, anderswo werden sie kaum instandgehalten. Zudem sind Leihwagen teuer: 200 US$ (150 €) pro Tag sind in Städten wie Rio de Janeiro und Recife ein durchaus üblicher Preis.

Mit Bussen ist Brasilien gut zu bereisen (siehe Reiseinformationen S. 275). Die Gesellschaft Itapemirim (*www.itapemirim.com.br*) deckt 70 % des Landes ab, auch die fast 3000 km lange Strecke von São Paulo nach Belém (Amazonas), für die man knapp drei Tage braucht. Der Reisekomfort variiert; manche Busse sind bequem und bieten Liegesitze, Beinfreiheit, Wasser, Laken und Kissen.

Riesige Entfernungen und mangelnde Sicherheit machen das Radfahren zum Abenteuer. Es gibt aber ein gutes Netz an Nebenstraßen, die oft unbefestigt, aber einigermaßen in Schuss sind. Die Beschilderung ist jedoch nicht selten unzureichend.

Im Amazonas ersetzt das Schiff den Bus. Für Langstrecken bringt man sich am besten eine Hängematte mit und verbringt die oft mehrere Tage dauernden Fahrten schlafend oder faulenzend auf dem Unterdeck.

NICHT VERSÄUMEN

Die fantastischen Strände von Rio de Janeiro 80–83

Die atemberaubenden Iguaçu-Wasserfälle 143, 147

Strand & Surfszene von Florianópolis 150–151

Vogelbeobachtung in den Sümpfen des Pantanal 186–187

Afro-brasilianische Kultur in Salvador 200–204

Einzigartige Attraktionen wie: Serra da Capivara, Lençóis Maranhenses & Jalapão 236–237, 239, 240, 272

Die passende Reiseroute

Die meisten Brasilienreisenden haben einen viel zu ehrgeizigen Reiseplan. Brasilien ist ein riesiges Land, deshalb erfordert eine Reise etwas Logistik und braucht viel Zeit. Wer nur wenig Zeit zur Verfügung hat, beschränkt sich am besten auf eine Region; der Flug von einem Ort zum anderen kann allein einen ganzen Tag in Anspruch nehmen. Hat man zwei Wochen Zeit, könnte man sich auf drei Ziele innerhalb des Landes beschränken.

Besucherinformation

Die offizielle Webseite der staatlichen Tourismusagentur (*www.visitbrasil.com*) liefert einen guten Überblick über das Land und seine Attraktionen, auch auf Deutsch. Über einen Link gelangt man zu einer Reise-App auf Facebook und dort zu Infos und Reiseanbietern in Brasilien. Die Bundesstaaten und viele Städte haben zudem ihre eigenen Tourismusseiten, manche auch in englischer Sprache, die meist, aber nicht immer, hilfreich sind. Nützliche deutschsprachige Webseiten sind u. a. *www.brasilien-tourismus.net* und *www.brasilien-insider.com*.

Reisezeit

Brasilien liegt auf der Südhalbkugel der Erde. Während der deutschen Sommermonate ist dort also Winter und umgekehrt. Der größte Teil des Landes wird zu den Tropen gezählt, bitterkalt wird es dort nirgends, die Sommer hingegen sind sehr heiß.

Einige Regionen des Landes sind von schweren Regenfällen und saisonalen Hochwassern betroffen und deshalb für Outdoor-Aktivitäten weniger geeignet.

Die jeweiligen Wetterverhältnisse der Reiseregionen sollten vorher immer erfragt werden.

Hochsaison ist im Sommer, vor allem in der Zeit zwischen Weihnachten und Karneval. An langen Wochenenden verlassen viele Brasilianer die Städte und fahren ans Meer. Wer Menschenmassen und höhere Preise meiden möchte, sollte seine Reise nicht in die brasilianischen Ferienzeiten legen (siehe S. 52).

Brasilienneulingen, die nur ein paar Tage Zeit haben, seien **Rio de Janeiro** (die Postkarten-Schönheit) oder **Foz do Iguaçu** mit den imposanten Wasserfällen empfohlen (die Entfernung zwischen diesen beiden Highlights beträgt fast 1600 km, man muss sich deshalb leider für ein Reiseziel entscheiden). Wer sich drei, vier Tage Rio gönnt, kann einen Ausflug zu einem Badeort wie **Paraty** (250 km westlich) oder **Búzios** (180 km östlich) unternehmen. Wen es in die Natur zieht, der fährt von Paraty aus 150 km weiter zur **Ilhabela**, einer Inselgruppe 6,5 km vor der Küste des Bundesstaates São Paulo. **Ouro Preto**, eine beliebte alte Bergbaustadt in Minas Gerais, liegt sechs Stunden nördlich von Rio. Allesamt lohnende Abstecher von der brodelnden Großstadt Rio de Janeiro.

Wer die Südküste des Landes erkunden will, sollte von **Florianópolis** starten. Floripa, wie es die Brasilianer nennen, bietet eine lässige Strand- und-Party-Atmosphäre ohne das Flair einer Metropole wie Rio. Im Umkreis von 80 bis 480 Kilometern befinden sich das Surferparadies **Praia do Rosa**, ländlicher Tourismus rund um **Lages** und erstklassige Nationalparks wie **São Joaquim, Serra Geral Aparados da Serra** und **Superagüi**.

Falls mehr Zeit bleibt

Wer länger in Brasilien weilt, kann die berühmten und weitläufigen Naturattraktionen besuchen. Kurzzeiturlauber starten am besten in **Salvador**, der Hauptstadt des nordöstlichen Bundestaates Bahia. Die einstige Kolonialhauptstadt bietet einen Mix aus historischen und kulturellen Sehenswürdigkeiten sowie lebhaften Stadtstränden. Der ganze Stolz der Stadt aber ist das afro-brasilianische Erbe, in das man jeden Dienstagabend bei den Darbietungen des Pelourinho Centro Histórico eintauchen kann. Outdoor-Fans können von Salvador ca. 400 km landeinwärts zu den Hochebenen und Wasserfällen des Nationalparks **Chapada Diamantina** oder zu den großartigen Stränden und dem Atlantischen Wald an der Südküste von **Bahia** reisen. **Recife** und die Schwesterstadt **Olinda** sind ebenfalls gute Startpunkte für den Nordosten; von Recife geht es auch in die Region **Cariri** und zur Halbwüste Sertão.

Trekking entlang dem Caminho do Ouro (Goldpfad) im Parque Nacional da Serra da Bocainak

Für eine Tour durch das Pantanal oder den **Amazonas** braucht man eine Woche, zumindest, wenn man die Region wirklich erkunden möchte. Amazonasbesucher benötigen nach Ankunft in Brasilien einen Tag, um die entsprechenden Ausgangspunkte **Manaus** oder **Belém** zu erreichen. Eine Bootsfahrt auf dem **Rio Negro** ab Manaus dauert sieben oder mehr Tage. Widmet man der alten Kautschuk-Boomtown selbst noch einen Tag, ist man fast zehn Tage unterwegs. Gleiches gilt für den Besuch einer Urwald-Lodge: Mit Anreise und Fahrt ins Hinterland braucht man eine gute Woche.

Die meisten der archäologischen oder landschaftlichen Attraktionen sind weit von den Großstädten entfernt und erfordern viel Reisezeit, wie das Dünengebiet des **Lençóis Maranhenses-Nationalparks**, der **Jalapão**, ein für Wildwasser-Rafting bekannter Buschwald, das **Delta do Parnaíba** mit Sanddüneninseln und Mangrovensümpfen und die **Serra da Capivara**, Weltnaturerbe und bedeutender archäologischer Fundort, der die Sicht der Paläoanthropologen auf die Besiedlung des amerikanischen Kontinents durch den Menschen verändert hat. ■

Währung

In Brasilien Geld zu wechseln war früher eine nervenaufreibende Angelegenheit, an der zwielichtige Gestalten beteiligt waren, die sogenannten *doleiros* (Dollarmänner). Heute dagegen geht das ganz unkompliziert. In großen und mittelgroßen Städten gibt es Geldautomaten, die mit den gängigen Kreditkarten funktionieren. In teureren Läden kann meist mit Karte bezahlt werden. Wer ins Landesinnere reist, wird diesen Komfort aber nicht immer finden und sollte sich vorher um genügend Bargeld kümmern.

Geschichte
& Kultur

Katholische Messe in der Igreja do
Mosteiro de São Bento, Rio de Janeiro

Brasilien heute

Brasilien ist facettenreich, multikulturell und voller Gegensätze. Legendär sind die Strände und der Karneval, verlockend zudem Capoeira, Models, Fußballstars, Steakhäuser, Caipirinhas und die Hängematten. Zugleich ringt das Land mit Armut und Kriminalität. „Brasilien ist nichts für Anfänger", sagte Bossa-Nova-Legende Tom Jobim, doch seinen Besuchern gegenüber meist offen und freundlich.

Mentalität

Harmonie und Toleranz besitzen in Brasilien einen hohen Stellenwert, und persönliche Beziehungen sind den Menschen wichtiger als Institutionen. Dies macht das Land zu einem angenehmen Reiseziel.

Auch die Natur Brasiliens trägt dazu bei. Mit 18 Ökoregionen und vielfältigen kulturellen und Outdoor-Angeboten bietet Brasilien fast alles, nur keinen Wintersport.

Mit 18 Ökoregionen und vielfältigen kulturellen und Outdoor-Angeboten bietet Brasilien fast alles, nur keinen Wintersport.

Brasilien hat schon viele begeistert. Nach seiner Reise durch das Pantanal schrieb T. Roosevelt: »Nie sah ich einen prächtigeren Sonnenuntergang. Der Fluss ergoss sich wie ein breites Band aus flüssigem Gold in den lodernden Himmel.«

Elizabeth Bishop, eine mit dem Pulitzerpreis geehrte Dichterin aus Neuengland, sah das anders: »Es gibt zu viele Wasserfälle hier; die reißenden Ströme/eilen zu schnell zum Meer«. Sie hasste Rio, liebte das Land aber für seine Orchideen und Kolibris. Aus dem für wenige Wochen geplanten Aufenthalt wurden Jahre.

Brasilien steht für Schönheit, Spaß und die Lust am geselligen Alkoholgenuss. Die Brasilianer dagegen sind nicht ganz so einfach zu charakterisieren. Sie haben eine melancholische Ader, die sie *saudade* nennen: ein Gefühl der Wehmut und der Sehnsucht nach dem Verlorenen, gepaart mit einem Schuss Nostalgie. Dieses so spezifische Gefühl lässt sich nur schwer ins Deutsche übersetzen. Hinter der lebenslustigen Fassade verbirgt sich eine komplexe Volksseele und eine Gesellschaft, die mit sozialer und ökonomischer Ungleichheit ringt.

Auf Luiz Inácio Lula da Silva z. B. lohnt ein zweiter Blick. Er wurde vom Tellerwäscher zum Millionär, war zwei Legislaturperioden Präsident, bevor er 2010 seine Ämter niederlegte. Und doch hegt er die typisch brasilianische Abneigung gegen Extreme. In den 1970er Jahren (als Gewerkschaftsführer) sagte er: „Ich bin gegen Rechts- und gegen Linksextremismus. Radikalismus ist eine Sackgasse."

Wer Brasilien „fassen" will, muss tiefer graben. Der französische Soziologe Roger Bastide stellte in den 1930ern fest, dass es ganz neue Denkmuster bedurfte, um das Land zu begreifen. Jahrzehnte schien es, als sei Brasilien bereit, aber nicht fähig, den Sprung auf die Weltbühne zu schaffen. Die Brasilianer begriffen das und witzelten: »Brasilien ist und bleibt ein Land der Zukunft«, frei nach dem Buch „Brasilien — Land der Zukunft" (1941) des österreichischen Dramatikers Stefan Zweig.

Besucher genießen trotz der Menschenmassen die Aussicht vom Cristo Redentor

Flamengo gegen Vasco in Rio: Ohne ein Fußballspiel zu sehen, kann man Brasilien nicht verstehen

Ein Land betritt die Bühne

Heute erfreut sich Brasilien einer wachsenden globalen Bedeutung. Hier werden die Fußballweltmeisterschaft 2014 und die Olympischen Spiele 2016 ausgetragen, das brasilianische Militär war an der UN-Friedensmission in Haiti beteiligt, und auch wirtschaftlich geht es bergauf. 2011 brach Brasilien zum zweiten Mal in Folge den Rekord für Ausländische Direktinvestitionen und erreichte 66,7 Milliarden $ (von 48,5 Milliarden $ im Vorjahr). Brasilien ist das „B" in BRIC, einer Abkürzung für aufstrebende Schwellenländer, zu denen auch Russland, Indien und China gehören.

Seit Mitte der 1990er Jahre ist dank geschickter Finanz- und Sozialpolitik ein enormes Wirtschaftswachstum zu verzeichnen. Trotz der Schuldenkrise und des Verlorenen Jahrzehnts (1980er) hat Brasilien eine der höchsten Wachstumsraten im 20. Jh. zu verzeichnen. Gemessen am BIP steht das Land seit 2011 an sechster Stelle der Welt.

Nun geht man daran, die Kluft zwischen Arm und Reich zu verringern. Erstmals in der Geschichte des Landes entwickelt sich eine bedeutende Mittelschicht (mit 95 Millionen heute mehr als die Hälfte der Bevölkerung). Dennoch rangiert Brasilien im Gini-Index der Weltbank ganz unten, hinter Ruanda, Paraguay und Sambia. Die Armut ist längst nicht besiegt.

Während des FIFA-Konföderationenpokals im Juni 2013 war das ganze Land auf der Straße und protestierte u. a. gegen steigende Busfahrpreise, politische Korruption und für „FIFA-Standards" für Gesundheit, Bildung und Verkehr. Die Unzufriedenheit der Mittelschicht wächst, denn sie ist es, die den Löwenanteil an Brasiliens enormer Steuerlast aufbringt (zuletzt 36 % des BIP), ohne dafür angemessene Gegenleistungen zu erhalten.

Die Schere zwischen Arm und Reich klafft noch immer weit auseinander. Schnell wachsende Elendsviertel, steigende Mordraten – der Übergang zur Konsumwirtschaft schafft ein Elend, das auch andere entwickelte Länder in dieser Phase ihrer Geschichte kennzeichnete.

Gesetze und ihre Interpretation

Vielleicht liegt es an genau diesen Spannungen, dass Brasilien für Touristen eine Herausforderung darstellen kann. Das freundliche Verhalten der Einheimischen bedeutet noch längst keinen guten Service. Eine klare, verständliche Beschilderung, wie sie in anderen Touristenzielen üblich ist, gibt es hier nicht. Die oberen Schichten sprechen zuweilen Englisch, der Rest kann es kaum. Bus- und Taxifahrer, Hotelangestellte und Kundendienstmitarbeiter sprechen oft nur Portugiesisch.

Manche Touristen finden sich rasch zurecht, andere müssen sich an die unklaren Verhaltensnormen gewöhnen. Viele Gesetze werden ignoriert oder nur sporadisch angewendet. Erlaubt oder verboten, akzeptabel oder nicht, legal oder illegal, das ist alles Grauzone. »Was mag ich an Brasilien am meisten?«, fragt ein Geschäftsmann rhetorisch. »Dass es keine Regeln gibt. Und was am wenigsten? Dass es keine Regeln gibt.«

Auch die Dichterin Elizabeth Bishop konstatierte, dass Brasilien seine Gäste herausfordert. In "Ankunft in Santos" ("Arrival at Santos") heißt es über die Stadt: »Oh Reisender,/ist dies wohl die Antwort des Landes/auf dein unbescheidenes Verlangen nach einer anderen Welt,/einem besseren Leben, nach vollkommenem Verständnis?«

Die Menschen

Während der Kolonialzeit Brasiliens, die mit der Ankunft der Portugiesen um 1500 begann, bestand die Bevölkerung aus Indios, Portugiesen

---

ERLEBNIS: Fußball auf Brasilianisch

Futebol ist eine nationale Leidenschaft und so tief in der Kultur verwurzelt, dass man eine Unterhaltung sogar nur mit Fußballausdrücken führen kann.

Selbst Sportuninteressierte kann ein Fußballspiel berauschen. Die Fans kleiden sich in Vereinsfarben und ziehen lange vor Spielbeginn mit Liedern und Sprechchören ins Stadion ein. Marschiert die Mannschaft dann ein, bricht ein Höllenlärm aus. Sprechchöre und Beifall begleiten das Spielgeschehen. Fällt ein Tor, hüpfen alle gleichzeitig auf und ab; die Fans feiern ihre Mannschaft ausgelassen.

Am besten versucht man, ein Spiel in São Paulo oder Rio de Janeiro zu sehen – hier sind das ganze Jahr über viele professionelle Vereine am Ball. Der ausführliche Spielplan kann unter *http://globoesporte. globo.com/futebol* eingesehen werden.

Wem diese leidenschaftliche Art des Mitfieberns nicht liegt, der sollte sich einen Sitzplatz abseits von den Fanblöcken reservieren. Sitzt man ihnen gegenüber, hat man sie auch besser im Blick. Vereinzelt sind Frauen unter den Zuschauern; generell ist Fußball jedoch eine Welt für Männer und halbwüchsige Jungen.

und auch Afrikanern, also aus Ureinwohnern, Siedlern und den Zwangsarbeitern, die ins Land geholt wurden. Letzteres ist der Grund dafür, dass in Brasilien heute nach Nigeria die meisten afrikanischstämmigen Menschen der Welt leben.

Anfang des 19. Jhs. bis in die 1930er Jahre emigrierten viele Europäer nach Brasilien, vor allem Deutsche und Italiener. Nach dem Japan-Brasilien-Abkommen 1908 wanderten viele Japaner nach Brasilien aus; heute leben dort nach Japan die meisten japanischstämmigen Menschen der Welt.

Das Rassenthema ist lange ein dunkles Kapitel in der Geschichte Brasiliens gewesen. Als Folge von Kolonialisierung und Sklaverei waren soziale Beziehungen schwierig und Missbrauch an der Tagesordnung. Dennoch hat sich die Bevölkerung des Landes auf selbstverständlichere Weise vermischt als andernorts. Dieses Phänomen wurde 1933 in dem Buch „Herrenhaus und Sklavenhütte" des Soziologen Gilberto Freyre beschrieben. Doch obwohl Freyres Theorien sehr viel komplexer und differenzierter waren als die Light-Version, unter der sie bekannt wurden, ist seine „Rassendemokratie" nichts anderes als der Versuch einer Elite, den Rassismus zu leugnen. Kaum einer würde Brasilien heute als rassendemokratisch bezeichnen.

Obgleich ein wachsendes Movimento Negro (Schwarzenbewegung) in den letzten Jahrzehnten gleiche Rechte gefordert hat, und obgleich

Portugiesisch ist nicht gleich Spanisch

Als sich die Cartoon-Familie der Simpsons nach Brasilien aufmacht, bereitet sich Bart mit einem Audio-Kurs darauf vor: »Jetzt spreche ich fließend Spanisch. Brasilien, wir kommen!«, sagt er und verschränkt selbstgefällig die Arme. Darauf Mutter Marge: »Gut gemacht, Bart, aber in Brasilien spricht man Portugiesisch.«

Ein gängiger Irrtum. Wer nach Brasilien reist, glaubt oft, mit Spanisch durchzukommen, und ist enttäuscht. Eine andere Sprache und ein ungleiches koloniales Erbe haben Brasilien vom übrigen Lateinamerika getrennt. Sprechen Brasilianer von „Lateinamerika", meinen sie die spanischsprachigen Nachbarn, nicht sich selbst.

Wer Portugiesisch lernen möchte, der kann unter einer Vielzahl von Kursen wählen. Die **Diálogo Language School** in Salvador, Bahia (Tel. 71/3264 0053, www.dialogo-brazilstudy.com, E-Mail: office@dialogo.tur.br) bietet seit zwei Jahrzehnten eine Reihe von Intensivkursen für die

Dauer von einer Woche zu einem Jahr. Zudem werden Tanz, Capoeira (siehe S. 21) und Brasilianisches Kochen angeboten. Diálogo unterstützt eine NGO, die in einem Armenviertel arbeitet und Studenten und Interessenten eine Freiwilligenarbeit vermittelt. Begegnungen mit brasilianischen Englischstudenten zählen ebenfalls zum Angebot. Untergebracht wird man auf Wunsch in Familien, Einzelzimmern, Pensionen oder Hotels.

Fast Forward (Tel. 82/3327 5213, www.fastforward.com.br, E-Mail: info@fastforward.com.br) ist in Maceió (im sonnigen, ariden Nordosten) und in São Paulo ansässig, der größten und bedeutendsten Stadt Brasiliens, und bietet Intensivkurse, Superintensivkurse und Einzelunterricht. Studenten können in Familien, Einzelzimmern, Hotels oder Gasthäusern übernachten. Zu den Kursen in beiden Städten gehören auch kulturelle Angebote und Ausflüge.

entsprechende Gesetze die Rassentrennung in Städten wie São Paulo und Rio de Janeiro verbieten, bleibt sie weiterhin ein heikles Thema. Die einstige Fußballlegende Pelé, eine Ikone Brasiliens, ist ein Schwarzer. Dennoch haben die meist dunkelhäutigen Hausdiener noch heute separate Dienstaufzüge zu nutzen und eine Quasi-Apartheid zu akzeptieren.

Religion

Der Glaube ist in Brasilien tief verankert, auch wenn das nicht auf Anhieb sichtbar wird. Einer Umfrage von 2009 nach glauben 97 % der Brasilianer an Gott, drei Viertel an den Teufel. Zwei Drittel sind römisch-katholisch und damit eine der größten Glaubensgemeinden von Papst Franziskus.

Kinder in São Luis, Maranhão

Die erste katholische Messe Brasiliens wurde am Ostersonntag, dem 26. April 1500, von Mönch Henrique de Coimbra gelesen, nachdem die Portugiesen im heutigen Porto Seguro (Bahia) gelandet waren. In der Kolonialzeit wurden prächtige Kirchen errichtet, vor allem in Minas Gerais, mit dem Gold, das hier geschürft worden war. Es gibt etliche Museen der Sakralkunst, die bedeutendsten in Salvador und São Paulo. Die Brasilianer sind auch begeisterte Pilger. Einer der Wege folgt den Spuren des spanischen Jesuitenmissionars Padre Anchieta (16. Jh.) durch die Bundesstaaten Espírito Santo und São Paulo. Und obwohl die brasilianische Verfassung eine weltliche ist, sind viele katholische Feste auch Feiertage.

Die katholische Kultur Brasiliens ist auch durch einen starken Glauben an Wunder geprägt. So strömen katholische Pilger nach Aparecida in den

Bundesstaat São Paulo, um eine riesige Basilika mit einer Marienstatue zu besuchen, der Wunder zugeschrieben werden. Ein imposanter Marienschrein zeigt Objekte, die in Dankbarkeit für diese Taten hinterlassen wurden. Auch in Juazeiro do Norte (Ceará) versammeln sich unzählige Gläubige; hier predigte Padre Cícero (19. Jh.), der ebenfalls Wunder vollbracht haben soll. Christen, die göttliche Fürsprache erbitten, besuchen das Grab eines Rabbis (Anfang 20. Jh.) in Manaus im Amazonas.

Über die Jahrhunderte ist es den Missionaren mit unterschiedlichem Erfolg gelungen, die Indios zu bekehren. Einige der indigenen Bräuche existieren heute noch, doch sie werden von denen jener Völker verdrängt, die seit 500 Jahren zuwandern. Weitere Konfessionen sind Protestantismus, Mormonentum, Zeugen Jehovas und Evangelikalismus. Letzterer wird immer beliebter, zählt Fußballstars zu seinen Anhängern und gewinnt auch an politischem Einfluss.

Trotz dieser strenggläubigen Kultur zeigt Brasilien eine außergewöhnliche Toleranz gegenüber anderen Religionen. So ist es in São Paulo üblich, dass Juden und Muslime zum selben Fleischer gehen, und Muslime haben sogar gern an einer koscheren *feijoada* teil (eigentlich ein Schwarze-Bohnen-Eintopf mit Schweinefleisch und Wurst), die ein Restaurant in Zusammenarbeit mit einer benachbarten Synagoge kreierte.

Capoeiristas in Jericoacoara, Ceará

ERLEBNIS: Capoeira – der richtige Dreh

Capoeira ist ein fließender Sport, (meist) ohne Körperkontakt und für einen Kampfsport viel zu anmutig, für einen Tanz aber zu kämpferisch und aggressiv. Manche nennen ihn „Kampf-Tanz-Spiel", eine recht prosaische Umschreibung für diese dynamische Kunstform.

Capoeira wird von je zwei Gegnern ausgetragen, die sich in scheinbarem Einklang gegeneinander drehen und bewegen. Tatsächlich aber geht es um Täuschung: Einer gewinnt die Oberhand, und wer die Rituale kennt, weiß, wer es ist. Ausgetragen wird der Kampf in einem Kreis aus Capoeiristas und Musikern, die bestimmte Capoeira-Lieder dazu spielen. Nach einer oder zwei Minuten wird derjenige durch einen nächsten Capoeirista ausgewechselt, der am längsten im Kreis ist, und das Ritual geht weiter.

Capoeira ist ein Erbe der Sklaven und erinnert an afrikanische Tänze. Oft wird diese Kunst der großen afro-brasilianischen Bevölkerung in Bahia zugeschrieben, sie ist aber im ganzen Land verbreitet. Eduardo da Silva Areias, besser bekannt als Professor Kiduro, unterrichtet Erwachsene in seiner **Acapoeira academy** in São Paulo *(Rua Cardoso Moreira, 110 Ari Bazão, Tel. 11/8149 7901 oder 11/3539 2464, E-Mail: kidurocapoeira@hotmail.com)* jeden Montag und Mittwoch von 19.30 bis 21 Uhr. Vorher eine E-Mail schreiben oder anrufen! Die **Diálogo Language School** *(siehe S. 18; Tel. 71/3264 0053, www. dialogo-brazilstudy.com)* in Salvador vermittelt nach den Sprachkursen nachmittags in kostenlosen Workshops den Grundschritt *ginga* und einige der einfachen *golpes* (Fußschläge und Tritte).

Brauchtum

Viele Brasilianer sind Synkretisten und vermischen scheinbar gegensätzliche religiöse Ideen. Ein klassisches Beispiel dafür ist der afro-brasiliani-schen Candomblé, der aus der Not der afrikanischen Sklaven entstand, die ihren wahren Glauben vor den Besitzern hinter einer katholischen Fassade verbergen mussten.

Eine andere synkretistische Bewegung ist der Santo Daime, der in den 1930er Jahren im Amazonasgebiet aufkam. Seit es auch in Künstlerkreisen bekannt ist, wurde es unorthodoxer Brauch, ein halluzinogenes Gebräu namens Ayahuasca zu trinken, das als Brechmittel fungieren kann und spirituelle und körperliche Reinigung bewirken soll.

Weniger traditionelle Praxen sind der Spiritismus, der vom französischen Gelehrten Allan Kardec begründet und von seinem brasilianischen Schüler Chico Xavier verbreitet wurde, und Zeremonien positivistischer Gesellschaften in der Folge des um 1800 von Auguste Comte, dem „Vater der Soziologie", entwickelten Positivismus.

Einige indigene Bräuche existieren heute noch, doch sie werden von denen jener Völker verdrängt, die seit 500 Jahren zuwandern.

Bekannt und umstritten sind die Fähigkeiten des Geistheilers João de Deus (Gottes Johannes), der es bis in die Medien- und Popkultur der USA geschafft hat, sich als Medium begreift und behauptet, er könne die Heilkräfte Gottes lenken. ∎

Essen & Trinken

In der brasilianischen Küche drückt sich die Geschichte seiner Bevölkerung aus, von den Ureinwohnern bis zu den Immigranten, die Jahrhunderte später ins Land strömten. Jede Bevölkerungsgruppe steuerte etwas bei, und die Neuankömmlinge passten ihre Rezepte jeweils an die einheimische Kultur an.

Die Küche Brasiliens spiegelt auch die Geographie des Landes wider. Die klimatischen Bedingungen, Böden und Vegetationsformen der einzelnen Regionen sind neben dem kulturellen Erbe der Siedler Faktoren für unterschiedliche kulinarische Traditionen. Es gibt aber auch Gemeinsamkeiten.

Zuckermäuler

Jahrhunderte des Zuckerrohranbaus haben aus vielen Einwohnern Naschkatzen gemacht. Alle paar Stunden nehmen sie einen Schluck starken schwarzen, sehr süßen Kaffees zu sich, die *cafezinhos*. Zucker ist auch die wichtigste Zutat für das Nationalgetränk, den Caipirinha – ein Cocktail aus hochprozentigem Zuckerrohrschnaps (*Cachaça* oder *Pinga*), extrafeinem Zucker (der üblichste in Brasilien), Limettenscheiben und Eis. Caipirinhas werden auch zur

Nationalspeise getrunken, der *feijoada* (Schwarze-Bohnen-Eintopf). Ebenso zuckerlastig ist der Softdrink *Guaraná*, der aus einer Strauchfrucht gleichen Namens hergestellt wird, die im Amazonasbecken wächst. Guaraná enthält Koffein und hat eine stimulierende Wirkung.

Obst gibt es hier in großer Vielfalt; Säfte sind ein Muss zum Frühstück, ein Begleiter zum Mittag und eine Erfrischung an heißen Nachmittagen. Zur Wahl stehen u.a. Cashew, Mango, Maracuja, Acerola, Ananas, *cupuaçu* und Papaya. Saftbars gibt's fast überall.

Typische Speisen

In Restaurants oder zu besonderen Anlässen gibt es aufwendige Gerichte; das Alltagsgericht besteht jedoch meist aus Reis und Bohnen (schwarze oder braune), oft miteinander vermischt und garniert mit Maniok, gegrilltem Huhn

---

ERLEBNIS: Kochkurse

Küchenchef Gustavo Iglesias agiert in seinem **Viandier Casa de Gastronomia** *(Alameda Lorena, 558, Jardim Paulista, São Paulo, Tel. 11/3057 2987 oder 3887 2943, www.viandier.com.br/index.php, E-Mail: casadegastronomia@viandier.com.br)* wie seine Großmutter einst in ihrer Küche. Das Restaurant liegt malerisch in einem wohlhabenden, grünen Viertel São Paulos und konzentriert sich auf die traditionelle Küche: Essen wie zu Großmutters Zeiten – mit einer Prise moderner Rafinesse. Neben dem kleinen Restaurant, einem

Feinkostladen mit ausgewählten Zutaten und einem Raum für kleine Privatveranstaltungen bietet Viandier auch Kochkurse. Die Klassen werden klein gehalten (max. 16 Teilnehmer) und mit einer gemeinschaftlichen Mahlzeit verabschiedet. Geboten werden etwa ein Dutzend verschieden ausgerichtete Kurse. Das Highlight darunter heißt „Kochtag". Dazu treffen sich die Teilnehmer am Morgen, gehen gemeinsam auf den Bauernmarkt und wählen die Zutaten für den Kurs und letztlich ihr Mittagessen selbst aus.

Acarajé-Bällchen aus gemahlenen Bohnen in *dendê*-Öl bei einem Strandfest an der Copacabana

und manchmal Salat. In preiswerten Lokalen werden wochentags derlei Mittagsmenüs serviert *(prato feito)*. An Alkohol wird meist Bier getrunken, und das *estupidamente gelada* – eiskalt.

Ethnische Traditionen

Italiener, Deutsche, Libanesen und andere Immigranten haben ihre eigenen kulinarischen Traditionen mitgebracht, die bis heute existent sind. Aufgrund der großen Anzahl an Japanern gibt es in Brasilien sogar ausgezeichnete Sushi-Restaurants in Städten wie São Paulo. Als traditionell brasilianisch gelten aber die Gerichte der Eingeborenen und der ersten beiden Zuwanderungsgruppen: der Portugiesen und der Afrikaner.

Die Ureinwohner: Die ersten Bewohner hinterließen ein bleibendes kulinarisches Erbe. Jahrhunderte verbrachten

Der bedeutendste Beitrag der Portugiesen zur brasilianischen Küche ist vermutlich aber die Art der Zubereitung: die Eintöpfe, das Andünsten der Zutaten mit Gewürzen und das Marinieren von Fleisch vor der Zubereitung.

Afrikanisch: Oft waren es Afrikaner und ihre Nachfahren, die während der Sklaverei (bis 1888) in den Küchen der Wohlhabenden kochten. Auch deshalb birgt die brasilianische Küche viele Elemente der westafrikanischen Kochkunst. Besonders deutlich ist das im nordöstlichen Bundesstaat Bahia, wo Zutaten afrikanischer Herkunft allgegenwärtig sind, vor allem scharfe Paprika und das rötliche *dendê*-Öl.

Dendê ist die Hauptzutat zu *moqueca*, einem Eintopf mit Fisch und/oder Shrimps, Zwiebeln, Tomaten, Koriander, Kokosmilch und *malagueta*-Pfeffer. Ebenso typisch ist *vatapá*, ein Teig, der als Beilage gereicht oder zu gefüllten Bohnenbällchen, den *acarajé*, verarbeitet und auf den Straßen von Salvador und anderswo verkauft wird. Das Rezept für Vatapá, besungen in einem Lied des Bahianischen Komponisten Dorival Caymmi, enthält Brot, Dendê, Erdnüsse, Trockenshrimps, Cashew-Kerne, Malagueta-Pfeffer, Knoblauch, Zwiebeln und Ingwer.

Feijoada, ein Eintopf aus Bohnen und Fleisch

sie damit, sich an die Umgebung anzupassen. Neuankömmlinge mussten von ihnen lernen, um zu überleben.

Die bedeutendste Lektion war die Zubereitung des Grundnahrungsmittels Maniok. Diesem müssen erst die Toxine aufwendig entzogen werden, bevor er in verschiedenen Zubereitungsarten serviert werden kann. Maniok hat viele Namen. In Rio heißt er *aipim*, im Nordosten *macaxeira*, in São Paulo *mandioca*.

Portugiesisch: An Feiertagen wird oft *bacalhau* serviert, gesalzener Stockfisch (Kabeljau). Die Portugiesen waren zwar talentierte Seeleute und gute Fischer, aber vor Brasiliens Küsten gab es kaum ergiebige Fischfanggebiete. Da Stockfisch aber seit dem 16. Jh. das Nationalgericht der Portugiesen war, importierten sie ihn einfach. Auch nach Brasiliens Unabhängigkeit im 19. Jh. wurde diese Tradition fortgeführt. Stockfisch nimmt auf der Speisekarte einheimischer Restaurants aller Coleur eine wesentliche Rolle ein.

Regionale Küche

Norden: In Belém, Manaus und anderen Städten Amazoniens ist der indigene Einfluss auf die Küche unverkennbar. In den Straßen wird *tacacá* feilgeboten, eine Suppe aus *jambu*, *tucupi* (Maniokbrühe), Trockenshrimps und gelben Paprika, die kochend heiß in einer Kalabasse (*cuia*) serviert wird. Die krautige grüne Jambú-Pflanze hat eine schmerzlindernde Wirkung und hinterlässt ein leichtes Taubheitsgefühl im Mund.

Heimischer Süßwasserfisch ist Hauptbestandteil jedes Essens. Der riesige *tambaquí* (Mühlsteinsalmler), der bis zu 30 kg wiegen kann, steht hoch im Kurs. Auch der *tucunaré* (Augenbarsch), der gekocht wie Schnapper schmeckt, ist sehr beliebt. Zubereitet wird Fisch hier auf jede erdenkliche Art: in Eintöpfen, gekocht, gebrüht, gegrillt oder frittiert.

Nordosten: Bahia und seine Küste ist bekannt für Meeresfrüchte. Wenn Brasilianer aber an typisches Essen aus dieser Region denken, dann sind das Fleischgerichte aus dem Hinterland. Diese herzhafte Kost stammt von den Rinderfarmern und *vaqueiros* (Cowboys) aus dem *sertão*, den dürren Savannen. Sonnengetrocknetes Rindfleisch ist die Grundmahlzeit, oft kombiniert mit Mandioca, Süßkartoffeln und *paçoca*, einem Mix aus getoastetem Maniok und Trockenfleisch. *Baião-de-dois* ist ein Mix aus Reis, Bohnen und Ziegenkäse, serviert mit sonnengetrocknetem Rindfleisch. Beliebt ist auch gebratene Ziege.

Queijo coalho, ein Käse, wird, in Scheiben gegrillt, gern als Vorspeise oder Snack gegessen oder in den Straßen über Kohle geröstet und dann als Käsespieß verkauft.

Südwesten: Touristen denken beim Pantanal und dessen Umgebung meist an die dortigen Sumpfgebiete, doch es ist auch eine Region bedeutender Rinderzucht. So gibt es hier neben der Fülle an Fischrestaurants auch zahlreiche Steakhäuser. *Pintado,* eine Art Wels, wird vor allem gegrillt gern gegessen *(pintado na brasa).*

Süden und Südosten: Die auffälligste Küche dieser Region kommt aus Minas Gerais, einem Bundestaat mit langer Bergbau- und Landwirtschaftstradition. Sie besteht in großen, sättigenden Mahlzeiten für Minen- oder Feldarbeiter. Meist gibt es Schweinefleisch, serviert mit Reis, schwarzen Bohnen und gehacktem Kohl. Bohnen werden als dicker Brei *(tutu)* serviert. Bohnen und Reis werden zuweilen auch durch *feijão tropeiro* ersetzt, einem Mix aus Reis, schwarzen Bohnen, Rührei, Wurststücken und Schweinefleisch. Im benachbarten Espírito Santo isst man am liebsten eine Art *moqueca* ohne *dendê*-Öl.

Feijoada

Zur Herkunft dieses Nationalgerichts gibt es viele Legenden. Die volkstümliche erzählt von Sklaven, die den Schwarze-Bohnen-Eintopf namens *feijoada* einst aus den Essensresten des Herrenhauses zusammenrührten. Gelehrte nehmen an, dass es sich hier vermutlich um eine Mischform aus französischem Cassoulet und der portugiesischen *caldeirada* handelt. Zu den Bohnen werden diverse Stückchen Schweinefleisch, Wurst und Rindfleisch gegeben. Das Ganze wird mit Reis, gebratenem Kohl, Schweinskotelett, frittiertem Maniok, frittierter Wurst, Maniokmehl *(farinha),* Orangenscheibchen und scharfer Sauce serviert, davor gibt es manchmal einen *batida* aus Fruchtsaft, *cachaça* und Zucker. (Chico Buarque besingt in seinem Lied „Feijoada Completa" die Zubereitung dieser berühmten Speise.) In vielen Restaurants wird *feijoada* an Samstagen serviert, in einigen Städten zusätzlich auch an einem Wochentag; in São Paulo z. B. mittwochs, in Rio de Janeiro dagegen meist freitags. In Großstädten gibt es spezielle *feijoada*-Restaurants, dort steht diese Speise täglich auf der Karte.

Natur & Landschaft

Dank seiner Artenvielfalt und unterschiedlichen Landschaften gilt Brasilien als Naturparadies. Neben Sonnenbaden und Surfen erfreuen sich die Vogel- und Wildtierbeobachtung zunehmender Beliebtheit.

Fauna

Die Beobachtung von Wildtieren zählt zu den Highlights einer Brasilienreise. In den Feuchtgebieten des Pantanal kann man Ausschau halten nach Jaguaren, im Amazonas-Regenwald nach Affen, Piranhas und Amazonasdelfinen und an der Küste nach Walen. Vögel gibt es in jedem Winkel des Landes, ganze 1700 Arten, 200 davon sind endemisch.

Laut Umweltprogramm der Vereinten Nationen (UNEP) rangiert Brasilien bei der Anzahl der Amphibienarten weltweit an erster, bei Vogelarten an dritter, bei Säugern an zweiter und bei Reptilien an vierter Stelle. Die heute hier lebenden Tiere sind Abkömmlinge urzeitlicher Tierarten (Ameisenbär, Faultier, Panzerschwein, Beuteltier), frühe Einwanderer (Affe, Wasserschwein) und relative Neulinge (Fleischfresser, Huftiere und Nager).

Brasilien rangiert bei der Anzahl der Amphibienarten weltweit an erster, bei Säugern an zweiter und bei Vogelarten an dritter Stelle.

Der Puma ist fast so beliebt wie der imposante Jaguar. Zu den selten erspähten Landsäugern gehören Mähnenwolf, Tapir, Großer Ameisenbär und Riesengürteltier. Affen gibt es jede Menge, auch Brüll- und Kapuzineraffen. In den Flüssen des Pantanal und im Amazonas lauern Kaimane. Leuchtend farbige Pfeilgiftfrösche sind weitverbreitet.

Angeblich leben hier der weltgrößte Flussfisch (der Pirarucu im Amazonas), die größte Schlange (Anaconda), der größte Flussdelfin (Amazonasdelfin), der größte lebende Nager (Wasserschwein) und die größte Spinne (Riesenvogelspinne).

Die Vogelvielfalt reicht von winzigen Kolibris bis zur imposanten Harpyie. Zu den farbenprächtigsten zählen Papageien, Tukane und Aras. Raritäten sind der Hoatzin (ein Amazonasvogel), der Halsband-Wehrvogel (Südbrasilien und Nachbarländer), dessen Geschrei meilenweit zu hören ist, und der nachtaktive Tagschläfer, der tagsüber zur Tarnung starr in den Zweigen sitzt und wie ein Baumstumpf aussieht.

Flora

Passend zu einem Land, das nach einer Holzart benannt ist (Brasilholz), hat Brasilien mehr Gefäßpflanzenarten als sonst ein Land der Welt, so UNEP. Mit einem kundigen Führer kann ein einfacher Spaziergang durch Brasiliens Landschaft zu einer spannenden Lektion in Botanik werden.

Baumhöhlen-Krötenlaubfrosch: bekannter Vertreter der brasilianischen Artenvielfalt

Hier gibt es prachtvolle Bäume: den Kapok, der bis zu 61 m hoch werden kann, den Capirona (medizinisch genutzt), der seine Rinde alljährlich abwirft und regeneriert, die Jacaranda-Bäume mit ihrer atemberaubenden Blütenpracht, und den Kanonenkugelbaum, dessen Früchte seinem Namen alle Ehre machen. Vorsicht: Diese holzigen Früchte können laut krachend zur Erde fallen. Zierpflanzen finden sich auf Schritt und Tritt und werden oft kultiviert, wie z. B. Orchideen, Bromelien, Palmen und Kakteen.

Auf den Märkten werden Heilpflanzen, Kräuter und jede Menge Früchte und Nüsse wie Açaí, Kakaobohnen, Cupuaçu, Pequi, Paranüsse, Jaboticaba, Guaven und Guaraná geboten. Aus etlichen wird auch Saft oder Eis gemacht.

Viele Städte — wie Brasília, Curitiba, Rio de Janeiro, Manaus und São Paulo — bieten ihren Besuchern einen Botanischen Garten. Auch Privatpflanzungen wie das Orchidarium im Kautsky-Reservat in Domingos Martins (Espírito Santo), der Sítio Bacchus mit Orchideensammlung in Macaé (Rio de Janeiro) und das Sebuí-Ökoreservat an der Küste von Paranáthe können besichtigt werden.

Açaí, eine Frucht aus dem Amazonasbecken

Land & Landschaft: Ökoregionen in Brasilien

Eine Ökoregion ist durch prädominante Pflanzen, Tiere und räumliche Verhältnisse definiert, die von Faktoren wie Wetter, Geographie, Geologie und Bodenverhältnissen bestimmt werden. In Brasilien gibt es sechs: Amazonien, Cerrado, Pantanal, Caatinga, Mata Atlântica und Pampa.

Amazonien: Mit jenen Gebieten der angrenzenden Länder umfasst der größte Regenwald der Erde mehr als 5 000 000 km², von denen 80 % in Nordbrasilien liegen. In den Bundesstaaten Acre, Amapá, Amazonas, Pará, Roraima, Rondônia, Mato Grosso, Maranhão und Tocantins gibt es mehr als tausend Flüsse, die aus dem Regenwald kommen und ein Fünftel des Süßwassers der Erde führen. Wissenschaftler schätzen, dass hier ein Drittel der Artenvielfalt der Welt beheimatet ist, vor allem Pflanzen und Insekten, und dass überhaupt erst etwa die Hälfte der Arten bekannt ist. Das Klima ist heiß und feucht; die Niederschlagsdichte variiert, die heftigsten Güsse fallen meist zwischen November und Mai. Doch Regen fällt das ganze Jahr — sagt ein fröhliches Sprichwort. »Im Amazonas gibt es zwei Jahreszeiten: die Zeit,

Der Rio São Francisco

Wenn es einen Fluss gibt, der für Brasilien das ist, was der Mississippi für Amerika ist, dann ist es der São Francisco. Velho Chico (alter Junge), wie er auch heißt, entspringt in Minas Gerais in der Serra da Canastra auf einer Höhe von 1200 m. Er fießt dann durch einen Teil von Bahia und weiter als Grenzfluss zwischen Bahia und Pernambuco und später zwischen Sergipe und Alagoas zum Meer. In Mündungsnähe bahnt der Fluss sich seinen Weg durch großartige Schluchten, die in der Anfangsszene des Films „Baile Perfumado" zu sehen sind. Ansonsten durchläuft er Brasiliens folklorereiches, semiarides Hinterland und ist Stoff für Legenden von riesigen Wasserschlangen und sogar Meerjungfrauen. Boote, die den São Francisco befahren, tragen alle eine grimmige Löwenfigur am Bug, um böse Geister abzuwehren.

Doch auch opportunistische Interessen am Fluss zeigen ihre Wirkung. Lange wurde seine Nutzung als Trinkwasserquelle erwogen, jetzt wird er umgeleitet, nachdem jahrelang debattiert worden war, wem das Vorhaben nütze. Umweltschützer warnten davor, dass das Projekt dem Fluss, der ohnehin schon von mehreren Staudämmen geschröpft wird, noch mehr Wasser abgrabe. Dennoch begann man 2007 mit der Umleitung. Bis April 2013 wurde jedoch kein einziger Tropfen Trinkwasser irgendwohin geliefert.

in der es täglich regnet, und die Zeit, in der es den ganzen Tag regnet.« Erwartungsgemäß steigen die Wasserspiegel in den Regenzeiten beträchtlich, einige Regenwaldgebiete stehen immer unter Wasser, andere nur zeitweise, wieder andere werden gar nicht überflutet.

Die Bäume des Regenwaldes sind hoch und bilden ein Baumkronendach mit dichter Unterschicht. Wald und Vegetationsdecke sind so dicht, dass es ungeübte Besucher mitunter schwerhaben, Tiere, Vögel und seltene Pflanzen zu erspähen. Dann braucht es einen guten Führer, der Besonderes hervorhebt und auf interessante Details hinweist.

Cerrado: Die Cerrado-Region in Zentral- und Nordostbrasilien ist etwa so groß wie Westeuropa. Sie wird als ergiebigste tropische Savannenlandschaft angesehen und birgt einen enormen Artenreichtum an Pflanzen und Tieren. Drei der wichtigsten Flussbecken Südamerikas haben ihren Ursprung im Cerrado: Tocantins, São Francisco und Platina. Ebenen und Hochebenen so weit das Auge reicht, die Vegetation ist hier im Allgemeinen niedrig. Das Klima ist halbtrocken tropisch. Regenzeit (Sommer) und Dürre (Mai bis September) wechseln einander ab.

Der Cerrado wird zusehends zum Ziel für Outdoor-Fans. Wandern, Rafting, Kanufahren, Abseilen, Felsklettern, Höhlenklettern und mehr ist hier möglich. Die beliebtesten Reiseziele im Cerrado sind Chapada Diamantina in Bahia, Chapada dos Veadeiros in Goiás und Chapada dos Guimarães in Mato Grosso, allesamt weite Landschaften mit Kliffs, Felsformationen und Wasserfällen. Wanderer werden die vielgestaltige Vegetation am Wegesrand bemerken: überflutete Grasflächen, Baumgruppen, die verkrüppelt scheinen, und wildblumenübersäte Felder.

Regenbogen über den Iguaçu-Fällen

Pantanal: Mitten in Südamerika, in den brasilianischen Bundesstaaten Mato Grosso do Sul und Mato Grosso, liegt das größte Feuchtgebiet der Erde. Ein kleiner Teil davon erstreckt sich bis hinein nach Bolivien und Paraguay. Jedes Jahr gibt es hier zyklische Überschwemmungen. Nach den schweren Regenfällen (Oktober–März) gelangt mehr Wasser in den Paraguay-Fluss und seine Nebenflüsse. Der fruchtbare Boden und reichlich Regen ergeben eine üppige Vegetation, die wiederum eine mannigfaltige Tierwelt versorgt. Obwohl viele der Tiere auch außerhalb des Pantanals leben, sind sie hier doch am leichtesten zu erspähen. Man findet hier auch eine der dichtesten Populationen von Wasser- und *paludicola*-Vogelarten vor. Oft sieht man Jabirus, Waldstörche, Rosalöffler, Olivenscharben, Reiher und Hyazinth-Aras. Weite Teile des Gebiets werden auch von Rinderfarmern genutzt.

Das Pantanal wird vorrangig von Naturliebhabern bereist. Von Öko-Lodges aus geht es zu Fuß, zu Pferd, mit dem Boot oder einem Jeep auf Exkursionen in das Sumpfgebiet. Auch Sportfischer bereisen gern das Pantanal, am besten in der Saison — von März bis Oktober.

Caatinga: Die 850 000 km² große Ökoregion Caatinga ist die einzige, die Brasiliens Grenzen nicht überschreitet. Hier gibt es eine Vielzahl an Pflanzenarten, die nirgendwo sonst im Land vorkommen. Auf Tupí, der Eingeborenensprache, bedeutet Caatinga „weiße Vegetation" oder „weißer Wald", eine treffende Beschreibung von fast ganzjährig staub-trockenen Dornsavannen, Gestrüpp und dürrebeständigen Sträuchern.

Setzen im November die kurzen und spärlichen Regenfälle ein, wird die Landschaft plötzlich üppig grün, bevor sie wenig später wieder austrocknet.

Mata Atlântica: Die Mata Atlântica – einst fast so groß wie Amazonien – bedeckt heute nur noch ca. 7 % der ursprünglichen Fläche und ist einer der be-drohtesten Regenwälder der Erde. Der verbleibende Teil ist eine Augenweide mit baumbewachsenen Felsen, Felszungen, die bis ins Meer ragen, Wasser-fällen, Orchideen und goldenen Löwenäffchen. Sie ist von Großstädten wie São Paulo, Rio de Janeiro, Curitiba und Salvador gut zu erreichen, genauso wie von den Gast-häusern der umliegenden Kolonialstädte. Beliebt sind Aktivitäten wie Wandern, Radfahren, Abseilen, Rafting, Kanufahren und Reiten.

> **Die Mata Atlântica – einst fast so groß wie Amazonien – bedeckt heute nur noch rund sieben Prozent der ursprünglichen Fläche.**

Pampa: Die Pampa liegt hauptsächlich in Argentinien, ein Stück jedoch auch im Bundesstaat Rio Grande do Sul. Weite Grasflächen prägen das Land, die Sumpfgebiete entlang der Küste dienen Zugvögeln als Station. Regen fällt reichlich. Die Winter hier sind kälter als in anderen Landesteilen, die Sommer heiß und feucht, in den Vorgebirgen milder. Weite Teile sind der Landwirtschaft vorbehalten, einige Naturschutzge-biete bieten jedoch auch Aktivitäten, von Abenteuersport bis Reiten. ■

Sertão – legendenreiches Hinterland

Die Caatinga-Region hat eine Mystik, die sie zu einer beliebten Kulisse für Literatur und Film gemacht hat. Sie liegt im *Sertão*, einer dünn besiedelten, halbwüsten-artigen Region im Binnenland, in der noch Spuren der Vorzeit zu finden sind: Felsmalerei, Felsritzungen und Fossilien von Megafauna und Dinosauriern. Hier streunte Anfang des 20. Jhs. der legendäre Bandenführer Lampião herum. Auch Antônio Conselheiro lebte hier und organisierte eine utopische Gemeinde, die von Regierungstruppen brutal zer-schlagen wurde. Der spätere Präsident Lula verbrachte seine Kindheit hier in Armut, bevor er mit seiner Mutter in die Hafenstadt Santos auswanderte.

Literaturklassiker wie „Grande Sertão" von João Guimarães Rosa und „Karges Leben" von Graciliano Ramos spielen hier. Die Caatinga war auch Schauplatz für Filmklassiker wie Nelson Pereira dos Santos' Verfilmung von „Karges Leben" und „Gott und der Teufel im Lande der Sonne" von Regisseur Glauber Rocha, und auch für „Baile Perfumado" von Paulo Caldas und Lírio Ferreira sowie „Auto da Compadecida" von Guel Arraes.

Brasilien damals

Die brasilianische Geschichtsschreibung beginnt meist im Jahr 1500 mit der Ankunft des portugiesischen Entdeckers Pedro Álvares Cabral. Wie Kolumbus ein paar Jahre vorher, so war auch Cabral auf dem Seeweg nach Indien, als er zufällig auf eine Küste stieß, nämlich die des heutigen Porto Seguro im Bundesstaat Bahia im Nordosten Brasiliens.

Nach Cabrals Entdeckung kamen die Portugiesen in das heutige Brasilien und trafen auf etwa 500 000 bis zwei Millionen Menschen, die bereits hier lebten und Hunderte Sprachen sprachen. Im 16. Jh. kam die Hälfte dieser Urbevölkerung durch Epidemien ums Leben. Über die präkolonialen Völker ist wenig bekannt. Sie schienen sich in zwei Gruppen zu unterteilen:

Pedro Álvares Cabral stieß auf ein Land, das später Brasilien heißen sollte

Antike Artefakte in der Serra da Capivara

Zeitzeugnisse aus dem Nordosten Brasiliens versetzten die archäologische Fachwelt in Aufregung. Jahrzehntelang war man sich einig, dass die ersten Bewohner Amerikas um 10 000 v. Chr. aus Asien über die Beringstraße eingewandert waren. Doch dann entdeckte man die spektakulären Felsmalereien im Nationalpark Serra da Capivara im Bundesstaat Piauí, die auf ein Alter von 25 000 Jahren oder mehr datiert wurden. Mehr noch, man fand eine ganze Reihe von Feuerstellen von etwa 46 000 v. Chr. Angesichts dieser Zeugnisse glauben einige Paläoanthropologen nun, dass die Menschen bereits vor 60 000 Jahren von Afrika über den Atlantik kamen. Genauere Infos zur Serra da Capivara auf S. 236.

nomadische Jäger und Sammler und halbnomadische Stämme, die sich von Brandrodungen ernährten. Sie hatten keine Schriftsprache. Was überliefert wurde, entstammt den Berichten der Portugiesen und dürftigen archäologischen Belegen.

Mittlerweile wurden jedoch unzählige Funde geborgen: Felsmalereien, Felsritzungen, Grabstätten und Artefakte.

Als die Portugiesen hier landeten, war die Region von zwei nahezu gleich großen Regenwäldern bedeckt. Das Amazonasgebiet ist trotz zügellosen Kahlschlags noch weitgehend intakt, die Mata Atlântica im Süden, die einst auch die Metropolen von São Paulo und Rio de Janeiro bedeckte, wurde weitgehend dezimiert.

Die Kolonialisierung durch Portugal

Im Gegensatz zu den Engländern, die Siedlungen bauten, errichteten die Portugiesen lieber Handelsposten als Kolonien. Um aber die Ansprüche anderer abzuweisen (erst der Franzosen, dann der Niederländer), änderten sie ihre Strategie in Südamerika. Die portugiesische Krone wies privilegierten Adligen riesige Territorien zu und unterstellte ihnen diverse Siedlungen. Zwei davon — São Vicente (heute São Paulo) und Pernambuco — florierten, andere zerfielen.

Brasilholz, das in Europa für seine rötliche Farbe und die hohe Qualität geschätzt wurde, gab dem Land schließlich seinen Namen. Die Exportgüter wurden großteils durch afrikanische Sklaven erarbeitet. Das 16. Jh. brachte starke Konjunkturschwankungen, von denen besonders der Zuckerexport betroffen war. Doch just als die Nachfrage nach Zucker zurückging, wurde Gold entdeckt; der heutige Bundesstaat Minas Gerais (deutsch: „allgemeine Minen") wurde Hauptabbaugebiet. Ende des 18. Jhs. waren die Vorkommen erschöpft, der Goldexport ging zurück.

In Brasilien gab es eine Reihe von Aufständen, inspiriert teils von den Umwälzungen in Nordamerika und Frankreich Ende des 18. Jhs. Der bekannteste ist Inconfidência

Mineira, der von einem Zahnarzt namens „Tiradentes" (Zahnzieher) geleitet wurde. Der Aufstand wurde niedergeschlagen, Tiradentes hingerichtet.
Heute ist der Todestag dieses Nationalhelden ein landesweiter Feiertag.

Die Ankunft des Adels

1807 marschierte Napoleon in Portugal ein, woraufhin die Königsfamilie
1808 unter britischem Schutz nach Brasilien floh. Kurz darauf wurde der
Handel in Brasilien liberalisiert, es folgte ein Wirtschaftsboom in Hafen-
städten wie Salvador und Rio de Janei-
ro. Letztere war ein Provinznest von
60 000 Einwohnern, als die Königsfamilie eintraf, doch dank Hofstaat und
weiteren Begleitern wuchs die Stadt
und bekam ein weltofferenes Flair. Es
wurden Universitäten gegründet und
eine Bibliothek gebaut; 1808 erschien
die *Gazeta do Rio de Janeiro*, die erste
Zeitung des Landes. Die Krone war
zwar vor den französischen Truppen
geflohen, etablierte jedoch eine Liebe
zur französischen Kultur in Brasilien,
die bis ins 20. Jh. andauerte.

Der portugiesische Hof blieb, bis ihn
Unruhen im eigenen Land zur Rück-
kehr nach Europa zwangen. Zurück
blieb Prinz Dom Pedro, der das Land
1822 für unabhängig und sich selbst
zum Kaiser erklärte. Der oft als un-
blutig erklärte Wechsel wurde jedoch
nicht ohne die Niederschlagung von
Aufständen erreicht. Die Regentschaft
des Kaisers wird als verhältnismäßig
liberal beschrieben, doch gab es in
puncto Abschaffung der Sklaverei
jahrzehntelang keine Fortschritte.

Barocke Kirche in Minas Gerais

Abschaffung der Sklaverei

Trotz des Sklavenhandelsverbots von 1850 dauerte es bis 1888, ehe die
Sklaverei in Brasilien abgeschafft wurde. Die Briten, die die Portugiesen als
stärkste Fremdmacht längst abgelöst hatten, übernahmen es in den 1830er
Jahren selbst, den Sklavenhandel zu unterbinden. Die Brasilianer duldeten
das scheinbar, richteten für die Sklaventransporte aber heimlich Alter-
nativhäfen ein. Der Spruch *para inglês ver* (den Engländern zur Ansicht)
kam auf. Gemeint waren die „einsehbaren" Häfen ohne Sklavenhandel.

Nach der Niederlage der Konföderation im US-amerikanischen Bürgerkrieg blieben Brasilien und Kuba die einzigen Länder in Amerika, in

Die zerstörte Siedlung Palmares

Während des jahrhundertelangen Handels mit afrikanischen Sklaven konnten Tausende Sklaven fliehen. Sie gründeten Siedlungen, die *quilombos*. Viele existieren noch heute, oft in weit abgelegenen Gebieten, fernab von sozialen Einrichtungen oder modernem Komfort.

Quilombos blieben meist für sich, eine dieser Siedlungen war dem portugiesischen Gesetz jedoch ein Dorn im Auge: Palmares. Denn von Palmares aus war man jahrzehntelang in die Dörfer und Plantagen der Portugiesen gezogen und hatte dort arbeitende Sklaven befreit. Die Siedlung lag im heutigen Staat Alagoas, bestand das ganze 17. Jh. hindurch und hatte bis zu 30 000 Einwohner, die in zehn Gemeinden lebten. Palmares überstand die niederländische Besatzung 1630–54, erlag jedoch schließlich einem der Militärangriffe der Portugiesen und wurde zerstört. Die Bewohner wurden erneut versklavt. Ihr letzter Anführer hieß Zumbi. Sein Todestag am 20. November 1695 wurde in Brasilien zum Gedenktag.

Heute ist die Serra da Barriga ein Nationaldenkmal und das Areal der einstigen Siedlung ein öffentlicher Park: Parque Memorial Quilombo dos Palmares *(Tel. 82/3281 3923 oder 3181 3167, http:// serradabarriga.palmares.gov.br)*. Den besten Zugang hat man mit dem Auto: über die BR-316 bis Satuba, dann die PE-126 entlang. Die Fahrt dauert ca. eine Stunde und 20 Minuten ab Palmares. Empfehlenswert ist, vorher anzurufen und eine Führung zu buchen, denn im Park gibt es keine Beschilderung.

denen es weiterhin Sklaverei gab. In Brasilien kamen Sklavenbefreiungsbewegungen auf. Schließlich weigerte sich das brasilianische Militär, geflohene Sklaven weiterhin zu verfolgen. Der Weg war frei; die Lei Áurea (Goldene Gesetz) setzte der Sklaverei 1888 ein Ende, unterzeichnet von Kaisertochter Isabel.

Von der Monarchie zur Republik

Politisch gesehen war Brasilien in vielerlei Hinsicht rückständig. Als überall in der Welt Republiken entstanden, blieb Brasilien eine Monarchie. Der Kaiser konnte sich nach der Niederschlagung etlicher Aufstände (wie des Cabanagem-Aufstands im Bundesstaat Amazonas und der Farrapen-Revolution im Süden) an der Macht halten. Trotz des fehlenden politischen Fortschritts brachte das 19. Jh. wirtschaftliche Erfolge. Der Kautschukboom im Amazonasgebiet machte aus der bedeutendsten Stadt Manaus eine der reichsten Städte der Welt. Mit ausländischem Kapital (hauptsächlich aus England) wurden Eisenbahnen gebaut, in der Folge boomte der Kaffeeexport.

Der Tripel-Allianz-Krieg (1864–70) steigerte das Ansehen des Militärs, dem abolitionistische und republikanische Ideen nicht verborgen blieben. Am Ende des Jahrhunderts gewannen zwei Denkformen an Boden: Republikanismus und Positivismus. Verglichen mit anderen südamerikanischen Ländern brauchte das Militär länger dazu, sich in die Politik einzumischen. Schließlich jedoch marschierte es am 15. November 1889 in den Königspalast ein und stürzte den Kaiser. Von da an sollte das Militär bis zum Ende der Diktatur von 1964–85 über hundert Jahre lang maßgeblich an der Politik beteiligt sein.

Nach Ausrufung der Republik 1889 gewannen ansässige Oligarchien die Oberhand. Kaffee regierte die Welt: Brasilien lieferte zu Beginn des 20. Jhs. fast zwei Drittel der gesamten Bohnenproduktion. Kaffeeproduzenten hatten großen politischen Einfluss, der durch die *Café-com-leite*-Allianz (Kaffee mit Milch) noch verstärkt wurde. Kaffee stand für São Paulo, Milch für Minas Gerais. Neue Arbeitskräfte waren dank Immigration kein Problem. Das Ende der Sklaverei förderte die Kapitalbildung, die Industrialisierung begann. Das dezentralisierte System machte reiche Bundesstaaten wie São Paulo und Minas Gerais machtvoller als Rio de Janeiro. Ihre Machthaber waren nur pro forma liberal. Der Kommerz brachte Wohlstand, Macht und Einfluss.

In den 1890er Jahren gründete der Prediger Antônio Conselheiro eine utopistische Gemeinde namens Canudos im Hinterland des Staates Bahia. In wenigen Jahren wurde sie nach der Hauptstadt Salvador zur zweitgrößten Glaubensgemeinde des Bundesstaats. Ihre Größe, Unabhängigkeit und eine promonarchistische Haltung wurden in Rio de Janeiro als Bedrohung für die junge Republik empfunden. Militärattacken blieben erfolglos, bis ein letzter brutaler Angriff die Gemeinde 1897 zerstörte. Erzählt wird davon im Buch „Krieg im Sertão" von Euclides da Cunha. Canudos und da Cunhas Buch trugen entscheidend zur Herausbildung des nationalen Selbstverständnisses bei.

Der Ruf nach Wandel

Nach hundert Jahren Unabhängigkeit zeitigte das Jahr 1922 Entwicklungen, die die politische und kulturelle Richtung für die nächsten hundert Jahre vorgeben sollten. Einer der Leutnantsaufstände (Tenentismo) endete mit

Mit Liebe geflaggt

Fremde wundern sich manchmal über den Spruch „Ordem e Progresso", der über die blaue Erdkugel in der Mitte der grün-gelben brasilianischen Flagge verläuft, klingt er doch nach Ironie. Er flattert über den Straßen der Armenviertel, die wirken, als widerlegten sie die Forderung nach Ordnung und Fortschritt.

Seinen Ursprung hat dieser Spruch in der Philosophie des Franzosen Auguste Comte, der manchmal Vater der Soziologie genannt wird. In die Umbrüche nach der Französischen Revolution hineingeboren, sann Comte Ende des 19. Jhs. nach einer Theorie, die den Menschen Fortschritt brachte, ohne jedoch zerstörerisch zu wirken. Seine Idee vom fortschreitenden,

technokratisch geführten Wandel gefiel vielen jungen Brasilianern, auch Lehrern und Kadetten an Militärschulen. Dann wurde 1889 die Republik ausgerufen.

Seine humanistische Philosophie des Positivismus fasste Comte mit folgender Devise zusammen: „Liebe als Prinzip, Ordnung als Grundlage, Fortschritt als Ziel."

Kürzlich nahm sich der brasilianische Komponist Jards Macalé der Flagge an und hatte keineswegs etwas gegen den positivistischen Spruch einzuwenden, wohl aber gegen das Fehlen der Liebe (Amor) in der brasilianischen Fassung. Jetzt wirbt er öffentlich dafür, dass der Spruch der Flagge offiziell in „Amor, Ordem & Progresso" geändert wird.

Forte de Copacabana, Rio de Janeiro

dem Tod von 16 jungen Offizieren, die meist aus armen Bundesstaaten stammten und die gegen die politische und wirtschaftliche Macht
der Plantagenbesitzer der reichen Staaten protestiert hatten. Ein paar
hundert Menschen vereinigten sich in der Bewegung Coluna Prestes
(Prestes-Säule), benannt nach ihrem Führer Luis Carlos Prestes (später
führender Kommunist des Landes). Coluna Prestes wurde 1927 zwar
besiegt, schwächte aber die Regierung und ebnete
den Weg für die Revolution von 1930, die Getúlio
Vargas ins Amt hob.

Junge Künstler und Intellektuelle interessierten
sich für den im Ausland aufkommenden Modernismus. Als Anita Malfatti nach ihrem Malereistudium
in Deutschland und New York 1917 nach São Paulo
zurückkehrte, wurden ihre fauvistischen Arbeiten
missverstanden und verrissen, erregten jedoch die
Aufmerksamkeit von Zeitgenossen. Die Autoren
Mário und Oswald de Andrade (nicht verwandt)
verteidigten sie, ebenso die Künstler Victor Breche-

**Kaffee regierte
die Welt: Brasilien
lieferte zu Beginn
des 20. Jhs. fast zwei
Drittel der gesamten
Bohnenproduktion.**

ret und Emiliano Di Cavalcanti. Später wurden sie Teil einer Gruppe, die
1922 die Woche der Modernen Kunst in São Paulo organisierte, welche
neben Kunst auch Vorträge, Lyriklesungen, Musik und einen Abend mit
Musikikone Heitor Villa-Lobos bot. Doch beim bloßen Kopieren der
internationalen Impulse blieb es nicht: 1928 schrieb Oswald de Andrade
sein „Manifesto Antropófago", das sich auf die rituelle Ernährung einiger
indigener Völker Brasiliens bezog und sinnbildlich für das Einverleiben

ausländischer Einflüsse in die Kunst und deren Transformation in etwas einmalig Brasilianisches steht. Das sowohl an Shakespeare als auch an den Namen eines Stammes angelehnte Motto hieß „Tupi or not Tupi? That is the question." Kanibalismus spielte für die Tropikalisten in den 1960er und 1970er Jahre eine Rolle und prägt die Kultur bis heute.

Diese durch die öffentliche Ordnung bislang vereitelten Rufe nach ökonomischem, politischem und künstlerischem Wandel fielen in die Zeit der aufkeimenden Industrialisierung. Ihre Bedeutung wurde lange unterschätzt, doch rückblickend sind sie Wegbereiter der Ereignisse nach der Präsidentschaftswahl 1930.

Getúlio Vargas, brasilianischer Präsident von 1930 bis 1945 und 1951 bis 1954

Vargas & der Populismus

Im Präsidentschaftswahlkampf 1930 trat Getúlio Vargas, Karrierepolitiker aus Rio Grande do Sul, gegen einen von den Oligarchen benannten Kandidaten aus São Paulo an. Die Ergebnisse waren umstritten. Wahlleiter erklärten den Oligarchenkandidaten als Sieger. Das Militär schritt ein und hob Vargas ins Amt. Bis 1945 regierte dieser als Diktator und schlug 1932 eine konstitutionalistische Revolte in São Paulo nieder. (Der Beginn dieser Revolte, der 9. Juli, ist in São Paulo heute ein Feiertag; auch eine Verkehrsachse der Großstadt wurde so benannt: Avendia 9 de Julho.)

Der von Vargas perfektionierte Populismus diente vielen Politikern als Vorbild, wie jüngst am Beispiel von Luiz Inácio Lula da Silva (Präsident 2003–2010) deutlich wurde. Vargas' nationalistische, protektionistische und zentralistische Politik setzte auch die Parameter für die brasilianische Wirtschaft bis Ende des 20. Jhs. Im Wesentlichen kopierte er damit das korporatistische Modell Mussolinis. Einige der Vargas-Vermächtnisse wurden durch Privatisierungen und die Handelsliberalisierung in den 1990er Jahren aufgehoben, andere wie das starre Arbeitsgesetzbuch blieben in Kraft. Vargas kümmerte sich (wenngleich beschränkt) um die Sozialfürsorge. Sein Regime kollaborierte mit der Gestapo und lieferte Olga Benário, Prestes' jüdische Ehefrau, 1936 schwanger an Deutschland aus. Sie wurde in einem Konzentrationslager ermordet. Trotz seiner faschistischen Tendenzen lenkte Vargas schließlich ein und schloss sich im Zweiten Weltkrieg den Alliierten an.

Neue Aussichten

Ein unblutiger Militärputsch setzte seiner Diktatur 1945 ein Ende und leitete die seit zwei Jahren versprochenen und aus „Kriegsgründen" verwehrten Wahlen ein. Vargas setzte seine Kandidatur zunächst aus, stellte sich aber zur nächsten Wahl und gewann. Er trieb die Industrialisierung und die

Verstaatlichung natürlicher Ressourcen (auch Erdöl) voran und nahm sich 1954 in seinem Büro aus dubiosen Gründen das Leben. Seine Verbündeten schienen in das Attentat auf einen Oppositionellen involviert; Armeegeneräle hatten deshalb Vargas' Rücktritt gefordert.

Demografischer Wandel

Es folgte ein unübersehbarer demografischer Wandel. Noch 1940 war Brasilien bäuerlich geprägt, mehr als zwei Drittel der Einwohner lebten auf dem Land. Bis 1980 wanderten ca. 41 Millionen Menschen vom Land in die Städte, darunter auch der künftige Präsident Lula, der siebenjährig mit seiner Mutter von Garanhuns (Pernambuco) in die Hafenstadt Santos (São Paulo) zog. Traditionell werden Menschen aus dem Nordosten wie Lulas Mutter als Flüchtlinge vor Dürre und Armut beschrieben. „A Triste Partida" („Ein trauriger Weggang"), ein Gedicht von Patativa do Assaré, vertont von Luiz Gonzaga, erzählt von einer Familie, die ihr Pachtland verlässt und ins hoffnungverheißende, aber raue São Paulo zieht. Push-Faktoren mögen eine Rolle gespielt haben, die Aussicht auf Arbeit und öffentliche Dienstleistungen im prosperierenden Südosten aber spielte eine noch größere. Heute ist Brasilien mit 80 % Stadtbevölkerung fast vollkommen urbanisiert.

Nach einer Interimsregierung trat der neu gewählte Präsident Juscelino Kubitschek 1956 sein Amt an. Kubitschek wird bis heute von vielen verehrt, teils zu Recht. Er war der einzige Präsident zwischen 1930 und der Amtszeit Fernando Henrique Cardosos (1995–2002), der ohne jegliche Militärintervention kandidierte und eine ganze Legislaturperiode regierte. In seine Amtszeit fiel auch der erste von fünf Siegen in einer

Die Entstehung des organisierten Verbrechens

Ein herber Triumph für das Gesetz der unbeabsichtigten Folgen. Während der Diktatur 1964–1985 wurden politische Gefangene und führende Kriminelle zusammen in einer Strafanstalt inhaftiert, und zwar auf der Ilha Grande, einer Insel vor der Küste von Angra dos Reis im Bundesstaat Rio de Janeiro.

Während dieser Zeit taten studierte politische Häftlinge das, was zu erwarten war: Sie organisierten Studiengruppen, nicht nur zum Thema Politik. Viele der politischen Häftlinge waren paramilitärisch ausgebildet und wussten, wie man eine Bank erfolgreich ausraubt oder Menschen entführt, und boten auch dazu Schulungen an.

Schließlich wurden die politischen Gefangenen freigelassen oder begnadigt. Die gewöhnlichen Kriminellen aber setzten die zu Bankraub und Entführung erworbenen Kenntnisse in die Tat um und gründeten das erste erfolgreiche Verbrechersyndikat Brasiliens, das Commando Vermelho (Rotes Kommando). Das Rote Kommando wahrte die im Gefängnis erlernte Disziplin: Wer draußen ausschert, trägt drinnen die Konsequenzen.

Die hohe Rate an Morden und anderen Verbrechen im Land geht zum großen Teil auf das Konto dieser und rivalisierender Gruppen wie dem Terceiro Comando Puro (Reines drittes Kommando), die sich das bewährte Modell zu eigen machten.

Pelé und seine einstigen Santos-Kameraden 2012 bei der Hundertjahrfeier seiner Mannschaft, einer der erfolgreichsten Fußballmannschaften aller Zeiten

Fußball-WM – 1958 in Schweden. Und es war diese Zeit, da Brasilianern internationale Aufmerksamkeit zuteil wurde. Carmen Miranda war zehn Jahre zuvor schon zum Hollywood-Phänomen geworden; der hippe, coole, jazzige Bossa Nova traf den Geschmack der Zeit. Weniger als zwei Jahre nach Kubitscheks Amtszeit kam „The Girl from Ipanema" heraus (angeblich nach Serviettenkritzeleien von Tom Jobim und Vinicius de Moraes) und wurde eines der weltweit bekanntesten Lieder. Als Pelé 1958 Weltmeister wurde, war er der bis dato jüngste Spieler der internationalen Fußballelite.

Kubitscheks Spruch „50 Jahre Entwicklung in fünf" gefiel den Brasilianern, die ungeduldig auf Fortschritt hofften. Doch beförderte sein Größenwahn eine Reihe von schwelenden Problemen, die das Land noch heute plagen. Haupterrungenschaften waren die Errichtung der neuen Hauptstadt Brasília und die Förderung der Automobilindustrie. 1960 wurde Brasília von

Kubitschek zur neuen Hauptstadt ernannt, wenige Monate vor Ende seiner Amtszeit. Die von Lúcio Costa geplante und mit Gebäuden von Oscar Niemeyer bestückte Stadt gilt heute als einer der größten Fehlschläge des „Social Engineering" in der Menschheitsgeschichte. Und was die Automobilindustrie anbelangt, so genügen fünf Minuten Stau in einer brasilianischen Großstadt, um deren Abgründe zu begreifen.

Politische Veränderungen

1960 wählte man den Rechtspopulisten Jânio Quadros zum Präsidenten. Vizepräsident wurde sein Gegner, der Linkspopulist João Goulart. Nach nur wenigen Monaten Amtszeit trat Quadros aus undurchsichtigen Gründen zurück. Goulart übernahm trotz offener Widerstände der Konservativen und des Militärs das Präsidentenamt.

Goularts linksgerichtete Politik in Zeiten des Kalten Krieges erregte den Widerstand der Generäle. 1964 setzten sie ihn schließlich ab und übernahmen das Kommando. Der CIA und US-Präsident Lyndon Johnson werden eine Mitwirkung nachgesagt, doch kamen die Brasilianer ohne deren Unterstützung aus und vollzogen den Staatsstreich selbst.

Die spektakulärste Aktion der brasilianischen Großstadtguerilla war die Entführung des amerikanischen Botschafters 1969.

Die Diktatur 1964–85 war im Vergleich zu den brutalen Regimen in Argentinien, Chile und Uruguay relativ zahm, dennoch aber verbunden mit der Aushebelung von Grundrechten, Zensur, Exil, Gefangennahmen, Folter und Tod. Gemäßigte Gegner organisierten sich in einer gesetzlich anerkannten Partei, die an den Wahlen zum Kongress und an örtlichen Ämtern teilhatte. Linke bildeten Guerillagruppen, die für das Regime jedoch keine ernsthafte Bedrohung darstellten. Die größte davon wurde Anfang der 1970er Jahre vom Militär zerschlagen. Dutzende Guerilleros wurden umgebracht. Die spektakulärste Aktion der brasilianischen Großstadtguerilla war die Entführung des amerikanischen Botschafters Charles Burke Elbrick 1969, der im Austausch gegen politische Gefangene freigelassen wurde. Einer der Entführer und späterer Grünenpolitiker, Fernando Gabeira, schrieb darüber ein Buch, das in „Vier Tage im September" verfilmt wurde. Eine unabhängige Arbeiterbewegung kam auf, mit Lula an der Spitze. Die eingeschränkte Redefreiheit regte Komponisten, Autoren und Journalisten zu einer kreativen Täuschung der Zensur an, die Lieder von Chico Buarque sind ein treffliches Beispiel.

Wirtschaftswunder

Ende der 1960er bis Anfang der 1970er Jahre wuchs Brasiliens Wirtschaft so schnell wie heute diejenige Chinas, es war die Zeit des „Wirtschaftswunders". Dank der Ausfuhrsperre von Sojabohnen aus den USA 1973, die die Sowjetunion am Kauf billiger Nahrungsmittel hindern sollte, investierte Brasilien erstmals massiv in dieses Getreide, damals auf Japans Nachfrage, und initiierte den Boom. Die Ölkrise und höhere Ölpreise ließen die Militärregierung massiv in die Ethanolproduktion aus Zuckerrohr investieren; heute ist das Land führend. Doch exzessive Kreditaufnahmen für Megaprojekte wie den Itaipú Staudamm und die Ölkrise blieben nicht folgenlos. 1982 war Brasilien hoch verschuldet und litt unter starker Inflation und geringem Wachstum: dem Verlorenen Jahrzehnt.

Aufgrund der Wirtschaftslage und der Forderungen nach Präsidentschaftswahlen ließ sich die Militärregierung 1985 auf indirekte Wahlen ein und stellte einen Kandidaten. Doch ehemals Verbündete rebellierten gegen diesen und verhandelten mit der Opposition. Schließlich wurde Tancredo Neves gewählt. Der erkrankte und starb, ohne sein Amt je angetreten zu haben. Vizepräsident José Sarney, einer der Abweichler, trat an seine Stelle.

Die Diktatur war vorbei, hatte aber die letzten drei Präsidenten geprägt. Die amtierende Präsidentin Rousseff war aktive Gegnerin der Diktatur und inhaftiert und gefoltert worden; Lula hatte wegen Streikführung im Gefängnis gesessen; Fernando Henrique Cardoso musste seine Dozentur aufgeben und ins Exil gehen. Das erklärt die breite Unterstützung für Sozialdemokraten, auch wenn sozialer und ökonomischer Fortschritt nicht immer erfolgt waren.

Denkstoff

Ende 2007, als der Ölpreis stieg, wurde Brasilien von vielen Ländern beneidet: Petrobras, der brasilianische Öl-Gigant, war auf Tiefseevorkommen vor der Nordküste von Rio de Janeiro gestoßen. Die Tupi-Vorkommen werden auf acht Milliarden Barrel Öl geschätzt, die Brasilien aber nicht brennend interessieren. Nach dem Ölschock 1973 hatte die Regierung die Idee, Zuckerrohr zu Ethanol zu machen und als preiswerten und weniger schädlichen Kraftstoff zu verwenden. Heute ist Brasilien weltweit führend in der Herstellung von Bioethanol. Die brasilianischen Autos sind Flex-Fuel-Fahrzeuge und laufen mit Benzin, Ethanol oder einer Mischung aus beiden.

Wirtschaftliche Instabilität

Die späten 1980er und frühen 1990er Jahre waren von wirtschaftlicher Stagnation und Hyperinflation geprägt. Die von Sarney und seinem Nachfolger Fernando Collor de Mello umgesetzten „Pläne" erwiesen sich als erfolglos. Dennoch schaffte es Brasilien, den Erdgipfel 1992 in Rio auszurichten und das Land aufs internationale Parkett zurückzuholen. Durch Privatisierung staatlicher Gesellschaften, Handelsliberalisierung und Öffnung des heimischen Aktienmarktes für ausländische Investoren gewann das Land wieder an Bedeutung. 1992 legte Collor sein Amt wegen Korruptionsvorwürfen nieder.

Die Hyperinflation galoppierte voran und überschritt zweimal jährlich 2000 %. 1994 ernannte Itamar Franco (Collors Nachfolger) Cardoso zum Finanzminister. Mit einem Team aus studierten Ökonomen bezwang er die Inflation, wurde im selben Jahr zum Präsidenten gewählt und betrieb in seinen zwei Amtszeiten eine vernünftige makroökonomische Politik, die von seinen Nachfolgern fortgeführt wurde. Doch die Hyperinflation hatte Spuren in der Gesellschaft hinterlassen. Wer heute als Wahlkandidat Erfolg haben will, muss um Stabilität und demokratische Prinzipien bemüht sein.

Der Wandel im 21. Jahrhundert

Nach dem beispiellosen, fünften Sieg bei einer Fußballweltmeisterschaft 2002 schrieben die Brasilianer gleich noch einmal Geschichte, als sie Lula zum Präsidenten wählten, einen zugezogenen Gewerkschaftsführer aus dem armen Nordosten, der kaum Schulbildung besaß. Die Märkte reagierten und fürchteten Instabilität, fanden aber bald Geschmack an diesem Arbeiterklasse-Präsidenten. Lula hielt die Wirtschaftslage stabil und erweiterte ein Mittelvergabeprogramm für die Ärmsten. Infolge des Exportbooms konnte er die Mindestlöhne erhöhen. Die Wirtschaft erholte sich schnell von der Finanzkrise 2008. Die Mittelschicht wuchs und machte Brasilien bald zu einer US-ähnlichen Konsumgesellschaft.

Der frühere Präsident Luiz Inácio Lula da Silva (links) und Präsidentin Dilma Rousseff (Mitte)

Dann erschütterten Korruptionsskandale die Lula-Regierung. Einer führte nach seinem Rücktritt zur Verurteilung von Mitgliedern seines engsten Kreises. Lula besaß die Reagan-ähnliche Teflon-Manier: Versuche, ihm Fehlverhalten zuzuschreiben, perlten ab. Aber auch in anderer Hinsicht war er Reagan ähnlich: Bei Amtsniederlegung war er noch immer beliebt. Er schaffte es, dass die Brasilianer mit sich zufrieden waren, und auch den Rest der Welt überzeugte er, wie an den Zuschlägen für die Fußball-WM 2014 und die Olympischen Sommerspiele 2016 zu sehen ist. Lulas größte Leistung aber war sein Schwanengesang: Er kürte einen Wahlneuling, seine Stabschefin Dilma Rousseff, zu seiner Nachfolgerin. Sie gewann – und wurde Brasiliens erste Präsidentin. ■

Kunst & Kultur

Brasiliens kulturelles Erbe und die quirlige Künstlerszene beeindrucken jeden Besucher. In Recife oder João Pessoa spielen Gitarrenduos *(repentistas)* den Passanten ein Ständchen. Galerien in São Paulo zeigen zeitgenössische Kunst. Auf Straßenmärkten werden handgedruckte Büchlein *(cordels)* mit volkstümlichen Geschichten verkauft, in den Megastores klassische Autoren wie João Guimarães Rosa.

Als die Kolonisten in Brasilien ankamen, trafen sie auf eine indigene Bevölkerung mit eigenen Traditionen. Hunderte verschiedener Stämme lassen sich schwer verallgemeinern, viele jedoch fertigten eindrucksvolle Stoffmasken oder kunstvollen Kopfschmuck aus bunten Vogelfedern. Aus der frühen Kolonialzeit etwa stammen Gemälde der Niederländer Albert Eckhout und Frans Post, die im 17. Jh. nach Brasilien kamen, um Land und Leute zu porträtieren. Das Instituto Ricardo Brennand in Recife zeigt Post dauerhaft.

2001–02 zeigte eine bahnbrechende Ausstellung im Guggenheim Museum in New York eine einzigartige Retrospektive brasilianischer Kunst, Architektur und Filme seit der Kolonialzeit. Ein Jahr zuvor markierte eine ähnliche Ausstellung in Brasilien den 500-jährigen Kontakt zu Europa. Guggenheim titelte mit „Körper und Seele" und teilte die brasilianische Kunstgeschichte in zwei Bereiche: Barock und Moderne. Eine simple und willkürliche Teilung, doch auch eine brauchbare, um die immense und von Traditionen aus aller Welt beeinflusste Schaffensvielfalt zu zeigen.

> **Die Übersiedlung des portugiesischen Hofes nach Rio de Janeiro im 19. Jh. ließ die Kultur des Landes aufblühen.**

Barock

Die meisten Kunstwerke aus der Kolonialzeit sind religiöser Art. Einige sind bis heute in den Kolonialkirchen zu sehen, vor allem in Bahia und Minas Gerais. Vielerorts gibt es Museen der Sakralkunst, die sehenswertesten vermutlich in Salvador und São Paulo.

Viele Künstler dieser Zeit sind unbekannt, etliche sind sicher afrikanischer Abstammung gewesen. Eine Symbolfigur jener Zeit ist Antônio Francisco Lisboa, wegen seiner lepraartigen Krankheit bekannt als O Aleijadinho („das Krüppelchen"). Seine dramatischen, lebensgroßen Specksteinfiguren der Propheten des Alten Testaments aus dem späten 18. Jh. wachen vor der Kirche Bom Jesus de Matozinhos in Congonhas do Campo (Minas Gerais). Seine farbenprächtigen, lebensgroßen, teils spukhaften Schnitzereien der Kreuzigung stehen in den angrenzenden Kapellen.

Vorboten des Modernismus

Der Beginn des brasilianischen Modernismus wird meist auf 1922 und die historische Woche der Modernen Kunst in São Paulo datiert, oder auf die damals schockierende Ausstellung der Malerin Anita Malfatti 1917. Modernistische Ansätze finden sich bereits im 19. Jh. Die Übersiedlung des portugiesischen Hofes nach Rio de Janeiro ließ die Kultur des Landes aufblühen, die Unabhängigkeit 1822 brachte ein neues Selbstverständnis. Auch die Französische Kunstmission 1816 in Rio de Janeiro hatte großen Einfluss. Sie alle waren Vorboten und Wegbereiter des Modernismus.

Aleijadinhos Skulpturen in Congonhas, Minas Gerais: Ikonen des brasilianischen Barock

Candido Portinaris Darstellung der Arbeit auf den Kaffeeplantagen (1935)

Musik

Als erste charakteristisch brasilianische Musik wird heute die 1845 in Rio de Janeiro aufkommende Polka erachtet, sagt Musiker und Historiker Henrique Cazes, die so ungewöhnlich phrasiert wurde, dass sie an ein Wehklagen erinnerte; ein neues Genres entstand: der *Choro* („Klage"). In den 1870er und 1880er Jahren brachten die Pianisten und Komponisten Chiquinha Gonzaga und Ernesto Nazareth neben den üblichen Polkas und Tangos eine neumodische Musik heraus, die auch als *chorinho* bezeichnet wird. Der berühmteste Choro-Komponist war jedoch Pixinguinha (1897–1973). Sein Lied „Carinhoso" muss man einfach gehört haben.

Architektur

Die Wirtschaft prosperierte in jenen Jahrzehnten, vor allem in São Paulo, baulich musste man Schritt halten. In Rio de Janeiro kam ein von Grandjean de Montigny inspirierter neoklassizistischer Stil auf, eindrucksvoll zu sehen am Gebäude des Außenministeriums, dem Itamaraty Palace. In São Paulo wurde Art déco populär, wie der Viaduto Santa Ifigênia zeigt.

Literatur

Auch bedeutende Autoren brachte diese Zeit hervor. 1881 erschien Joaquim Maria Machado de Assis' Buch „Epitaph for a Small Winner". Das

Buch ist weder bedeutend, weil es von einem Mulatten stammt, noch weil es einen tiefen Einblick in die Oligarchie jener Zeit gibt, sondern weil es große Literatur ist. Machado de Assis gilt als Wegbereiter lateinamerikanischer Autoren wie Gabriel García Marquez und Jorge Luis Borges.

Modernismus im 20. Jahrhundert

Die Woche der Modernen Kunst vom 13.–18. Februar 1922 in São Paulo war eine Zäsur in der Kunstgeschichte des Landes. Vierhundert Jahre hatten bis auf O Aleijadinho und Mestre Valentim kaum Weltklassekünstler hervorgebracht, dann entsprangen Dutzende einer Generation.

Malerei & Bildhauerei

Dieses Genre dominierten Frauen, allen voran Anita Malfatti, die sich später jedoch von der Kritik in einen deutlich konventionelleren Stil pressen ließ. Tarsila do Amaral trat in ihre Fußstapfen 1928 schuf sie das Bild „Abaporú", mit einer stilisierten nackten Figur mit übergroßem Fuß, einem Kaktus, blauem Himmel und der Sonne. In der indigenen Sprache der Tupi-Guaraní bedeutet *abaporú* „der Mann, der Menschen isst". Das Bild war ein Geschenk an ihren Mann, den Schriftsteller Oswald de Andrade, einem Vordenker der Antropophagie-Bewegung. 1995 wurde es für 1,4 Millionen $ versteigert, ein Rekordpreis für brasilianische Kunst. Weitere Kultwerke Tarsilas (sie wird oft beim Vornamen genannt) sind „A Negra" („Schwarze Frau") und „Operários" („Arbeiter").

Tarsila war nicht allein. Der international bekannteste Maler ihrer Generation war Cândido Portinari. Sein Wandgemälde „Krieg und Frieden" hängt in der Eingangshalle des Uno-Gebäudes in New York. Kunstfreunde können das Museu Casa de Portinari in Brodowski (São Paulo) besuchen, in dem der Maler seine Kindheit verbrachte und das heute einige seiner Werke zeigt. Weitere bedeutende brasilianische Modernisten waren Lasar Segall, Cícero Dias, Rego Monteiro, Di Cavalcanti und Brecheret. Letzterer schuf die gigantische Skulptur „Monumento às Bandeiras" zu Ehren der Expeditionstrupps, die den Staat São Paulo zuerst besiedelten. Sie steht in Praça Armando Salles de Oliveira im Ibirapuera Park. Viele der im Museu de Arte Moderna do Rio ausgestellten Werke sind dem Brand von 1978 zum Opfer gefallen, doch seit der Schenkung der Sammlung Gilberto Chateaubriands ist das Museum wieder ein großartiger Ort für Liebhaber moderner brasilianischer Kunst.

(Fortsetzung auf S. 50)

Art déco in Brasilien

Das Aufkommen der Art-déco-Architektur fiel in die Zeit des Wirtschaftswachstums in den 1930er Jahren. Noch heute sind Beispiele dieses verziert-geometrischen Stils überall im Land zu sehen: in Bahia, Goiás und Rio Grande do Sul, besonders aber in Rio de Janeiro. Der Nordosten des Landes hat einen ganz eigenen Stil herausgebildet, den „Art déco Sertanejo", wie er in Anlehnung an die Region von manchen genannt wird. Die meisten typischen Gebäude befinden sich in Campina Grande.

Musik

Brasiliens Komponisten und Interpreten brachten exzellente Musik vieler Stilrichtungen und Genres hervor. Die meisten Brasilianer können Dutzende Volksliedtexte auswendig und zitieren oft daraus, um eine Idee oder ein Gefühl zu unterstreichen. Brasilianische Musik reflektiert das gesellschaftliche Geschehen und ist oft losgelöst von internationalen Trends.

Live-Musik im Club Carioca da Gema in Rio de Janeiro

Am besten versteht man brasilianische Musik, wenn man sie hört. Im Folgenden sind die wichtigste Genres aufgelistet.

Axé – Afro-brasilianische Percussion; einfache Melodien; Interpreten: Olodum, Carlinhos Brown, Ivete Sangalo, Margareth Menezes, Daniela Mercury.

Bossa Nova – Komplexer, ruhiger Samba-Stil aus den 1950ern; „The Girl from Ipanema"; Interpreten: Tom Jobim, João Gilberto, Carlos Lyra, Nara Leão, Roberto Menescal und Marcos Valle.

Brasilianischer Blues – Brasilianische Art des Blues; Interpreten: Blues Etílicos und Flávio Guimarães.

Brasilianische Klassik – Die Musik des Komponisten Heitor Villa-Lobos (1887–1959) war sowohl von Volksmusik als auch von europäischer Klassik inspiriert; in den 1970ern entstand Kammermusik mit brasilianischen Wurzeln; Interpreten: Heitor Villa-Lobos, Quinteto Armorial und Quarteto Romançal.

Brasilianischer Hip-Hop – Rap; Fokus auf Gesellschaftskritik; Interpreten: Gabriel O Pensador, MV Bill und BNegão.

Brasilianischer Rock – Rock von Punk bis Heavy Metal und mehr; Interpreten: Os Mutantes, Raul Seixas, Titãs, Ratos do Porão und Sepultura.

Choro – Sambaähnliches Genre; lange Synkopen; Interpreten: Pixinguinha, Jacob do Bandolim, Paulo Moura, Raphael Rabello und Hamilton de Holanda.

Forró – Tanzmusik des Nordostens; mit Akkordeon, Basstrommel *(zabumba)* und Triangel. Generische Bezeichnung für die Musik des Nordostens; Interpreten: Luiz Gonzaga, Jackson do Pandeiro, Dominguinhos und Elba Ramalho.

Funk Carioca – auch: Rio Funk; mit elektronischen Rhythmusgeräten; Interpreten: Bonde do Tigrão und MC Créu.

Mangue Beat – Fusion traditioneller Nordost-Rhythmen mit Rock-and-Roll; Interpreten: Chico Science & Nação Zumbi, Mestre Ambrósio, Mundo Livre S/A.

Maracatu – Afro-brasilianischer Stil aus Pernambuco; Interpreten: Mestre Salustiano und Siba.

MPB – Brasilianische Popmusik; entstand in den 1960er Jahren; nach John P. Murphy: „erfolgreiche Popmusik mit brasilianischen Wurzeln"; Interpreten: João Bosco, Jorge Ben Jor, Elis Regina, Caetano Veloso, Gilberto Gil, Chico César, Zeca Baleiro und Seu Jorge.

Música Caipira – Eine Art „Country"; ländliche Volksmusik; meist Gitarren-Duos; Interpreten: Renato Teixeira, Millionário & Zé Rico, Pena Branca & Xavantino, Helena Meirelles und Almir Sater.

Música Gaúcha – Allgemeiner Begriff für südbrasilianische Musik; Interpreten: Renato Borghetti und Yamandú Costa.

Pagode – Es gibt zwei Varianten: eine Art Hinterhofmusik und eine kommerziellere Form mit anstößigen oder banalen Texten. Die folgenden Interpreten gehören zur ersten: Zeca Pagodinho, Fundo de Quintal und Beth Carvalho.

Samba – Nationalmusik Brasiliens mit afro-brasilianischen Wurzeln; Interpreten: Cartola, Zé Kétti, Paulinho da Viola, Noel Rosa, Martinho da Vila, Bezerra da Silva, Nei Lopes und Nelson Sargento.

Sertanejo – Ein vom Country inspirierter Stil; entstand aus der Musica Caipira; Interpreten: Chitãozinho & Xororó und Zezé di Camargo & Luciano.

Forró, nicht „für alle"

Musikinteressierte werden in Brasilien oft gefragt: „Kennen Sie die Herkunft des Wortes *forró?"* Lesen Sie weiter und Sie werden sagen können: „Ja, und es ist eine andere als die, die Sie kennen".

Forró ist die Bezeichnung für einen Musik- und Tanzstil aus dem Nordosten Brasiliens und für die Veranstaltungen, zu der er gespielt wurde. Der Einheimische, der Sie eben fragte, wird gleich die verbreitete und dennoch falsche Geschichte von den Tanzveranstaltungen der im Zweiten Weltkrieg in Rio Grande do Sul stationierten US-Soldaten erzählen, die für jedermann zugänglich waren „for all"; und dass „forró" schlichtweg die falsche Aussprache der Brasilianer ist.

Eine ganz ähnliche Legende erzählt von den Tanzveranstaltungen der britischen Eisenbahnbauer, die Anfang des 20. Jhs. in Pernambuco Gleise verlegten.

Sprachwissenschaftler führten den Begriff allerdings auf das gallicisch-portugiesische *forbodó* zurück, was wiederum auf *farbodão* und schließlich auf (franz.) *faux-bourdon* zurückgeht und „musikalische Dissonanz" bedeutete. Im 19. Jh. hießen die Tanzbälle in Pernambuco *forrobodó, forrobodança* oder *forrobodão* und schließlich einfach *forró*. Eingang in die Musikgeschichte fand das Wort 1937, fünf Jahre vor Ankunft der US-Soldaten, als Victor Records „Forró na Roça" von Xerêm e Tapuya herausbrachte.

Architektur

Der schweizerisch-französische Architekt Le Corbusier wurde 1936 als Berater für den Bau des Bildungs- und Gesundheitsministeriums (des heutigen Palácio Gustavo Capanema) nach Rio de Janeiro geladen. Dort vermittelte er einer Gruppe von Nachwuchsarchitekten architektonischen Rationalismus, darunter auch jenen, die später die Baupläne für Brasília zeichneten: Lúcio Costa und Oscar Niemeyer. Niemeyer wurde Brasiliens berühmtester Architekt. Sein Markenzeichen waren Kurven und offene Räume. Er glaubte, dass Architektur in erster Linie beeindrucken solle, was ihm von Kritikern den Vorwurf mangelnder Funktionalität einbrachte.

Pop Art & Abstrakte Kunst

Die 1951 gegründete Biennale von São Paulo hatte großen Einfluss auf die brasilianische Kunst, das belegen nicht nur die Entwicklungen nach Ausstellung der Arbeiten Roy Lichtensteins und Claes Oldenburgs 1967 (Pop Art) oder Anselm Kiefers (1987). Auch die abstrakte Kunst von Yolanda Mohali, Manabu Mabe und Tomie Ohtake sind Beispiele für die Impulse der Biennalen.

Intellektuelle waren in der ersten Hälfte des 20. Jhs. häufig politisch einflussreich; einige kam das später teuer zu stehen.

Film

Der brasilianische Film erreichte in den 1950er Jahren seinen Höhepunkt, zumindest, was die Anzahl betraf. Wichtige Filme dieser Zeit sind „O Cangaceiro" (1953) von Lima Barreto und „Black Orpheus" (1959) des Franzosen Marcel Camus, nach einem Stück von Vinícius de Moraes. Die Studios Vera Cruz, in denen „O Cangaceiro" produziert wurde, setzten neue Maßstäbe. Die einflussreichste Bewegung, das Cinema Novo, nahm 1955 mit „Rio 40 Graus" („Rio 40 Grad") von Nelson Pereira dos Santos seinen Anfang. Erzählt wird vom Leben der Favela-Bewohner Rios; der Samba-Komponist Zé Kétti, dessen Song „Voz do Morro" („Stimmen der Hügel") den Film untermalte, zählte zu den Laiendarstellern. Das Cinema Novo lehnte Hollywood-Hochglanz ab, orientierte sich am italienischen Realismus und der französischen Nouvelle Vague und thematisierte sozialen Notstand.

Literatur

Auch die brasilianische Literatur erlebte einen Modernismus-Boom. Wenn man denn einen großartigen brasilianischen Roman benennen wollte, wäre es „Macunaíma" (1928) von Mário de Andrade oder „Grande Sertão" (1956) von João Guimarães Rosa. Mário de Andrade war ein weiterer Ziehvater der Woche der Modernen Kunst und ihrer intellektuellen Debatten, die sie hervorbrachte. „Macunaíma" kombiniert die Mythologie Amazoniens und luso-afrikanische Folklore zu einer satirischen Komödie über einen „Helden ohne jeden Charakter" in einer Fantasiewelt. Guimarães Rosas Buch zählt zum psychologischen Realismus und handelt von einem Räuber im brasilianischen Hinterland. Zu den bedeutenden Dichtern dieser Zeit gehören Manuel Bandeira und Carlos Drummond de Andrade.

Intellektuelle hatten in der ersten Hälfte des 20. Jhs. oft politischen Einfluss; einige kam das später teuer zu stehen. Graciliano Ramos schrieb in seinen „Memórias do Cárcere" über seine Zeit im Gefängnis. Die Avantgarde-Autorin und militante Kommunistin Patricia Galvão („Pagu") wurde vom Vargas-Regime inhaftiert und gefoltert.

Auch der beliebte Romancier Jorge Amado wurde unter Vargas inhaftiert. Frühe Werke wie „Herren des Strandes" (1937) sind dem Sozialistischen Realismus zuzuordnen; seine Romane der 1960er und 1970er Jahre thematisierten Menschen und Manieren und enthielten oft eine Portion Humor, Sex und Lokal-kolorit seiner Heimat Bahia. Amados Bücher wurden Dutzende Male verfilmt. Eine der unterhaltsamsten Adaptationen ist „Dona Flor und ihre zwei Ehemän-ner" mit Sonia Braga; Regie Bruno Bar-reto. Die Fundação Casa Jorge Amado in Salvador gibt Einblick in sein Leben.

Künstler gegen die Militärdiktatur

Nach dem Putsch 1964 litten Intellek-tuelle und Künstler unter Verfolgung und Zensur. Viele mussten ins Exil ge-hen. Das Stück „Roda Viva" des Autors und Musikers Chico Buarque wurde samt Partitur vom Regime verboten; Buarque wurde inhaftiert und ging dann ins Exil nach Italien. Wie viele Exilanten, kam Buarque zurück, als Vargas die Zü-gel lockerte, und wusste die Zensoren bald am besten zu täuschen. Sein Lied „Apesar de Você" („Trotz Ihnen") wurde zur Protesthymne gegen die Diktatur.

Carmen Miranda (1939)

Der Performance-Künstler, Maler und Bildhauer Hélio Oiticica verbrachte die 1970er Jahre größtenteils in New York. Seine experimentellen Arbeiten waren ein wesentlicher Impuls für das kulturelle Gedächtnis Brasiliens „bedeu-tet er so viel wie Andy Warhol für die USA oder Joseph Beuys für Westeuropa", schrieb der Historiker Eduard J. Sullivan. Für andere ist er „Schamane" und „Rebell". Das Centro Municipal de Arte Hélio Oiticica in Rio de Janeiro bewahrt und verbreitet sein Werk.

Mit seinem Werk „Tropicália" (1967) begründete Oiticicas die Bewegung des Tropicalismo. Sie beeinflusste nicht nur Musiker wie

Brasiliens Kulturkalender

Brasiliens Kalendar ist prallvoll mit Festen und Veranstaltungen. Viele Besucher kommen zum Karneval, doch Großveranstaltungen gibt es das ganze Jahr. Viele davon richten sich nach dem Kalender des katholischen Kirchenjahres.

6. Januar: Festa dos Reis (Dreikönigstag), Festival in Minas Gerais

Zweiter Donnerstag danach: Lavagem do Bonfim (Reinigung) in Salvador — Prozession zu den katholischen Kirchen mit afro-brasilianischer „Reinigung" der Kirchentreppen

16.–19. Januar: Sommerfestival, Salvador, Bahia — Musik für jeden

2. Februar: Yemanjá-Festival, Salvador, Bahia — Fest zu Ehren der Meeresgöttin

Februar oder März: Karneval — Die beliebteste Straßenpartys finden in Salvador, Recife, Olinda und kleineren Städten statt

März oder April: Ostern — Beeindruckende Prozessionen und Feiern

Ende März: Lollapalooza — Internationales Rock-Festival in São Paulo

Ende April–Anfang Mai: Amazonas Opera Festival — im Opernhaus

Ende April: Fórmula Indy Autorennen — São Paulo 300

Mai–Juni: Festa do Divíno (Pfingsten) — Feiern in Alcântara, Paraty, Pirenópolis und São Luis de Paraitinga

Mitte Mai: Avistar São Paulo — Konferenz der Ornithologen

Juni: São João Festival — (Johannisfest) u.a. in Caruaru und Campina Grande, sehr beliebt im Nordosten

Juni: Parantins Festival — Amazonas

Juni: GLBT Parade, São Paulo — größte Schwulen-Parade der Welt

Juni: Gramado Film Festival, Rio Grande do Sul — Wichtigstes Filmfestival

29.–30. Juni: Parintins Festival — Wettkampf zweier Mannschaften im extravaganten Stil des Amazonas-Karnevals

Mitte Juli: FLIP Literaturfestival, Paraty — Internationales Literaturfestival

Mitte August: Barretos Rodeo — Brasiliens größtes Rodeo

Augustwochenenden: Nossa Senhora Achiropita Festival, São Paulo— Feier der italienischen Kultur

15. September: Mãe das Dores Prozession, Juazeiro do Norte — Fest zu Ehren des Wunderpredigers Cícero

Anfang Oktober: Blumenau Oktoberfest, Blumenau, Santa Catarina — Fest der Nachfahren deutscher Immigranten

Ende November: Formula 1, São Paulo — Internat. Formel-1-Rennen

Ende November: Fenaostra Floripa, Florianópolis — Austernfestival

31. Dezember: Réveillon (Silvester) — Ein Wunsch an die afro-brasilianische Göttin des Meeres Yemanjá

Gesetzliche Feiertage

Ob Sie Spaß haben oder Menschenmassen meiden wollen — es ist gut zu wissen, wann Brasilien dichtmacht.

Die Daten von Karneval und Ostern richten sich nach dem Kirchenkalender. Die einzelnen Staaten und einige Städte haben zusätzliche Feiertage.

1. Januar — Neujahr

4. April –Tiradentes-Tag

1. Mai — Tag der Arbeit

7. September — Unabhängigkeitstag

12. Oktober — Nossa Senhora da Aparecida (Mariä Erscheinung)

2. November — Allerseelen

15. November — Tag der Proklamation der Republik

25. Dezember — Weihnachten

Kostüme, Tänze und Musik des Bumba-meu-boi-Festivals (Parintins) in São Luís, Maranhão

Caetano Veloso und Gilberto Gil, sondern neben Musik und Kunst auch Literatur, Film und Theater und vermischte regionale brasilianische mit fremden Kulturen. Eine der beständigsten Manifestationen des Tropicalismo ist die experimentelle Rockband Os Mutantes aus São Paulo.

Regionen & die Zukunft

Neben anderen Bereichen gewinnt Brasilien auch künstlerisch, literarisch und musikalisch an internationaler Bedeutung. Die britische Literaturzeitschrift *Granta* nahm Ende 2012 junge brasilianische Autoren unter die Lupe; ein neues Magazin erschien, das sich der brasilianischen Literatur in ihren Übersetzungen widmet und nach Machado de Assis benannt ist, herausgegeben von der brasilianischen Nationalbibliothek.

Seit Ende des 20. Jhs. verschiebt sich der Fokus von den Metropolen São Paulo und Rio de Janeiro auf andere Regionen. Impuls dafür war u. a. die Armorial-Bewegung in Recife (Pernambuco), die von Ariano Suassuna (einem der bedeutendsten Dramatiker) inspiriert und bestrebt war, eine in den brasilianischen Traditionen verankerte Bildungskultur zu schaffen. Aus der Bewegung ging das Quinteto Armorial hervor, das Kammermusik brasilianisch interpretierte. Das Quintett löste sich später auf. Eines der Mitglieder, Antonio Nóbrega, startete eine erfolgreiche Solokarriere und leitet das Instituto Brincante in São Paulo, das brasilianische Percussion, Tanz und Musik unterrichtet. Weitere Künstler der Bewegung sind Gilvan Samico und Francisco Brennand. Brennand betreibt ein Atelier mit Museum in Recife. Suassuna erfand das Performance-Genre *aula-espetáculo* (Kurs-Theater), das — wie der Name sagt — halb Unterricht ist, halb Stand-up Comedy. ■

Eine Weltmetropole in paradiesischer Lage und Tor zu historischen
Städten, majestätischen Bergen und malerischen Stränden

Rio de Janeiro

Der zauberhafte Ausblick vom Zuckerhut auf den Sonnenuntergang hinter dem Corcovado

Rio de Janeiro

Rio de Janeiro ist voller Kontraste und Widersprüche, zauberhaft und der Musik verschrieben, komplex und manchmal chaotisch – aber nie langweilig. Stadt und Bundesstaat bieten genügend historische, kulturelle und landschaftliche Sehenswürdigkeiten für einen monatelangen Aufenthalt.

Rio beeindruckt schon, bevor man überhaupt gelandet ist. Passenderweise ist der Flughafen der mit sechs Millionen Einwohnern zweitgrößten Stadt Brasiliens nach Antonio Carlos Jobim benannt, einem der Wegbereiter des so beschwingt coolen Bossa Nova. 2012 erklärte die Unesco Rio wegen seiner großartigen Naturlandschaft mit steilen Granithöckern, dem üppigen Tijuca-Regenwald und der wunderbaren Guanabara-Bucht zur Welterbestätte.

Zwar begann die 1503 von den Portugiesen gegründete Siedlung ihr Dasein als moskitoverseuchtes Sumpfgebiet, jedoch entwickelte sich Rio im Laufe der Zeit zu einer wichtigen

Hafenstadt, von der die Reichtümer des Landes, Zuckerrohr, Gold und Kaffee, in die Welt verschifft wurden. Dazu fungierte Rio ab 1763 als koloniale Hauptstadt, ab 1815 als Hauptstadt des Vereinigten Königreichs von Portugal, Brasilien und den Algarven, ab 1822 als Hauptstadt des unabhängigen Kaiserreichs Brasilien und ab 1889 als Kapitale der Republik. Rio wurde dabei immer weltläufiger und moderner.

Als die Hauptstadt 1960 nach Brasília verlegt wurde, verlor Rio zwar an politischem Einfluss, jedoch nichts von seiner Lebensfreude und Ausstrahlung. Als Stadt der Widersprüche bietet Rio Eleganz und Armut, Natur und Kultur

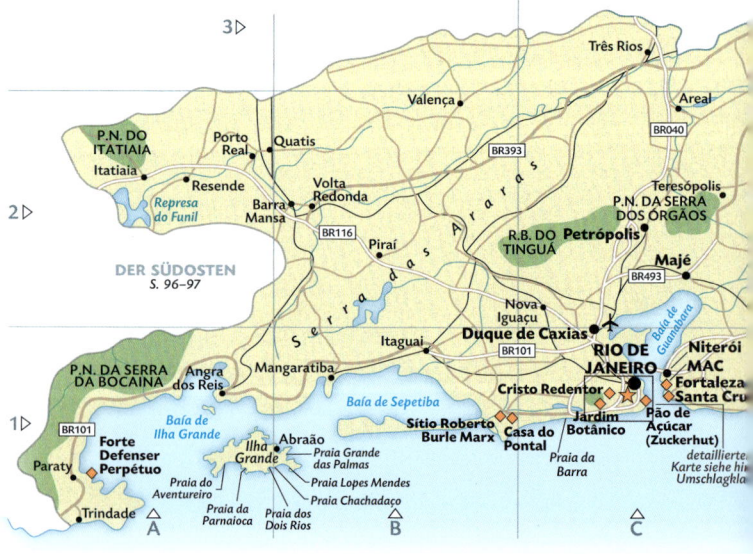

sowie Chaos und Coolness. Hier kann man in einer Favela *feijoada* essen oder in Leblon fein speisen, man kann berühmte Gipfel wie den Corcovado oder den Zuckerhut erklimmen und später in Lapa Samba tanzen. Und man kann ausgiebig dem Karneval frönen und sich anschließend am Strand entspannen.

Ja, die Cidade Maravilhosa ist wirklich wunderbar, aber wer mal eine Pause von ihr braucht, sollte es den Cariocas, den Bewohnern Rios, gleichtun und sich in die grüneren Gefilde des Bundesstaats Rio flüchten. Tagesausflüge führen nach Niterói mit seinen Oscar-Niemeyer-Bauten oder in die Bergstadt Petrópolis. Verführerisch sind auch Búzios mit seinen Stränden und seinem mediterranen Charme und das Kolonialjuwel Paraty. Und die Ilha Grande ist mit abgeschiedenen Buchten und wundervollem Regenwald das ultimative Inselrefugium. ■

NICHT VERSÄUMEN

Sich in den sinnenfrohesten und spektakulärsten Karneval der Welt stürzen **66–67**

Samba-Nächte in den Clubs und Bars im historischen Lapa **71**

Atemberaubende Ausblicke vom Zuckerhut und Corcovado **77–79**

Tiefenentspannen an den wunderbaren Stadtstränden der Zona Sul **80–83**

Die Kaiserstadt Petrópolis inmitten einer tollen Berglandschaft **89–91**

Die dschungelbewachsene Ilha Grande mit ihren paradiesischen Stränden **92–94**

Ein Bummel durch die Kopfsteinpflasterstraßen des Kolonialjuwels Paraty **94–95**

Centro

Das Zentrum von Rio ist ein faszinierendes Geflecht aus Kopfsteinpflaster-gassen und verstopften Boulevards, in dem barocke Kirchen und neoklassizistische Paläste mit den Wolkenkratzern des 20. Jhs. um ihren Platz ringen. Und das kommerzielle und kulturelle Herz der Stadt schlägt heute kräftiger denn je.

Rios Theatro Municipal, eines der renommiertesten Theater Südamerikas

Centro

🗺 Karte S. 63 &
hintere Um-
schlagklappe D6

Besucher-information

✉ Rio Tur, Rua
Barão de Tefé 5,
Saúde

☎ 1746

**www.rioguiaoficial.
com.br**

In Centro liegt die Keimzelle Rios, denn hier befindet sich der Hafen der Stadt, doch abgesehen von ein paar opulenten Kirchen gibt es kaum noch Zeugnisse aus der Kolonialzeit. Im 19. Jh. verwandelte sich Rio dann von einem Provinznest in eine Metropole mit Boule-vards, eleganten Parks und stattlichen Gebäuden.

In den 1960er Jahren ging es mit dem Zentrum

allerdings bergab: Die Regie-rung zog nach Brasília um, und São Paulo wurde zum Finanzzentrum des Landes. In den letzten Jahren ist Centro jedoch wieder erblüht: In einstigen Behördenpalästen residieren jetzt Kulturzentren, und an historischen Straßen haben sich zu den alten Restaurants und Kneipen trendige Galerien und Bistros gesellt. Und im Zuge der Vorbereitungen auf die Fußball-Weltmeisterschaft

2014 und die Olympischen Spiele 2016 wird das Hafenviertel gründlich saniert.

Castelo

1567 entstand auf dem Morro do Castelo am Eingang der Guanabara-Bucht die Siedlung São Sebastião do Rio de Janeiro. Im Zuge der Modernisierung der Stadt musste der Hügel in den 1920er Jahren jedoch Boulevards und Bürogebäuden weichen.

Doch einige Wahrzeichen des Viertels haben überdauert. Dazu zählt das **Museu Histórico Nacional** (*Praça Marechal Âncora, Tel. 21/2550 9220, www.museuhistorico nacional.com.br, Mo geschl., $, Metrô: Cinelândia*), das einen guten Einstieg ins faszinierend komplexe Brasilien bietet. Es befindet sich in einem strahlend weißen Komplex aus drei historischen Gebäuden; das älteste ist eine Festung von 1603, die Fortaleza de Santiago. Für den Besuch der Dauerausstellung mit ihren erhellenden Erläuterungen auch auf Englisch sollte man etwa zwei Stunden einplanen.

Besonders interessant sind die Abteilungen, die sich der indigenen Geschichte des Landes widmen, z.B. mit Pfeilspitzen aus Haifischzähnen, buntem Federkopfschmuck und einer spannenden Beschreibung kannibalistischer Rituale. Außerdem die Stücke zum afrikanischen Erbe wie eiserne Mundsperren, die verhindern sollten, dass Sklaven Gold oder Edelsteine verschluckten, und die Exponate zum brasilianischen Barock.

Cinelândia

Als der erste Prachtboulevard der Stadt, die Avenida Central (heute Avenida Rio Branco), zur neuen Schlagader des Zentrums wurde, entwickelte sich Cinelândia, das seinen Namen vier Filmpalästen an der **Praça Floriano** verdankt, zum Ausgehviertel der Stadt.

ERLEBNIS: *Gafieiras & * Gesellschaftstanz

An der Praça Tiradentes befindet sich die letzte echte *gafieira* der Stadt, eines der traditionellen Tanzlokale, die einst Tänzer in Scharen anlockten. Als die Gafieira Estudantina 1928 ihre Pforten öffnete, widmeten sich rund 450 Salons der Stadt dem Gesellschaftstanz. Heute gilt das **Centro Cultural Estudantina Musical** (*Praça Tiradentes 79, Tel. 21/2232 1149*) als letzte Einrichtung dieser Art und ist seit 2012 als Kulturerbe geschützt. Trotz einiger Restaurierungen ist ein Großteil der Einrichtung noch im Originalzustand erhalten – so weisen Schilder darauf hin, dass „skandalöses Küssen" und Frauentanzpaare verboten sind. Um jedoch mit dem Wandel der Zeit mitzugehen, kommen hier in der Estudantina genauso wie in der nahen *gafieira* **Elite** (*Rua Frei Caneca 4, Tel. 21/2232 3217*) von 1930 auch Samba, Hip-Hop und Funk zu Gehör. Samstagabends spielen Orchester Bigband-Klassiker, und es finden sogenannte *bailes de charme* statt.

Theatro Municipal

- ✉ Praça Floriano
- ☎ 21/2332 9134
- 🕐 Führungen: Di–Fr 12–16, Sa 12 & 13 Uhr
- 💲 $
- 🚇 Metrô: Cinelândia

www.theatro municipal.rj.gov.br

ANMERKUNG: Tickets 30 Min. vorher an der Kasse an der Av. 13 de Maio kaufen oder telefonisch (21/2332 9220) reservieren.

Museu Nacional de Belas Artes

- ✉ Av. Rio Branco 199
- ☎ 21/2219 8474
- 🕐 Mo geschl.
- 💲 $
- 🚇 Metrô: Cinelândia

Biblioteca Nacional

- ✉ Av. Rio Branco 219
- ☎ 21/2220 9484
- 🚇 Metrô: Cinelândia

Largo da Carioca

- 🚇 Metrô: Carioca

Von den vier Kinos hat nur eins überlebt. Jedoch steht hier inmitten zahlreicher Straßencafés auch das **Theatro Municipal**, ein glänzendes Beispiel für den eklektizistischen Baustil, der im frühen 20. Jh. in Brasilien in Mode war. Als Vorbild für das Gebäude diente das Pariser Opernhaus.

Bedeutende brasilianische Künstler der Zeit wie der Bildhauer Henrique Bernardelli (1858–1936) und die Maler Eliseu Visconti (1866–1944) und Rodolfo Amoedo (1857–1941) wurden mit der Ausschmückung des Hauses beauftragt. Seit der Eröffnung 1909 sind auf der bedeutendsten Bühne des Landes schon weltbekannte Stars wie Vaslav Nijinsky, Igor Strawinski und Maria Callas aufgetreten. Auch heute noch sind hier renommierte Orchester und Tanzensembles zu Hause.

Das nüchternere **Museu Nacional de Belas Artes** gegenüber beherbergte nach seiner Fertigstellung 1908 zunächst die Akademie der Schönen Künste; 1937 wurde es in ein Kunstmuseum umgewandelt. Seine Sammlung brasilianischer Kunst bietet mit Arbeiten von Pedro Américo (1843–1905) und Victor Meirelles (1832–1903) sowie von Künstlern des 20. Jhs. wie Cândido Portinari, Anita Malfatti, Alfredo Volpi und Emiliano Di Cavalcanti eine gute Einführung in die Kunst des Landes.

Die eklektizistische **Biblioteca Nacional** von 1906 nebenan ist die größte Bibliothek Lateinamerikas. Hier findet man nicht nur alle jemals in Brasilien veröffentlichten Bücher, sondern auch seltene Stücke wie zwei Gutenberg-Bibeln von 1462. Durch das opulente Gebäude werden kostenlose Führungen angeboten.

INSIDERTIPP

Wer ein authentisches Musikinstrument mit nach Hause nehmen möchte, etwa ein afrikanisches Perkussionsinstrument, wird sicher im „Musikviertel" an der Rua da Carioca gleich westlich des Largo da Carioca fündig.

SHAWN W. MILLER

Stellvertretender Dekan der Brigham Young University, USA; Forschung Stadtraumnutzung in Rio

Largo & Rua da Carioca

Die Avenida Rio Branco führt Richtung Norden zum Largo da Carioca. Oberhalb des geschäftigen Platzes thronen zwei der ältesten Kolonialkirchen Rios. Kirche und Konvent des **Santuário e Convento de Santo Antônio** (Tel. 21/2262 0129; Sa nachm. & So geschl.) wurden im frühen 17. Jh. errichtet. Im Lauf der Zeit wurden beide Gebäude viele Male umgebaut; erhalten geblieben sind zahlreiche Kunstwerke sowie die feinen blau-weißen *azulejos* (Keramikfliesen) der Sakristei mit Szenen aus dem Leben des hl. Antonius.

Wer die **Igreja da Ordem Terceira de São Francisco da Penitência** *(Tel. 21/2262 0197, Sa & So geschl., $)* nebenan betritt, fühlt sich wie in einem glitzernden Schmuckkästchen. Die letzten 30 Jahre der ab 1657 115 Jahre währenden Bauzeit verbrachte man damit, die fein beschnitzten Zedernaltäre und das Mittelschiff mit 400 kg reinem Gold zu überziehen. Als eines der frühesten Beispiele des brasilianischen Barock diente diese Kirche vielen anderen im Land als Vorbild.

Einen völligen Bruch mit dem Barock stellt die **Catedral Metropolitana** dar. Das zwischen 1964 und 1976 erbaute Gotteshaus ist dem Stadtpatron St. Sebastian geweiht. Von außen wirkt die Kirche arg futuristisch, im Inneren jedoch, jenseits der 18 m hohen Portale, beeindruckt die gewaltige Kathedrale, in der 20 000 Menschen Platz finden, mit wunderbarem Licht und einem Gefühl der Leichtigkeit. Das kleine **Museu Arquidiocesano de Arte Sacra** zeigt sakrale Kunst.

An der schmalen, von der Rua da Carioca abzweigenden Rua Gonçalves Dias verbirgt sich eine echte Institution: Das Jugendstil-Café **Confeitaria Colombo** von 1894 vermittelt einen Eindruck vom Leben der Elite der Stadt an der Wende zum 20. Jh. Vielleicht gönnt man sich hier einen *pastel de nata* (Blätterteigtörtchen mit Pudding) oder einen *chá da tarde* (Nachmittagstee).

Catedral Metropolitana & Museu Arquidiocesano de Arte Sacra

🗺 Hintere Umschlagklappe D5

✉ Av. República do Chile

☎ 21/2240 2669

🕑 So geschl.; Museum Mi, Sa & So vorm. geöffnet

🚇 Metrô: Carioca

Hafengebäude an der Praça XV de Novembro

Praça XV

Die **Praça XV de Novembro** flankieren einige der wichtigsten Wahrzeichen Rios, darunter der Paço Imperial. An der Guanabara-Bucht fahren Fähren nach Niterói (siehe S. 88f) und zur Ilha de Paquetá. Der Name des Platzes erinnert an den 15. November 1899, als Manuel Deodoro da Fonseca, der
(Fortsetzung auf S. 64)

Confeitaria Colombo

✉ Rua Gonçalves Dias 32

☎ 21/2505 1500

🕑 So geschl.

🚇 Carioca

www.confeitaria colombo.com.br

Praça XV de Novembro

🚇 Metrô: Carioca oder Uruguaiana

Ein Spaziergang auf den Spuren von João VI.

Am 7. März 1808 erreichte João VI. Rio de Janeiro in Begleitung von 15 000 Angehörigen seines Hofstaats. Rio, die neue Hauptstadt des portugiesischen Reiches, verwandelte sich im 19. Jh. zur Weltstadt. Dieser Rundgang durchs Stadtzentrum stellt das wichtigste architektonische Erbe des Kaiserreichs vor.

Die prächtige Biblioteca Nacional

Los geht es an der **Praça Floriano** in Cinelândia. Vor der Metrô-Station Cinelândia befindet sich die **Biblioteca Nacional ❶** (siehe S. 60). Den Grundstock der Sammlung bildeten die Bücher, Handschriften und Karten, die João VI. aus Portugal mitbrachte und 1814 öffentlich zugänglich machte. Heute besitzt die achtgrößte Bibliothek der Welt neun Millionen Bände.

Im **Museu Nacional de Belas Artes ❷** (siehe S. 60) nebenan bilden die Kunstwerke, die der Prinzregent mit nach Brasilien brachte, den Kern der europäischen Sammlung. Kurz nach seiner Ankunft in Rio gründete João VI. die spätere Akademie der Schönen Künste, die von 1908 bis 1937, als das Gebäude in das heutige Kunstmuseum

NICHT VERSÄUMEN

Paço Imperial • Centro Cultural Banco do Brasil

umgewandelt wurde, in diesem prächtigen Gebäude untergebracht war.

Weiter geht es die Avenida Rio Branco entlang, dann rechts in die Rua da Assembléia. Nach fünf Minuten gelangt man zur **Rua Primeiro de Março**. In den Tagen des Kaiserreichs fanden hier zahlreiche wichtige politische und kulturelle Ereignisse statt. Dann geht es links in die Rua Primeiro de Marco, und schon bald erreicht man die geschichtsträchtige **Praça XV de Novembro** (siehe S. 61) mit dem **Paço Imperial**  (siehe S. 64), in dem João VI. nach seiner Ankunft in Brasilien mit seiner Familie lebte. In diesem Komplex hatte in der gesamten Zeit des Kaiserreichs die Regierung ihren Sitz.

Die Cândido-Mendes-Universität auf der anderen Seite der Rua Primeiro de Março residiert im **Convento do Carmo** ❹, einem Karmeliterkloster vom frühen 16. Jh. João VI. machte das Kloster zur Residenz seiner geisteskranken Mutter, der Königin Maria I., bekannt als Maria a Louca (Maria die Verrückte). Die **Igreja de Nossa Senhora do Carmo da Antiga Sé** ❺ (siehe S. 64) auf der anderen Seite der Rua Sete de Setembro, die ursprünglich auch zum Kloster gehörte, fungierte unter der Herrschaft Joãos VI. als königliche Kapelle.

Auf der rechten Seite der Rua Primeiro de Março (Nr. 36) steht die **Igreja de Santa Cruz de Militares**. Hier erbauten im 17. Jh. Soldaten für die Bestattung ihrer toten Kameraden eine Kapelle. Die heutige Kirche stammt von 1811 und wurde von João VI. kurz nach seiner Ankunft in Brasilien geweiht. Im **Centro Cultural Banco do Brasil** ❻ (siehe S. 64f) hatte ursprünglich die 1808 von João VI. ins Leben gerufene erste Nationalbank des Landes ihren Sitz.

Man verlässt das Centro Cultural Banco do Brasil Richtung Praça Pio X und erblickt rechts die **Casa França-Brasil** ❼ (siehe S. 65). Das von João VI. in Auftrag gegebene älteste

klassizistische Gebäude Rios wurde am 13. Mai 1820 eingeweiht. Dann geht es über die Rua Visconde de Itaboraí links in die **Rua do Rosário**, eine reizende alte Straße voller Restaurants. Am Ende überquert man die Avenida Alfred Agache zum **Espaço Cultural da Marinha** ❽; hier sieht man ein Boot, in dem die Königsfamilie Fahrten über die Bucht unternahm. Das Schiff stammt von 1808, als João auch die Königliche Marinebrigade schuf, heute das Brasilianische Marinekorps, dessen Hauptquartier sich auf der Ilha das Cobras befindet. Am Ende der Tour kann, wer möchte, eine Rundfahrt über die Bucht unternehmen.

🄰 Hintere Umschlagklappe D5
► Praça Floriano
🕐 90 Minuten
↔ 2,8 km
► Espaço Cultura da Marinha

Der Mann, der Rio verschenkte

1531 wurde Martim Afonso de Sousa (1500–71), ein Freund König Joãos III. (1502–57) aus Kindheitstagen, nach Rio gesandt. Er sollte eine Kolonie gründen und El Dorado finden, von dem die Ureinwohner Brasiliens früheren Entdeckern erzählt hatten. Zwei Jahre lang durchforstete Afonso das Landesinnere nach Schätzen. Doch während die Spanier das goldene Inka-Reich entdeckten, wurden die Portugiesen durch Indianer-Angriffe und Tropenkrankheiten dezimiert. 1533 hatte Afonso von Brasilien die Nase voll und reiste nach Indien, wo es auf jeden Fall etwas zu holen gab. Mit dem Territorium, das ihm der König geschenkt hatte und das auch Rio umfasste, wollte er nichts mehr zu tun haben. Er verschenkte das Land an andere Kolonisten, der Meinung, dass jeder, der ihm das Land abnehme, ihm eine große Wohltat und Ehre erweise.

Paço Imperial
- ✉ Praça XV de Novembro 48, C
- ☎ 21/2215 2622
- 🚇 Metrô: Carioca oder Uruguaiana

Igreja de Nossa Senhora do Carmo da Antiga Sé
- ✉ Rua Sete de Setembro 12
- ☎ 21/2242 7766
- 💲 $ (Museumsführungen)
- 🚇 Metrô: Carioca oder Uruguaiana

Igreja da Ordem Terceira de Nossa Senhora do Monte do Carmo
- ✉ Rua Primeiro do Março 14
- ☎ 21/2242 4828
- 🕐 So geschl.
- 🚇 Metrô: Carioca oder Uruguaiana

erste Präsident des Landes, die Republik ausrief.

Beherrscht wird die Praça XV vom **Paço Imperial**. Der 1743 fertiggestellte Palast diente zunächst als Residenz der portugiesischen Vizekönige und Gouverneure, ehe hier 1808 die portugiesische Königsfamilie Zuflucht fand. Hier wurden João VI. zum König und Pedro I. und Pedro II. zum Kaiser gekrönt, und hier unterzeichnete Princesa Isabel am 13. Mai 1888 die Lei Áurea, mit der die Sklaverei abgeschafft wurde. Heute finden in dem Palast bedeutende Kunstausstellungen statt.

Barockkirchen: Gegenüber der Praça XV steht die 1761 erbaute **Igreja de Nossa Senhora do Carmo da Antiga Sé**, königliche Kapelle und bis 1976 Kathedrale (antiga sé) der Stadt. Hier fanden viele wichtige religiöse Zeremonien statt wie etwa die Taufe und Eheschließung Kaiser Pedros II. Drinnen

präsentiert sich die Kirche als üppiges Fest des Rokoko.

Die **Igreja da Ordem Terceira de Nossa Senhora do Monte do Carmo** nebenan stammt von 1750. Ihre nüchterne, völlig schmucklose Granitfassade bildet einen umwerfenden Kontrast zur goldstrahlenden Rokoko-Innenausstattung.

Arco do Teles: Gegenüber vom Paço Imperial leitet ein großer Steinbogen von 1743, der Arco do Teles, in ein Labyrinth enger Fußgängerstraßen. Heute säumen alte Kneipen und Restaurants die stimmungsvollen Gassen. Das seit 1884 bestehende **Rio Minho** (siehe S. 280) ist das älteste Restaurant Rios.

Kulturpaläste: Einige ehemalige Verwaltungspaläste beherbergen heute interessante Kulturzentren. Das prächtigste ist das **Centro Cultural Banco do Brasil** (CCBB). Der ehemalige Hauptsitz der brasilianischen

Nationalbank ist ein zwischen 1880 und 1906 in einem bunten Stilmix errichteter Bau. Hier finden Kunstausstellungen, Tanz- und Theateraufführungen sowie Konzerte statt, und es werden Filme gezeigt – alles kostenlos oder sehr günstig.

da Candelária an der Praça Pio X ist üppigst mit Marmor ausgestattet und von einer gewaltigen Kuppel gekrönt. Ihr Bau dauerte von 1775 bis 1889 – daher die Mischung von Elementen aus Renaissance, Barock und Klassizismus.

Centro Cultural Banco do Brasil

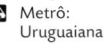 Rua Primeiro de Março 66

21/3808 2020

Mo geschl.

Metrô: Uruguaiana

Die Hauptrotunde des Centro Cultural Banco do Brasil (CCBB)

Hinter dem CCBB befinden sich zwei weitere Kulturzentren. Das 1922 fertiggestellte **Centro Cultural dos Correios** (*Rua Visconde de Itaboraí 20, Tel. 21/2253 1580, Mo geschl.*) diente bis 1980 als Hauptsitz der brasilianischen Post. Die **Casa França-Brasil** (*Rua Visconde de Itaboraí 78, Tel. 21/2332 5120, Mo geschl.*) von 1820, einst Zollgebäude, ist Rios frühestes klassizistisches Bauwerk.

Die große und pompöse **Igreja de Nossa Senhora**

An der Rua Dom Gerardo Branco fährt ein Fahrstuhl hoch zur **Igreja e Mosteiro de São Bento**. Der Komplex wurde 1649 von Benediktinermönchen aus Bahia gegründet. Einen krassen Gegensatz zur schlichten Fassade der Kirche bildet die üppige Innenausstattung mit fein beschnitzten Säulen und mit mit Engeln und Cherubim übersäten Altären, alles reich vergoldet. Bei der Messe stimmen die Mönche zu Orgelbegleitung gregorianische Choräle an. ∎

Igreja de Nossa Senhora da Candelária

Praça Pio X

21/2233 2324

Metrô: Uruguaiana

Igreja e Mosteiro de São Bento

Rua Dom Gerardo Branco 68 (Fahrstuhl bei Nr. 40)

21/2206 0100

Metrô: Uruguaiana

Karneval

Zugegeben – Karneval wird an vielen Orten der Welt gefeiert, doch der bunte, ohrenbetäubend laute und schier überwältigende Karneval Rios ist zweifellos der spektakulärste und unterhaltsamste von allen.

Einige Samba-Schulen geben für ihren *carro alégorico* (Festwagen) mehr als 100 000 Euro aus

Desfiles

Die allermeisten Leute können sich Rio ohne den Karneval nicht vorstellen: Die Stadt und die Megaparty sind unauflösbar miteinander verwoben. Und die meisten denken wohl auch zuerst an die extravaganten *desfiles*, bei denen die besten zwölf *escolas de samba* (Samba-Schulen) durch den Sambódromo ziehen. Das von Oscar Niemeyer entworfene und 1984 eingeweihte riesige Betonstadion fasst 75 000 Zuschauer.

Die *desfiles* finden am Sonntag- und Montagabend der Festzeit statt; sie beginnen um 21 Uhr und dauern bis zum Morgengrauen. Jede der zwölf Schulen hat für die Parade über die 700 m lange Rua Marquês de Sapucaí anderthalb Stunden Zeit. Punktrichter beurteilen die Festwagen, Choreografien und die *samba de enredo* (Themenlied). Jedes Jahr investieren die Samba-Schulen in der Hoffnung, als Sieger aus dem Wettbewerb hervorzugehen, jede

Menge Zeit, harte Arbeit und Geld.
Das Ergebnis ihrer Bemühungen ist ein
überwältigendes Fest für die Sinne.

Tickets & Plätze: Die meisten
Zuschauer kaufen die Karten für die
desfiles im Voraus. Viele sichern sich die
besten Plätze sofort, sobald die Karten
erhältlich sind (gewöhnlich im Januar).
Zwei gute Bezugsquellen sind **Rio
Services Carnival** (www.rio-carnival.net)
und **Riotur** (www.rioguiaoficial.com.br),
das Tourismusamt der Stadt. Die Blöcke
5, 7 und 9 bieten den besten Blick.
Man kann auch einfach zum Sambódromo gehen und Tickets bei Schwarz-
markthändlern kaufen. Wer extra spät
aufkreuzt, kann gute Preise aushandeln
– aber man sollte sich vergewissern, dass
man neben einem Papierticket auch
eine Plastikkarte mit Magnetstreifen
erhält.

Die traditionelle Gruppe Banda de Ipanema
beim Straßenkarneval

INSIDERTIPP

**In der engen Rua do Ouvidor,
zu Kolonialzeiten die ange-
sagteste Straße Rios, fanden
ursprünglich die Umzüge des
inzwischen weltberühmten
Karnevals statt.**

SHAWN W. MILLER
*Stellvertretender Dekan der Brigham Young Uni-
versity, USA; Forschung Stadtraumnutzung in Rio*

Andere Events

Viele Bewohner Rios bevorzugen
jedoch den guten alten Straßenkarneval, der in den letzten Jahren eine
echte Wiederbelebung erfahren hat:
Die vielen *blocos* (Gruppen) und *bandas*
(Musiktruppen) hatten regen Zulauf.
Zu den traditionellsten Gruppen
zählen die im Zentrum (Bafo de Onça,

Cacique de Ramos, Cordão do Bola
Preta), in Santa Teresa (Carmelitas de
Santa Teresa), Botafogo (Barbas, Bloco
de Segunda, Dois Pra Lá, Dois Pra Cá),
Copacabana (Bip Bip) und Ipanema
(Símpatia é Quase Amor, Banda de
Ipanema, Banda Carmen Miranda).

Wer teilnehmen möchte, meldet
sich am Tag des Umzugs im Hauptquartier eines *bloco*. Kostüme sind
nicht Pflicht, aber am besten kleidet
man sich in den Farben des *bloco* oder
kauft vor Ort ein T-Shirt. Ergänzt wird
das Ganze durch die von der Stadt Rio
organisierten kostenlosen Festivitäten.
Zu den beliebtesten zählen die *festas*
auf dem Terreirão do Samba vor dem
Sambódromo, der Baile da Cinelândia
im Zentrum und das alternative Rio
Folia unter den Arcos da Lapa.

In den Clubs und Hotels der Stadt
finden private Bälle mit Samba-Bands
und extravagant kostümierten Gästen
statt. Der opulenteste (und teuers-
te) dieser Bälle ist der Magic Ball im
Copacabana Palace. Erschwinglicher
sind der Baile Vermelho e Preto, bei
dem man sich in den Vereinsfarben des
Fußballvereins Flamengo kleidet, und
die schwulenfreundlichen ausgelassenen
Partys im Scala Club in Cinelândia.

Hafengebiet & São Cristóvão

Das Hafengebiet, die Zona Portuária westlich der Praça Mauá, umfasst die Stadtteile Saúde und Gamboa. Das geschichtsträchtige und inzwischen immer modernere Gebiet wird für die anstehenden Megaevents umfassend saniert. Auch das nahe São Cristóvão, ein altes Arbeiterviertel, lohnt mit seiner imperialen Vergangenheit und einem legendären Fußballstadion einen Abstecher.

Eine spontane *roda de samba* (Samba-Jamsession), Pedra do Sal

Zona Portuária

🔼 Hintere Um-
schlagklappe
C6–D6

Fortaleza da Conceição

✉ Rua Major
Daemon 81

☎ 21/2223 2177

🕐 Sa, So geschl.;
nur n. V.

🚇 Metrô: Uruguai-
ana

São Cristóvão

🔼 Hintere Um-
schlagklappe B6

Zona Portuária

Saúde und Gamboa gab es schon zu Kolonialzeiten. Im 18. Jh. lockte die idyllische Gegend Adlige an, die sich auf den Hügeln oberhalb der Bucht elegante Villen bauen ließen. Ab den 1770er Jahren kamen am Cais de Valongo die afrikanischen Sklaven an – insgesamt etwa eine Million. Und hier wurde auch die Samba geboren: Diesem Erbe wird montag- und freitagabends

mit Samba-Sessions auf dem Platz **Pedra do Sal** *(Rua Argemiro Bulcão, Metrô: Uruguaiana)* gehuldigt. Einen Eindruck von dem alten Viertel vermittelt ein Bummel über die Rua Jogo da Bola zur **Fortaleza da Conceição**; diese Festung entstand 1715 zur Abwehr der Franzosen.

Um die Mitte des 19. Jhs. setzte der Niedergang der Gegend ein. 1897 ließen sich durch – später unerfüllte – Landversprechungen angelockte befreite Sklaven aus Bahia auf dem Morro da Providência nieder. Heute gilt diese Siedlung als erste Favela der Stadt.

Bis vor Kurzem war die Zona Portuária völlig verwahrlost. Nun wird die Gegend im Rahmen einer gewaltigen Stadtsanierung komplett umgekrempelt.

São Cristóvão

In der ehemaligen Königsresidenz **Quinta da Boa Vista** *(Av. Pedro II, Tel. 21/2589 4279, Metrô: São Cristóvão)*, heute eine öffentliche Parkanlage, versammeln sich am Wochenende Anwohner zu Picknicks. Der Park beherbergt außerdem den **Jardim Zoológico** oder RioZoo mit mehr als 2000 Tieren.

Der Palácio da Boa Vista selbst, in dem die königliche Familie bis zur Ausrufung der Republik 1889 lebte, beherbergt seit 1892 das **Museu Nacional de História Natural**, das älteste naturwissenschaftliche Museums Brasiliens und das größte Naturkundemuseum Lateinamerikas. Zur Sammlung gehört auch ein beachtliches Stück des Bendigo-Meteoriten, der größten metallischen Masse, die jemals auf der Erde einschlug.

Der zehn Minuten entfernte Freiluftmarkt **Feira de São Cristóvão** ist ein Magnet für aus dem Nordosten des Landes stammende Einwohner von Rio, die sich nach dem Essen und der Kultur ihrer Heimat sehnen.

Das berühmte Fußballstadion **Maracanã** wurde für die Weltmeisterschaft 1950 erbaut, die Brasilien zu gewinnen gehofft hatte – stattdessen mussten die Fans beim Finale die Niederlage gegen Uruguay erleben. Im Zuge der Vorbereitungen auf die Weltmeisterschaft 2014 ist das Stadion nun umfassend umgebaut worden. Bei den Stadionführungen gelangt man auch ins mit Erinnerungsstücken vollgestopfte Museum. ∎

Jardim Zoológico
- ✉ Quinta da Boa Vista
- ☎ 21/3878 4200
- 🕐 Mo geschl.
- 💲 $
- 🚇 Metrô: São Cristóvão

Museu Nacional da História Natural
- ✉ Quinta da Boa Vista
- ☎ 21/2562 6901
- 🕐 Mo geschl.
- 💲 $
- 🚇 Metrô: São Cristóvão

Feira de São Cristóvão
- ✉ Campo de São Cristóvão
- ☎ 21/2580 5335
- 🕐 Mo geschl.
- 💲 $ Sa & So
- 🚇 Metrô: São Cristóvão

Maracanã
- ✉ Rua Professor Eurico Rabelo, Portão 18
- ☎ 21/8871 3950
- 💲 $$$
- 🚇 Metrô: Maracanã

Der neue Hafen von Rio

Mit dem Projekt Porto Maravilha soll Rios Hafengebiet völlig umgestaltet werden. Zu den neuen Bauten in dem Gebiet zählen zwei hypermoderne Museen. Das **Museu de Arte do Rio** *(Praça Mauá 5, Tel. 21/2203 1235, So geschl., $, Di frei, Metrô: Uruguaiana)* verbindet auf geniale Weise einen Palast und einen ehemaligen Busbahnhof zu einem Museum mit Werken von Künstlern aus Rio. 2014 soll das futuristische **Museu do Amanhã** (Museum des Morgen; *Pier Mauá*) eröffnen. Das Museum steht mit seinen Solarzellen und der Nutzung des Meerwassers zur Kühlung des Gebäudes ganz im Zeichen der Nachhaltigkeit, sodass man auch in der Praxis schon ein wenig erleben kann, wie das Leben auf der Erde in der Zukunft vielleicht aussehen wird.

Lapa & Santa Teresa

Das leicht zwielichtige Lapa, Inbegriff von Rios Kultur- und Nachtleben, steht immer unter Strom. Doch längst trifft in den Bars und Clubs der alte Mythos der Boheme auf die Gegenwart. Das Hügelviertel Santa Teresa wird oft mit dem Pariser Montmartre verglichen, da in den charmanten alten Häusern schon seit Langem Künstler und Intellektuelle residieren.

Lapa

🗺 Hintere Umschlagklappe D5

🚇 Metrô: Cinelândia

Lapa

Lapa hat schon einige Höhen und Tiefen durchlebt. Die Sümpfe der Gegend wurden im 19. Jh. trockengelegt, und es entstand ein nobles Wohngebiet. Anfang des 20. Jhs. schuf dann ein buntes Völkchen aus Gaunern, Prostituierten, Sambatänzern, Künstlern und Intellektuellen eine lebendige und legendäre Szene. Doch im Laufe der Zeit verkam Lapa immer mehr und wurde schließlich zu einer gefährlichen Ecke Rios.

Erst Ende der 1990er Jahre setzte in Lapa eine unerwartete Renaissance ein. Unter den Bogen des Aquädukts fanden Samba-Sessions statt, in der Rua do Lavradio eröffneten Antiquitätenläden. Und Cariocas aller Schichten strömten nun zum Essen, Trinken und Tanzen in neue und auch alte Restaurants und Clubs.

Den Mittelpunkt des Viertels bildet der **Largo da Lapa** mit den **Arcos da Lapa**. Dieser Aquädukt wurde Anfang des 18. Jhs. errichtet, um die Bewohner Rios mit Wasser von der Quelle des Rio Carioca in Santa Teresa zu versorgen. 1896 wurde aus dem Aquädukt dann ein Viadukt, über den *bondes* (Straßenbahnen) nach Santa Teresa fuhren. Am Wochenende versammeln sich unter den 42 Bogen

Im Parque das Ruínas

ERLEBNIS: Samba-Nächte ohne Ende

Während die berüchtigten Bordelle und Spielhöllen Lapas längst verschwunden sind, ist das Viertel nach wie vor ein echtes Samba-Mekka.

Der **Clube dos Democráticos** *(Rua do Riachuelo 91, Centro, Tel. 21/2252 4611, So–Di geschl.)* wurde 1867 als Treff von Sklavereigegnern und Republikanern gegründet. Der riesige Ballsaal lockt Cariocas aller Schichten an.

Das **Carioca da Gema** *(Av. Mem de Sá 79, Tel. 21/2221 0043, www.barcariocada gema.com.br)* ist einer der Pioniere der Wiedererweckung Lapas und bietet hochkarätige Samba- und *chorinho*-Darbietungen.

Das **Rio Scenarium** *(Rua do Lavradio 20, Tel. 21/2147 9000, So & Mo geschl.)* ist mit seinen drei Stockwerken voller Antiquitäten eines der schönsten Lokale Rios.

---

nach Sonnenuntergang jede Menge Leute, um Samba zu hören und zu tanzen.

Hinter dem Largo da Lapa führt eine Treppe hinauf nach Santa Teresa, das nach einem Kloster von der Mitte des 18. Jhs. benannt ist. Die 215 Treppenstufen sind alle mit Mosaiken aus bunten Keramikfliesen verziert. Die gaudíeske **Escadaria Selarón** ist ein Werk des chilenischen Künstlers Jorge Selarón, der dieses Werk ab 1994 als Geschenk an seine Wahlheimat schuf.

Santa Teresa

Santa Teresa ist eines der reizendsten Viertel Rios. Wegen seiner Lage konnte es sich etwas Abstand zum Großstadttrubel unten im Zentrum bewahren. Ein Bummel entlang der kopfsteingepflasterten Straßen gleicht einem Dorfspaziergang; jedoch handelt es sich um ein weltläufiges Dorf mit Künstlerateliers und Boutiquen sowie schicken Bars und Restaurants.

Das **Museu da Chácara do Céu** residiert im 1954 erbauten Wohnhaus des Industriellen Raymundo Castro Maya (1894–1968). Mit seinen eleganten klaren Linien bildet das Haus eine ideale Kulisse für Mayas eindrucksvolle Kunstsammlung, die Gemälde, Zeichnungen und Stiche europäischer Meister mit Werken brasilianischer Modernisten vereint. Genauso schön wie die Kunstsammlung ist auch das mit exquisiten Antiquitäten aus Brasilien und der ganzen Welt eingerichtete Haus selbst.

Neben dem Museum befindet sich der kleine **Parque das Ruínas**, in dem einst das Haus von Laurinda Santos Lobo (1878–1946) stand, einer Kunstmäzenin, deren Partys so legendär waren wie sie selbst. Die raffiniert renovierte Ruine des Hauses beherbergt heute ein Kulturzentrum. Die Hauptattraktion des Parks sind jedoch die fantastischen Ausblicke auf die Stadt. ∎

Escadaria Selarón

✉ Rua Joaquim Silva, Ecke Rua Teotônio Regadas

🚇 Metrô: Cinelândia

Santa Teresa

🅰 Hintere Umschlagklappe C5–D5

Museu da Chácara do Céu

✉ Rua Murtinho Nobre 93

☎ 21/3970 1126

🕐 Di geschl.

💲 $, Mi frei

🚌 Bus: 006, 007 oder 014

Parque das Ruínas

✉ Rua Murtinho Nobre 169

☎ 21/2215 0621

🕐 Mo geschl.

🚌 Bus: 006, 007 oder 014

Glória, Catete & Flamengo

Diese traditionellen Stadtteile haben zwar einiges von ihrem alten Glanz eingebüßt, einen Besuch lohnen aber allein die Igreja de Nossa Senhora da Glória do Outeiro sowie der Palácio und Parque do Catete.

Die Igreja Nossa Senhora da Glória do Outeiro mit der Christus-Statue im Hintergrund

Glória

 Hintere Um-
schlagklappe
D5–E5

**Igreja Nossa
Senhora da
Glória do
Outeiro**

✉ Praça Nossa
Senhora da
Glória

☎ 21/2557 4600

🕐 Mo geschl.

💲 $ (Museum)

🚇 Metrô: Glória

Glória

Die Hauptattraktion von Glória ist die **Igreja Nossa Senhora da Glória do Outeiro** auf dem steilen Morro da Glória. 1567 nahm Estácio da Sá (1520–67) diesen Hügel den Franzosen ab und besiegelte so die portugiesische Herrschaft über Rio. Die 1739 fertiggestellte Kirche ist eine der frühesten Barockkirchen Rios sowie dank einem Grundriss aus zwei Achtecken eine der ungewöhnlichsten. Sie war eine der Lieblingskirchen der Königsfamilie, und hier wurden verschiedene Prinzen und Prinzessinnen getauft.

Von der Metrô-Station Glória ist es ein steiler Weg über die Ladeira da Glória hinauf zur Kirche. Weniger anstrengend ist die Fahrt mit der **Seilbahn** *(Rua do Russel 300)*. Die weiße Fassade der Kirche wird durch nüchterne Steinpfeiler untergliedert. Drinnen sind auf portugiesischen blau-weißen Kacheln biblische Szenen dargestellt.

Ein kleines Museum zeigt sakrale Kunst.

Eine Metrô-Station südlich von Glória liegt Catete, man kann aber auch leicht zu Fuß dorthin gehen, entweder über die Rua da Glória, die zur Rua do Catete wird, oder über die Rua do Russel, die in die Avenida Beira Mar übergeht. Die zweite Route führt am **Hotel Glória** (Rua do Russel 632) von 1922 vorbei, einem der ältesten Luxushotels Rios. Als Top-Herberge der Stadt konnte es sich allerdings nur ein knappes Jahr lang halten: Dann wurde es vom ebenfalls vom französischen Architekten Joseph Gire (1872–1933) entworfenen Copacabana Palace in die Schranken gewiesen. Nach einem Komplettumbau soll das Hotel 2014 als Glória Palace wiedereröffnen.

Catete

Catete war ursprünglich ein Gebiet mit von einem Arm des Rio Carioca gespeisten Sümpfen. Die gute Versorgung mit Süßwasser hatte zur Folge, dass hier im 18. Jh. an der Rua do Catete zahlreiche Bauernhöfe entstanden. Im 19. Jh. ließen sich wohlhabende Kaffeebarone an der immer mehr verstädternden Straße Häuser errichten. Die prächtigste dieser Residenzen war ein Palast des Barons von Nova Friburgo (1795–1869). Nach dem Tod des Barons wurde

der Palácio do Catete zum Regierungspalast der jungen Republik. Zwischen 1897 und 1960, als die Hauptstadt nach Brasília verlegt wurde, bewohnten 17 Präsidenten Brasiliens dieses Gemäuer.

INSIDERTIPP

Das ausgezeichnete Buffetrestaurant Estação República (Rua do Catete 104) **bietet eine breite Auswahl an Gerichten – toll für Vegetarier.**

KELLY E. HAYES
Indiana University, USA, Fachgebiet brasilianische Religion

Der 18., Juscelino Kubitschek (1902–76), hatte die Idee, aus dem Palast das **Museu da República** zu machen. Hier wird nicht nur die Geschichte der Republik Brasilien erzählt, man kann zudem den extravaganten Geschmack des Barons von Nova Friburgo bestaunen, z.B. im opulenten Bankettsaal und im Pompeji- und maurischen Saal; in diese exotischen Säle zogen sich die Damen und Herren nach dem Mahl zum Schwatzen, Schachspielen und Rauchen zurück. Fast schon makaber mutet das Schlafgemach an, in dem sich Präsident Getúlio Vargas (1882–1954) am 24. August 1954 ins Herz schoss – mit Abschiedsbrief,

Catete
🗺 Hintere Umschlagklappe D4

Museu da República (Palácio do Catete)
✉ Rua do Catete 153
☎ 21/3235 5236
🕐 Mo geschl.
💲 $, Mi & So frei
🚇 Metrô: Catete

Flamengo

⬛ Hintere Um-
schlagklappe
D4–E4

**Museu de Arte
Moderna**

✉ Av. Infante
Dom Henrique
85, Parque do
Flamengo

☎ 21/3883 5600

🕐 Mo geschl.

💲 $

🚇 Metrô:
Cinelândia

Suizidwaffe und blutbefleck-
ter Pyjamajacke.

Die Palastgärten bilden
heute den **Parque do
Catete**. Sie wurden von Paul
Villon (1841–1905) kon-
zipiert und verfügen über
einen See mit Wasserfall
und Grotte sowie gewunde-
ne Wege mit französischen
Skulpturen des 19. Jhs. Hier
finden auch oft Kulturveranstaltungen statt.

Flamengo

Flamengo ist ein attrakti-
ver Stadtteil mit breiten
Boulevards und schattigen
Seitenstraßen, gesäumt von
Art-déco-Wohnblocks und
ehemaligen Botschaftspalä-
sten. Seinen Namen verdankt
der Stadtteil entweder
den flämischen (flamengo)

Gefangenen, die die Portugiesen hier im 17. Jh. fest-
hielten, oder den Flamingos,
die das lange Ufer frequen-
tierten. In der ersten Hälfte
des 20. Jhs. war Flamengo
eine der schicksten Adressen
Rios, und auch heute noch
verfügt der Stadtteil über ein
gewisses Prestige.

An der Guanabara-Bucht
erstreckt sich der lange
Parque do Flamengo *(Tel.
21/2265 4990, Metrô:
Cinelândia am Nordende oder
Flamengo am Südende)*. Mit
seinen Wegen zum Joggen,
Radfahren und Skateboar-
den, seinen Spielwiesen und
seinem Kinderpark ist der
Park eines der beliebtesten
Naherholungsgebiete der
Stadt. Außerdem befindet
sich hier die **Marina da
Glória**, an der Ausflugsboote
ablegen. Sonntags wird die
Avenida Infante Dom Hen-
rique für den Autoverkehr
gesperrt, und es finden z.B.
Sportevents statt.

Zwei Museen im Park
lohnen einen Besuch. Das
Museu de Arte Moderna
(MAM) residiert in einem
nüchternen, aber faszinieren-
den modernen Bau, dessen
Glas- und Betonfassade
einen starken Kontrast zu
den Farben und Formen der
Guanabara-Bucht und der
Gärten von Burle Marx bil-
det. Das 1958 fertiggestellte
Gebäude wird von großen
V-förmigen Säulen getragen
und gilt als Meisterwerk des
Architekten Affonso Eduardo

Carmen Miranda

Maria do Carmo Miranda da Cunha
(1909–55) wurde zwar in Portugal geboren, wuchs jedoch in Rio auf. Hier wurde
sie in den 1930er Jahren als Sängerin
bekannt, als auch die brasilianische Schall-
plattenindustrie entstand und das Radio
sehr beliebt wurde. 1939 wurde sie bei
einer Vorstellung im Cassino da Urca vom
Impresario Lee Schubert entdeckt und
für den Broadway engagiert. Nachdem
sie New York im Sturm erobert hatte,
ging die „brasilianische Sexbombe" nach
Hollywood, wo sie zwischen 1940 und
1953 14 Filme drehte. Zur damaligen Zeit
stieß das überzogene Ausschlachten ihrer
brasilianischen Herkunft für den Film bei
den brasilianischen Eliten auf zwiespältige
Gefühle, heute jedoch erfreut sich Carmen
Miranda in Rio großer Beliebtheit.

Skateboarder auf den breiten Wegen des Parque do Flamengo

Reidy (1909–64). Das MAM beherbergt eine der bedeutendsten Sammlungen der Kunst des 20. Jhs. in Brasilien und versammelt neben Arbeiten ausländischer Künstler wie Alberto Giacometti, Henry Moore und Jackson Pollack Schlüsselwerke brasilianischer Künstler wie Tarsila do Amaral (1886–1973) und Anita Malfatti (1889–1964).

An der Landspitze am Ende der Praia do Flamengo steht inmitten des rauschenden Verkehrs der Avenida Infante Dom Henrique ein gedrungenes Betongebäude von Affonso Eduardo Reidy; es steht ganz im Gegensatz zur Extravaganz der „brasilianischen Sexbombe", der das **Museu de Carmen Miranda** huldigt. Fans des goldenen Zeitalters Hollywoods und des Glamour-Kitsches

kommen hier voll auf ihre Kosten. Die Sammlung soll eventuell ins neue Museu da Imagem e do Som in Copacabana umziehen.

Das **Oi Futuro** in der Nähe des trubeligen Largo do Machado ist eines der rührigsten Kulturzentren Rios. Das von Oi, einem Telekommunikationsgiganten, betriebene hypermoderne Multimediazentrum widmet sich mit großer Ernsthaftigkeit der Zukunft. In dem geschickt renovierten Telefongesellschaftsgebäude vom frühen 20. Jh. wird zeitgenössische visuelle Kunst gezeigt, die teils modernste Technologien einsetzt. Außerdem finden hier Konzerte, Filmvorführungen und Tanzdarbietungen statt. Von der Dachterrasse bieten sich schöne Ausblicke. ∎

Museu Carmen Miranda

✉ Av. Rui Barbosa 560

☎ 21/2334 4293

🕐 Mo geschl.

🚇 Metrô: Flamengo

Oi Futuro

✉ Rua Dois de Dezembro 63

☎ 21/3131 3060

🕐 Mo geschl.

🚇 Metrô: Largo do Machado

Corcovado & Zuckerhut

Die hübschen *bairros* Laranjeiras und Cosme Velho, zwei der ältesten Wohngebiete Rios, eignen sich bestens für einen entspannten Bummel. Die bei Weitem größten Sehenswürdigkeiten hier sind der Corcovado und der Zuckerhut.

Blick vom Corcovado über die Guanabara-Bucht

Laranjeiras

Hintere Umschlagklappe C4–D4

Palácio das Laranjeiras & Parque Guinle

Rua Paulo César de Andrade 407, Laranjeiras

Metrô: Largo do Machado

Laranjeiras

Laranjeiras geht auf das 17. Jh. zurück, als die Gegend für ihre *laranjeiras* (Orangenbäume) bekannt war. Heute herrscht in dem untouristischen Viertel eine nette Atmosphäre. Die Hauptstraße, die Rua das Laranjeiras, windet sich vom Largo do Machado den Hügel hinauf und geht dann in die Rua Cosme Velho über, die Hauptstraße des Stadtteils Cosme Velho, der sich bis zum Corcovado hinaufzieht.

An der Rua das Laranjeiras stößt man zwei Straßen vom Largo do Machado entfernt auf den **Palácio das Laranjeiras**. Die Residenz des Industriellen Eduardo Guinle (1846–1914) wurde nach dem Vorbild des Kasinos von Monte Carlo errichtet und 1947 zur offiziellen Residenz der Gouverneure des Bundesstaates Rio. Eine hübsche Oase bildet der umliegende **Parque Guinle**. Gesäumt wird er von einem Ensemble von Wohngebäuden aus den 1940er Jahren des Architekten Lúcio Costa, der später Brasília mitentwarf.

Corcovado

Die Statue des **Cristo Redentor** (Christus der Erlöser) auf dem Corcovado ist für Rio, was die Freiheitsstatue für New York oder der Eiffelturm für Paris ist. Im Gegensatz zu diesen Wahrzeichen jedoch ist der 30 m hohe Christus, der seine Arme über der gesamten Stadt ausbreitet, von überall her zu sehen.

Die portugiesischen Siedler schrieben dem Berg, den sie in Anspielung auf eine biblische Geschichte Pico da Tentação (Gipfel der Versuchung) nannten, spirituelle Bedeutung zu. Erst im 19. Jh. erhielt die 710 m hohe Granitzinne den weltlicheren Namen Corcovado (der Bucklige).

Kaiser Pedro II. unternahm gern den mühseligen Eselsritt auf den Gipfel des Corcovado. Da er die großartige Aussicht mit seinen Untertanen teilen wollte, genehmigte er den Bau einer Zahnradbahn hinauf zur Spitze. Die 1884 eingeweihte Bahn galt zur damaligen Zeit als Meisterleistung der Ingenieurskunst.

Die Erlöserstatue sollte eigentlich zum 100. Jubiläum der Unabhängigkeit Brasiliens 1921 aufgestellt werden, wurde aber erst 1931 fertig. Das Art-déco-Monument des Bildhauers Paul Landowski (1875–1961) wurde in Frankreich in Teilen angefertigt und erst in Brasilien zusammengefügt.

Gemeinhin gelangt man mit dem Trem do Corcovado hinauf zur Christus-Statue; die Zahnradbahn fährt jede halbe Stunde vom Bahnhof in der Rua Cosme Velho ab. Die Fahrt dauert 17 Minuten, mit einem Stopp am Bahnhof Paineiras, wo man aussteigen und den Tijuca-Urwald erkunden kann. Eine Alternative zur Bergbahn ist eine Taxifahrt zum Bahnhof Paineiras, von wo aus Minibusse weiter den Berg hinauffahren. Vor dem Ausflug sollte man sich auf jeden Fall die Wettervorhersage anschauen und den Trip bei starker Bewölkung oder Regen besser verschieben.

Zwei Fußminuten vom Corcovado-Bahnhof entfernt befindet sich in einer hübschen Villa das **Museu Internacional de Arte Naïf**. Es beherbergt die

Corcovado

🅰 Hintere Umschlagklappe C3

Cristo Redentor

🅰 Karte S. 56 C1 & hintere Umschlagklappe C3

✉ Rua Cosme Velho 513 (Bahnhof), Cosme Velho

☎ 21/2558 1329

💲 $$$$ (Bahn & Eintritt)

🚊 Metrô: Largo do Machado; Bus: 422, 498, Expressbus 580

www.corcovado.com.br

Museu Internacional de Arte Naïf

✉ Rua Cosme Velho 561, Cosme Velho

☎ 21/2205 8612

🕐 Mo geschl.

💲 $$

🚊 Metrô: Largo do Machado; Bus: 422, 498, Expressbus 580

ERLEBNIS: Um den Zuckerhut herum

Statt mit der Seilbahn auf den Zuckerhut hinaufzufahren, kann man auf der 2,5 km langen **Pista Claudio Coutinho**, einem asphaltierten, einfachen Weg, auch um ihn herumgehen. Dieser Pfad führt auch an schwierigeren Wegen vorbei wie dem **Bem-te-vi**, dem Sportlichere zum Morro da Urca folgen, und dem **Costão**, der zum Zuckerhut hochführt – allerdings benötigt man hier Klettererfahrung. Ausflüge und Kletterunterricht für Anfänger bieten **Climb in Rio** *(Tel. 21/2245 1108, www.climb inrio.com)* und die **Companhia da Escalada** *(Tel. 21/2567 7105, www.companhiadaesca lada.com.br);* beide haben mehr als tausend atemberaubende Routen in der ganzen Stadt im Programm.

Botafogo

🅰 Hintere Um-
schlagklappe D3

**Fundação Casa
de Rui Barbosa**

✉ Rua São Clemen-
te 134, Botafogo

☎ 21/3289 4600

🕐 Mo geschl.
(Museum)

💲 $ (Museum), So
frei

🚇 Metrô: Botafogo

Museu do Índio

✉ Rua das Palmei-
ras 55, Botafogo

☎ 21/3289 4600

🕐 Mo geschl.

💲 $, So frei

🚇 Metrô: Botafogo

Urca

🅰 Hintere Um-
schlagklappe E3

weltweit größte Sammlung naiver Kunst – insgesamt 6000 Werke. Vom Museum gelangt man auf der Rua Cosme Velho zum **Largo do Boticário** *(Rua Cosme Velho 822)*. Dieser reizende Platz ähnelt mit seinen pastellfarbenen Häusern der Kulisse eines Historienfilms. Das idyllische Flair wird noch durch den rauschenden Rio Carioca verstärkt.

Botafogo

Die geschwungene Bucht von Botafogo östlich des Corcovado ist zwar malerisch, aber verschmutzt. In den ruhigen Seitenstraßen finden sich jedoch kleine Museen, Kinos, Restaurants und Bars, die einen vielfältigen Eindruck dieses traditionellen Rio-Viertels vermitteln.

Für viele ist Botafogo nichts als ein großer Durchgangs-*bairro.* Die Gegend in Wassernähe ist zugebaut und kommerziell, aber landeinwärts findet man baumgesäumte Straßen mit Villen vor, die vom aristokratischen Erbe des Viertels künden.

Einer der Hauptboulevards Botafogos ist die **Rua São Clemente**, die noch von einigen stattlichen Kaffeebaron-Residenzen gesäumt ist, u.a. dem hübschen Haus des **Fundação Casa de Rui Barbosa** von der Mitte des 19. Jhs. Rui Barbosa (1849–1923) war ein einflussreicher Journalist, Staatsmann und Gegner der Sklaverei. Die eleganten Schlafzimmer, Ballsäle und Salons seiner Villa sind makellos erhalten.

Weiter westlich erblickt man von der Rua São Clemente rechts die Favela **Santa Marta**, früher eine der gefährlichsten Favelas von Rio – sie war die erste, die 2008 von der Polizei besetzt wurde. Im selben Jahr wurde an dem steilen Hang eine Bergbahn gebaut. Ganz oben befinden sich ein Aussichtspunkt mit fabelhaftem Ausblick und in der Nähe der **Espaço Michael Jackson**; hier drehte Jackson das Video für seinen Hit „They Don't Care About Us".

Das **Museu do Índio** gegenüber der Praça Corumbá unten bei der Rua São Clemente umfasst eine faszinierende Sammlung von indigenen Artefakten wie etwa wunderschönen Federkopfschmuck.

Urca

Am 1. März 1565 landete Estácio de Sá an der Landspitze von Urca und gründete die winzige Siedlung São Sebastião do Rio de Janeiro. Erst in den 1920er Jahren entwickelte sich Urca zu einem Wohngebiet. In den 1930er Jahren wurden mit der Eröffnung des berühmten Cassino da Urca Künstler, Promis und Bonvivants angelockt, und es entstanden Villen und Apartmenthäuser.

Urcas herausragendstes Merkmal ist der 395 m hohe **Pão de Açúcar** (Zuckerhut) am Eingang der Baía de Guanabara. Von den hier ansässigen Tupi-Indianern wurde er *pau-nh-acugua* (hoher, spitzer Berg) genannt, und die ersten portugiesischen Siedler erinnerte er an einen *pão de açúcar* (Zuckerbrot). Der Name blieb, und der Zuckerhut ist heute ein in aller Welt bekanntes Wahrzeichen Rios.

Die beiden Hügel Morro da Urca und Morro Pão de Açúcar sind ab der Praia Vermelha mit der Seilbahn zu erreichen. Die 1912 eingeweihte Bahn war die erste Luftseilbahn Brasiliens und erst die dritte weltweit. Am besten kommt man etwa zwei Stunden vor Anbruch der Dämmerung hier herauf, um Rio in goldenes Licht getaucht zu erleben und dann

zu sehen, wie die Sonne hinter den Bergen versinkt und in der Stadt Millionen von Lichtern zu funkeln beginnen. Von der Praça General Tibúrcio gelangt man auf steilen Wegen auch zu Fuß auf den Morro da Urca, um dann zum Morro Pão de Açúcar weiterzufahren. ∎

Pão de Açúcar

- Karte S. 56 C1
- Av. Pasteur 520
- 21/2546 8400
- $$$$$ (Seilbahn)
- Metrô: Botafogo; Bus: 511, 512, 513

www.bondinho. com.br

Mehr als 50 Kletterrouten führen auf den Zuckerhut

Die Strände der Zona Sul

Die meisten Menschen haben vor allem die legendären Zona-Sul-Strände Copacabana, Ipanema und Leblon vor Augen, wenn sie an Rio denken. An den langen Sandsicheln herrscht eine faszinierende Strandkultur, die in die gesamten Viertel ausstrahlt – cool, sorglos und eben typisch Rio.

Copacabana

🅰 Hintere Umschlagklappe D2

Besucherinformation

✉ Av. Princesa Isabel 183

Copacabana

Von den Vierteln der Zona Sul ist Copacabana das größte, lebendigste und vielfältigste. An der 4 km langen Strandsichel – einschließlich des 1 km langen Strands von Leme – ist von der Morgen- bis zur Abenddämmerung immer etwas los. Aber auch der Rest des faszinierenden Stadtteils lohnt mit seinen zahlreichen Art-déco-Bauten eine Erkundung. Obwohl der Glanz vergangener Tage verblasst ist, kann Copa noch immer verführen.

Leme: Der palmengesäumte Strand von Leme am Nordende der Copacabana ist besonders bei Familien beliebt, da das Wasser hier warm und gewöhnlich sauber ist. Am Ende des Strands locken im Schatten der Pedra do Leme hohe Wellen Surfer an. Auf dem Fels thront seit 1779 das **Forte Duque de Caxias**. Die Festung und das Naturreservat Morro do Leme sind in 25 Minuten über einen steilen Weg zu erreichen. Von oben bieten sich tolle Ausblicke.

Über den benachbarten **Morro da Babilônia** ziehen sich zwei der ältesten Favelas Rios, Babilônia und Chapéu Mangueira. 1959 wurde der Morro da Babilônia international bekannt als Kulisse für Marcel Camus' Film „Orfeu

Die Schatten der Nachmittagssonne an der Copacabana

INSIDERTIPP

Ein Frühstück am Forte de Copacabana ist ein wunderbarer Auftakt für einen Strandtag.

ARTURO SANCHEZ-AZOFEIFA
National Geographic-Stipendiat

Negro", eine Nacherzählung des Orpheus-Mythos. Seit 2009 sind in beiden Siedlungen Polizeieinheiten stationiert; so kann man sich also problemlos zur **Bar do David** (*Ladeira Ary Barroso 66, Tel. 21/7808 2200, Mo geschl.*) mit ihrer wunderbaren Küche auf den Weg machen.

Praia de Copacabana: Die Copacabana ist einer der berühmtesten Stadtstrände der Welt. Zwischen dem Strand und der Avenida Atlântica verläuft der *calçadão* (Promenade) mit den berühmten schwarz-weißen Mosaiken, in den 1970er Jahren geschaffen von

Roberto Burle Marx. Diese Uferpromenade mit weißen (Kalkstein-) und schwarzen (Basalt-)Wellen ist das größte öffentliche Mosaik der Welt. Hier wird nicht nur spazierengegangen und gejoggt, die Cariocas treffen sich auch gern an den vielen *quiosques* an der Promenade.

Als der **Copacabana Palace** (siehe S. 282) 1923 seine Pforten öffnete, gab es an der Copacabana so gut wie noch nichts. 1933 wurde das Hotel dann international bekannt, als es in dem Film „Flying Down to Rio" als Kulisse diente. Das glamouröse Hollywood-Musical verhalf nicht nur Fred Astaire und Ginger Rogers zu Ruhm, sondern auch dem Copacabana Palace und Rio, das zu einem romantischen Reiseziel avancierte. In der Folgezeit stiegen alle möglichen Prominenten in dem eleganten Hotel ab.

Über dem Ipanema zugewandten Ende der Copacabana thront das **Forte**

Leme

🅰 Hintere Umschlagklappe E2

Forte Duque de Caxias

✉ Praça Almirante Júlio de Noronha
☎ 21/3223 5076
🕐 Mo geschl.
💲 $
🚇 Metrô: Cardeal Arcoverde

Praia de Copacabana

🅰 Hintere Umschlagklappe D2

Forte de Copacabana

✉ Av. Atlântica, Posto 6
☎ 21/2521 1032
🕐 Mo geschl.
💲 $
🚇 Metrô: Ipanema/Gen. Osório oder Cantagalo

Silvester am Meer

An der Copacabana findet eine der größten Silvesterpartys überhaupt statt. Bei Einbruch der Dunkelheit versammeln sich am Strand Millionen weiß gekleideter Menschen – das Weiß symbolisiert Frieden und Neubeginn. Weiß ist auch die Farbe von Lemenjá, einer beliebten afrobrasilianischen Gottheit, der „Königin des Meeres". Für ein gutes neues Jahr waten viele Cariocas zu Mitternacht in den Atlantik und schütten und werfen als Opfergabe für Lemanjá Parfüm, Sekt und Blumen ins Meer. Am beliebtesten sind weiße Gladiolen; wer reich werden will, wählt gelbe, Leute mit Liebeskummer rote. Um Mitternacht beginnt ein spektakuläres Feuerwerk, gefolgt von Live-Musik. Dann wird bis zum Morgengrauen getanzt und getrunken und schließlich zu guter Letzt ein Bad im Meer genommen.

Ipanema

 Hintere Um-
schlagklappe C1

de Copacabana von 1914
mit dem Museu Histórico do
Exército, das die Kunst des
Festungsbaus beleuchtet.

Ipanema

Ideal gelegen zwischen dem
offenen Atlantik und der
Lagoa Rodrigo de Freitas,
beschwört Ipanema mit seinem Strand, seinen schicken
Boutiquen und auf stilvolle
Art lockeren Restaurants
und Bars eine verführerische
Vision der Carioca-Lebensart
herauf.

Strand von Ipanema, von
Palmen und von schmucken
Hotels und Wohnhäusern
gesäumt und von der Pedra
do Arpoador und dem Mor-
ro Dois Irmãos begrenzt, der
Ursprung so vieler Legenden
und von so viel Musik ist.

Die schmale **Praia do
Arpoador** am Ostende von
Ipanema ist ein Surfermekka.
Auf dem Felsvorsprung Pedra do Arpoador versammeln
sich im Sommer oft zahlreiche Leute, um den Sonnen-
untergang zu bestaunen.

Von der Pedra do Arpoador lässt sich wunderbar der Sonnenuntergang bestaunen

»Groß und gebräunt und
jung und entzückend«: Die
ersten Zeilen des Bossa-
Nova-Klassikers „The Girl
From Ipanema" treffen auch
auf die sonnenverwöhnten,
sorglos sinnenfreudigen
Bewohner des Strand-*bairro*
zu. Und es ist nicht weiter
verwunderlich, dass der

Die Rettungsschwimmer-
posten *(postos)* am Strand
dienen den verschiedenen
Strandszenen als Markie-
rungspunkt. Posto 8 zieht
vor allem Familien mit
kleinen Kindern an. Der
Strandabschnitt links des
Posto 9 ist ein Treffpunkt
für Schwule und Lesben,

während sich rechts des Posto ein alternatives Publikum aus Studenten, Künstlern und Neo-Hippies tummelt. Der Strand ist außerdem von Getränke- und Imbisskiosken gesäumt, und es gibt auch hier einen **Mosaik-***calçadão* von Roberto Burle Marx.

Zwei Querstraßen landeinwärts verläuft parallel zur Avenida Vieira Souto die **Avenida Visconde de Pirajá**, die Geschäftsmeile von Ipanema mit Buchläden, Saftbars, schicken Boutiquen und *galerias*, kleinen Einkaufszentren mit eleganten Läden. Auf der **Praça General Osório** am Anfang der Avenida Visconde de Pirajá findet seit den 1960er Jahren sonntags die **Feira Hippie** statt, auf der aller möglicher Krimskrams verhökert wird.

Eine Straße hinter der Praça General Osório erhebt sich der **Morro do Cantagalo** mit den Favelas Cantagalo und Pavão/Pavãozinho. Bis 2009 kontrollierten Banden und Drogenhändler diese Gebiete; dann wurde hier eine Polizeieinheit stationiert. Einige Monate später wurde der **Complexo Rubem Braga** eingeweiht. Die beiden Türme des Komplexes beherbergen Aufzüge, die die Hügelbewohner hinunter zur Metrô-Station Ipanema/General Osório befördern. Per Lift ist auch der **Mirante da Paz** zu erreichen, ein verglaster

Aussichtspunkt mit fabelhaftem Rundumblick.

Leblon

Leblon, von Ipanema durch den schmalen Jardim de Alah getrennt, ist ein wenig schicker und gesetzter als Ipanema. Sein hübscher schmaler Strand ist aber nicht so beliebt wie die beiden großen Nachbarstrände. In Leblon sind mehr Einheimische als Touristen unterwegs, und hier sind zudem einige der innovativsten Restaurants Rios ansässig.

Leblon entwickelte sich sehr viel langsamer als Ipanema. Bis heute haben sich seine Hauptgeschäftsstraße, die Avenida Ataulfo de Paiva, und die schattigen Seitenstraßen ein gewisses dörfliches Flair bewahrt. ■

> ## Strand-Bankett
>
> Mit Strandliegen und Sonnenschirmen sowie kaltem Bier, Caipirinhas und *água de coco* werden die Strandbesucher von den *barracas* (Stände) versorgt. Dazu kommen noch zahllose *ambulantes*, fliegende Händler; diese bieten alles an von Henna-Tattoos und Transistorradios bis zu *comidinhas* (kleine Speisen). Zum Essensangebot zählen die *biscoitos de polvilho* von Globo, knusprige, luftige Kekse aus Maniokmehl, die auf der Zunge zergehen, sowie Mustafás *esfihas*, köstliche, mit Käse und Fleisch gefüllte Pasteten nahöstlichen Ursprungs, die von als Scheichs verkleideten Händlern verkauft werden. Zu all den Leckereien passt ein *cha-maté*, eine gekühlte Version des traditionellen Getränks aus der *erva-mate*-Pflanze.

Leblon

🅰 Hintere Umschlagklappe B1

Lagoa Rodrigo de Freitas, Jardim Botânico & Gávea

Die von Parkanlagen gesäumte Lagoa Rodrigo de Freitas bietet zahlreiche Gelegenheiten zu Sport-, Freizeit- und Kulturaktivitäten sowie den wundervollen Jardim Botânico und von Regenwald überzogene Hügel.

Lago Rodrigo de Freitas

🅰 Hintere Umschlagklappe C2

Fundação Eva Klabin

✉ Av. Epitácio Pessoa 2480, Lagoa
☎ 21/3202 8550
🕐 Sa–Mo geschl.
Ⓜ Metrô: Cantagalo

Lagoa Rodrigo de Freitas

Die Lagoa Rodrigo de Freitas ist durch den schmalen Kanal des Jardim de Alah mit dem Atlantik verbunden und von Parks mit Bootsanlegern, Sportanlagen und Wegen gesäumt, auf denen sich die Cariocas fit halten, wenn sie nicht gerade an einem

der zahlreiochen *quiosques* am Wasser entspannen.

Einen Gegensatz zu den Luxushochhäusern rund um die Lagune bildet die normannische Villa von Eva Klabin (1903–91) aus den frühen 1930er Jahren. Die Erbin steckte all ihre Energie, ganz zu schweigen von jeder Menge Geld, in eine fantastische, fünf Jahrhunderte und vier Kontinente überspannende Kunstsammlung. Klabins Vermächtnis kann heute im Museum der **Fundação Eva Klabin** auf Führungen besichtigt werden.

Zehn Fußminuten nördlich befindet sich der **Parque da Catacumba** (*Av. Epitácio Pessoa 3000, Tel. 21/2247 9949, Mo geschl., $$$$–$$$$$ für Aktivitäten, Bus: 157, 461*). Die oberen Hänge sind von Regenwald überzogen, auf den unteren Hängen wurde ein Skulpturengarten angelegt. Ein 20-minütiger Weg führt zu einem Aussichtspunkt mit spektakulärem Blick. Für Adrenalinjunkies bietet der Park Seilrutschentouren.

Jardim Botânico

An der Westseite der Lagune liegt um den Jardim

Königspalmenallee im Jardim Botânico

Botânico herum der wohlhabende gleichnamige Stadtteil. Rios Botanischer Garten gilt als einzigartig: Auf einer Fläche von 144 ha gedeihen hier heimischer Tropenwald sowie rund 10 000 kultivierte Pflanzenarten in üppiger Harmonie. Zu den schönsten Einrichtungen zählen der Amazonas-Garten, der Sinnesgarten und der Orquidário, ein Gewächshaus mit mehr als 600 wunderschönen Orchideenarten. Interessant für Kinder sind besonders die fleischfressenden Pflanzen, der See mit den riesigen Amazonas-Seerosen und der Jardim dos Beija-Flores, dessen Sträucher winzige bunte Kolibris anlocken.

Der nur fünf Minuten vom Jardim Botânico entfernte **Parque Lage** ist ein romantischer Garten mit Teichen, Inseln, Brücken und künstlichen Grotten im Parque Nacional da Tijuca (siehe Kasten). Verschlungene Wege winden sich durch die tropische Vegetation, darunter der 2,2 km lange Pfad hinauf zur Christus-Statue.

Gávea

Das wohlhabende Gávea ist zwischen Leblon, Jardim Botânico und der Favela Rocinha eingezwängt. An die steilen, villenbestandenen Hänge, die sich zum Morro Dois Irmãos hinaufziehen, klammert sich u.a. das schöne modernistische

Wohnhaus, das Olavo Redig de Campos (1906–84) für Walter Moreira Salles (1912–2001) entwarf. Salles, ein Diplomat und Bankier, lebte hier bis 1992; dann wurde das Haus zum **Instituto Moreira Salles** (IMS) mit einem Archiv mit Büchern, Fotos und Musik; außerdem finden hier Kulturveranstaltungen statt. In den von Roberto Burle Marx gestalteten Gärten gedeihen heimische Arten wie Helikonien und Anthurien.

Das Zentrum von Gávea bildet die **Praça Santos Dumont**. Die Bars um den quirligen Platz herum sind ein beliebter Treffpunkt der jungen Szene. Hier befindet sich auch der **Gávea Jockey Club** (*Praça Santos Dumont 31, Tel. 21/3534 9000, Di–Do geschl., Bus: Gávea*), eine der schönsten Pferderennbahnen der Erde. ∎

Jardim Botânico

- ▲ Karte S. 56 C1 & hintere Umschlagklappe B2
- ✉ Rua Jardim Botânico 1008 & 920
- ☎ 21/3874 1808
- 💲 $
- 🚍 Bus: 161, 162, 570, 584

Parque Lage

- ✉ Rua Jardim Botânico 414
- ☎ 21/3257 1800
- 🚍 Bus: 161, 162, 570, 584
- www.eavparquelage.rj.gov.br

Gávea

- ▲ Hintere Umschlagklappe A1

Instituto Moreira Salles

- ✉ Rua Marquês de São Vicente 476
- ☎ 21/3284 7400
- 🕐 Mo geschl.
- 🚍 Bus: 150, 178

ERLEBNIS:
Tijuca-Nationalpark

Zum Jardim Botânico gehören Teile der Floresta da Tijuca. Ein großer Teil des mit 3900 ha größten Stadtwalds der Welt ist im Parque Nacional da Tijuca geschützt. Mit der Erkundung des Walds lassen sich leicht mehrere Tage verbringen. Man kann z.B. den Pico da Tijuca erklimmen, unter Wasserfällen baden und von Aussichtspunkten das Panorama genießen. Die zahllosen Wege des Parks kann man z.B. mit **Rio Hiking** (*Tel. 21/2552 9204, www.riohiking.com.br*) oder **Jungle Me** (*Tel. 21/4105 7533, www.jungleme.com.br*) erkunden.

São Conrado, Barra & Recreio

Das kompakte und eher vornehme Wohngebiet São Conrado lässt sich auf dem Weg von der Zona Sul in die rasch wachsenden Vororte Barra und Recreio schnell durchqueren. Einen Abstecher lohnen die Favela Rocinha, zwei faszinierende Museen und die Strände von Barra, Prainha und Grumari.

São Conrado
⬛ Hintere Umschlagklappe A1

São Conrado ist ein Viertel großer sozioökonomischer Unterschiede: Die Bewohner der schicken Wohntürme blicken hinauf zur Favela Rocinha, deren kubistisches Häusermeer sich den Morro Dois Irmãos hinaufzieht. Der Strand von São Conrado zieht eine bunte Mischung aus gut situierten Anwohnern, Kindern aus Rocinha und Surfern an. Am Ende des Strands, an der Praia do Pepino, landen die Drachenflieger, die auf der Pedra Bonita abspringen.

Barra da Tijuca strotzt vor Einkaufszentren und Wohnkomplexen, und auf den Durchgangsmagistralen reißt der Autoverkehr nicht ab. Der Strand ist von der Zona Sul jedoch auch gut mit Bussen zu erreichen.

Die lange **Praia da Barra** ist sauberer als die Strände der Zona Sul. Die ersten 6 km sind eng bebaut, hier gibt es jede Menge Imbiss- und Getränkekioske. Gleich am ersten Strandabschnitt, der **Praia do Pepê**, tummeln sich Surfer, Fußballer und junge Seifenopernstars. Der Strand ist bei Surfern, Wind- und Kitesurfern beliebt.

Ebenfalls sehr beliebt bei Surfern sind die **Praia do Recreio** und die **Praia da Macumba**. Von Recreio führt die schöne Avenida Estado da Guanabara zu den wildesten Stränden Rios: **Prainha** und **Grumari**.

Kitesurfer an der Praia do Pepê

ERLEBNIS: Favela-Tourismus

Die Vertreibung der Drogenkartelle und die Stationierung von Polizeieinheiten seit 2010 haben zu einer kleinen Blüte des Favela-Tourismus geführt. Neu ist das Phänomen jedoch nicht. Schon seit 20 Jahren bietet **Favela Tour** *(Tel. 71/3322 2727, www.favelatour.com.br)* Führungen in kleinen Gruppen durch Rocinha und Vila Canoas an. Gründer Marcelo Armstrong betont, dass die Bewohner sich über das Interesse der ausländischen Besucher an ihrem Alltag freuen, der weit mehr zu bieten hat als Armut, Drogen und Gewalt. Eine persönlichere Möglichkeit ist ein **Favela Adventure** *(Tel. 21/8221 5572, www.favelatour.org)*. Die Guides nehmen Teilnehmer mit zu Freunden, Nachbarn und *figuras* (Originalen) und gehen mit ihnen in Kneipen und Restaurants und zu Samba-*festas*.

INSIDERTIPP

Wer einmal einen Tandem-Drachenflug ausprobieren möchte, kann das gut in São Conrado tun. Am besten startet man frühmorgens.

LUIZ RENATO MALCHER
Manager, Rio de Janeiro Urban Adventures

Sie sind nicht nur recht abgelegen – nur Prainha ist mit dem Bus zu erreichen –, sondern sie liegen auch in Naturschutzgebieten.

Casa do Pontal & Sítio Roberto Burle Marx

In den späten 1940er Jahren reiste der französische Kunstsammler Jacques van de Beuque durch Brasilien und war erstaunt über die einzigartig reiche Volkskunst, die er hier vorfand und von der anscheinend niemand etwas wusste. Da er diese Schätze erhalten und präsentieren wollte, ließ er sich landeinwärts der Praia do Recreio die **Casa do Pontal** bauen. Heute bilden die mehr als 8000 Werke die größte Sammlung brasilianischer *arte popular* im Land. Trotz der abgeschiedenen Lage lohnt ein Besuch hier – genauso wie im **Sítio Roberto Burle Marx**.

Roberto Burle Marx (1909–94) war ein bedeutender Künstler und weltweit einflussreicher Landschaftsarchitekt. 1949 erwarb er in Barra de Guaratiba eine alte Bananenplantage und lebte dort von 1973 an. Das Haupthaus fungiert heute als Museum; sein Atelier ist eine Galerie, in der seine Zeichnungen, Wandbilder und Stiche sowie seine Sammlung an brasilianischer Volkskunst zu sehen sind. Noch eindrucksvoller sind jedoch die raffiniert gestalteten Gartenanlagen, in denen mehr als 3500 tropische und subtropische Arten Vegetationsbilder schaffen. ∎

Casa do Pontal

🗺 Karte S. 56 B1
✉ Estr. do Pontal 3295, Recreio
☎ 21/2490 3278
💲 $$
🕐 Mo geschl.
🚌 Bus: 703, S-20

**www.museucasa
dopontal.com.br**

Sítio Roberto Burle Marx

🗺 Karte S. 56 B1
✉ Estrada Roberto Burle 2019, Barra
☎ 21/2410 1412
🕐 So, Mo geschl. (Führungen vorbuchen)
💲 $$
🚌 Bus: 387

Ausflüge von Rio

Die Cariocas wissen auch außerhalb der Stadt das schöne Leben zu genießen – ob in Niterói auf der anderen Seite der Bucht, in der Bergstadt Petrópolis, an den Stränden von Búzios und der Ilha Grande oder im reizenden Paraty.

Oscar Niemeyers Museu de Arte Contemporânea (MAC) an der Guanabara-Bucht

Niterói
🅰 Karte S. 56 C1

Museu de Arte Contemporânea
🅰 Karte S. 56 C1
✉ Mirante da Boa Viagem
☎ 21/2620 2481
🕐 Mo geschl.
💲 $, Mi frei
🚌 Bus: 47B (vom Estação das Barcas)

Niterói

Rios Schwesterstadt Niterói wartet mit einigen interessanten Attraktionen auf. Neben der größten Ansammlung von Oscar-Niemeyer-Bauten außerhalb von Brasília und kolonialen Festungen bietet Niterói einige einladende Strände.

Niterói ist leicht zu erreichen. Busse fahren über die lange Ponte Rio-Niterói, Fähren alle 15 bis 30 Minuten vom Estação das Barcas *(Praça XV, Tel. 0800/721 1012, Metrô: Carioca)* in Rio zum Estação das Barcas

an der Praça Araribóia im Zentrum von Niterói oder zum Estação Hidroviária in Charitas.

Niteróis faszinierendste Attraktion ist das **Museu de Arte Contemporânea** (MAC), ein futuristisches Bauwerk von Oscar Niemeyer auf einer Klippe an der Guanabara-Bucht. Die Ausstellungen mit brasilianischer Gegenwartskunst spielen angesichts der spektakulären Ausblicke auf Rio meist nur die zweite Geige.

Das 1996 vollendete MAC war das erste einer

Reihe von Gebäuden, die zusammen den am Wasser verlaufenden **Caminho Niemeyer** bilden, der sich vom Zentrum Niteróis bis zum Museum erstreckt. Wegen Geldmangels wurde das Gesamtprojekt jedoch nicht vollendet. Zu den interessanteren Bauten zählen das Teatro Popular, die Praça JK, das Centro Petrobras de Cinema und der Fundação Oscar Niemeyer. **Neltur** bietet 40-minütige Touren über den Caminho Niemeyer.

1555, als Rios koloniales Schicksal noch nicht besiegelt war, sollte Nicholas Durand de Villegaignon das Land für Frankreich in Besitz nehmen. Am Zugang zur Guanabara-Bucht ließ Villegaignon eine Art Festung anlegen. Nur zwei Jahre später wurde diese von den Portugiesen eingenommen, die hier dann die **Fortaleza de Santa Cruz** errichteten. 1831 wurde daraus ein Gefängnis mit Galgen und Folterkammern. Die 45-minütigen Führungen (nur auf Portugiesisch) führen vorbei an Kanonen, Gefängniszellen und einer mit Einschüssen übersäten Erschießungsmauer. Am einfachsten erreicht man die Festung mit einer 15-minütigen Taxifahrt nach Jurujuba.

Die Stadtstrände von Niterói sind zum Baden zumeist zu voll und zu verschmutzt. **Icaraí** ist mit seiner Mosaik-Promenade Niteróis Pendant zu Ipanema. Schöner sind die Atlantikstrände. Einer der beliebtesten und trotz fortschreitender Erschließung nach wie vor schönsten ist **Camboinhas** 16 km vom Stadtzentrum. Mehrere Kilometer weiter liegt im Naturreservat Serra da Tiririca der noch schönere **Itacoatiara**, dank seiner rauen Brandung ein Surfermekka.

Frischer Fisch

In Niterói kann man auf dem **Mercado São Pedro** *(Rua Visconde do Rio Branco 55, Tel. 21/2719 2600, Mo geschl.)* beim Estação das Barcas frischen Fisch kaufen. Hier preisen Fischhändler an gefliesten Ständen ihre Tintenfische, Hummer, Haie und Sardinen an. Die Qualität ist unschlagbar, so dass sich viele Küchenchefs aus Rio hier für den Tag eindecken. Doch man kann sich mit dem gekauften Fisch auch gleich nach oben zu den *botecos* begeben, wo man ihn sich für einen geringen Betrag braten oder grillen lassen kann.

Die Strände sind gut zu erreichen: Am Fährterminal nimmt man einen Bus Richtung Itacoatiara. Und überall servieren rustikale *barracas* Getränke und frischen Fisch.

Petrópolis

Wenn den Cariocas die Hitze zu viel wird, fahren sie nach Petrópolis. Die 71 km von Rio entfernte kaiserliche Sommerresidenz bietet stets kühlere Temperaturen und dazu jede Menge gutes Essen und frische Luft.

Neltur
Besucherinformation
- ✉ Kiosk, Estação das Barcas, Praça Arariboia
- ✉ Kiosk, MAC, Boa Viagem
- ☎ 0800/282 7755

Fortaleza de Santa Cruz
- 🗺 Karte S. 56 C1
- ✉ Estrada General Eurico Gaspar Dutra, Jurujuba
- ☎ 21/3611-1209
- 🕐 Mo geschl.
- 💲 $

Petrópolis
- 🗺 Karte S. 56 C2

ANMERKUNG: Von der Rodoviária Novo in Rio bietet **Única Fácil** (Tel. 21/2263 8792) Busse nach Petrópolis.

Museu Imperial
- ✉ Rua da Imperatriz 220
- ☎ 24/2245 5550
- 🕐 Mo geschl.
- 💲 $$

Catedral de São Pedro de Alcântara
- ✉ Rua São Pedro de Alcântara 60
- ☎ 24/2242 4300

Palácio de Cristal
- ✉ Rua Alfredo Pacha
- ☎ 24/2247 3721
- 🕐 Mo geschl.

Um die Mitte des 19. Jhs. ließ sich Pedro II. in der Serra do Mar einen prächtigen Sommerpalast bauen und gründete 1843 die Stadt Petrópolis. Im Gefolge Pedros kamen Adlige in die Stadt, die sich ebenfalls Sommerhäuser bauen ließen. Einwanderer aus Deutschland, Österreich und der Schweiz errichteten Chalets im alpinen Stil und eröffneten Brauereien und Feinkostgeschäfte. Mit ihrem Künstlerflair ist die hübsche Stadt auch heute noch ein beliebtes Wochenendziel.

Die Sommerresidenz Pedros II., seiner Frau Teresa Cristina und ihrer beiden Töchter Isabel und Leopoldina war der klassizistische Palácio Imperial. 1943 wurde er zum **Museu Imperial**, das an das Leben der kaiserlichen Familie während Pedros langer Regentschaft (1840–89) erinnert. Zu den eindrucksvollsten Schätzen zählen das

Goldzepter Pedros I. und die Krone Pedros II. mit 639 Diamanten und 77 Perlen, die er bei seiner Krönung trug.

Die zwischen 1884 und 1925 erbaute **Catedral de São Pedro de Alcântara** vermählt Einflüsse der französischen und der deutschen Gotik. Das kaiserliche Mausoleum beherbergt die sterblichen Überreste von Pedro II., Teresa Cristina, Princesa Isabel und ihrem französischen Gemahl, dem Conde d'Eu.

Der zarte **Palácio de Cristal** war ein Geschenk des Conde d'Eu an Princesa Isabel. Er wurde in Frankreich gebaut, in Teilen über den Atlantik transportiert und 1884 an Ort und Stelle zusammengesetzt.

Nach Meinung der Brasilianer war der erste erfolgreiche Flieger nicht einer der Wright-Brüder, sondern Alberto Santos Dumont (1873–1932). Dieser unternahm 1906 in einem von ihm selbst entworfenen und gebauten Flugzeug

---

ERLEBNIS: Wandern in der Serra dos Órgãos

Zwischen Petrópolis und seiner Schwesterstadt Teresópolis 58 km östlich liegt der **Parque Nacional da Serra dos Órgãos**. Der Nationalpark umfasst 12 000 ha Atlantischen Regenwald voller Wanderwege durch eine bizarre Berglandschaft, die einer Kirchenorgel ähnelt – daher der Name „Orgelgebirge". Der ebenso treffend benannte, 1692 m hohe Dedo de Deus (Finger Gottes) ist der bekannteste Gipfel im Park. Die zahlreichen Wanderwege im Park ermöglichen einfache halbstündige

Spaziergänge genauso wie die schwierige, aber spektakuläre, 42 km lange Dreitageswanderung von Petrópolis nach Teresópolis. **Trekking Petrópolis** (Tel. 24/2235 7607, www.rioserra.com.br/ trekking) organisiert Wanderungen, Seilabstiege und Canyoning-Exkursionen. Der Haupteingang des Park sowie die Parkverwaltung befinden sich bei Teresópolis (Av. Rotariana, Tel. 21/2152 1100); einen weiteren Eingang gibt es 16 km vom Zentrum von Petrópolis entfernt an der Estrada União-Indústria.

Ein Kletterer auf dem Dedo de Deus (Finger Gottes)

den ersten Motorflug. Aber der Exzentriker war nicht nur ein Luftfahrtpionier, sondern auch ein leidenschaftlicher Erfinder; seine zahlreichen Projekte füllen die **Casa de Santos Dumont** an den Hängen des Morro da Encantada.

Die viktorianische **Casa da Ipiranga** außerhalb des Zentrums ist wegen ihrer asymmetrischen Fassade auch als Casa de Sete Erros (Haus der sieben Fehler) bekannt. Das opulente Haus des Bankiers José Tavares Guerra beeindruckt mit Brokatbehängen, Kristallleuchtern und Möbeln aus poliertem Palisanderholz.

Búzios

Das 170 km östlich von Rio an der Costa do Sol gelegene Búzios ist einer der bekanntesten Badeorte Brasiliens. Es ist zugleich äußerst elegant und entwaffnend locker.

Búzios, eine Art brasilianisches St-Tropez, erstreckt sich auf einer 8 km langen Halbinsel mit idyllischen Buchten, in deren klaren Gewässern Jachten und Fischerboote dümpeln. Die Kopfsteinpflasterstraßen der Stadt sind von schicken Restaurants, Hotels und Boutiquen gesäumt. Búzios lockt besonders im Sommer jede Menge schöne Menschen und Feierfreudige an, aber auch in der Nebensaison verströmen die zwei Dutzend Strände viel mediterranen Charme.

Búzios besteht aus drei Orten. Der städtischste und kommerziellste ist **Manguinhos** am Festland. Das historische und touristische Zentrum von Búzios ist **Armação dos Búzios**. Hier befinden sich um die Kopfsteinpflasterstraße Rua das Pedras herum viele der angesagtesten Geschäfte, Galerien, Restaurants, Hotels und Clubs. Ihre malerische Verlängerung, die Orla Bardot, führt am Wasser entlang nach 20 Minuten zum Fischerdorf **Ossos**.

Casa de Santos Dumont
- Rua do Encanto 22
- 24/2247 5222
- Mo geschl.
- $

Casa da Ipiranga
- Av. Ipiranga 716
- 24/2231 8718
- Di geschl.
- $$

Búzios
- Karte S. 57 E1

Besucherinformation
- Praça Santos Dumont, Armação
- 22/2623 2099

www.buziosonline.com.br

ANMERKUNG: Viação 1001 (21/4004 5001, www.autoviacao1001.com.br) bietet täglich Busse von der Rodoviária Novo in Rio.

Ilha Grande

✉ Karte S. 56 A1-B1

Besucher-information

✉ Fähranleger

☎ 24/9922 9614

ANMERKUNG:
Viação Costa Verde
(Tel. 21/3622 3123)
bietet stündlich Busse
von Rio nach Angra.
Mit dem Auto folgt
man von Rio der
BR-101 Richtung
Süden. Die Fahrt dauert 2,5–3 Stunden.

Dem Reiz der Strände von Búzios kann sich niemand entziehen. Die **Praia de Manguinhos** und **Praia Rasa** an der Nordküste locken Segler und Windsurfer an. Richtung Armação kommt man an der **Praia dos Amores**, **Praia das Virgens** und **Praia da Tartaruga** vorbei, abgeschiedenen Stränden inmitten üppiger Vegetation.

Die hübschen Strände von Armação sind zum Baden zu verschmutzt. An der **Praia dos Ossos** mit der Igreja de Sant'Ana aus dem 18. Jh. liegen zahlreiche Boote.

Der Bardot-Faktor

1964 begleitete die französische Schauspielerin Brigitte Bardot auf dem Höhepunkt ihres Ruhms ihren brasilianischen Freund auf einem zweimonatigen Urlaub nach Búzios. Damals war der idyllische Fischerort nach völlig unbekannt – bis die Paparazzi Wind von Bardots Anwesenheit bekamen und in den Ort einfielen. Heute erinnert an Bardot die stilvolle Promenade, die Orla Bardot, an der eine Bronzestatue der Schauspielerin auf die auf dem Meer dümpelnden Fischerboote blickt.

Nach fünf Minuten gelangt man zu den bezaubernden kleinen Stränden **Azeda** und **Azedinha**. Von Ossos führt eine Hügelstraße nach **João Fernandes** und **João Fernandinho**.

Die Ostspitze der Halbinsel birgt einige der abgeschiedensten und wildesten Strände von Búzios. Die **Praia Brava** überrascht mit rosa Sand und rauen Klippen. Kleiner sind die **Praia Olho de Boi**, eine winzige Bucht für FKK-Freunde, die **Praia do Forno** und die **Praia da Foca** mit von Felsen gesäumten Badebecken.

Die **Praia da Ferradura** an der Südküste der Halbinsel ist von Villen, Apartmenthäusern, Pensionen und Kneipen gesäumt. Der breite Strand und die geschützten Gewässer sind ideal für Familien und zum Segeln, Kajakfahren und Windsurfen. Die größere **Praia de Geribá** ist vor allem bei echten Surffreaks und jungem Partyvolk beliebt. Richtung Festland liegen drei besonders einsame Strände, die **Praia dos Tucuns**, die **Praia José Gonçalves** und die **Praia das Caravelas**. Hier gibt es kaum Infrastruktur, dafür aber eine eindrucksvolle Umgebung.

Die meisten Strände von Búzios sind mit Bussen, Taxis oder Buggys erreichbar – und auch vom Bootsanleger in Armação. Zu den Stränden im Norden der Halbinsel pendeln *taxis marítimos*.

Ilha Grande

160 km westlich von Rio liegt die **Angra dos Reis** (Bucht der Könige), eine glitzernde grünblaue Bucht mit rund tausend Stränden und 300 Inseln. Die größte davon, die Ilha Grande, ist die schönste.

Die Abgelegenheit der Ilha Grande hat auch ihre Geschichte geprägt. In den Buchten der Insel versteckten sich oft Piraten, um spanischen Goldschiffen aufzulauern. Im 19. Jh. wurden auf der Insel selbst nach dem Verbot der Sklaverei Sklaven verkauft. Hier gab es außerdem eine Leprakolonie sowie zwei Gefängnisse. Erst als das zweite Gefängnis 1994 abgerissen wurde, setzte der Tourismus ein. Die urwüchsigen Wälder und Strände und die Abwesenheit von motorisiertem Verkehr haben die tropische Insel zu einem bevorzugten Ziel von Naturliebhabern gemacht.

Die Ilha Grande ist nur 80 Minuten mit dem Boot von Angra und Mangaratiba entfernt; von dort bietet CCR Barcas *(Tel. 0800/721 1012)* Fährverbindungen. Oder man nimmt von Angra einen schnellen Katamaran. Auf der Ilha Grande gibt es keine Geldautomaten!

Die Fähren legen im Fischerdorf **Abraão** an, dem „Hauptort" der Insel mit 3000 Einwohnern. Im Ort befinden sich die meisten der *pousadas*, Restaurants und Touranbieter der Insel.

Einer der kürzesten Spaziergänge vom Ort aus führt in 20 Minuten nach **Lazareto** mit den Überresten eines Krankenhauses für Infektionskrankheiten aus dem 19. Jh. Bis 1964 diente der Komplex dann als Gefängnis. Hinter den Ruinen erhebt sich ein Aquädukt von 1833 mit 26 Bogen. Abkühlen kann man sich im stillen Wasser der nahen **Praia Preta**. Vom Aquädukt führt eine anderthalbstündige Wanderung durch den Regenwald zur **Cachoeira da Feiticeira**, einem 15 m hohen Wasserfall.

INSIDERTIPP

Caldo de cana **(Zuckerrohrsaft) ist sehr süß, aber auch sehr erfrischend. Zusammen mit einem gefüllten** *pastel* **ergibt er einen perfekten Snack.**

ADRIANA IZZO-ORTOLANO
National Geographic-Autorin

Die Hauptattraktion der Ilha Grande sind ihre paradiesischen Strände – man könnte Wochen damit zubringen, sie alle zu erkunden.

Eine Fußstunde südlich von Abraão liegt das kleine Fischerdorf **Praia Grande das Palmas**, dessen palmengesäumter Strand mit rustikalen Bars aufwartet. Nach weiteren 45 Minuten erreicht man die von Mangroven umgebene **Praia dos Mangues**. Und nur 20 Minuten entfernt erstreckt sich der Strand, der immer wieder als schönster Strand nicht nur der Insel, sondern

ERLEBNIS:
Auf der Goldroute

**Die Dschungelküste und die Berge der
Serra da Bocaina** warten mit jeder Menge
Wanderwegen auf. Ein faszinierender
Spaziergang führt 2,5 km weit über den
historischen, 1200 km langen **Caminho do
Ouro**. Die von Sklaven angelegte Bergroute
ist ein Meisterwerk der Ingenieurskunst;
über diesen Weg wurde das Gold aus Minas
Gerais hinunter nach Paraty transportiert.
Die anderthalbstündige Wanderung kann
man mit einem Guide des **Centro de Infor-
maçães Turísticas Caminho do Ouro**
*(Estr. Paraty-Cunha, Tel. 24/3371 1222, Mo &
Di geschl., $$$)* unternehmen.

Paraty

🗺 Karte S. 56 A1

**Besucher-
information**

✉ Av. Roberto
Silveira 1

☎ 24/3371 3064

ANMERKUNG:
Viação Costa Verde
(Tel. 21/2233 3809)
bietet häufige Bus-
verbindungen von der
Rodoviária Novo in
Rio nach Paraty. Mit
dem Auto folgt man
der BR-101 Richtung
Süden. Die Fahrt dau-
ert 3,5–4,5 Stunden.

Casa de Cultura

✉ Rua Dona
Geralda 177

☎ 24/3371 2325

🕐 Di geschl.

💲 $$

ganz Brasiliens gefeiert wird:
die 3 km lange weiße **Praia
Lopes Mendes** mit ihrem
herrlich jade- und türkisgrü-
nen Wasser.

Andere, noch abgelegene-
re Strände lohnen ebenfalls
die Mühen eines Besuchs.
Cachadaço ist ein kleines Juwel inmitten großer Felsen;
die **Praia dos Dois Rios** wird
von zwei Flüssen eingerahmt.
Noch abgeschiedener sind
die **Praia da Parnaioca**,
wo der Rio Parnaioca eine
schöne Lagune mit kleinem
Wasserfall bildet, und die
Praia do Aventureiro in
einem Bioreservat.

Mit mehr als 900
Meerestierarten und 15
Schiffswracks ist die Baía de
Ilha Grande eines der besten
Schnorchel- und Tauchrevie-
re Brasiliens. Das **Elite Dive
Center** *(Tel. 24/3361 5501)*
bietet Unterricht, Ausrüs-
tungsverleih und Tauchtrips.

Zahlreiche Wanderwege
durchziehen den üppigen
Regenwald der Ilha Grande.
Zu den schwierigsten, aber
auch schönsten Wanderun-
gen zählt der dreistündige
Aufstieg auf den **Pico do
Papagaio** (Papageienberg).

Paraty

Paraty ist eine der stim-
mungsvollsten Kolonialstädte
Brasiliens. Im Zentrum des
256 km südwestlich von Rio
gelegenen Orts findet man
Künstlerateliers, edle Restaurants und *cachaçarias*, in denen man den hier erzeugten
Schnaps probieren kann.

Paraty wird oft als „Kolonialjuwel" bezeichnet – zu
Recht. Ende des 17. Jhs.
benötigten die Portugiesen
einen sicheren Hafen für
die Verschiffung von Gold
aus Minas Gerais. Im frühen
18. Jh. war dieser wegen
seiner einsamen Lage jedoch
nur schwer gegen Piraten
zu verteidigen. Als zwischen
Minas Gerais und Rio eine
neue Goldroute entstand,
fiel Paraty dem Vergessen
anheim – bis es Anfang der
1970er Jahre über eine Küstenstraße an die Außenwelt
angebunden wurde.

Das kompakte Zentrum
eignet sich fantastisch zum
ziellosen Bummeln. Die
meisten der weißen *sobrados*
(Villen) aus dem 18. und
19. Jh. sind eher beschei-
den; eine der auffallendsten
Villen ist die **Casa da Cultura** von 1758. Hier finden

Kulturveranstaltungen statt, und es gibt eine Ausstellung zur Geschichte der Stadt.

Paraty wartet mit vier reizenden Kirchen auf. Die 1800 errichtete **Igreja Nossa Senhora das Dores** bot den Adligen während der langen Gottesdienste erfrischende Seebrisen. Opulenter ist die **Igreja de Nossa Senhora dos Remédios**, in der das Bürgertum der Stadt betete. Die einfache **Igreja de Nossa Senhora do Rosário e São Benedito** von 1725 war die Sklavenkirche Paratys. Interessanterweise sind ihre Altäre die einzigen der Stadt, die mit Gold überzogen sind. Am fotogensten ist die von befreiten Sklaven errichtete **Igreja de Santa Rita dos Pardos Libertos** mit einem kleinen Museum.

Jeden Tag steuern zahlreiche Schoner, Motor- und Fischerboote einige der 65 Inseln und 200 Strände in der Bucht von Paraty an. **Paraty Tours** *(Av. Roberto Silveira 11, Tel. 24/3371 1327, www.paratytours.com.br)* bietet fünfstündige Schonertörns; bei den *barqueiros* am Kai kann man Boote mieten.

Einige der schönsten Strände der Gegend findet man um **Trindade**, ein Fischerdorf und altes Hippiezentrum 25 km südlich von Paraty an der Straße von Rio nach Santos, von Paraty leicht mit dem Bus zu erreichen. Ein weiterer leicht zugänglicher Strand ist **Paraty-Mirim**, 18 km südwestlich von Paraty, zu erreichen per Bus und über die BR-101. Nur eine halbe Stunde mit dem Boot entfernt erstreckt sich dann der einzige Fjord Brasiliens, der **Saco do Mamanguá**. ∎

Igreja Nossa Senhora das Dores

✉ Rua Fresca
🕐 Mo geschl.
💲 $

Igreja de Nossa Senhora dos Remédios

✉ Praça da Matriz
🕐 Mo geschl.
💲 $

Igreja de Nossa Senhora do Rosário

✉ Rua do Comércio
🕐 Mo geschl.

Igreja Santa Rita dos Pardos Libertos

✉ Largo de Santa Rita
🕐 Mo & Di geschl.

Blick auf Paraty mit der Igreja de Santa Rita dos Pardos Libertos im Vordergrund

Eine vielgestaltige Region mit Stränden und Wäldern, historischen und modernen, ländlichen und urbanen Attraktionen

Der Südosten

Die bei Nacht erleuchtete Ponte Octávio Frias de Oliveira
über den Rio Pinheiros in São Paulo

Der Südosten

Der Südosten ist die reichste Region Brasiliens. Die touristische Infrastruktur stellt jene des restlichen Landes in den Schatten. Ganz gleich, ob man es eher städtisch oder ländlich mag, eher aufregende oder besinnliche Tage verleben möchte: Zu entdecken gibt es jede Menge, auch in puncto Kultur und Historie.

Der Wohlstand dieser Region reicht weit in die Geschichte des Landes zurück. In der frühen Kolonialzeit war São Vicente (entsprach etwa dem heutigen São Paulo) eine der beiden erfolgreichen Ländereien der portugiesischen Krone. Minas Gerais („allgemeine Minen") lieferte die Bodenschätze. Ende des 19. Jhs. wurde São Paulo durch den Kaffee-Boom noch reicher. Nach Abschaffung der Sklaverei kamen Zuwanderer aus Europa und Japan als Arbeitskräfte. Die Industrialisierung trieb die Landbevölkerung in die Metropole, im 20. Jh. stieg die Einwohnerzahl von 250 000 auf zehn Millionen. Die expandierende Agrarindustrie im Hinterland brachte den Spitznamen „Brasilianisches Kalifornien."

Paulistanos, die Bewohner der Stadt (Paulistas sind jene des Bundesstaates), mögen lieber den Vergleich mit New York City. São Paulo bietet sehr viele Kunstgalerien, Museen, Restaurants und Nachtclubs; manche Viertel sind lebende Beispiele der Migrantenkulturen.

Der Bundesstaat ist vielgestaltig. An den Wochenenden fahren die Städter ans Meer. Der Parque Nacional da Serra da Bocaina bietet viele Aktivitäten, der Park PETAR die beste Höhlenklettergegend und das Vale do Ribeira einige Naturreservate. Die ländlichen Gegenden

im Westen bieten unzählige Betätigungen und Einblicke in die Geschichte der Kaffeeproduktion, der Cowboys und Migranten. Die Stadt Socorro ist weltweit führend im barrierefreien Tourismus.

Hauptattraktionen in Minas Gerais sind die historischen Bergstädte und das weltgrößte Open-Air-Kunstmuseum.

Feinschmecker schätzen die Landküche; Literaturfreunde erschließen sich die Heimat von Carlos Drummond de Andrade und João Guimarães Rosa. Espírito Santo ist von Rio de Janeiro, Minas Gerais, Bahia und Meer umgeben, hat weite Teile der Mata Atlântica erhalten und ist bei Ornithologen beliebt. ∎

SÜDWESTEN &
PANTANAL
S. 168–169

5▷

P.N. CAVERNAS
DO PERUAÇU   Espinosa

P.N.
GRANDE
SERTÃO
VEREDAS   Januária   BR122

BR135   DER NORDOSTEN
S. 196–197

Janaúba

BR251

Unaí   Salinas   Almenara

4▷   MINAS   Montes
        GERAIS   Claros

Paracatu   Araçuaí   BR116

Pirapora   Teófilo
                Otoni

P.N. DAS
SEMPRE-
VIVAS

BR365   Diamantina   Governador   BR101
                Valadares

Represa
Três Marias   ESPÍRITO
        SANTO

Gruta do   Cordisburgo
Maquiné

Uberaba   Itabira   Ipatinga   Linhares
Sacramento   Sabará   Santa
        BELO HORIZONTE   Santa Bárbara do Leste   Teresa   Regência
São João   P.N. e Santuário do Caraça
Batista   Minas da Passagem   Domingos   Cariacica
São Roque   Brumadinho   Mariana   Martins   Vitória
Cachoeira   de Minas   Congonhas   Ouro   Viana   Espírito
Casca d'Anta   P.N. SERRA   Preto   BR116   Cachoeiro do   Santo
        DA CANASTRA   Itapemirim

Ribeirão Preto   Tiradentes
        São João   Barbacena
        del Rei
        BR381
Holambra   Maria
        Fumaça   Juiz de
Pouso   Fora
SP330   Alegre   Preto   RIO DE JANEIRO
                S. 54–55
guas de
o Pedro   Socorro   Itajubá   △
Santa   Americana   Lorena   E
árbara   CAMPINAS
'Oeste   Jundiaí   P.N. DA SERRA
                DA BOCAINA
        Taubaté
SÃO PAULO   São Luiz do Paraitinga
Embu das Artes   Maresias   Picinguaba
BR160   Ubatuba
Santos   São
        Sebastião   Ilhabela
Itanhaém
Peruíbe   Ilha da Queimada Pequena   ATLANTIK
        Ilha da Queimada Grande
uape   E.E. de Juréia-Itatins

Cananeia   0   100 Kilometer

△   △
C   D

Brasília

Zur Orientierung

São Paulo-Stadt

São Paulo ist Brasiliens wichtigstes Ziel für Geschäftsreisende und wird von vielen internationalen Fluggesellschaften angeflogen. Auch zahlreiche Inlandflüge starten hier. Die meisten Besucher begnügen sich mit São Paulo, einer Weltstadt mit Nachtleben, Restaurants, Galerien und Museen. Wer ein konkretes Ziel hat, sollte sich ein nahe gelegenes Hotel suchen und mit der Metrô fahren.

São Paulo

▲ Karte S. 99 C1

Besucherinformation

✉ Flughafen: Abflugsektoren der Terminals 1 & 2

✉ República: Praça da República, Centro

✉ Mercado Municipal: Rua da Cantareira

www.cidadede saopaulo.com

Centro

Für Besucher mit Sinn für Geschichte und Architektur ist das Zentrum (Centro) ein Traum. Einst hatte São Paulo eine geschlossene Innenstadt. Hier fand 1922 die Woche der Modernen Kunst (siehe S. 37) im **Theatro Municipal de São Paulo** *(Praça Ramos de Azevedo, Tel. 11/3397 0300)* statt. Fast 60 Jahre später versammelten sich unerschrockene Intellektuelle im italienischen

Restaurant **Gigetto** in der Rua Avanhandava *(63, Bela Vista, Tel. 11/3256 6530)*, zu deren Förderern der spätere Präsident Fernando Henrique Cardoso und der Schauspieler Jô Soares gehörten. Lieder besangen die **Avenida São João**, darunter Paulo Vanzolinis „Ronda" (1953), Adoniran Barbosas „Iracema" (1956) und Caetano Velosos „Sampa" (1978).

Ende des 20. Jhs. wurde das Centro unbeliebt. Das

Bixiga

Bixiga ist ein kompaktes Viertel zwischen Avenida Paulista und dem alten Stadtzentrum: São Paulos Little Italy. Heute leben hier nicht mehr viele Menschen italienischer Abstammung, aber ein paar verstreute Cantinas und das **Museu Memória do Bixiga** *(Rua dos Ingleses 118, Bela Vista, Tel. 11/3253 9338, www.museumemoriadobixiga.com)* sind geblieben. In diesem Viertel ist eine der ältesten Samba-Schulen ansässig: **Vai-Vai** *(Rua São Vicente 276, Bela Vista, Tel. 11/3266 2581)*, außerdem eines der ältesten professionellen Theater, **Teatro Brasileiro de Comédia** *(Rua Major Diogo 311, Bela Vista, Tel. 11/3104 5523)*, und viele Bars.

In die ersten Cantinas konnte man sich sein Essen selbst mitbringen, erzählt der langjährige Kurator, Mitgründer und gute Geist des Bixiga-Museums, Armandinho

do Bixiga, der einen eigenen Nachnamen hat, ihn aber — wie viele brasilianische Fußballspieler — nie benutzt. Endlose Kartenspiele bestimmten, wer die Zeche bezahlte; gegen 23 Uhr wurden dann die (italienischen) Wurstbrote herausgeholt.

Die älteste der noch bestehenden Cantinas, **Capuano** *(Rua Conselheiro Carrão 416, Bela Vista, Tel. 11/3288 1460)*, 1907 eröffnet, ist auch das älteste Lokal der Stadt.

Die Rua Rui Barbosa ist von Theatern gesäumt, trägt den Beinamen „Broadway Paulista" und lockte Intellektuelle und Bohemiens an. Ihre Glanzzeit ist vorbei, doch auch heute noch geht man hier ins Theater und gut italienisch essen.

Lassen Sie sich vom Stadtplan nicht beirren: Bixiga ist ein Viertel des Stadtteils Bela Vista, doch kein Einheimischer würde es je anders nennen als Bixiga.

0 500 Meter

Palmeiras-Barra Funda
AV. FRANCISCO MATARAZZO
Memorial da América Latina
BARRA FUNDA
AV. PACAEMBU
Marechal Deodoro
VD. PRES. ARTUR DA COSTA E SILVA
Teatro São Pedro
SANTA IFEGÊNIA
Santa Cecília
AV. GENERAL OSÓRIO
LUZ
Museu da Arte Sacra de São Paulo & Mosteiro da Luz
Tiradentes
PARQUE DA LUZ
Pinacoteca do Estado
Museu da Língua Portuguesa
Contemporânea Instrumentos Musicais
Luz
RUA DA CANTAREIRA
HIGIENÓPOLIS
PRAÇA CHARLES MILLER
CONSOLAÇÃO
VILA BUARQUE
RUA DA CONSOLAÇÃO
REPÚBLICA
Bar Brahma
AV. IPIRANGA
Galeria do Rock
República
Terraço Itália
Copan
PRAÇA ROOSEVELT
Gigetto
RUA AUGUSTA
Anhangabaú
RUAS DE MARÇO
São Bento Monastery
Edifício Altino Arantes
São Bento
Theatro Municipal
Pátio do Colégio
CENTRO
PRAÇA DA SÉ
Catedral da Sé
Sé
Mercado Municipal
RUA JOÃO BRICOLA
Caixa Cultural
PRAÇA DA SÉ
Museu da Imigração do Estado de São Paulo
Tamanduateí
CEMITÉRIO DO ARAÇÁ
AV. DR. ARNALDO
Vila Madalena
AV. REBOUÇAS
Pinheiros
Consolação
Paulista
RUA AUGUSTA
Havaianas
Livraria da Vila
JARDIMS
Galeria Luisa Strina
RUA OSCAR FREIRE
ALAMEDA DE JULHO
AV. NOVE DE LORENA
Museu de Arte de São Paulo (MASP)
PARQUE TRIANON
Trianon-Masp
AVENIDA PAULISTA
Brigadeiro
Instituto Cultural Itaú
Casa das Rosas
Vai-Vai
RUA SÃO VICENTE
Capuano
RUA CONSELHEIRO CARRÃO
Museu Memória do Bixiga
RUA RUI BARBOSA
RUA MAJOR DIOGO
Teatro Brasileiro de Comédia
Liberdade
BIXIGA
São Joaquim
Templo Busshinji
Assembléia de Deus Nipo-Brasileira
RUA TREZE DE MAIO
RUA GALVÃO BUENO
RUA CONDE DE SARZEDAS
RUA TOMAS DE LIMA
Museu da Associação Okinawa do Brasil
Aska Lamen
Museu Histórico da Imigração Japonesa no Brasil
LIBERDADE
AV. VINTE E TRÊS DE MAIO
Verguero
PARAÍSO
PARQUE DA ACLIMAÇÃO

angrenzende „Crackolândia" vertrieb die Künstlerbars; viele Geschäfte, Hotels und Cafés wurden geschlossen. Heute erlebt das Centro ein Revival; auch die **Bar Brahma** (siehe Reiseinformationen S. 288) an der Kreuzung von Ipiranga und São João ist zurückgekehrt. Im sogenannten **Baixo**

Augusta (Viertel um die Rua Augusta) bevölkern neue Bars und Nachtclubs die Straßen. Hotels werden gebaut oder saniert, die Rua Avanhandava und Praça Roosevelt wurden schick herausgeputzt.

Unweit des **Pátio do Colégio** (Stadtgründungsplatz) verweisen das **Kloster São**

Die Catedral da Sé und der Platz davor waren Schauplatz zahlreicher Bürgerproteste

Embu das Artes
Karte S. 99 C1

Bento *(Largo de São Bento, Tel. 11/3328 8799, Metrô: São Bento)* und die **Catedral da Sé** *(Praça da Sé, Tel. 11/3107 6832, www.catedraldase.org.br, Metrô: Sé)* auf die Präsenz der katholischen Kirche. Auf der **Praça da Sé** vor der Kathedrale fanden viele politische Demonstrationen statt, auch jene 1984 gegen die Diktatur und für direkte Wahlen.

Das vom Empire State Building inspirierte **Edifício Altino Arantes** („Banespa", *Rua João Brícola 24, Tel. 11/ 3249 7466, Metrô: São Bento)* nördlich der Praça da Sé bietet einen überwältigenden Blick über die Stadt. Einen ähnlich guten hat man bei Speis und Trank im **Terraço Italia** des **Edifício Itália** *(Av. Ipiranga 344, República, Tel. 11/2189 2929, Metrô: República)*. In der Nähe steht Oscar Niemeyers kurviges Hochhaus **Copan** *(Av. Ipiranga 200, República, Metrô: República)*.

Einkaufen: Empfehlenswert ist der riesige Straßenmarkt

INSIDERTIPP

Auf dem Wochenend-markt in Embu das Artes, nur 30 km westlich von São Paulo, kann man gut einkaufen und essen.

RODRIGO NICOLETTE
Professor, Universität von São Paulo

der **Rua 25 de Março** *(Sa nachm. & So geschl.)*. Der **Mercado Municipal** *(Rua da Cantareira 306, Tel. 11/3313 3365, www.mercadomunicipal. com.br)* ist ein regelrechter Fresstempel. Einheimische schwören auf die Morta-della-Sandwiches. Die **Galeria do Rock** *(Rua 24 de Maio 62, República, www.galeriadorock.com.br, So geschl.)*, ein Einkaufs-zentrum mit Rocker-Thema, ist ein beliebter Treff für Musikfans, Skater und Tattoo-Künstler.

Musikliebhabern sei die seit 1960 veranstaltete

choro-Jamsession in der **Contemporânea Instrumentos Musicais** (Sa 21–2 Uhr) nördlich der Galerie empfohlen, die schon Elis Regina und Zeca Pagodinho anlockte.

Liberdade

In Brasilien leben die meisten Menschen japanischer Abstammung außerhalb Japans, die allermeisten davon in São Paulo. Jahrzehntelang war das Viertel Liberdade, das sich im Süden des Centro befindet, das Japanviertel. 1912 ließen sich die ersten japanischen Migranten hier nieder. Schnell wurden es mehr, und 1967 wurde dem Viertel schließlich ein Besuch des Prinzen (und späteren Kaisers) Akihito abgestattet.

Nach dem Bau der Metrô 1974 ließ man die typischen „Suzuranto"-Laternen errichten und Läden in asiatischen Schriftzeichen titeln. Heute wohnen in Liberdade mehr Menschen chinesischer und koreanischer Abstammung.

Reste der japanischen Kultur sind jedoch noch zu sehen und können gut zu Fuß erkundet werden, am besten von der Metrô-Station Liberdade aus. An Wochenenden von 8–18 Uhr gibt es die **Feira da Liberdade**, den beliebten Markt mit brasilianisch-asiatischem Handwerk und Essen. Vom Viaduto Guilherme de Almeida wenige Schritte südwärts hat man eine herrliche Sicht

(Fortsetzung auf S. 106)

Contemporânea Instrumentos Musicais
- 🅰 Karte S. 101
- ✉ Rua General Osório 46
- ☎ 11/3221 8477

Liberdade
- 🅰 Karte S. 101

Feira da Liberdade
- ✉ Praça da Liberdade
- 🕐 Mo–Fr geschl.
- Ⓜ Metrô: Liberdade

Die Kunstwelt von São Paulo

In der Stadt gibt es einige sehr bedeutende Galerien moderner brasilianischer Kunst, in denen regelmäßig Ausstellungen wichtiger zeitgenössischer Künstler gezeigt werden.

Die **Galeria Luisa Strina** *(Rua Padre João Manuel 755, Jardim Paulista, Tel. 11/3088 2471, www.galerialuisastrina.com. br, So geschl.)*, eröffnet 1974, ist die Grand Dame und zeigt Künstler wie Marepe und Cildo Meireles. Die **Galeria Raquel Arnaud** *(Rua Fidalga 125, Pinheiros, Tel. 11/3083 6322, www.raquelarnaud.com, So geschl.)* ist Strinas Konkurrentin, wurde 1980 eröffnet und stellt Werke von Tunga, José Resende und anderen aus.

Ein Kind der 1990er Jahre ist die **Galeria Fortes Vilaça** *(Rua Fradique Coutinho 1500, Pinheiros, Tel. 11/3032 7066, So & Mo geschl.)*; sie zeigt Efrain Almeida und die Street-Art-Zwillinge Os Gêmeos. **Nara Roesler** *(Av. Europa 655, Jardim Europa, Tel. 11/3063 2344, www.nararoesler.com.br, So geschl.)* eröffnete 1989 und stellt u.a. Karin Lambrecht und Laura Vinci aus.

Ebenso im Jardim Europa ansässig ist **Thomas Cohn** *(Av. Europa 641, Tel. 11/3083 3355, So & Mo geschl.)*, der 1997 aus Rio de Janeiro herkam und sich auf regionale lateinamerikanische Künstler spezialisiert hat. Im gleichen Jahr eröffnete die **Luciana Brito Galeria** *(Rua Gomes de Carvalho 842, Itaim Bibi, Tel. 11/3842 0634)* mit Werken u. a. von Regina Silveira und Geraldo de Barros. 2012 wurde in São Paulo eine Filiale der renommierten Londoner Galerie **White Cube** eröffnet *(Rua Agostinho Rodrigues Filho 550, Vila Clementino, Tel. 11/4329 4474, whitecube.com, So & Mo geschl.)*.

Mit der Metrô durch São Paulo

Mit täglich vier Millionen Fahrgästen rangiert die 1974 fertiggestellte Metrô von São Paulo zwar weltweit an dritter Stelle, wird aber dem Bedarf dieser Metropole kaum gerecht. Sie hat z.B. keine Anbindung zum Flughafen, zum Park Ibirapuera, den großen Fußballstadien oder zum Mercado Municipal und schließt um 24 Uhr (samstags 1 Uhr), lange bevor São Paulos pulsierendes Nachtleben zu Ende geht. Dennoch ist Metrô-Hopping eine großartige Sache.

Metrô-Tickets

Das Kurzzeit-Ticket *Bilhete Único Comum* ist als Einzelfahrschein drei Stunden lang für eine Metrô-Fahrt und drei (oder vier) Busfahrten gültig und kann in Metrô-Stationen, Lottoläden, Zeitungskiosken und vielen *padarias* (Bäckereien) erworben werden. Mindestabnahme fünf Fahrten, BRL 15 (5 €).

Linie 1 Azul (Blau)

Station Villa Mariana

Lasar Segall, 1891 in Litauen geboren, übersiedelte 1923 nach Brasilien und wurde einer der ersten Modernisten des Landes. Nach seinem Tod 1957 half seine Witwe beim Aufbau des **Museu Lasar Segall** *(Rua Berta 111, Vila Mariana, Tel. 11/2159 0400, www.museusegall.org.br, Di geschl.)* in seinem Wohnhaus und Atelier. Die Sammlung umfasst gut 3000 Werke.

Station Luz

Die **Pinacoteca do Estado de São Paulo** *(Praça da Luz 2, Luz, Tel. 11/3324 1000, www.pinacoteca.org.br, Mo geschl., $, Sa frei)* zeigt brasilianische Kunst vom 19. Jh. bis heute. Sie wurde 1905 eröffnet und ist das älteste Kunstmuseum der Stadt. Das Gebäude wurde Ende des 19. Jhs. nach Plänen von Ramos de Azevedo gebaut und hundert Jahre später von Paulo Mendes da Rocha umfassend renoviert.

Der 11 ha große **Parque da Luz** *(Rua Ribeiro de Lima 99, Praça da Luz, Luz)* ist der meisterlichste der Stadt. Oft bevölkern Straßenmusikanten seine Wege.

Die 1901 eröffnete **Estação da Luz** *(Praça da Luz 1, Luz, Tel. 0800/550 121, www.cidadedesaopaulo.com/sp/br/o-que-visitar/186-estacao-da-luz)* mit einer Fläche von 7500 m² war in der ersten Hälfte des 20. Jhs. ein Zentrum geschäftigen Treibens. Hundert Jahre später, 2006, eröffnete das **Museu da Língua Portuguesa** *(Praça da Luz, Centro, Tel. 11/3326 0775, Mo geschl., $, Sa frei)*, ein innovatives Museum der portugiesischen Sprache, das bei Brasilianern überaus beliebt ist.

Kunsttouren

TurisMetrô

An Wochenenden bietet die Metrô geführte Touren zu gut erreichbaren Sehenswürdigkeiten. Zu buchen sind sie 20 Minuten vor Fahrtbeginn an der zentralen Station Sé; es fallen keine Zusatzkosten an, nur ein Metrô-Ticket. Geführt wird zweisprachig zu folgenden Zeiten: República Sa 9 Uhr; Sé Sa 14 Uhr; Luz Sa 14 Uhr, So 14 Uhr; Avenida Paulista So 9 Uhr.

Metrô-Kunst

Wer die Gelegenheit hat, sollte sich die Tafel **„Momento Antropofágico com Oswald de Andrade"** von Antonio Peticov an der Station República und die großflächige Ausstellung der Einwohnerporträts von Alex Flemming an der Station Sumaré ansehen.

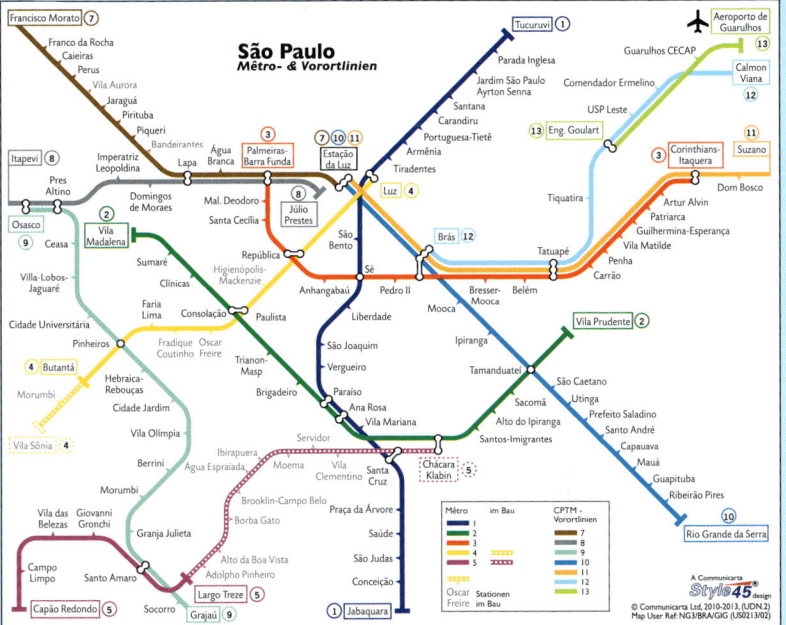

São Paulo
Mêtro- & Vorortlinien

Station Tiradentes

Das **Museu de Arte Sacra de São Paulo** *(Av. Tiradentes 676, Luz, Tel. 11/3326 5393, Mo geschl., $, Sa frei)* im einstigen **Mosteiro da Luz** ist eines der bedeutendsten Museen katholischer Sakralkunst. Die Sammlung wurde seit 1907 vom ersten Erzbischof Dom Duarte Leopoldo e Silva (1867–1938) aus Gemälden und Gegenständen jener Kirchen zusammengetragen, die nach der Ausrufung der Republik 1889 systematisch zerstört wurden.

Linie 2 Verde (Grün)
Station Santos-Imigrantes

Das 2006 eröffnete **Aquário de São Paulo** *(Rua Huet Bacelar 407, Ipiranga, Tel. 11/2273 5500, www.aquariodesaopaulo.com.br, $$)* ist das einzige thematische Aquarium Lateinamerikas und mit seinen rund 3000 Tieren (ca. 300 Tierarten) auch das größte.

Station Sumaré

Das **Centro da Cultura Judaica** (Jüdisches Kulturzentrum; *Rua Oscar Freire 2500, Sumaré, Tel. 11/3065 4333, Mo geschl.*) bietet Sonderausstellungen, Musik, Theater, Filme, Kurse und mehr.

Linie 3 Vermelha (Rot)
Station Palmeiras-Barra Funda

Das von Oscar Niemeyer entworfene Kulturzentrum **Memorial da América Latina** *(Av. Auro Soares de Moura Andrade 664, Barra Funda, Tel. 11/3823 4600, Mo geschl.)* zeigt Kunst und Kultur benachbarter lateinamerikanischer Länder.

Station Marechal Deodoro

Das 1917 erbaute und 1998 renovierte **Theatro São Pedro** *(Rua Albuquerque Lins 207, Barra Funda, Tel. 11/3667 0499, www.theatrosaopedro.org.br, $–$$$$)* ist seit 2006 ausschließlich Opern vorbehalten.

Museu da Associação Okinawa do Brasil

 Karte S. 101

✉ Rua Tomás de Lima 72, 2. Stock, Liberdade

☎ 11 / 3106 8823

Aska Lamen

 Karte S. 101

✉ Rua Galvão Bueno 466, Liberdade

☎ 11 / 3277 9682

🕐 Mo geschl.

Museu Histórico da Imigração Japonesa no Brasil

 Karte S. 101

✉ Rua São Joaquim 381, 2. Stock

☎ 11 / 3209 5465

🕐 Mo geschl.

auf »São Paulo von seiner gewaltigsten und ungezähmten Seite«, wie der Historiker Jeffrey Lesser in „Um roteiro ‚brasileiríssimo' pela bairro da Liberdade" schreibt.

Sechs Straßen weiter, auf der **Rua Conde de Sarzedas**, werden evangelikale Artikel verkauft. Hier siedelten vor hundert Jahren die ersten Japaner; einige kamen mit *Kasato Maru*, dem ersten Schiff, das nach dem Japan-Brasilien-Abkommen aus Asien hier eintraf. Das **Museu da Associação Okinawa do Brasil** gedenkt der Einwanderer aus jener Präfektur.

Südlich davon, in der Rua Galvão Bueno auf der anderen Seite der Autobahn, befindet sich eines der wenigen japanischen Nudelrestaurants dieses Viertels, **Aska Lamen**. Am anderen Ende des Viertels, an der Metrô-Station São Joaquim, locken

gleich mehrere Highlights. Das Bunkyo (Hauptsitz der Brasilianischen Gesellschaft für Japanische Kultur und Sozialhilfe) beherbergt das **Museu Histórico da Imigração Japonesa no Brasil**, das sich der japanischen Migration nach Brasilien und der Integrationsgeschichte widmet. Kaiser Akihito besuchte das Museum zur Eröffnung 1978.

Finden Sie einen Moment Ruhe im **Templo Busshinji** *(Rua São Joaquim 285,*

MASP gehört zu Lateinamerikas bedeutendsten Museen für moderne und zeitgenössische Kunst

Tel. 11/3208 4515, Metrô: São Joaquim), erbaut von japanischen Einwanderern nach dem Zweiten Weltkrieg. Hier befindet sich auch die **Assembléia de Deus Nipo-Brasileira** *(Rua São Joaquim 129),* untergebracht im 1954 errichteten Cine Tokyo.

Paulista & Jardins

São Paulos 2,8 km lange Hauptachse, die Avenida Paulista, ist Dreh- und Angelpunkt der Stadt. Gewinnt eine heimische Fußballmannschaft ein wichtiges Spiel, versammeln sich hier die Fans; hier fanden auch die Protestmärsche gegen den Bau des Belo Monte Staudamms statt, genau wie die Juniproteste 2013 gegen die Erhöhung der Fahrpreise.

Gesäumt wird die Avenida von kulturellen Attraktionen, wie Brasiliens bedeutendstem Kunstmuseum, dem **Museu de Arte de São Paulo** (MASP). Südöstlich davon liegt das **Instituto Cultural Itaú** (Av. Paulista 149, Bela Vista, Tel. 11/2168 1777, Mo geschl.), ein bedeutendes Kulturzentrum, und das in einer alten Villa untergebrachte **Casa das Rosas** (Av. Paulista 37, Paraíso, Tel. 11/3285 6986, Mo geschl.). Gegenüber dem Museum befindet sich der **Parque Trianon**, der einen bestens mit der Flora des Atlantischen Regenwalds bekannt macht.

Das Jardins-Viertel jenseits der quirligen Avenida Paulista

bietet Einkaufsmeilen mit teuren Modeboutiquen, Cafés und Kunstgalerien. Jardins (wörtlich „die Gärten") ist eine Abkürzung für vier Stadtviertel: Jardim Europa, Jardim Paulista, Jardim América und Jardim Paulistano.

In den Jardins sind mehr als hundert Nobelrestaurants, mehrere hundert Bars und die vermutlich dichteste Konzentration von Hotels zu finden; eine Topadresse auch für Wohnimmobilien.

Ein Muss für Kauflustige ist die **Rua Oscar Freire**, die mit der Rue du Faubourg Saint-Honoré in Paris verglichen wurde. Über neun Querstraßen hinweg reiht sich eine Edelboutique an die andere, darunter ein Outlet

Instituto Butantan

Theodore Roosevelt schrieb in seinem Bericht „Durch die brasilianische Wildnis": »Als wir São Paulo erreichten . . . fuhren wir zum ,Instituto Serum-thérapico', das eigens für das Studium der Wirkung des Gifts brasilianischer Giftschlangen errichtet wurde. Geleitet wird es von Dr. Vital Brazil, der hier ganz hervorragende Arbeit geleistet hat.«

Das war 1913. Auch hundert Jahre später können wir dieses Institut besuchen – das heutige **Instituto Butantan** *(Av. Vital Brasil 1500, Butantã, Tel. 11/2627 9300, Mo geschl., $, Metrô: Butantã)* auf einer Straße, die nach dem damaligen Direktor benannt ist, der Roosevelt herumführte. Butantan ist noch heute eines der bedeutendsten biomedizinischen Forschungszentren der Welt und für Besucher geöffnet; gezeigt wird eine faszinierende Vielfalt von Schlangen.

Jockey Club de São Paulo

✉ Av. Lineu de Paula Machado 1263, Cidade Jardim

☎ 11/2161 8300

Paulista

▲ Karte S. 101
Besucherinformation

✉ Avenida Paulista 1853

Museu de Arte de São Paulo (MASP)

▲ Karte S. 101

✉ Av. Paulista 1578, Bela Vista

☎ 11/3251 5644

🕐 Mo geschl.

💲 $, Di frei

🚇 Metrô: Trianon-Masp

ERLEBNIS: Nächtliche Radtouren

Auf den Straßen von São Paulo zu radeln, in diesem entsetzlichen Smog und dem extremen Verkehr, ist eine echte Herausforderung. Dass das begrenzte Netz an Radwegen erweitert werden soll, macht die Sache auch nicht viel besser. Nachts aber, wenn der Autoverkehr ruht, fühlen sich einsame Radfahrer oft nicht sicher.

Geführte nächtliche Radtouren können eine Alternative darstellen. Sie werden von Dutzenden verschiedener Gruppen überall in der Stadt organisiert und fast jede Nacht angeboten. Sie starten gegen 21 Uhr, enden um Mitternacht und befahren eine Strecke von etwa 40 km bei einer Geschwindigkeit von 15–18 km/h. Es ist empfehlenswert, sich vorher telefonisch

oder per E-Mail anzumelden. (Es gibt auch spezielle Touren für Frauen.) Ein Rad-Freak namens Wadilson hat eine exzellente Liste aller Nachtradel-Optionen und Kontaktdaten zusammengestellt und auf seiner Website veröffentlicht (*www.wde.com.br/ bike/passeios.htm*).

Besucher ohne Fahrrad können die Organisatoren der gewünschten Fahrt anrufen und sich nach einem Verleiher erkundigen (das soll funktionieren!) oder sich ein Fahrrad an einer der vielen Stationen mieten. Interessant ist der Radladen **Tag and Juice** (*Rua Gonçalo Alonso 99, Vila Madalena, Tel. 11/2362 6888, www.tagand juice.com.br, So & Mo geschl.*), der Teil der lebhaften Graffiti-Community ist.

der legendären **Havaianas** (*Rua Oscar Freire 1116, Jardim Paulista, Tel. 11/3079 3415*). Diese Flip-Flops, Lieblingsmitbringsel für sich und Freunde, werden in einem bunten Laden von 300 m² Fläche verkauft, designed vom Trendarchitekten Isay Weinfeld.

Keine vier Straßen weiter, auf der Parallelstraße Alameda Lorena, steht eine weitere Weinfeld-Kreation: eine skurrile Filiale der Buchhandlung **Livraria da Vila** (*Alameda Lorena 1731, Jardim Paulista, Tel. 11/3062 1063*), die wie ein Antiquariat und doch zugleich sehr nobel daherkommt.

Pinheiros & Vila Madalena

Diese westlich an die Jardins angrenzenden Viertel gelten als Hochburgen der Boheme-Kultur. Hier pulsiert das

Leben, vor allem nachts, wenn Bars und Kneipen geöffnet haben, aber auch an den Wochenenden — besonders auf dem Samstagsmarkt der **Praça Benedito Calixto**, wo man sich zwischen *choro*-Jamsessions und Lebensmittelständen bewegt. Leidenschaftlichen Bargängern steht das gesamte Viertel zwischen den Straßen Rua Fradique Coutinho, Rua Purpurina, Rua Harmonia und Rua Luis Murat offen.

Rua Teodoro Sampaio ist der beste Ort für den Kauf von Musikinstrumenten; manchmal jammen hier Topmusiker beim Erproben eines neuen Equipments.

Kunstszene: Tagsüber kann man an Galerien und Buchläden vorbei durch die Straßen schlendern. **Galeria**

Raquel Arnaud (siehe Kasten S. 103), eine angesehene Galerie für zeitgenössische Kunst, eröffnete ihre neuen Räume 2011 in Vila Madalena, in fußläufiger Entfernung zur Galeria Fortes Vilaça. Diese beiden Galerien präsentieren Werke moderner brasilianischer Kunst.

Ebenfalls hier ansässig ist das nach der japanisch-brasilianischen Künstlerin benannte Instituto Tomie Ohtake *(Rua dos Coropés 88, Pinheiros, Tel. 11/2245 1900, Mo geschl.);* das Gebäude entwarf ihr Sohn Ruy, einer der gefeiertsten Architekten Brasiliens. Gezeigt werden im Instituto Tomie Ohtake Sonderausstellungen von Werken junger brasilianischer Künstler wie Ana Prata bis hin zu internationalen Größen wie Alfred Stieglitz.

Ein Besuch des Beco do Batman (Batman-Gasse; Abschnitte der Straßen Rua Gonçalo Afonso und Rua Medeiros de Albuquerque) gibt Einblick in die rege Straßenkunst-Szene São Paulos. Auch die Streetart-Galerie Galeria Choque Cultural ist hier. Fünf Straßen südwestlich befindet sich die Hauptfiliale der Livraria da Vila *(Rua Fradique Coutinho 915, Pinheiros).*

Weiter weg: Wer Blumen kaufen oder einen Blick auf einen Blumenmarkt werfen will, besuche die Companhia de Entrepostos e Armazéns Gerais de São Paulo (CEAGESP; *Av. Dr. Gastão Vidigal 1946, Vila Leopoldina, Tel. 11/3643 3700, Di–So zu verschiedenen Zeiten geöffnet)* in Pinheiros, ca. 7 km nordwestlich der Livraria da Vila. ■

Galeria Fortes Vilaça
✉ Rua Fradique Coutinho 1500, Vila Madalena
☎ 11/3032 7066
🕐 So & Mo geschl.
www.fortesvilaca. com.br

Galeria Choque Cultural
✉ Rua Medeiros de Albuquerque 250, Vila Madalena
☎ 11/2678 6600

Diese Telefonzelle in der Avenida Paulista ist Teil der Call Parade, einer Kampagne zur Gestaltung von einhundert Telefonzellen in São Paulo durch ansässige Künstler

Bundesstaat São Paulo: Küste & das Landesinnere

Die Stadtbewohner São Paulos zieht es mitunter an die Strände, etwa an die Litoral Norte (Nordküste). Die Ostküste ist zu großen Teilen mit Atlantischem Regenwald bedeckt, die Städte dort besitzen Kleinstadtflair. In höheren Lagen ist das Klima selbst im Sommer angenehm. Der Süden zieht Outdoor-Fans an, während der „wilde" Westen alles bietet, von Rodeos bis hin zu Cowboy-Flair.

Ilhabela: perfekt für ruhige Strandtage oder Trecks durch raue Natur unweit von São Paulo und Rio

São Sebastião

📍 Karte S. 99 C1

Besucherinformation

✉ Rua Sebastião Silvestre Neves 214, Centro

☎ 12/3891 2000

🕐 Sa & So geschl.

Nordküste

Die São-Paulo-Städter fahren am liebsten in den 200 km östlich gelegenen Bezirk **São Sebastião**, der 100 km Strand und 350 000 ha geschützter Mata Atlântica im **Parque Estadual da Serra do Mar** (*Rod. Dr. Oswaldo Cruz, Km 78, São Luiz do Paraitinga, Tel. 12/3671 9266, Mo geschl.*) aufweist. Hier gibt es Strände für jeden Geschmack. **Maresias** im Südwesten z.B. zieht gehobenes Publikum und

Surfer an. Wer noch keinen Hang Ten beherrscht, kann bei einem Verein namens **EcoDynamic** (*Rua Olímpio Faustino 561, Praia de Camburi, São Sebastião, Tel. 12/3865 2545*), der auch Ökotouren anbietet, Unterricht nehmen.

Direkt vor der Küste liegt **Ilhabela** (Schöne Insel) mit 21 Sporttauchplätzen (einschließlich neun Schiffswracks), sie gilt als Surfer- und Segler-Paradies. Wanderern bieten sich zahlreiche Tagestouren. Die

Wege sind selten befestigt, geführte Touren ratsam. Wanderführer der bewährten Agentur **Ciribaí Turismo de Aventura** (Tel. 12/3896 5202, E-Mail: alex@ciribai .com) leiten Gruppen an der **Trilha do Bonete** entlang zu Aussichtspunkten und Wasserfällen. Auch Kontakt zu Einwohnern des entlegenen Fischerdorfes Caiçara wird hergestellt. Fähren von São Sebastião nach Ilhabela fahren alle 30 Minuten.

Ruhe und Abgeschiedenheit finden sich 115 km nordöstlich von São Sebastião in **Picinguaba**, wo man wandern und tauchen kann.

Vale do Paraíba & Serra da Bocaina

Das Tal Vale do Paraíba hat seinen Namen vom Rio Paraíba do Sul, der von São Paulo nach Rio de Janeiro fließt. Die Rodovia Presidente Dutra, oder Via Dutra, verbindet die beiden Hauptstädte.

Folgt man der Via Dutra von São Paulo aus ca. 90 Minuten (130 km), gelangt man nach Taubaté. Hier bietet **Rota da Liberdade** Touren, die die afrikanisch geprägte Geschichte und Kultur der Region erhellen. Themen sind u. a. die Arbeit auf einer Kaffeeplantage und religiöser Synkretismus.

Erkunden Sie die Stadt **São Luiz do Paraitinga**, ein Paradebeispiel der traditionellen (ländlichen) Caipira-Kultur. Der dortige Karneval ist legendär. Der Ort wurde 1769 von Franzosen gegründet; französische Namen sind die Regel. Zu erreichen ist er von Taubaté in 45 Minuten gen Küste (45 km). Eine ehemalige Kaffeeplantage in einem nahen Dorf wurde zum Hotel umgebaut: **Fazenda Catuçaba** (siehe Reiseinformationen S. 285). Das

Ilhabela
◪ Karte S. 99 C1
Besucherinformation
✉ Rua Prefeito Mariano Procópio de Araújo Carvalho 86, Perequê
☎ 12/3896 9200
⊟ Sa & So geschl.

Fähre São Sebastião– Ilhabela
✉ Av. Antônio Januário do Nascimento, São Sebastião
☎ 12/3892 1576

Rota da Liberdade
✉ Rua Barão da Pedra Negra 500, Raum 6, Centro, Taubaté
☎ 12/3621 9448
www.realitytour. com.br

Cunha-Keramik

Mieko Ukeseki, die in ihrem Geburtsland Japan traditionelle Keramiktechniken studierte, kam 1975 nach Brasilien. Mit Hilfe einheimischer Künstler und Keramiker gründete Ukeseki ein Gemeinschaftsatelier in **Cunha** (Besucherinformation, Praça Cônego Siqueira 27, Cunha, Tel. 12/3111 2911). Nach zahlreichen Reisen kehrte sie 1981 nach Cunha zurück und gründete hier das **Ateliê Mieko e Mário** (Rua Gerônimo Mariano Leite 510, Vila Rica, Cunha, Tel. 12/3111 1468).

Cunha wurde zum führenden Zentrum für Steinofenkeramik, mit mehr als 20 Ateliers und etlichen Noborigama (Mehrkammeröfen). Die meisten Ateliers können besichtigt werden, oft führen die Künstler selbst durch die Werkstätten. Anfang Oktober lockt ein Fest Besucher an. Keramikkurse werden vom **Instituto Cultural da Cerâmica de Cunha** (Intensivkurse) und von etlichen Ateliers (in den Juli-Ferien) veranstaltet. **Jotacê Carvalho** (Rua Gerônimo Mariano Leite 190, Vila Rica, Cunha, Tel. 12/3111 2483 oder 11/3742 0785, Mo geschl.) gibt das ganze Jahr welche, allerdings muss man im Voraus buchen.

Barretos

Brasiliens Liga Nacional de Rodeio (Nationale Rodeo-Liga) ist sehr beliebt. Die jährliche **Festa do Peão de Boiadeiro** *(Parque do Peão Mussa Calil Neto, Rod. Brigadeiro Faria Lima, Km 428, Tel. 17/3321 0000, www.independentes.com.br)* gilt als wichtigster Kampf und wird in einer Kleinstadt (100 000 Einw.) im äußersten Norden des Bundesstaates ausgetragen. Das Stadion mit seinen 35 000 Sitzen wurde von dem bekanntesten Architekten Brasiliens entworfen, von Oscar Niemeyer. Die Festa im August wird von mehr als einer Million Menschen verfolgt und ist das größte Rodeo in Lateinamerika – und eines der größten weltweit.

Seine Tradition geht zurück auf 1955, als man ein Treffen samt Turnierteil plante – eine „Festa de Peão" (Fest der Viehhirten). Der Anthropologe Alexander Sebastian Dent schrieb in „River of tears: Country Music, Memory, and Modernity in Brazil": »Peão, der selbstgewählte archaische Begriff für Viehhirt, wurde nun universell in der Bezeichnung der über 600 Rodeos als ,Festas de Peão' verankert.«

São Luiz do Paraitinga

Karte S. 99 C1

Besucherinformation

Praça Dr. Oswaldo Cruz 3

12/3671 7000

Sa & So geschl.

Parque Estadual Turístico do Alto Ribeira (PETAR)

Karte S. 99 B1

SP-165, 330 km südöstl. von São Paulo, zwischen Apiaí & Iporanga

15/3552 1875

Mo geschl.

$

Bus von São Paulo nach Apiaí: Viação Transpen ab Barra Funda Station

Personal hilft bei der Planung von Aktivitäten.

Taubaté liegt zwischen São Paulo und São José do Barreiro, dessen **Parque Nacional da Serra da Bocaina** *(Rod. Estadual Francisca Mendes Ribeiro, SP-221, Tel. 12/3117 2143)* eines der größten Naturreservate der Mata Atlântica ist. São José do Barreiro ist 270 km von São Paulo und 140 km von Taubaté entfernt. Hauptattraktion ist der an der Grenze zwischen São Paulo und Rio de Janeiro gelegene **Trilha do Ouro**, ein „Alternativweg", der zu Kolonialzeiten benutzt wurde, um die Steuern für nicht registriertes Gold der Minas Gerais zu umgehen, das für Europa bestimmt war.

Der Wasserfall **Cachoeira Santo Isidro** liegt dem Parkeingang am nächsten (ca. 1,6 km). Empfehlenswert für einen Besuch ist die regenärmere Zeit von Mai bis August; wer die Wasserfälle sehen will, sollte allerdings im brasilianischen Sommer kommen.

Vale do Ribeira

Große Teile des Vale do Ribeira im Südosten von São Paulo sind Parks (PETAR, Intervales, Carlos Botelho und Ilha do Cardoso) und damit geschützte Gebiete der nur zu 7 % erhaltenen Mata Atlântica.

Diese Region wird auch „der Nordosten von São Paulo" genannt, nicht der Lage wegen, sondern weil sie – wie der Nordosten Brasiliens – die ärmste Region ist. Viele Einwohner sind Nachfahren geflohener Sklaven, die einst in *quilombos* zusammenlebten (siehe Kasten S. 35).

PETAR: Parque Estadual Turístico do Alto Ribeira liegt ca. 322 km südöstlich von São Paulo und birgt einige der bedeutendsten Höhlensysteme mit mehr als

300 eingetragenen Höhlen. Viele können besichtigt werden. Eine der interessantesten Exkursionen ist die Wanderung (8 km) zur Höhle **Casa de Pedra Cave**, die den größten Eingang der Welt haben soll (215 m). Bei der Überquerung des Rio Iporanga findet man am Ufer noch Spuren der Goldgräber des 17. und 18. Jhs. Der Park kann nur mit einheimischem Wanderführer besichtigt werden.

Drei Viertel der über 40 *quilombos* im Staat São Paulo liegen im Vale do Ribeira. Viele dieser vor Jahrhunderten gegründeten Gemeinden existieren noch heute. Einige davon haben sich jüngst zum Circuito Quilombola (Quilombola-Kreis) zusammengeschlossen, um den Tourismus zu fördern. Genauere Infos über PETAR, ihre Aufgaben und die Region sind im **Parque Aventuras** erhältlich.

Andere Parks: Parque Estadual Intervales, zwei Stunden nördlich von PETAR, bietet mehr als 300 Vogelarten Zuflucht. Vogelkundler Bret Whitney von Field Guides (*www.fieldguides.com*) führt in seiner Kurztour Brasilien auch durch Intervales.

Parque Estadual da Ilha do Cardoso schützt 90 % einer von der Mata Atlântica bewaldeten Insel an der Grenze zu Paraná. Hauptattraktionen sind die Strände und Wanderwege. Auch Herbergen gibt es auf der Insel, die per Schiff von Cananéia aus erreichbar ist; die Überfahrt dauert eine bis drei Stunden.

Parque Estadual Carlos Botelho bietet Naturwanderwege und ist als Heimat der bedrohten Südlichen

Parque Aventuras

✉ SP-165, Km 13, Bairro da Serra, PETAR, Iporanga

☎ 15/3556 1485

Parque Estadual Intervales

✉ Estr. Municipal, Km 25, Ribeirão Grande

☎ 13/3542 1511

Parque Estadual da Ilha do Cardoso

✉ Av. Professor Wladimir Besnard, Cananéia

☎ 13/3851 1163

Parque Estadual Carlos Botelho

✉ São Miguel de Arcanjo, 220 km von São Paulo

☎ 15/3379 1477

Auf der Suche nach Südlichen Spinnenaffen im Parque Estadual Carlos Botelho, Brasilien

Americana

Um nach dem Bürgerkrieg in den USA die Baumwollproduktion in Brasilien anzukurbeln, bot Kaiser Dom Pedro II umsiedlungswilligen Baumwollbauern der Südstaaten einen Zuschuss; einige Tausend nahmen sein Angebot an. Die meisten Siedler ließen sich im Hinterland von São Paulo nieder – viele in **Santa Bárbara d'Oeste**. Andere gründeten daneben eine neue Siedlung namens **Americana** (*Besucherinformation, Av. Brasil 85, Centro, Tel. 19/ 3475 9000, Mo–Fr nachmittags*).

Die Initiative Fraternidade Descendência Americana (Bruderschaft amerikanischer Nachfahren) pflegt den **Cemitério do Campo** (*Estr. dos Confederados, Antiga Estr. do Barreirinho, Santa Bárbara d'Oeste, Tel. 19/9783 8164*), auf dem viele der damaligen Siedler begraben sind. Der Friedhof öffnet auf Anfrage und veranstaltet jährlich im April die **Festa Confederada**. Das **Museu da Imigração** (*Praça 9 de Julho, Centro, Tel. 19/3455 5082, So & Mo geschl.*) ist dem Gedenken an amerikanische Einwanderer gewidmet.

Hier weht die Konföderiertenflagge; das Motto „Heritage, Not Hate" (Tradition, nicht Hass) wurde übernommen.

Estação Ecológica da Juréia-Itatins

🗺 Karte S. 99 C1

✉ Estr. do Guaraú 4164, Peruíbe

☎ 13/3457 9243

🕐 Sa & So geschl.

Peruíbe

🗺 Karte S. 99 C1

Besucherinformation

✉ Rua Nilo Soares Ferreira 50

☎ 13/3451 1000

🕐 Sa & So geschl.

Spinnenaffen bekannt. Besuche nur nach Voranmeldung.

Südküste

Während die Strände der Nordküste zum Faulenzen einladen, sind die der Litoral Sul etwas für Naturfreunde und Outdoor-Fans. Das Naturreservat **Estação Ecológica da Juréia-Itatins** nimmt die Küste zwischen **Iguape** im Süden und **Peruíbe** im Norden, zwei Autostunden südwestlich von São Paulo, ein. Das Schutzgebiet umfasst knapp 80 000 ha. Vier nahezu benachbarte Küstenbereiche sind zugänglich: Itinguçu, Vila Barra do Una, Canto da Praia da Juréia und Praia do Guaraú.

Itinguçu liegt im Stadtbereich von Iguape und bietet einen Wasserfall, den **Cachoeira do Paraíso**, und einen Empfangsbereich mit Getränkeständen. Im **Núcleo Vila Barra do Una**, einem Fischerdorf mit 2 km Strand, kann gezeltet werden. Auf Wunsch bereiten Einheimische das Essen.

Der **Núcleo Praia da Juréia** bietet 7 km Strand, das Wandern im angrenzenden Gebirge ist jedoch untersagt. Juréia ist ein Surferparadies, die besten Wellen gibt es hier von November bis April.

Das ruhige, saubere Wasser des **Núcleo Praia do Guaraú** ist toll zum Baden. Hier ergießt sich der **Rio Guaraú** in einem Wasserfall ins Meer. Auch die **Praia do Arpoador** liegt im Schutzgebiet und ist über einen Fußweg erreichbar. Die Umgebung des **Corredeira do Perequê** dient als Freizeit- und Wandergebiet.

Zu den interessantesten Wanderwegen gehört der 25 km lange **Trilha do Abarebebê** zwischen Peruíbe und **Itanhaém**. Andere Wege führen am indigenen Dorf **Aldeia Indígena Piaçaguera** vorbei, das kürzlich den Kampf gegen die Industrie gewann. Beliebt sind Kanufahrten, Canyoning, Abseilen, Wasserwandern, Drachenfliegen, Ziplining und Baumkronenwandern.

Bootsfahrten auf Fluss und Meer werden von lokalen Fischern organisiert und lohnen vor allem für jene, die den Amazonas nicht besuchen können; ein Zwischenstopp an einigen Inseln im Meer ist auf Anfrage möglich.

INSIDERTIPP

Brotas ist ein Ort für Abenteuerurlauber — Rafting, Camping, Klettern, Kanufahren auf dem Jacaré Pepira —, auch der Wasserfall im Zentrum ist toll.

RODRIGO NICOLETTE
Professor, Universität von São Paulo

Es ist ratsam, einen Führer über die **Associação dos Monitores Ambientais de Peruíbe** zu buchen.

Itanhaém zählt zu Brasiliens besten Sporttauchplätzen; besonders beliebt sind die **Ilha da Queimada Pequena** und die **Ilha da Queimada Grande** sowie die Wracks *Rio Negro* und *Iocantins*.

Hinterland

Ob ländliche Kultur (Rodeo) oder Traditionen der Zuwanderer — die gute Infrastruktur macht entspannte Öko- und Abenteuertouren möglich.

Socorro (37 000 Einw.) ist nur 135 km von São Paulo entfernt und als Wochenendziel von Geschäftsreisenden sehr beliebt. Die Gegend ist eher ländlich, doch Socorro ist national — sogar global — führend in puncto barrierefreiem Ökotourismus. Ein ansässiges Unternehmen entwickelte sogar eine neue Art Ziplining: horizontal, bäuchlings und mit dem Kopf voraus. Was für Behinderte entwickelt wurde, macht heute jedermann Spaß.

Zwei Stunden nördlich von Socorro liegt die von niederländischen Zuwanderern nach dem Zweiten Weltkrieg gegründete Gemeinde **Holambra** (aus den Anfangsbuchstaben von *Holland, Amerika* und *Brasilien*), heute weithin als Lieferant von Tulpen, Chrysanthemen und anderen Blumen bekannt. Ein Besuch des **Museu Histórico e Cultural de Holambra** und einiger Blumenfarmen lohnt sich. Die **Expoflora** im September ist die größte Blumenmesse in Lateinamerika.

Wildwasserrafting ist *die* Attraktion im 175 km südwestlich von Holambra gelegenen **Brotas**, man kann hier aber auch wandern, reiten oder Mountainbike fahren. Lohnend auch: **Águas de São Pedro**, ein Wellness-Zentrum mit heißen Quellen, und die für ihre Würstchen bekannte Stadt **Bragança Paulista**. ∎

Associação dos Monitores Ambientais de Peruíbe

✉ Av. Padre Anchieta 1112, Centro, Peruíbe
☎ 13/3455 2456

Museu Histórico e Cultural de Holambra

✉ Alameda Maurício de Nassau 894, Holambra
☎ 19/3802 2053
🕐 Geöffnet Sa, So & Feiertage, im Juli tägl.
💲 $

www.museu holambra.com.br

Águas de São Pedro

🅰 Karte S. 99 C2
✉ Praça Prefeito Geraldo Azevedo 115, Centro, Brotas
☎ 19/3482 7100

Mit dem Auto: Unterwegs auf São Paulos Thermal-Route

Die über 100 km lange Autobahn Rodovia Engenheiro Constâncio Cintra (SP-360) verbindet etliche interessante Städte nordöstlich von São Paulo und führt von der einstigen Kaffee- und Eisenbahnstadt Jundiaí bis jenseits von Águas de Lindóia, das für seine Thermalquellen bekannt ist. Das interessanteste Stück ist das vor Amparo, einem weiteren Thermalbad 70 km nördlich von Jundiaí.

Das 60 km nordwestlich von São Paulo-Stadt gelegene **Jundiaí** ❶ ist Startpunkt der Reise. Vor Fahrtbeginn können Jundiaís Sehenswürdigkeiten besichtigt werden. Verlassen Sie die Stadt auf der SP-360 gen Norden und fahren Sie nach 12 km an der **Fazenda Nossa Senhora da Conceição** *(Rod. Engenheiro Constâncio Cintra, Km 72,5, Tel. 11/4535 1341, www. fnsc.com.br, Sa, So & Feiertage geöffn.)* ab, einer 1810 gegründeten Kaffeeplantage, heute Freilichtmuseum. Hier können Sie über die 3 ha großen Felder wandeln, mit der Eisenbahn fahren oder im Restaurant traditionelle Gerichte kosten. An Wochenenden wird bei Führungen die Kaffeeproduktion erläutert.

Wer kein Auto hat, kann in einem renovierten Bahnwaggon aus den 1950ern hinfahren. Samstags fährt ein Sonderzug von der Estação da Luz in São Paulo, der **Trem Expresso Jundiaí** *(Tel. 0800/055 0121)*, morgens hin, nachmittags zurück.

Nur 25 km nördlich von Jundiaí liegt **Itatiba** ❷, das für seinen **Zooparque** *(Sítio Paraíso das Aves, Rod. Dom Pedro I, Km 95, Bairro Paraíso das Aves, Tel. 11/9833 5328, $$)* bekannt ist und in der Mata Atlântica liegt. Der 3 km lange Wanderweg bietet Gelegenheit zur Beobachtung vieler heimischer (wie Affen und Hyazinth-Aras) und exotischer Tiere (Giraffen, Tiger und Elefanten). Der Zooparque liegt an der Rodovia Dom Pedro I (SP-065), ca. 20 km östlich der

NICHT VERSÄUMEN

Fazenda Nossa Senhora da Conceição • Zooparque • Morungabas Lebensmittel • Amparos historische Bauten

Stadt Itatiba, durch die man durch und dann gen Südosten auf die SP-065 fährt.

Zurück auf der Rodovia Engenheiro Constâncio Cintra (SP-360), können Sie sich den Hauptplatz von Itatiba, die **Praça da Bandeira**, ansehen. Dort stehen das **Museu Histórico Municipal Padre Francisco de Paula Lima** *(Praça da Bandeira 122, Centro, Tel. 11/4524 1264, Mo geschl.)*, die **Basílica Menor de Nossa Senhora do Belém** *(Praça da Bandeira, Centro, Tel. 11/4538 0208, Mo geschl.)* aus dem 19. Jh. und andere historische Gebäude. Keine 4 km nördlich des Stadtzentrums befindet sich das **Sete Voltas Spa Resort** *(Rod. Engenheiro Constâncio Cintra, Km 93, Itatiba, Tel. 11/4534 7800)*, eine Wellness-Oase in ländlicher Umgebung für Leute, die abnehmen oder entspannen wollen. Obligatorisch: mindestens eine Übernachtung.

Fahren Sie die Rodovia Engenheiro Constâncio Cintra ca. 19 km gen Norden, vorbei an Itatiba, dann erreichen Sie **Morungaba** ❸ (12 000 Einw.), Sitz u. a. von **Doces David**, einem Hersteller von Feinkost-Marmeladen, Eiscremes u. a. Im Zentrum wird direkt verkauft *(Rua Araújo Campos 533, Centro, Tel. 11/4014 7597)*. Die Fabrik *(Rua Pedro Miguel 591, Parque Ecológico, Tel. 11/4014 7521)* kann nach Voranmeldung Di–So besichtigt werden.

Feinschmeckern sei die **Companhia das Ervas** *(Rua Felizardo Assis 260, Tel. 11/4014 1606, www.ciadaservas.com. br)* mit ihren Kräutern, Gewürzen und scharfen Saucen empfohlen, und das **Empório da Cana** *(Rua Araújo Campos 524 B, Centro, Tel. 11/7217 4382)*, wo *cachaça* (Zuckerrohrschnaps) verkauft.

Folgen Sie der SP-360 gen Norden weitere 28 km nach **Amparo ④**, einem zu Zeiten des Kaffee-Booms quirligen Ort mit historischen Gebäuden rund um die zentrale Praça Pádua Salles. Am Platz liegt ein stillgelegter Bahnhof von 1875, die **Estação Ferroviária da Companhia Mogiana** *(Praça Pádua Salles 160, Centro, Tel. 19/3807 7055, Mo geschl.)*, die heute von verschiedenen Kulturvereinen genutzt wird. Auch hier sind die Heilquellen und Bäder die Hauptattraktion. Die beliebtesten liegen auf dem Lande, darunter **Lake Villas Charm Hotel** *(Estr. Antenor César, Km 10, Tel. 19/3817 5162 oder 0800/778 0808, www.lakevillas.com. br, $$)* und **Hotel Sant'Anna** *(Bairro Córrego Vermelho, Tel. 11/3509 4252 oder 19/3808 7527, $$)*.

Minas Gerais

Die Minas Gerais (Allgemeine Minen) versorgten Europa im 18. Jh. mit Gold und Diamanten und behielten einen Teil für sich, wie an den spektakulären Barockbauten der alten Bergstädte zu sehen ist. Mit diesem Erbe, dem volkstümlichen *sertão* im Norden und den Nationalparks und Reservaten verkörpert Minas Gerais Brasilien möglicherweise besser als jeder andere Bundesstaat.

Belo Horizonte (Schöner Horizont) und die umliegenden Berge

Belo Horizonte

⛰ Karte S. 99 D3

Besucherinformation

✉ Av. Afonso Pena 1212, Centro

☎ 31/3277 1455

🕐 Sa & So geschl.

Belo Horizonte

Belo Horizonte, das sich aus dem einstigen Dorf Curral Del Rey entwickelt hatte, löste in den 1890er Jahren die Kolonialstadt Ouro Preto als Hauptstadt ab. Heute bietet die Stadt exzellenten Komfort, edle Restaurants und Bars. Als Hauptstadt des drittgrößten Bundesstaats beherbergt Belo Horizonte vergleichsweise viele Geschäftsreisende und bietet etliche gute Hotels. Ausländischen Gästen dient sie gern als Ausgangspunkt zur Erkundung der alten Bergstädte, Nationalparks oder anderer Highlights im Bundesstaat.

Im **Savassi**-Viertel im Süden der Stadt findet man die besten Hotels, Läden, Bars, Restaurants und Nachtclubs. Im **Amsterdam Pub** *(Rua dos Inconfidentes 1141, Savassi, Tel. 31/3262 0688, So–Do geschl.)* gibt's Live-Musik und

DJs (meist Rock und Pop), im **Velvet Club** (*Rua Sergipe 1493, Savassi, Tel. 31/3284 0836 oder 31/9906 6613, Mo & Di geschl.*) junge regionale Bands, '80er, Rock- und Elektromusik-Nächte, und im **Up e.Music** (*Av. Getúlio Vargas 1423, Savassi, Tel. 31/3227 4012*) elektronische Musik, Hip-Hop, Funk sowie Lesben- und Schwulennächte.

Die einst staatlichen Gebäude an der **Praça da Liberdade** wurden restauriert und als öffentliche Kulturzentren und Museen eröffnet. Der **Palácio da Liberdade** wurde 1897 im französischen Stil erbaut und diente als Regierungsgebäude. Wenige Straßen nördlich bietet das von Grün umgebene **Arquivo Público Mineiro** (Öffentliches Minenarchiv) Sonderausstellungen.

Vom Platz aus in nordöstliche Richtung gelangt man zum **Espaço TIM UFMG do Conhecimento** (*Tel. 31/3409 8350, Mo geschl.*), der zur Universidade Federal de Minas Gerais (Bundesstaatl. Universität von Minas Gerais) gehört und ein Planetarium sowie Ausstellungen bietet. Das **Museu das Minas e do Metal** (*Tel. 31/3516 7200, Mo geschl., $, Mi frei*) informiert über Bergbau und Erze und deren Bedeutung in der Menschenheitsgeschichte.

Eine Straße weiter gen Westen zeigt das **Centro de Arte Popular – Cemig** Dauerausstellungen zur Volkskunde. Die **Biblioteca Pública Estadual Luiz de Bessa** ist ein Spätwerk von Oscar Niemeyer.

Das **Memorial Minas Gerais – Vale** an der nordöstlichen Ecke der Praça da Liberdade hat sich der Geschichte und Kultur des Bundesstaates verschrieben.

Arquivo Público Mineiro
- ✉ Av. João Pinheiro 372, Funcionários
- ☎ 31/3269 1060
- 🕐 Sa & So geschl.

Centro de Arte Popular – Cemig
- ✉ Rua Gonçalves Dias 1608, Funcionários
- ☎ 31/3222 3231
- 🕐 Mo geschl.

Biblioteca Pública Estadual Luiz de Bessa
- ✉ Praça da Liberdade 21, Funcionários
- ☎ 31/3269 1166
- 🕐 So geschl.

Memorial Minas Gerais – Vale
- ☎ 31/3343 7317
- 🕐 Mo geschl.

Die *botecos* von Belo Horizonte

Ein *boteco* oder *botequim* ist ein einfaches Trinklokal. Diese Bars dienten nicht selten als Bühne für brasilianische Pop-Songs, allen voran die Sambas von Zé Keti („Diz que Fui por Aí") und Noel Rosa („Conversa de Botequim"). In ganz Brasilien waren sie beliebt – in Belo Horizonte, der Stadt, die angeblich an jeder Ecke eine Bar hat, wurden sie zur Institution.

Vor ein paar Jahren beschlossen Kulturpatrioten, die Botecos mit **Comida di Buteco** neu zu beleben. Jede Bar sollte ein besonderes Gericht anbieten, das zu Bier und *cachaça* gereicht werden kann. Heute nehmen Dutzende Bars an diesem Festival von Mitte April bis Mitte Mai teil, und Einheimische ziehen von Boteco zu Boteco. Den Rest des Jahres verbringen sie in ihrem Stammlokal.

Ein paar Empfehlungen? **Petisqueira do Primo** (*Rua Santa Catarina 656, Lourdes, Tel. 31/3335 6654, So geschl.*), **Tip Top** (*Rua Rio de Janeiro 1770, Lourdes, Tel. 31/3275 1880*), **Café Palhares** (*Rua Tupinambás 638, Centro, Tel. 31/3201 1841*) und zwei am Mercado Central (*Av. Augusto de Lima 744*): **Casa Cheia** (*loja 167, Tel. 31/3274 9585*) und **Ronaldo Queijos & Cachaças** (*Cachaça Bar, loja 34 & 141, Tel. 31/3274 9611*).

Museu de Arte da Pampulha

✉ Av. Otacílio Negrão de Lima 16585, Pampulha

☎ 31/3277 7946

🕐 Mo geschl.

Casa do Baile

✉ Av. Otacílio Negrão de Lima 751, Pampulha

☎ 31/3277 7443

🕐 Mo geschl.

Igreja de São Francisco de Assis

✉ Av. Otacílio Negrão de Lima 3000, Pampulha

☎ 31/3427 1644

Itabira

🗺 Karte S. 99 D3

Besucherinformation

✉ Av. Carlos de Paula Andrade 135

☎ 31/3839 2000

HINWEIS: Detaillierte Informationen zum Caminhos-Drummondianos-Rundgang erhalten Sie bei den ansässigen Reiseagenturen.

Biegt man vom Platz in die Avenida João Pinheiro, gelangt man zum **Museu Mineiro** (*Av. João Pinheiro 342, Lourdes, Tel. 31/3269 1168, Mo geschl.*), in dem Kunst von der Kolonialzeit bis heute gezeigt wird.

In **Pampulha**, dem 1940 um einen künstlich angelegten See erbauten Ort, stehen drei Niemeyer-Gebäude: ein einstiges Kasino, das heutige **Museu de Arte da Pampulha**, das **Casa do Baile** (heute Kuturzentrum) und die **Igreja de São Francisco de Assis**. Die Umgebung wurde vom Landschaftskünstler Roberto Burle Marx gestaltet. Halten Sie nach den Kreuzweg-Tafelbildern von Cândido Portinari Ausschau!

Gen Osten

Itabira, ca. 100 km östlich von Belo Horizonte, ist der Geburtsort von Carlos Drummond de Andrade, dem einflussreichsten brasilianischen Dichter des 20. Jhs. Wer in Rio de Janeiro an der Copacabana war, hat vielleicht die lebensgroße Statue eines Mannes gesehen, der eine Brille trägt und mit dem Rücken zum Meer auf einer Bank sitzt. Das ist er, der geehrte Dichter. Zu seinen bekanntesten Werken gehören das seinem Bruder gewidmete, existenzialistische Meisterstück „José" und „Mitten auf dem Weg", Reflexionen über einen Stein, der mitten im Weg liegt.

Die **Casa de Drummond** (*Praça do Centenário 135, Centro, Tel. 31/3835 3894*), das Haus seiner Kindheit, kann heute besichtigt werden. Trotz Umgestaltung sind viele der Räume, über die er in 45 Gedichten schrieb, erhalten geblieben. Unweit entfernt steht das **Memorial Carlos Drummond de Andrade** (*Encosta Leste do Pico do Amor, Campestre, Tel. 31/3835 2156*), entworfen von Niemeyer, einem Freund des Dichters, dem zu Ehren in der Stadt 44 Gedichttafeln an jeweils den Orten aufgestellt wurden, von denen die Gedichte erzählen. Der **Caminhos-Drummondianos**-Rundgang dauert einen Tag (siehe Hinweis).

INSIDERTIPP

Besuchen Sie die historischen Bergstädte von Minas Gerais! Die Architektur vermittelt einen authentischen Eindruck der barocken Glanzzeit des 19. Jhs.

DENISE RAMBALDI
*Vizepräsidentin,
Instituto Estadual do Ambiente*

Ebenfalls östlich von Belo Horizonte befindet sich der **Parque Natural e Santuário do Caraça**, ein privates Naturreservat um ein Konvikt aus dem 19. Jh. herum, das über den Ort Santa Bárbara

Weitverbreitet in Brasilien: der *galo da campina* oder Dominikanerkardinal

do Leste erreicht wird, ca. 300 km östlich von Belo Horizonte. Im Park befinden sich zwei Gästehäuser; in denen man übernachten kann. Die Parkverwaltung ist im Gebäudekomplex des ehemaligen katholischen Priesterseminars untergebracht. Nachts ruft ein Priester rituell die Mähnenwölfe aus der Wildnis herbei. Einige der größten Exemplare wurden mit Fleischködern darauf abgerichtet, vor den Augen der Gäste zu erscheinen. Eine kleine Wirtschaft auf dem Gelände versorgt die Gäste mit Essen.

Ouro Preto

Der Dichter Manuel Bandeira sagte einst: »Ouro Preto ist eine Stadt, die sich nicht verändert hat, und darin liegt ihr unvergleichlicher Charme.« Eine Übertreibung, die wir Bandeira jedoch gestatten. Der Modernist schrieb diese Zeile nicht in einem seiner erhabenen Gedichte, sondern in einem 1938 erschienenen Reiseführer über diese Bergstadt des Goldes.

Vier Jahrzehnte vorher hatte Ouro Preto seinen Status als Hauptstadt von Minas Gerais verloren; die Goldvorkommen waren nahezu erschöpft. Heute ist es diese Geschichte, sind es die Reste der Bergbaukultur und die barocken, mit Blattgold ausgestatteten Kirchen, die die Besucher anziehen.

Die ersten portugiesischen Erforscher nannten diesen Ort Vila Rica (Reiche Stadt). Was die Bergleute suchten — und fanden — kann heute

Parque Natural e Santuário do Caraça

⛰ Karte S. 99 D3

✉ Caixa Postal 12, Caraça, Santa Bárbara

☎ 31 / 3837 2698

www.santuariodo caraca.com.br

Ouro Preto

⛰ Karte S. 99 D3

Besucherinformation

✉ Praça Barão do Rio Branco 12, Pilar

☎ 31 / 3559 3200

🕐 Sa & So geschl.

www.ouropreto. org.br

Parque Estadual do Itacolomi

✉ Bet. Ouro Preto & Mariana

☎ 31/3351 6193 oder 9891 9471

🕐 Mo geschl.

im **Museu de Mineralogia** *(Praça Tiradentes 20, Centro, Tel. 31/3559 3119, Mo geschl.)* auf der Praça Tiradentes bestaunt werden. In der Nähe steht die **Igreja de São Francisco de Assis** *(Largo de Coimbra, Centro Histórico, Tel. 31/3551 3282, Mo geschl., $)*, die von Barockmeister Aleijadinho entworfen und ausgestaltet wurde (siehe Kasten S. 124). Die steilen

inspirierten, gescheiterten Unabhängigkeitsbewegung. Sehenswert ist auch die **Mina de Chico Rei** *(Rua Dom Silvério 108, Centro Histórico, Tel. 31/3551 1749, So geschl., $)*, die 1888 stillgelegt wurde.

Die Goldvorkommen in Minas Gerais zogen Freigeister an, die die dürftige Grenzsicherung sehr begrüßten. Die meisten Bergleute kamen aus dem

Straßenszene mit typischer Architektur im Zentrum der Unesco-Weltkulturerbe-Stadt Ouro Preto

Straßen der Stadt bergen noch etwa ein Dutzend weiterer Kirchen, São Francisco de Assis ist jedoch ein Muss.

Das **Museu da Inconfidência** *(Praça Tiradentes 139, Centro Histórico, Tel. 31/3551 1121, Mo geschl., $)* gedenkt einer von der amerikanischen Revolution

benachbarten Bundesstaat São Paulo. Als die portugiesische Krone 1720 versuchte, deren Steuerflucht zu unterbinden, folgten mehrere Tage „Terror und Tod", berichten die Annalen. Heute können Besucher des **Parque Estadual do Itacolomi** die restaurierte **Casa Bandeirista** besichtigen, die 1708 erbaute Steuereintreibungsstelle auf der Estrada Real. Von hier aus kann man den **Itacolomi Peak** besteigen und die Sicht auf Ouro Preto und das benachbarte Mariana genießen. Der Park ist öffentlich, eine Genehmigung zur Gipfelbesteigung muss jedoch vom Förster eingeholt werden.

Mariana

Etwa zwei Drittel des Parque Estadual do Itacolomi liegen im Stadtgebiet von Mariana. Von hier aus starten Wanderwege wie der **Trilha da Mina do Morro do Gogo**, der entlang einer Mine läuft, welche auf die gleiche Goldader stieß wie die Minas da Passagem (s. u.). Die rund 3 km lange Strecke von der Stadt zur Goldmine führt an den Luftschächten der alten Stollen vorbei.

Marianas Highlight liegt jedoch 4 km vor der Stadt: die **Minas da Passagem**, eine Mine, die bis 1985 in Betrieb war. Sie gilt als größte öffentlich begehbare Mine der Welt und kann mit einer Lore befahren werden, die die Besucher in die 120 m tiefen Stollen entlässt, durch welche es zu Fuß weitergeht. Zurück über Tage, kann man das **Museu da Mina** besuchen, das Artefakte aus der Zeit des Goldrausches zeigt.

Wenn in Mariana eine andere Atmosphäre als in historischen Städten wie Ouro Preto herrscht, dann liegt das zweifellos daran, dass Mariana die erste Planstadt in Minas Gerais war. Statt gewundener Gassen gibt es hier breite Straßen und rechtwinklige Plätze, durch welche Einspänner kutschieren. Einmal im Monat wird das Leben der Goldgräber nachgestellt.

Das **Museu Arquidiocesano de Arte Sacra** (Rua Frei Durão 49, Centro Histórico, Tel. 31/3557 2581, Mo geschl.) in einer Villa von 1770 zeigt eine der umfassendsten Sammlungen sakraler Kunst. Daneben steht die **Catedral Basílica da Sé** (Nossa Senhora da Assunção), fertiggestellt

Mariana

▲ Karte S. 99 D3

Besucherinformation

✉ Praça Juscelino Kubitschek

☎ 31/3557 9000

🕐 Sa & So geschl.

Minas da Passagem

▲ Karte S. 99 D3

✉ Rua Eugênio Eduardo Rapallo 192, Passagem

☎ 31/3557 5000

💲 $$

www.minasda passagem.com.br

Inhotim

Am Ende einer staubigen Straße 60 km südlich von Belo Horizonte befindet sich das angeblich größte Open-Air-Zentrum für zeitgenössische Kunst. Eröffnet wurde das **Instituto Cultural Inhotim** (Kulturinstitut Inhotim; Rua B 20, Inhotim, Tel. 31/3571 9700, www.inhotim.org.br, Mo geschl., $, Di frei) 2005 in Brumadinho (Besucherinformation, Rua Doutor Victor de Freitas 28, Tel. 31/3571 3001, Sa & So geschl.), auf dem Land des Bergbau-Magnaten und Kunstsammlers Bernardo Paz.

Unter den ausgestellten Skulpturen, Gemälden, Zeichnungen, Fotografien, Videos und Installationen sind auch Werke brasilianischer Künstler wie Tunga, Cildo Meireles und Hélio Oiticica. Auch ausländische Künstler wie Doris Salcedo und Janet Cardiff sind vertreten. Gezeigt werden Arbeiten von insgesamt ca. 100 Künstlern aus 30 Ländern in zwei Dutzend Pavillons und Galerien, die von tropischen Botanischen Gärten umgeben sind, gestaltet zum Teil von Burle Marx.

Aleijadinho

Antônio Francisco Lisboa, Sohn einer Sklavin und eines portugiesischen Architekten, war bis zu seinem Tod 1814 ein Meister des brasilianischen Kolonialbarock. Seinen Spitzname Aleijadinho („Krüppelchen") erhielt er aufgrund einer degenerativen Krankheit. Er hatte eine »Schöpferkraft, die mit jener der großen italienischen Renaissancemaler verglichen wurde«, erläutert Fábio Magalhães, der Kurator der Ausstellung „Aleijadinho und seine Zeit in Brasilien" (2006–2007).

Man findet Aleijadinhos Arbeiten in fast allen historischen Städten in Minas Gerais, auch in der **Igreja de São Francisco de Assis** (*Largo de Coimbra, Centro Histórico, Tel. 31/3551 3282, Mo geschl., $*) in seinem Geburtsort Ouro Preto. Am bekanntesten sind jedoch seine Specksteinfiguren der Propheten des Alten Testaments, die vor der **Basílica do Senhor Bom Jesus de Matosinhos** (*Praça da Basílica, Tel. 31/3731 1590*) in Congonhas stehen, eine

Autostunde von Ouro Preto entfernt. Die weißen Kapellen in der Nähe beherbergen seine nicht minder interessanten lebensgroßen Holzskulpturen des Kreuzweges.

Kirche und Prophetenfiguren wurden 1803 vollendet. Viele Besucher sehen darin religiöse Schreine, einige Forscher lesen aber auch politische Botschaften heraus.

Wenige Jahre vor diesem Projekt war die portugiesische Krone hart gegen die Inconfidência Mineira, eine antikoloniale Bewegung, vorgegangen. Aleijadinho soll angeblich mit den Rebellen sympathisiert und die Statuen zu Ehren der Toten und Verbannten mit bestimmten Attributen versehen haben.

Poeten gab es in der Inconfidência-Bewegung viele, das verdeutlichen auch die Propheten. Prophet Daniel z. B. trägt einen Lorbeerkranz (der eher das Attribut eines Poeten ist). Einige Forscher vermuten in Daniel sogar den Dichter und Rebellen Tomás Antônio Gonzaga.

São João del Rei

⬛ Karte S. 99 D2

Besucherinformation

✉ Rua Hermílio Alves 234

☎ 32/3372 2758

🕐 Sa & So geschl.

1750, ein erlesenes Beispiel frühbarocker Baukunst. Eindrucksvoll ist die Arp-Schnitger-Orgel aus Deutschland, die 1701 gebaut wurde; die einzige dieser Art außerhalb Deutschlands, zu hören bei Samstags- und Sonntagskonzerten. Zu den sehenswerten Profanbauten zählen eine Reihe alter Gutshäuser in der **Rua Direita**, die zu Museen und Kulturzentren umgebaut wurden.

São João del Rei & Tiradentes

Wie viele andere Länder der Welt, begann auch Brasilien in der 2. Hälfte des 19. Jhs., in den Bau von Eisenbahnen

zu investieren. Kurzsichtige Entscheidungsträger rückten davon jedoch ab und setzten auf Asphalt. Heute ist der Bahntransport kaum mehr vorhanden. Ein paar historische Bahnen fahren dennoch, meist für Touristen. Eine Dampflok — in Brasilien bekannt als **Maria Fumaça** (Rauchende Maria), pendelt die 12 km (30 Min.) zwischen São João del Rei und Tiradentes, ein entzückender Schlenker von einer Stadt zur nächsten, der aber geplant sein will (denn es fahren nur wenige Züge am Tag).

Neben der Estação de Ferro Oeste de Minas, dem Bahnhof in São João del Rei, befindet sich das **Museu Ferroviário**, das Eisenbahnmuseum mit historischen Exponaten, Fotografien, alten Waggons und ein paar Baldwin-Dampfloks aus Pennsylvania. In São João del Rei gibt es zudem einige sehenswerte alte Kirchen; wer auf Moderne steht, sehe sich eher das **Memorial Presidente Tancredo Neves** *(Rua Padre José Maria Xavier 7, São João del Rei, Tel. 32/3371 7836, Mo–Do geschl., $, www. memorialtancredoneves.com.br)* zu Ehren des Politikers und Sohnes der Stadt an.

Nahe der Stadt liegt die **Serra do Lenheiro**, die bei Bergsteigern und Naturfreunden sehr beliebt ist. Einer der Wanderwege führt zu prähistorischen Felsmalereien, ein anderer zur Höhle **Gruta Casa da Pedra** *(Rod. São João del Rei/Tiradentes, BR-265, Km 250).* Ein Wanderführer lohnt. Weitere Infos sind bei der ansässigen Reiseagentur **Rede de Empresários da Estrada Real** *(Tel. 31/3241 7166)* zu erfragen.

Die kleine Stadt Tiradentes mit ihren Kolonialkirchen ist dagegen eher beschaulich. Hier gibt es die Möglichkeit zum Reiten und Wandern. Die Stadt ist ein Magnet für die alternative Szene geworden und bietet mehr als nur Kunst und Handwerk. Von Tiradentes gelangt man auch in die Serra do Lenheiro. Der Pfad **Trilha da Água Santa à Calçada dos Escravos** führt

zu natürlichen heißen Heilquellen. Nächtigen kann man am besten in der Pousada Solar da Ponte (s. Reiseinformationen S. 284).

Parque Nacional da Serra da Canastra

Gute 300 km westlich von Belo Horizonte, zwischen den Ökoregionen Cerrado und Mata Atlântica, liegt der Nationalpark Serra da Canastra, ein Paradies für Wanderer. Die Geschichte des Parks beginnt mit einer Gruppe von Journalisten und einem französischen Maler. Unter

(Fortsetzung auf S. 128)

Maria Fumaça & Museu Ferroviário

🗺 Karte S. 99 D2

✉ Av. Hermílio Alves 366, São João del Rei

☎ 32/3371 8485

🕐 Mo geschl.

💲 $

HINWEIS: Züge fahren an Wochenenden & Feiertagen: Hinfahrt São João del Rei 10 Uhr & 14.15 Uhr; Rückfahrt 13 & 17 Uhr

Aleijadinhos „Prophet Joel" vor der Basílica do Senhor Bom Jesus de Matosinhos in Congonhas do Campo

Die Estrada Real

Gold, Edelsteine und andere wertvolle Waren wanderten einst die kopfstein- oder auch ungepflasterte „Estrada Real" (Königsstraße) entlang, bevor sie nach Portugal verschifft wurden. Heute sind Reisende selbst die „wertvolle Ware" auf der Straße zwischen Minas Gerais und den Küstenhäfen.

Die Unesco-Weltkulturerbe-Stadt Ouro Preto in Minas Gerais

Tatsächlich gibt es zwei *Estradas*. Entdecker des Küstendorfes Paraty schufen den **Caminho Velho** (Alter Weg), als sie sich ihren Weg durch den Regenwald der Serra da Bocaina und weiter zur Goldstadt Vila Rica bahnten, dem heutigen Ouro Preto. Im 18. Jh. dauerte eine solche Reise drei Monate; zu Land musste nach Räubern, auf See nach Piraten Ausschau gehalten werden.

Mit dem **Caminho Novo** (Neuer Weg) überging man Paraty und versendete die Schätze aus Minas Gerais über Rio de Janeiro nach Europa. 1763 löste Rio Salvador ab und wurde neue

Kolonialhauptstadt. Unterdessen entdeckte man Diamanten in Minas Gerais, in der heutigen Stadt Diamantina, und die Strecke wurde gen Norden ausgebaut. Nun gabelte sich die Straße. Von Diamantina ging es (den **Caminhos dos Diamantes** – Diamantenpfad) hinunter nach Ouro Preto, von dort den alten Weg nach Paraty und den neuen nach Rio de Janeiro.

Auf den Spuren des Goldes

Viele der Strecken existieren noch oder wurden wiederhergestellt; Reisende können der einen oder anderen Route folgen oder einzelne Abschnitte auch kombinieren.

Einer der ersten, die die Estrada Real touristisch nutzten, war Tullio Marques *(Tel. 31/3344 8986),* der Ausritte von der Fazenda do Cipó unweit von Belo Horizonte anbot. Er kennt die Strecke und rät, nicht mehr als einen Tag im Sattel zu verbringen. »Nachts können Reisende andere Dinge tun als im Busch zu schlafen, z. B. einer afro-brasiliani-schen *congada*-Darbietung lauschen.«

Die Estrada Real ist heute auch bei Motorrad- und Radfahrern beliebt. Manfred Wieninger hielt seine Erleb-nisse in einem Reisetagebuch fest: *www. evolver.at/stories/Reisebericht_Brasilien_ Minas_Gerais_Ouro_Preto_01.*

Ein selten bereister Pfad

Ein Blick auf die Karte der Estrada Real zeigt einen vierten Weg in der Nähe der Gabelung: den **Caminho do Sabara-buçu.** Diese 60-km-Strecke beginnt in der Stadt Cocais und windet sich im Bogen südwärts nach Glaura bei Ouro Preto. Diese Verbindung baute man,

nachdem Besucher die leuchtenden Gipfel der Serra da Piedade entdeckt hatten (vorher bekannt als Pico de Sabarabuçu). Sie hielten den Glanz für schimmerndes Gold, aber es war Eisen-erz, das das Sonnenlicht reflektierte.

Die Strecke an den Ufern des Rio das Velhas entlang und durch Kleinstädte wie Caeté, Morro Vermelho, Sabará, Honório Bicalho, Rio Acima und Acuruí ist reizvoll, wird heute aber seltener bereist.

Das für seine Kokospalmen bekannte **Cocais** mit seiner Kolonialarchitektur gilt heute als Ouro Preto in Kleinfor-mat. Auch **Caeté** mit seinen Museen, Häusern und Kirchen hat einen Großteil des Kolonialstils der vergangenen Zeiten gewahrt. **Sabará,** nur 30 Minuten öst-lich von Belo Horizonte, war die erste Kolonialsiedlung des Bundesstaates.

Touren auf der Estrada Real führen vorbei an verlassenen Minen, üppiger Vegetation und Wildtieren sowie – bei genauem Hinsehen – an Zeugnissen der alten Straßenbautechnik der Sklaven, die diese Straße einst anlegten.

In den Tiefen der Minas da Passagem, einer alten Goldmine unweit von Ouro Preto

**Parque Nacional
da Serra da
Canastra**

- Karte S. 99 C3
- ✉ Estr. MG-050,
  Piumhi
- ☎ 37/3433 1324
- $ $

**São Roque de
Minas**

- Karte S. 99 C3

Besucherinformation

- ✉ Praça Alibenides
  Costa Faria 10
- ☎ 37/3433 1228
- 🕐 Sa & So geschl.

dem Druck der Journalisten aus Minas Gerais schuf die Regierung 1972 zum Schutz der Quelle des Rio São Francisco den Nationalpark Serra da Canastra.

Anderthalb Jahrhunderte vorher hatte der französische Künstler Jean-Baptiste Debret diese Region bereist und den beeindruckendsten Wasserfall, den **Cachoeira da Casca d'Anta** (mit 186 m Höhe der größte des Flusses), in einem Gemälde verewigt, das heute zu den Klassikern der naturalistischen Malerei des 19. Jhs. zählt.

Hier lässt es sich gut wandern, vornehmlich zu der Quelle des Flusses. Stromabwärts bildet der Fluss kleine Wasserbecken, in denen gebadet werden kann. Je weiter man wandert, desto mehr Attraktionen wird man begegnen; z. B. dem Wasserfall **Cachoeira dos Rolinhos**, der Gesteinsformation **Curral de**

Pedras, die von Viehtreibern als Pferch ("curral") für Rinder genutzt wurde; und dem **Garagem de Pedras**, einer alten Steinhütte, die von Reisenden zum oder vom Triângulo Mineiro (Minas-Dreieck) genutzt wurde.

Eine größere Herausforderung ist der 25 km lange Wanderweg zum Wasserfall **Cachoeira Antônio Ricardo** von 80 m Höhe, in dessen Becken man baden kann. Für diesen und andere Wege ist ein lizensierter Wanderführer erforderlich, für die Zufahrtsstraßen Autos mit Allradantrieb. Informationen zur Buchung erhalten Sie über die Agentur Maritaca Turismo (siehe Kasten unten).

Der Hauptzugang zur Serra liegt in der Stadt **São Roque de Minas** am Nordende des Parks, weitere sind die Städte São João Batista im Westen und Sacramento im Süden.

ERLEBNIS: Die Serra da Canastra erkunden

Wer den ganzen Reichtum der Region erkunden will, kann sich an **Maritaca Turismo** (Av. Capitão Borges 301, Tel. 34/3351 5059, www.maritacaturismo.com. br) wenden, eine Ökotourismus-Agentur in Sacramento, die Wanderungen in und durch den Park anbietet, darunter Wildtier- und Vogelbeobachtungen sowie Exkursionen, in denen Pflanzen und Schmetterlinge im Fokus stehen. Das dafür umgebaute Fahrzeug bietet Sitze auf dem Dach, von denen man einen anderen Blickwinkel und die bessere Sicht hat. Auch Radtouren durch die nahegelegenen Gemeinden und Treffen mit Einheimischen werden organisiert (interessant für Portugiesisch-Kundige).

Maritaca bietet außerdem Kurse in der Herstellung des berühmten *queijo canastra*, einer seit Kolonialzeiten produzierten Käsesorte, die dem beliebten *queijo minas* (Minas-Käse) ähnelt. Hunderte kleiner Milchbauern leben hier von der Herstellung des Queijo canastra, doch nur wenige haben die Lizenz zum überregionalen Vertrieb. Auch wenn Sie selbst keinen Käse herstellen, sollten Sie sich ein Stück davon mitnehmen.

Minas Gerais lieferte einen Großteil des Goldes nach Europa

Der Norden von Minas

Der Norden von Minas Gerais ist eine sogenannte Übergangszone, und zwar vom reicheren, kosmopolitischen Südosten zum dürren, folklorereichen Hinterland des nordöstlichen Sertão. Landsleute bezeichnen diese „Nordländer" scherzend als ehrenamtliche *baianos* (vom Nachbarstaat Bahia). Leser des Romans „Grande Sertão" von João Guimarães Rosa werden den Schauplatz wiedererkennen.

Cordisburgo: Ein Highlight ist die Heimatstadt von Guimarães Rosa, Cordisburgo. Das Haus, in dem er seine ersten neun Lebensjahre verbrachte, die **Casa Guimarães Rosa**, ist heute Museum und Sitz der Contadores de Estórias Miguilim, einer Gruppe (meist) armer Jugendlicher, die sich nach der bekannten Hauptfigur benannten, auf

Anfrage aus den Geschichten von Guimarães Rosa vorlesen und „ökoliterarische" Touren durch die Gegend organisieren (im Voraus buchen!).

Eine weitere Attraktion in Cordisburgo ist die **Gruta do Maquiné**, eine kommerziell betriebene Höhle. Sie wurde 1834 vom dänischen Naturforscher Peter Lund entdeckt und gilt als Wiege der brasilianischen Paläontologie.

Diamantina: 280 km nördlich von Belo Horizonte, am Rande des **Jequitinhonha**-Tals, liegt Diamantina, der nördlichste Zipfel der historischen Goldstädte von Minas Gerais. Wie der Name schon andeutet, ist die Stadt eher Zentrum der Edelsteingewinnung denn des Goldbergbaus. Die Kirchen der Stadt sind weniger opulent als die in Ouro Preto, doch die bis heute erhaltene Kolonialarchitektur

Cordisburgo
🗺 Karte S. 99 D3
Besucherinformation
✉ Rua São José 977
☎ 31/3715 1484
🕐 Sa & So geschl.

Casa Guimarães Rosa
✉ Av. Padre João 744, Centro
☎ 31/3715 1425
🕐 Mo geschl.
💲 $

Gruta do Maquiné
🗺 Karte S. 99 D3
✉ Vila Alberto Ramos, MG-231, Km 7, Cordisburgo
☎ 31/3715 1078
💲 $

Diamantina

🅐 Karte S. 99 D3

Besucherinformation

✉ Praça
Conselheiro
Mata 11

☎ 38/3531 9220

🕐 Sa & So geschl.

Garimpo Real

✉ BR-367 Richtung
Belo Horizonte,
10 km von
Diamantina

☎ 38/3531 1557

💲 €€

Casa de Chica da Silva

✉ Praça Lobo de
Mesquita 266,
Centro

☎ 38/3531 2491

🕐 Mo geschl.

ist gleichermaßen beeindruckend.

Für Portugiesisch sprechende Reisende mag **Garimpo Real** das fesselndste Abenteuer sein. *Garimpo* heißt so viel wie „wilder Abbau". Ein Bergarbeiter organisiert Ausflüge zum Flussufer, an dem er gemeinsam mit anderen *garimpeiros* zeigt, wie Edelsteine gewonnen werden. Die Touren müssen im Voraus gebucht werden und entfallen, wenn es regnet oder gerade geregnet hat.

Geschichtsinteressierte können die **Casa de Chica da Silva** besuchen, das Haus einer befreiten Sklavin, die zu Reichtum und Ansehen gelangte und von 1755 bis 1770 mit ihrem Mann, dem portugiesischen Besitzer einer Edelsteinmine und einem der damals reichsten Männer

Brasiliens, dort lebte. Da Silva wurde zur Volksheldin; sie wurde von Jorge Ben Jor besungen und zur Hauptfigur des Spielfilms „Xica da Silva" (1976) von Cacá Diegues und einer Fernsehserie 1996. Taís Araújo war darin die erste schwarze Hauptdarstellerin einer brasilianischen Seifenoper.

In der **Casa de Juscelino Kubitschek** lebte der spätere Präsident Kubitschek (siehe S. 39–40) im Alter von fünf bis 18 Jahren. Die ausgestellten Exponate und Fotografien illustrieren sein Leben und die Geschichte seiner Heimatstadt.

Das Highlight der meisten Besucher von Diamantina aber ist eine Mahlzeit im **Restaurante O Garimpeiro**, „Der Edelsteinsucher" (siehe Reiseinformationen

Großer Ameisenbär im Nationalpark Serra da Canastra, Minas Gerais

Cachaça aus eigener Herstellung

Cachaça ist eine hochprozentige Spirituose aus Zuckerrohr, die oft mit Zucker, Limetten und Eis vermischt als Caipirinha oder in Schnapsgläsern serviert und auf Ex getrunken wird. Im „Dicionário do Folclore Brasileiro" (1954), einem Mini-Lexikon der brasilianischen Folklore, schreibt Luís da Câmara Cascudo, dass Cachaça zur Kolonialzeit »zum Nationalsymbol für die Unabhängigkeitsbewegung wurde«.

Das Gros an Cachaça wird heute in großen Fabriken hergestellt, wo es in Edelstahlfässern reift, ein kleiner Teil jedoch noch in traditioneller Handarbeit. Viele Kleinproduzenten gewähren gern Einblick in ihre *alambiques* (Brennereien). Die Qualität variiert natürlich, das beste Aroma erzielt man jedoch mit Kupfer-Brennblasen und Holzfässern zur Reifung.

Cachaça wird in vielen Regionen hergestellt; der *pinga* (umgangsspr. für „Fusel") aus Minas Gerais wird jedoch gern gepriesen. Besonders beliebt ist jener aus **Salinas** (*Besucherinformation, Praça Procópio Cardoso Araújo 7, Tel. 38/3841 1513*). In Salinas kann man Kostproben nehmen, die Produktionsanlagen besichtigen und manchmal den Geschichten der stolzen Hersteller lauschen, bevor man ihnen eine Flasche abkauft.

Im Juli findet hier die alljährliche **Cachaça-Messe** statt (*Associação dos Produtores Artesanais de Cachaça de Salinas, Av. João Pena Sobrinho 341, Panorama, Salinas, Tel. 38/3841 3431*).

S. 283), das an das Gästehaus Pousada do Garimpo angegliedert ist. Fragen Sie nach der Lieblingsspeise von Chica da Silva!

Pirapora & Januária: Dreieinhalb Stunden (300 km) von Diamantina entfernt liegt die Stadt Pirapora. Dort befährt ein Dampfschiff, das 1913 in den USA erbaut wurde und einst den Mississippi befuhr, bis heute eine 18 km lange Rundstrecke auf dem Rio São Francisco: die **Vapor Benjamim Guimarães.** Möglich ist auch, eine der regelmäßigen längeren Schifffahrten zu buchen. In Pirapora kann das **Casa do Artesão** besucht werden, ein Laden, der sich auf die hölzernen *carranca* („Fratzen") spezialisiert hat, die teuflisch verzerrten Gesichter, die

traditionell als Galionsfiguren dienten und böse Geister abschrecken sollten.

Auch die Stadt **Januária** ist etwa 300 km von Diamantina entfernt, aber etwas nördlicher und an einem Fluss gelegen. (Guimarães Rosa, so heißt es, habe auch Januária schriftlich verewigt, indem er es in „Grande Sertão" 17 Mal erwähnte.)

Ganz in der Nähe befindet sich der **Parque Nacional Cavernas do Peruaçu** (*MG-135, Praça Principal, Januária, Tel. 38/3623 1042 oder 3613 1334*) mit etlichen begehbaren Höhlen (darunter Lapa do Malhador) und prähistorischen Felsritzungen. Eine Palette an Outdoor-Aktivitäten (auch Reiten) rundet das Angebot ab. Wer mag, bucht eine Bootsfahrt auf dem Fluss. ■

Casa de Juscelino Kubitschek
- ✉ Rua São Francisco 241, Centro
- ☎ 38/3531 3607
- 🕐 Mo geschl.

Vapor Benjamim Guimarães
- ✉ Av. Salmeron 91, Centro, Pirapora
- ☎ 38/3743 9995
- 🕐 Mo–Fr geschl.
- 💲 $$

Casa do Artesão
- ✉ Av. Jefferson Gitirana 270, Centro, Pirapora
- ☎ 38/3741 4491

Espírito Santo

Espírito Santo wird scherzhaft auch Strand von Minas Gerais genannt. Bei Ornithologen und Outdoor-Fans beliebt ist aber vor allem die Mata Atlântica. Doch Espírito Santo liegt auch irgendwie zwischen Rio und Bahia, und die große Streitfrage lautet, ob der hiesige *moqueca capixaba* besser ist als der aus Bahia.

Katholische Barockkirche aus dem 17. Jh. an einem Strand von Espírito Santo

Domingos Martins

⚐ Karte S. 99 E3

Besucherinformation

✉ Rua Bernardino Monteiro 22, Centro

☎ 27/3268 1344

🕐 Sa & So geschl.

www.domingos martins.es.gov.br

Parque Estadual da Pedra Azul

✉ Rota do Lagrato (Rod. Angelo Girardi), Km 2

☎ 27/3248 1156

Domingos Martins

Westlich der Bundeshauptstadt Vitória liegt Domingos Martins, eine von Agrar- und Ökotourismus und auch von deutscher Migrantenkultur geprägte Gemeinde. Wahrzeichen ist die **Pedra Azul** (Blauer Stein), ein 1800 m hoher Granitfelsen, der aus dem üppigen Grün der Mata Atlântica ragt. Je nach Sonneneinstrahlung erscheint der Fels in grünlichen oder bläulichen Farbtönen. Die Umgebung, der **Parque Estadual da Pedra Azul**, bietet verschiedene Wanderwege. Besuche müssen mindestens 24 Stunden vorher angemeldet werden.

Infos sind bei der Reiseagentur **Associação Turística de Pedra Azul** (ATPA) erhältlich. Wer reiten möchte, kann bei **Fjordland Cavalgada Ecológica Pedra Azul** *(Rod. Angelo Girardi/Rota do Lagarto, Km 2,2, Tel. 27/3248 0076, www.cavalgadapedraazul. com.br)* einen 80-minütigen Ritt zum Mirante do Lagarto buchen. Der Fuß der Pedra Azul liegt bereits 1200 m über dem Meeresspiegel.

Das gemeinnützige Umweltinstitut **Instituto Roberto Carlos Kautsky** *(Rod. João Ricardo Schorling, Km 2, Tel. 27/3268 2300)* widmet sich den Orchideen und bereicherte das 300 000 m² große Reservat der Mata Atlântica um Pflanzen aus abgeholzten Wäldern. Bei oder nach Regenfällen bleibt es geschlossen. Besuche müssen angemeldet werden.

In dieser Region siedelten Ende des 19. Jhs. vor allem Italiener und Deutsche, deren Kultur auf Rundgängen vermittelt wird. Der **Circuito do Chapéu** entlang der **Estrada do Chapéu** führt in das dort gepflegte deutsche Brauchtum ein. Der **Circuito do Galo** vermittelt ländliches Leben und bietet

Outdoor-Aktivitäten, Wanderwege und Wasserfälle. Der **Circuito do Vale da Estação** führt durch den Bezirk Santa Isabel, in dem sich die ersten Siedler niederließen und wo man traditionelle Restaurants, hausgemachte Süßwaren und Landhotels findet. Infos über ATPA.

Zwischen Belo Horizonte und Cariacica bei Vitória (50 km von Domingos Martins) verkehrt der **Belo Horizonte–Vitória**-Zug (*Tel. 31/3279 4389 oder 0800/285 7000, $$*).

Santa Teresa, Linhares & Regência

Der mittlere und nördliche Teil des Küstenstaates Espírito Santo lockt mit üppiger Natur. Santa Teresa ist von Traditionen und Kultur der zugewanderten Italiener geprägt. 1875 kamen die ersten 60 Familien aus Venetien hierher; Architektur, Küche und Weinerzeugung spiegeln diesen Einfluss wider. Die von Italienern erbaute **Casa Lambert** (*Rua São Lourenço, Tel. 27/3259 1611, Mo–Di geschl.*) ist heute ein Museum. An der **Rua Coronel Bonfim Júnior** (bekannt als Rua de Lazer) im Stadtzentrum stehen Häuser der frühen Siedler; heute finden sich hier Bars und Restaurants.

Die **Reserva Natural Vale** in Linhares, die vom brasilianischen Bergbau-Giganten gleichen Namens betrieben wird, bietet ein eigenes

Hotel (s. Reiseinformationen S. 283) und sieben Wanderpfade. Vogelbeobachter lieben dieses Gebiet: Etwa 380 Vogelarten sind hier heimisch, darunter der vom Aussterben bedrohte Gelbfußtinamu. Ebenfalls in der Gemeinde Linhares, 40 km entfernt in Regência an der Mündung des Rio Doce, befindet sich eine Zweigstelle des **Projeto Tamar** (*Caixa Postal 105, Linhares, Tel. 27/3274 1209, www.tamar.org.br*), einem Projekt zum Schutz der Meeresschildkröten. Einblick in Flora und Fauna der Region gibt das **Centro Ecológico de Regência** (*Rua do Portinho, Regência, Linhares, Tel. 27/3274 1209*). ∎

Associação Turística de Pedra Azul e Região

✉ BR-262, Km 88, Domingos Martins

☎ 27/3248 0035

🕐 Sa & So geschl.

www.pedraazul.com.br

Linhares

🗺 Karte S. 99 E3

Besucherinformation

✉ Av. Governo Jones dos Santos Neves 1292, Centro

☎ 27/3372 6800

🕐 Sa & So geschl.

Museu de Biologia Professor Mello Leitão

1949 gründete der Naturforscher Augusto Ruschi das Museu de Biologia Professor Mello Leitão in Santa Teresa (*Av. José Ruschi 4, Tel. 27/3259 1182, Mo geschl.*) und benannte es nach einem Freund und legendären brasilianischen Zoologen.

Ruschi katalogisierte Hunderte von Pflanzen- und Tierarten der nahen Mata Atlântica. Die museumseigenen Sammlungen von ausgestopften Kolibris (ca. 1700) und Fledermäusen (ca. 1300) sowie das Herbarium (ca. 7000 Pflanzen) locken Wissenschaftler aus aller Welt an. Sehenswert sind vor allem die Orchideen.

Das Museum betreibt eine **Estação Biológica de Santa Lúcia**, eine Naturforschungsstation ca. 8 km vor der Stadt. Besucher werden in Gruppen von mindestens fünf Personen eingelassen, kleinere Gruppen oder Einzelpersonen nur dann, wenn sie für die „fehlenden" zahlen.

Eine unterschätzte Region, die Touristen vieles bietet: weitläufige Strände, tiefgrünen Regenwald, Gaucho-Kultur und die atemberaubenden Iguaçu-Wasserfälle

Der Süden

Blick auf den Fluss Iguaçu in Richtung
Garganta do Diabo (Teufelsschlund)

Der Süden

Bis auf die viel besuchten Iguaçu-Wasserfälle und die Surfspots der Inselstadt Florianópolis wird der Süden des Landes von ausländischen Urlaubern weitgehend ignoriert. Eine einzigartige Gelegenheit, die Menschenmassen hinter sich zu lassen und in die Natur oder Geschichte des Landes einzutauchen.

Florianópolis: Surfen geht immer in Floripa, auch Kitesurfen

Hier, im Land der Viehhirten, Einwanderer, Bauern, Winzern und Surfer, werden Traditionen noch gepflegt. Im Kalender stehen Veranstaltungen wie das Oktoberfest (Blumenau), das Traubenfest (Caxias do Sul) und die Farroupilha-Woche (Porto Alegre und andere Städte des Rio Grande do Sul). Rio Grande do Sul und seine Rinderfarmen haben Brasiliens *rodízio*, die All-you-can-eat-*churrascaria* und die allgegenwärtigen Steakhäuser hervorgebracht.

Die spektakuläre Foz do Iguaçu und die Strände und Surfspots in Florianópolis finden die meiste Beachtung, doch die Region hat weit mehr zu bieten. Outdoor-Fans können Lagamar (die Küstenregion von Paraná) bestaunen,

ein Streifen Mata Atlântica, der der natürlichen Schönheit des Pantanal und Teilen des Amazonas in nichts nachsteht. Zu Lagamar gehören auch die Ilha do Mel, eine autofreie Insel mit Sandwegen und üppiger Vegetation, und Sebuí, ein abgeschiedenes privates Naturreservat.

Der Serra Verde Express zuckelt durch bewaldetes Felsengebirge zur Küste von Curitiba. Wanderer finden in den Schluchten des Parque Nacional de Aparados da Serra ein Paradies. Angehende und Profisurfer sollten Zeit für die Praia do Rosa einplanen, einen gut organisierten Surfspot in Santa Catarina. Von Juli bis November sind Wale zu beobachten.

Auf Schritt und Tritt stößt man auf Brasilianische Araukarien mit ihren ausladenden Ästen. Von deren Samen — bei Einheimischen als Snack beliebt — sollen sich Einwanderer ernährt haben, bis die eigenen Feldfrüchte erntereif waren.

NICHT VERSÄUMEN

Die Natur entlang der Küste von Lagamar erkunden 140–142

Der Zug Trem da Serra do Mar 141

Surfen oder Surfkurse an der Praia do Rosa 150–151

Walbeobachtung vor der Küste von Santa Catarina 152–153

Radtouren oder Ausritte auf dem Lande 154, 163

Weinbau und Immigrantenkultur in Bento Gonçalves 161–165

Der Süden zählt zu den reicheren Regionen Brasiliens und bietet Reisenden eine relativ gute Infrastruktur. Die Nationalparks gelten zwar gemeinhin als schlecht verwaltet und verwahrlost, der Aparados da Serra zwischen Rio Grande do Sul und Santa Catarina aber ist das beste Gegenbeispiel. Reiseveranstalter und andere Dienstleister sind vergleichsweise gut organisiert und auf Qualität bedacht; zuweilen wird auch Englisch gesprochen. Nicht zufällig wurde in dieser Region erstmals das touristische Angebot um Reiten, Radfahren und Agrotourismus bereichert. Als führend gilt Bento Gonçalves mit seinen Wein-Touren und der lebendigen Kultur italienischer Einwanderer. Curitiba dagegen wurde lange Zeit als Vorzeigemodell urbaner Stadtplanung gehandelt. ■

Paraná

Für Naturliebhaber und Outdoor-Fans: Der Löwenanteil des atemberaubenden Mata-Atlântica-Küstenstreifens Lagamar liegt in Paraná. Die alten Maultier-Handelswege prägten die Kultur dieses Bundesstaates ebenso wie die fortlaufend zuströmenden Einwanderer. Im westlichsten Zipfel liegen die Iguaçu-Wasserfälle, ein Naturschauspiel, das sich kaum beschreiben lässt.

Gewächshaus aus Glas und Stahl im Jardim Botânico von Curitiba

Curitiba
▲ Karte S. 137 C3
Besucherinformation
✉ Aeroporto
Afonso Pena
☎ 41/3381 1153

**www.aeroporto
curitiba.net/en**

Curitiba

Curitiba, die Hauptstadt des Bundesstaates Paraná, verfügt über eine Vielzahl von Kulturinstitutionen, Museen und guten Restaurants. Das Stadtzentrum ist fußläufig zu erschließen, fast alle anderen Ziele werden mit Touristenbussen angefahren.

Ausgangspunkt ist die **Rua das Flores**. Sie entstand am Freitag, den 19. Mai 1972, als Bürgermeister Jaime Lerner (siehe Kasten) eine Gruppe von Bauarbeitern entsandte, um die Rua Quinze de Novembro (alias Travessa da Lapa) mit der Rua Ébano Pereira (alias Travessa Oliveira Bello) zu verbinden. Zur Verwunderung der ansässigen Händler, der Gegner dieser Initiative, war die Fußgängerzone bereits am darauffolgenden Montag fertig.

Nur wenige Straßen südwestlich der Rua das Flores liegt eine weitere Fußgängerzone, die **Rua 24 Horas**. Diese Ladenpassage von der Rua Visconde de Nacre zur Rua Visconde do Rio Branco wird von einem Glasdach überspannt. Heute sind die Läden trotz Namensgebung keine 24 Stunden geöffnet.

Wer den Stadtteil oberhalb der Rua das Flores erkunden will, läuft bis zum **Largo da Ordem**, dem Dreh- und Angelpunkt des alten **Centro Histórico**. Curitibas älteste Kirche, die **Igreja da Ordem Terceira de São Francisco das Chagas** (*Rua Mateus Leme 1, Centro Histórico, Largo da Ordem, Tel. 41/3323 4190*), erhebt sich auf dem gleichnamigen Platz unweit der historischen Gebäude und des **Memorial da Cidade** (*Rua Claudino dos Santos 79, Centro Histórico, Tel. 41/3321 3313, Mo geschl.*), einem modernen Bau mit Theater und Ausstellungssälen.

Der Rest der Stadt lässt sich mit der **Linha Turismo**, einem klassischen Shuttlebus, erkunden, der an 24 Stationen hält. Tickets gibt es an jeder Station; eine Fahrt kann bis zu viermal unterbrochen werden. Zu den Haltestellen gehören das Eisenbahnmuseum **Museu Ferroviário** (*Av. Sete de Setembro 2775, Rebouças, Tel. 41/2101 9202, Mo geschl.*), der Botanische Garten **Jardim Botânico** (*Rua Engenheiro Ostoja Roguski, Jardim Botânico, Tel. 41/3264 6994*), das **Museu Oscar Niemeyer** (*Rua Marechal

Rua 24 Horas
- ✉ Rua do Comércio 24 Horas, Centro
- ☎ 41/3225 4336

Linha Turismo URBS
- ✉ Praça Tiradentes
- ☎ 41/3352 8000
- 🕐 Mo geschl.
- 💲 $
- www.urbs.curitiba.pr.gov.br

Stadtplaner Jaime Lerner

»Wo man gern hinkommt, lebt man gern« — heißt es bei Vertretern eines verantwortungsbewussten Tourismus. Für keinen Ort in Brasilien gilt das mehr als für die Stadt Curitiba (1,8 Mio Einw.), die als weltweit führend auf dem Gebiet der nachhaltigen Stadtplanung gilt.

Der Ruhm gebührt dem anerkannten Architekten und Stadtplaner Jaime Lerner, der einen Großteil seines Berufslebens darauf verwandte, die menschenfreundliche Umgebung, die er in den 1940er und 1950er Jahren in Curitiba erlebt hatte, wiederherzustellen. Drei Amtszeiten war er Bürgermeister seiner Heimatstadt, von 1995 bis 2002 Gouverneur von Paraná.

Seine Art Stadtplanung stand beim Neuaufbau von Kabul und New Orleans Pate. Bemerkenswert ist Curitibas effizientes und kostengünstig Bus-Rapid-Transit-System mit seinen charakteristischen Haltestellenröhren zum Ein- und Umsteigen. Markenzeichen sind auch die ausgedehnten Stadtparks und Brasiliens erste Fußgängerzone. Lerners Konzept — er nennt es „Stadt-Akupunktur" — sind punktgenaue Eingriffe, die Energien freisetzen und eine positive Nachwirkung haben. Ein weiteres Beispiel aus seinem Buch „Acupuntura urbana" ist der Bau des Theaters Ópera de Arame in Curitiba auf einem ehemaligen Steinbruchgelände.

Curitibas Ruf als lebenswerter Ort hat sich schnell verbreitet und viele Brasilianer angelockt. Einige befürchten, dass die Stadt Opfer ihres eigenen Erfolges wird.

**Parque Nacional
do Superagüi**

🔺 Karte S. 137 C4

✉ Comunidade
da Barra do
Superagüi, Ilha
do Superagüi,
Guaraqueçaba

☎ 41/3482 7131

*Hermes 999, Centro Cívico, Tel.
41/3350 4400, Mo geschl., $),*
ein vom Namensgeber ent-
worfenes Kunstmuseum, die
Ópera de Arame *(Rua João
Gava, Parque Pedreira Paulo Le-
minski, Pilarzinho, Tel. 41/3355
6072, Mo geschl.),* ein Theater
aus Metallstreben in einem
lebhaften Park (früherer

Das Museum Oscar Niemeyer, auch bekannt als „das Auge"

Steinbruch), und **Santa
Felicidade**, das italienische
Viertel mit seinen Trattorias
wie dem **Madalosso** (siehe
Reiseinformationen S. 289).

Kulinarisch bietet die Stadt
einen Mix aus regionaler
tropeiro-Kost (Essen der
Maultiertreiber), traditionellen Gerichten der Zuwanderer und hiesigen Erfindungen
wie den *costelões,* Grillstatio-
nen für Rinderrippchen mit
Kartoffelsalat, grünem Salat,
gebratener Polenta und mehr
zum Festpreis.

Lagamar

2,5 Stunden (160 km) östlich
von Curitiba liegt die kleine
Küstenstadt **Guaraqueçaba**,
das Tor zur ausgedehnten
Region Lagamar mit eine
Naturpark und zwei privaten
Naturreservaten.

Von dort fahren Boote
nach Superagüi oder Sebuí
und Busse nach Salto Morato. Hinter der **Igreja do Nosso Senhor Bom Jesus dos
Perdões** *(Rua Coronel João Isi-
doro)* führt ein 800 m langer
Weg hinauf zum **Morro do
Quitumbê**. Von dort (80 m
über dem Meeresspiegel)
sieht man die Umgebung aus
der Vogelperspektive.

1991 wurde Lagamar, ein
200 km langer Küstenstreifen
über die Grenze von Paraná
nach São Paulo hinweg, von
der Unesco zum ersten brasilianischen Biosphärenreservat
erklärt. Die Lagune Lagamar
ist ein Naturparadies wie
das Pantanal oder Teile des
Amazonas.

Der **Parque Nacional do
Superagüi** umfasst mehrere
angrenzende Inseln und
schützt einen der größten
verbleibenden Abschnitte
der Mata Atlântica. Der Regenwald besitzt traumhafte
Strände und Sümpfe, wäh-
rend zwischen den Bäumen
Orchideen gedeihen. Das
bedrohte Schwarzkopflöwen-
äffchen wurde erst 1990 hier
entdeckt. Die Gasthäuser
des Parks befinden sich
zumeist im Gebiet Barra do
Superagüi.

ERLEBNIS: Bahnfahrt mit dem Trem da Serra do Mar

Die Bahnlinie des Trem da Serra do Mar windet sich durch einen der felsigsten und eindrucksvollsten Landstriche Brasiliens — einen Küstengebirgszug, der von dichtem tropischen Regenwald bewachsen ist — und bringt Reisende von Curitiba zur 1721 gegründeten, historischen Stadt Morretes, die in den Bergen am Fluss Rio Nhundiaquara liegt.

Nach einem frühen Start dauert es drei Stunden bis zur Ankunft in **Morretes** (*Besucherinformation, Rua Conselheiro Sinimbú 62, Centro, Tel. 41/3462 1266, Sa & So geschl.*), zurück geht es am Nachmittag. So bleibt genug Zeit für ein Mittagessen in Morretes, der Heimstatt des *barreado*, des traditionellsten Gerichts Paranás: eines Eintopfs, zu dem Reis, Bananen, Maniokmehl und Bananen-*cachaça* gereicht werden; zu kosten im **Restaurante Madalozo** (s. Reiseinformationen S. 290).

Eisenbahnbau

Die 110 km lange Bahnstrecke von der Küste zur Hauptstadt des Bundesstaates Paraná ging 1885 in Betrieb. Im Laufe ihrer fünfjährigen Bauzeit starben ca. 5000 Männer (fast alle Italiener, Deutsche und Polen), die meisten an den üblichen Leiden: Schlangenbissen, Typhus, Malaria und Unfällen. Gelegentlich hatten sie auch mit anderen Gefahren zu kämpfen, mit Jaguaren etwa, die zum Trinken an den Fluss kamen.

Wildtiere & Vegetation

Der heute bedrohte Jaguar genießt in der Serra do Mar ein seltenes Fleckchen geschützten Lebensraums. Weitere bedrohte Arten dieser Gegend sind der Große Ameisenbär, der Tyrannenadler und der Schwarzmaskenguan. Selbst, wenn Sie keine Wildtiere erspähen, genießen Sie vom Fenster aus eine spektakuläre Sicht auf den Gebirgszug der **Serra do Marumbi**.

INSIDERTIPP

Halten Sie im Südosten Brasiliens nach lebenden Fossilien wie der urzeitlichen *Araucária* Ausschau!

PATRICIA H. KELLEY & CHRISTY VISAGGI
National Geographic, Recherche

Halten Sie Ausschau nach dem Symbol des Bundesstaates Paraná: der flachkronigen Brasilkiefer, auch brasilianische *araucária*, mit hohem, geradem Stamm und horizontal wachsenden Ästen. Nur die Blütenzapfen der weiblichen Bäume führen die Samen, die den Einwanderern einst als Grundnahrungsmittel dienten.

Gedenkstein

Bei Kilometer 65 steht an der Uferböschung ein einsames Kreuz. Diese Kreuze am Straßenrand sind hierzulande nicht selten, dieses aber markiert jene Stelle, an der ein politischer Gefangener ermordet wurde. Nach der Ausrufung der Republik 1889 zahlte ein reicher Geschäftsmann, der Barão do Cerro Azul, bewaffnete Belagerer aus und rettete damit seine Heimatstadt Curitiba. Das weckte Misstrauen bei den Republikanern. 1894 wurde er eingesperrt, in den Wald verschleppt, aus dem Zug geschmissen und an dieser Stelle erschossen.

Ausflugsfahrten

Ursprünglich hieß diese Linie **Serra Verde Express**, doch wurde dieser Name dann von der Dachgesellschaft (*Av. Presidente Affonso Camargo 330, Centro, Curitiba, Tel. 41/3888 3488, www.serraverdeexpress.com.br, $$$*) übernommen, die anderswo ähnliche Touristenstrecken betreibt, u. a. den Trem do Pantanal (siehe S. 189). An Wochenenden und Feiertagen fährt ein Trem de Luxo (Luxuszug) mit Ledersitzen und Samtsofas nach Morretes; eine Bar versorgt die Reisenden mit erstklassigen Speisen und Getränken.

Auch längere Aufenthalte oder Einzelfahrten sind möglich. An Sonntagen fährt der Zug weiter bis zur Hafenstadt **Paranaguá** (*Besucherinformation, Rua Júlia da Costa 322, Centro Histórico, Tel. 41/3420 6029, Sa & So geschl.*).

Reserva Natural Salto Morato

✉ PR-405, Km 4, Guaraqueçaba

☎ 41/3381 9671

🕐 Mo geschl.

💲 $

www.fundacaobot cario.org.br

Reserva Ecológica de Sebuí

✉ Reserva Particular de Patrimônio Natural (RPPN) do Sebuí

☎ 41/3566 6339

🕐 Sa & So geschl.

HINWEIS:
Reservierungen über **Gondwana Brasil Ecoturismo** (www. gondwanabrasil.com.br).

Ilha do Mel

🗺 Karte S. 137 C3

www.ilhadomel-travel.com.br

Highlights der 2253 ha großen privaten **Reserva Natural Salto Morato** sind der **Salto Morato**, ein 100 m hoher Wasserfall, und die **Figueira do Rio do Engenho**, ein Feigenbaum, dessen Wurzeln wie eine Brücke einen Fluss überspannen. Man kann auch mit den Fischen im klaren Wasser eines natürlichen Beckens, des **Aquario natural**, schwimmen oder nach mehr als 300 heimischen Vogelarten Ausschau halten. Wer auf dem gut ausgestatteten Campingplatz des Parks zelten will, muss sich anmelden.

Das andere private Naturreservat, die **Reserva Ecológica de Sebuí**, ist nur per Boot erreichbar, bietet jedoch neben Aktivitäten wie Wandern, Kanufahren, Ziplining u. a. auch Wasserfälle und einen Holzbohlenweg über das Sumpfgebiet hinweg. Die nachhaltig bewirtschaftete, rustikale

Öko-Lodge des Reservats ist ein wahrer Rückzugsort und bietet hausgemachte Speisen, oft mit frischem Fisch.

Ilha do Mel

Ein Leuchtturm. Keine Autos. Die Ilha do Mel lässt sich nur über sandige, zugewachsene Pfade erkunden. Gasthäuser, Campingplätze, Restaurants und Bars gibt es jedoch viele auf dieser kleinen Insel.

Dorthin gelangt man per Fischerboot von **Pontal do Sul** (Kurzstrecke; 2 Std. von Curitiba) oder per großem Schiff von **Paranaguá** (lange Strecke; 90 Min. von Curitiba; *Rua da Praia, $$*).

Die Insel besteht zu großen Teilen aus Naturschutzgebieten; die Zahl der Personen auf der Insel wird auf maximal 5000 begrenzt. Ist diese Grenze erreicht (z. B. an Wochenenden und zu Ferienzeiten), kann der Zugang verwehrt werden. Erkundigen Sie sich im Voraus!

ERLEBNIS: Lagamar per Schiff entdecken

Die Region Lagamar erkundet man am besten per Schiff mit **Calango Expedições** (*Praça Rocha Pombo, Estação Ferroviária, Morretes, Tel. 41/3462 2600*), das von Einheimischen geführte, umweltverträgliche Touren anbietet. Nach dem Ablegen in Morretes geht es 70 km von Curitiba den Fluss **Nhundiaquara** hinunter nach **Paranaguá Bay**, vorbei am Hafen Paranaguá und einigen Inseln, darunter **Ilha do Mel** und **Ilha das Peças**. Ilha do **Superagüi** taucht auf einer Seite des Canal do Varadouro auf, eines 1953 angelegten

Kanals. Nicht selten sieht man am Ziel der Reise, bei der **Ilha do Cardoso** kurz hinter der Grenze zu São Paulo, Delfine. Die Rückfahrt führt am Sebuí-Reservat vorbei und durch die Baía de Guaraqueçaba.

Während dieser 10,5-stündigen Fahrt wird ein paar Mal gehalten, damit man im Meer baden, an verlassenen Stränden entlanglaufen, durch den Busch wandern oder einfach nur entspannen kann. Wollen Sie früher starten? Dann nehmen Sie den Trem da Serra do Mar von Curitiba nach Morretes (siehe Kasten S. 141).

Besucher der Iguaçu-Wasserfälle stehen auf der brasilianischen Seite und sehen hinüber nach Argentinien

Gasthäuser und anderer Komfort finden sich hauptsächlich im kleineren Inselteil: in **Nova Brasília** und **Encantadas**. Unterkünfte im größeren Inselteil gibt es im Dorf **Fortaleza**. Wer gebucht hat und lange Wanderungen vermeiden will, sollte sich den Ort merken und sich gleich an der entsprechenden Stelle absetzen lassen.

Der 1872 erbaute Leuchtturm **Farol das Conchas** ist ca. 15 Gehminuten vom Nova-Brasília-Anlegesteg entfernt. Wer den Leuchtturm besteigt, wird mit einer eindrucksvollen Aussicht auf Insel und Küste belohnt. Unweit entfernt befindet sich die **Praia do Farol**, ein bei Surfern beliebter Strand, und weiter südlich die **Gruta Encantada** (Verzauberte Grotte), die von Meerjungfrauen bewohnt worden sein soll. Die nahegelegene **Praia do Fora** ist voller uriger Bars.

Fortaleza auf dem größeren Teil der Insel liegt am Atlantik, die anderen Orte im Landesinneren. Die 1767 fertiggestellte Festung Fortaleza de Nossa Senhora dos Prazeres wurde zum Schutz des Hafens von Paranaguá erbaut. Im Norden der Festung befindet sich die **Ponta do Hospital**, die nach den Zwischenstopps der Sklavenschiffe benannt wurde, die hier Zitrusfrüchte luden, um den Skorbut der Sklaven zu kurieren. Heute ist der Strand einer der beliebtesten.

Caminhos do Sertão (siehe Kasten S. 154) bietet eine Radtour mit Abstecher zur Insel.

Iguaçu-Wasserfälle

Die spektakulären **Cataratas do Iguaçu** (Iguaçu-Wasserfälle) bestehen aus Hunderten von Wasserfällen und sind ein Naturschauspiel, das man gesehen haben muss. Eleanor Roosevelt soll beim ersten Anblick der Iguaçu-Wasserfälle ausgerufen haben: »Arme Niagarafälle! Die
(Fortsetzung auf S. 147)

Foz do Iguaçu
🅰 Karte S. 137 A3
Besucherinformation
✉ Avenida Costa e Silva s/n Rodoviária
☎ 45/3522 1027

✉ Tourismusbüro, Foz do Iguaçu Flughafen, Rod. das Cataratas, Km 13
☎ 45/3521 42767

Mit dem Auto: Der Trilha do Tropeiro

Bevor Güterzüge rollten, wurden Waren mit Maultieren transportiert. Die Männer, die sie führten, nannte man *tropeiros*. Eine dieser Routen verlief vom Küstenort Viamão in Rio Grande do Sul durch Paraná hindurch nach Sorocabaim im Hinterland von São Paulo. In einer Gegend östlich von Curitiba sind Spuren der Kultur der Tropeiros und ihrer Siedlungen noch deutlich zu sehen.

Vila Velha, Paraná: Wandern über den einstigen Meeresgrund

Mit der Entdeckung der Bodenschätze in Minas Gerais mussten fortan auch die geförderten Rohstoffe wegtransportiert werden. Auf den Weiden von Rio Grande do Sul gab es damals zahlreiche Maultiere, die also dort abgezogen und gen Norden geschickt wurden. Beim Bau dieser Strecke halfen die Maultiere folglich selbst mit.

Sie verlassen **Curitiba** auf der BR-476 gen Westen und erreichen nach 70 km die Stadt **Lapa** ❶, die um 1730 als Zwischenstopp von Tropeiros gegründet wurde. Kulinarische Traditionen werden im **Restaurante Lipski** (siehe Reiseinformationen S. 289) gepflegt.

NICHT VERSÄUMEN

Museu do Tropeiro • Parque Estadual de Vila Velha • Buraco do Padre • Rio Jaguaríaiva • Parque Estadual do Cerrado

Quirera lapiana, das Hauptgericht, besteht aus Mais und Schweinerippchen.

Das Centro Histórico gleicht einer Filmkulisse. Zu den besterhaltensten Gebäuden zählen die Casa Vermelha mit dem **Museu do Tropeiro** (*Rua Barão do Rio Branco 1320, Tel. 41/3622 4387,*

Mo geschl.) und das **Theatro São João** *(Praça General Carneiro, Tel. 41/3911 1000)* von 1876, das man zur Zeit des Widerstands republikanischer Truppen gegen die Föderalisten 1894 zu einem Krankenhaus umfunktionierte. Heute hat das Theater mit seiner neoklassizistischen Fassade einen vollen Vorstellungskalender.

Seinerzeit kamen Pilger nach Lapa in die **Gruta do Monge** *(Av. Getúlio Vargas, Tel. 41/3547 8050)*, in der ein Mönch im 19. Jh. Wunder vollbracht haben soll.

Parks bei Lapa

Von Lapa geht es über die PR-427 gen Norden nach Palmeira und über die PR-151 nach **Ponta Grossa** ❷, heute das Tor zum **Parque Estadual de Vila Velha** *(BR-376, Km 28, Ponta Grossa, Tel. 42/3228 1138, Di geschl., $).* Der Park ist über die BR-376 gen Südosten in Richtung Curitiba zu erreichen, Ausfahrt Visconde de Mauá bei Km 28. Die Felsformationen stammen aus einer Zeit, da dieses Gebiet noch vom Meer überflutet war. Ein Beispiel ist die Taça,

Karte S. 137
► Curitiba
4,5 Stunden
298 km
► Jaguaríaiva

Buraco do Padre im Nationalpark Campos Gerais, Paraná

die einem riesigen Kelch gleicht. Die pflanzengesäumten, grundwasserführenden Erosionskrater nennt man *furnas.* Und die **Lagoa Dourada** ist eine nach ihren goldenen Lichtreflexen benannte Lagune. In der Nähe befindet sich der **Parque Nacional dos Campos Gerais** *(Rua Monteiro Lobato 2625, Ponta Grossa, Tel. 42/3238 1515)* mit seiner **Buraco do Padre**, einer Furna von 30 m Durchmesser samt 45 m hohem Wasserfall. Sie ist über die PR-513 von Ponta Grossa aus gen Osten zu erreichen; bei Km 14 muss man auf die Zufahrtsstraße wechseln. Von Ponta Grossa sind es ca. 30 km auf teilweise unbefestigten Straßen.

Halt am Fluss

Von Ponta Grossa folgen Sie der PR-151 gen Norden nach **Castro** ❸. Castro war ein bedeutender Rastplatz auf der Tropeiro-Route. Oft überflutete der angrenzende Rio Lapo die Stadt und zwang selbst die eiligsten Tropeiros zum Rasten. Das **Museu do Tropeiro** *(Praça Getúlio Vargas 11, Tel. 42/3906 2179, Mo geschl.)* gibt auf unübertreffliche Weise Auskunft über die Menschen, die diese alte Handelsstraße einst befuhren.

Das Museum **Casa de Sinhara** *(Praça Getúlio Vargas 6, Tel. 42/3906 2179, Mo geschl.)*, dessen Name mit der Aussprache des Wortes *Senhora* spielt, gedenkt der Frauen in der Kolonialzeit. Die **Fazenda Capão Alto** *(Estr. Castro Alto Caixa 119, Tel. 42/3232 5856, Mo geschl., $, www.fazendacapaoalto.com.br)* steht genau dort, wo die Tropeiros einst ihr Lager aufschlugen.

Etwa 80 km nordöstlich von Castro (PR-151), bevor die Tropeiro-Route die Grenze nach São Paulo erreicht, liegt eine der längsten Schluchten der Erde. Den **Cânion do Rio Jaguaríaiva** *(PR-151, Km 7, Tel. 43/3535 7935)* säumen bis zu 80 m hohe Sandsteinwände; der Jaguaríaiva eignet sich auf 10 km optimal für Wildwasser- und Kanufahrten. Die Stadt **Jaguaríaiva** ❹ am Schluchteingang lag auf der Tropeiro-Route. In die Schlucht geht es 7 km südlich des Stadtzentrums über einen Kreisverkehr, von dem auch eine Straße zu zwei Papiermühlen abzweigt.

Der **Parque Estadual do Cerrado** *(PR-092, Bairro Pesqueiro, Jaguaríaiva, Tel. 41/3213 3819)* schützt die letzten Überreste der *cerrado*-Ökoregion in Paraná und ist für Besucher offen, aber nur nach Voranmeldung. Zum Park gelangt man von Jaguaríaiva über die PR-092 südöstlich Richtung Pesqueiro; Ausschilderung beachten. Vom Wegweiser sind es noch 2 km bis zum Parkeingang.

Viehtreiber und Maultiertrecks würden weiter gen Norden ziehen, es empfiehlt sich aber, nach Jaguaríaiva zurückzukehren und der PR-151 in nordöstlicher Richtung für 4 km nach Sengés zu folgen. Hier befindet sich der **Parque Ambiental Dr. Ruy Cunha Bosque do Tropeiro** *(Rua Porto Velho, Bairro Pedrinha, Jaguariaíva, Tel. 43/9965 5752, Mo & Di geschl.)*, ein Naturreservat mit Tropeiro-Museum und Wanderwegen.

sehen dagegen aus wie ein Wasserhahn in der Küche.«

Den Geschichtsbüchern zufolge hat Alberto Santos Dumont, der „Vater der Luftfahrt", die Regierung davon überzeugt, 1939 den **Parque Nacional do Iguaçu** zu gründen. Heute zieht dieses Massentourismus-Ziel jährlich mehr als eine Million Menschen an.

INSIDERTIPP

Touristisch sind beide Seiten der Iguaçu-Wasserfälle erschlossen — mit Lodges, Wanderwegen, Tourangeboten und Bootsfahrten.

ROBYN BURNHAM
National Geographic-Stipendiat

Erfahrene Führer empfehlen drei unvergessliche Blickwinkel auf die Wasserfälle. Der erste — ein spektakulärer Panoramablick — ist von der brasilianischen Seite zu sehen. Der zweite ist eine Nahansicht des atemberaubenden **Teufelsschlunds** vom Fußgängersteg auf der argentinischen Seite. Und der dritte ist die eindrucksvolle Sicht von unten; von motorgetriebenen Flößen, die von beiden Seiten der Wasserfälle starten und übers Wasser zischen. Wer sich eine vierte leisten kann, bucht einen relativ kostspieligen Helikopterrundflug; der Blick von oben ist spektakulär.

Mitte des 20. Jhs. erhielt die Agentur **Cânion Iguaçu** die erste Lizenz, in einem brasilianischen Nationalpark Abenteuertourismus anzubieten. Und so kann man sich heute von einer 55 m hohen Plattform abseilen oder mit Sicht auf die Wasserfälle Felskletterungen unternehmen. Auch eine kurze Rafting-Tour (Klasse III+) und eine Baumkronentour werden geboten.

Weniger als 20 km vor der Stadt steht der **Usina Hidrelétrica de Itaipu**, der zweitgrößte Staudamm der Welt. Besuchern bieten sich zwei Touren: eine per Bus zu den Außenbereichen und eine etwas teurere in die „Höhle des Löwen", bei der man die Erschütterungen des Bauwerks spüren kann. Jeden Freitag und Samstag gibt es eine Panorama-Lichtshow.

Die Stadt selbst bietet wenig. In **Puerto Iguazú** auf der argentinischen Seite der Wasserfälle gibt es ein paar Nobel-*parrillas* (Grillrestaurants) und mehrere Casinos. Brasilianer fahren zudem gern nach Paraguay und kaufen zollfreie Waren.

Das **Hotel das Cataratas** (siehe Reiseinformationen S. 289) im Park empfiehlt sich, von hier kann man die Wasserfälle bei Dämmerung oder nachts sehen. Auch Nachtausflüge werden geboten. Preisgünstiger ist jedoch das **Hostel Paudimar Campestre** (siehe Reiseinformationen S. 289). ∎

Parque Nacional do Iguaçu

✉ BR-469, Km 18
☎ 45/3521 4400

www.cataratasdo iguacu.com.br

Cânion Iguaçu

✉ Rod. das Cataratas, Km 27,5, Parque Nacional do Iguaçu
☎ 45/3529 6040

www.campode desafios.com.br

Usina Hidrelétrica de Itaipu

🅰 Karte S. 137 A3–A4
✉ Av. Tancredo Neves 6731, Foz do Iguaçu
☎ 45/3520 5252 (Reservierungen empfohlen)
💲 $–$$

www.itaipu.gov.br /en/tourism-home

HINWEIS: Mindestalter 14 Jahre; Informationen zu angemessenem Schuhwerk entnehmen Sie bitte der Website

Santa Catarina

Surfen, Walbeobachtung und Agrotourismus machen Santa Catarina für Besucher interessant. Die Hauptstadt des Bundesstaats, die Inselstadt Florianópolis, hat Dutzende Strände, ein reges Nachtleben und jede Menge Austern zu bieten. Und auch das Hinterland lässt sich per Rad wunderbar erkunden.

In Florianópolis gibt es jede Menge Strände

Florianópolis
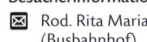 Karte S. 137 C3
Besucherinformation
✉ Rod. Rita Maria
  (Busbahnhof)
✉ Av. Paulo Fontes
  1101, Centro
☎ 48/3212 3100

Florianópolis

Die Insel Florianópolis, rund 70 km lang und 18 km breit, ist über eine Brücke mit dem Festland verbunden und besitzt an die hundert Strände, 40 davon sind gut erreichbar. Strände und Nachtleben sind die Hauptattraktionen, alternativ kann man sich hier mit der Kultur der Einwanderer von den Azoren oder mit der Austernzucht beschäftigen.

Schon bei der Ankunft bietet sich ein Postkartenmotiv. Die Brücke **Ponte**

Hercílio Luz, seit 1982 geschlossen, ist Brasiliens größte Hängebrücke. Sie wurde von der amerikanischen Firma Robinson & Steinman entworfen und war zum Zeitpunkt ihrer Fertigstellung 1926 die längste Kettenbrücke der Welt. Nach Abschluss der Sanierungsmaßnahmen ist eine Wiedereröffnung für 2014 vorgesehen. Nachts ist sie besonders eindrucksvoll.

Im Stadtteil Centro nahe der Brücke steht der **Mercado Público Municipal** *(Rua*

Conselheiro Mafra 255, Tel. 48/3225 8464, So geschl.), ein 1898 erbauter und 1915 erweiterter öffentlicher Markt mit 140 Ständen, an denen Fisch, Obst und Gemüse, Kunsthandwerk etc. verkauft werden. Der lebhafteste Treff ist **Box 32** (siehe Reiseinformationen S. 292) des früheren Tankstellenbesitzers Beto Barreiros.

Viele Besucher kommen wegen der Strände und des Nachtlebens nach Florianópolis bzw. „Floripa", wie die Einheimischen sagen. Das Nachtleben konzentriert sich auf die **Lagoa da Conceição** und Strände wie Jurerê Internacional und **Praia Brava**. Aber auch im Centro-Viertel gibt es interessante Bars.

Portugiesische Festungen:
Im 18. Jh. errichteten die Portugiesen 18 Festungen zum Schutz der Insel vor den Spaniern. Drei davon wurden in Zusammenarbeit mit der Universidade Federal de Santa Catarina (UFSC) saniert und wiedereröffnet: die 1744 erbaute **Fortaleza de Santa Cruz de Anhatomirim** vor der Festlandküste mit imposantem Portico; die von der italienischen Renaissance beeinflusste **Fortaleza de São José da Ponta Grossa** auf einem Hügel gegenüber von Anhatomirim aus dem Jahr 1740; und die südlich gelegene **Fortaleza de Santo Antônio de Ratones**, ein guter Ausgangspunkt

für Wanderungen durch die auf der Ilha Ratones Grande erhaltenen Abschnitte der Mata Atlântica.

Kunst & Handwerk: Ausgefallen und abgelegen (16 km südlich des Mercado Público) ist das **Museu o Mundo Ovo de Eli Heil** *(SC-401, Km 7, 7079 Santo Antônio de Lisboa, Tel. 48/3235 1076, www.eliheil.org.br)* mit originellen, farbenfrohen Werken von Eli Heil. Die Amateurin zeichnete während der Genesung von einer Krankheit und wurde führende Vertreterin der Art Brut.

INSIDERTIPP

In Florianópolis führt ein Weg vom Santinho- zum Moçambique- Strand — 40 Minuten durch Buschwald und Felsen — mit herrlicher Aussicht. Bringen Sie sich Proviant mit, der Moçambique-Strand ist kaum erschlossen.

RODRIGO NICOLETTE
Professor, Universität von São Paulo

Im nördlichen Teil der Insel gibt es noch mehr Kunst zu sehen. Es empfiehlt sich die **Casa Açoriana** *(Rua Cônego Serpa 30, Santo Antônio de Lisboa, Tel. 48/3235 1262),* die auch ein Café und ein Restaurant betreibt.

(Fortsetzung auf S. 152)

Fortaleza de Santa Cruz de Anhatomirim
✉ Ilha de Anhatomirim
☎ 48/3721 8302
💲 $

Fortaleza de São José da Ponta Grossa
✉ Praia do Forte
☎ 48/3721 8302
💲 $

Fortaleza de Santo Antônio de Ratones
✉ Ilha de Ratones Grande
☎ 48/3721 8302
💲 $

Surfspots

Ob Hardcore-Surfer oder begeisterter Anfänger — Santa Catarina ist der beste Ort zum Wellenreiten oder um Surfstunden zu nehmen.

Hardcore-Surfer strömen nach Florianópolis, Santa Catarina

Die Anfänge des Surfsports in Brasilien gehen auf Osmar Gonçalves zurück, der sich ein Surfbrett nach Anleitung der US-Zeitschrift *Popular Mechanics* baute. Das war Ende der 1930er Jahre, 30 Jahre nachdem der Hawaiianer George Freeth diesen Sport in Kalifornien eingeführt hatte. Gonçalves und seine Freunde bauten erste eigene Bretter. Mit zunehmender Surfbegeisterung kamen Mitte des 20. Jhs. auch Glasfaserbretter auf; das Surffieber brach aus.

Brasiliens bekanntester Surfer ist zweifelsohne der internationale Tennis-Star Gustavo „Guga" Kuerten, dreimaliger French-Open-Sieger, geboren in Florianópolis, Santa Catarina. Brasilien hat zwar viele Strände zu bieten, der Bundesstaat Santa Catarina gehört jedoch zu den weltweit beliebtesten Surfzentren.

Die Insel Florianópolis

Florianópolis ist die Hauptstadt des Bundesstaats Santa Catarina und gleichwohl eine Insel mit unzähligen Stränden. Die Wellen erreichen je nach Wetterlage 1–1,5 m. (Die besten Wellen gibt es im hiesigen Frühjahr und Sommer.) Der Wind — im günstigsten Fall ablandig — kann schnell in auflandigen Wind drehen, doch dank der zahlreichen zerklüfteten Buchten lässt sich fast immer ein geeigneter Spot finden.

Praia Brava ist einer der beliebtesten Strände der Insel. Die Wellen brechen sich hier an einer Sandbank und erzeugen einen Shorebreak, Wellenkämme erreichen eine Höhe von 0,5–2,5 m. Auch **Jurerê Internacional** und **Praia Mole** sind beliebte Spots. An der **Praia da Joaquina**, bekannt als „Maracanã für Surfer" (in Anlehnung an das gleichnamige Fußballstadion in Rio), werden internationale Surfwettkämpfe ausgetragen. Unweit liegen Praia Mole und **Galheta**; Letzterer ist der einzige Strand, an dem FKK erlaubt ist. Anfängern wird **Barra da Lagoa** empfohlen.

Weitere Surfspots in Florianópolis sind **Praia do Santinho** (gilt als bester Spot im nördlichen Teil der Insel), **Praia do Moçambique** (gut geeignet, um den Massen zu entkommen) und **Praia do Morro das Pedras** (keine beständigen Wellen). **Praia Lagoinha do Leste** ist nur zu Fuß oder per Boot erreichbar; der Weg ist hier das Ziel. Beachten Sie, dass das Surfen zur Meeräschen-Fangzeit im Mai und Juni an einigen Surfspots verboten ist.

Auf dem Festland

Das Surfparadies **Praia do Rosa**, 70 km südlich von São José, ist zum bekanntesten Geheimtipp geworden (s. S. 152). Vor wenigen Jahrzehnten noch kamen nur ein paar Hippies aus Rio Grande do Sul zur Praia do Rosa, die ihren Namen dem Fischer Dorvino Manoel da Rosa

verdankt. Er besaß den Strand zwar nicht, lebte aber in einem Haus am Weg dorthin. Der Landstrich zwischen Berg und Meer wurde von den Einwohnern verschmäht, da es für den Maniok-Anbau ungeeignet war. Heute ist das Gebiet übersät mit Gasthäusern, Bars und Geschäften; ein wenig vom früheren Charme ist jedoch erhalten geblieben.

Auch an den übrigen Festlandküsten von Santa Catarina gibt es gute Surfspots, darunter **Balneário Camboriú**, 80 km nördlich von Florianópolis, mit exponiertem Shorebreak und ziemlich beständigen Wellen.

An den Stränden von Florianópolis kann man entspannen oder surfen gehen

Walfang

Wie viele Küstenorte in Santa Catarina, verdanken **Garopaba** und **Imbituba** ihre Geschichte – nicht nur die wirtschaftliche Grundlage – dem Walspeck. Selbst die kleine Kirche auf dem Hügel von Garopaba wurde u. a. aus Fischtran erbaut. Gefangen wurden Südkaper. Sie gehören zur Familie der Glattwale, sind langsame Schwimmer und haben eine dicke Schicht Walspeck (Blubber), der die Walkadaver an der Oberfläche treiben und gut ans Ufer bugsieren ließ und aus dem der wertvolle Fischtran gewonnen wurde.

Zwischen 1770 und 1950 fing man an den Südküsten Brasiliens um die 15 000 Tiere. Nach 1973 wurde nicht mehr gejagt – es gab einfach keine Wale mehr.

Um 1980 herum wurden wieder welche gesichtet. Eine Gruppe von Biologen zog aus, um dem Gerücht auf den Grund zu gehen. Sie gründeten 1981 das Projeto Baleia Franca (Südkaper-Projekt), um das Verhalten der Tiere zu studieren und sie zu schützen. Inzwischen wurde weltweit gegen Walfang protestiert; auch Brasilien verbot 1985 die Waljagd. Vor wenigen Jahren konnten die Mitarbeiter des Projekts die bundesstaatliche Regierung davon überzeugen, diesen Küstenstreifen zum Naturschutzgebiet zu erklären.

Die Wale kommen von Juli bis November zum Paaren, Kalben und Säugen in die Gewässer vor der Küste von Santa Catarina. Das Privatunternehmen **Vida Sol e Mar** *(siehe S. 153)* organisiert Walbeobachtungsfahrten, die von Garopaba und auch Imbituba starten. Das **Projeto Baleia Franca** *(Praia de Itapirubá Norte, Imbituba, Tel. 48/3255 2922)* informiert über Beobachtungsmöglichkeiten vom Festland und betreibt das in einer alten Walfangstation untergebrachte **Museu da Baleia** *(Rua Itagiba 220, Praia do Porto, Imbituba, Tel. 48/3255 2922, So & Mo geschl., $).*

Imbituba

⬛ Karte S. 137 C3

Besucherinformation

✉ Prefeitura de Imbituba, Av. Doutor João Rimsa 601, Centro

☎ 48/3355 8100

Einfluss der Azoren: Die Kultur der Einwanderer von den Azoren ist an zwei Orten besonders deutlich: im Bezirk **Ribeirão da Ilha** im südwestlichen Teil der Insel und in Santo Antônio de Lisboa und dem benachbarten **Sambaqui** im Norden. Dort hat man sich der Austernzucht verschrieben. In Restaurants wie dem **Ostradamus** *(Rod. Baldicero Filomeno 7640, Tel. 48/3337 5711, Mo geschl., $)* in Ribeirão da Ilha oder im **Beira d'Água** *(Rod. Gilson da Costa Xavier, Tel. 48/3335 0194, $)* in Sambaqui kann man sie auch kosten.

Nach einem Besuch Floripas wird man die Nacht an einem abgeschiedeneren Ort verbringen wollen. Am nächsten liegt – bei Anfahrt mit dem Boot – die Halbinsel **Ilha do Papagaio** direkt südlich von Florianópolis, mit dem Auto sind es 35 km ab São José. Hier gibt es exklusive Gasthäuser und einen ruhigen Strand, umgeben von der Mata Atlântica.

Praia do Rosa, Garopaba & Imbituba

Die Praia do Rosa zählt zu den beliebtesten Surfspots von Santa Catarina (s. S. 151). Wind- und Kitesurfing sind hier angesagt, darüber hinaus führen Wanderwege zu nahen Stränden, Seen oder einfach als Rundwege durch die Natur.

Der Strand bietet mehr als ein Dutzend Restaurants, die Pizza, Crêpes oder regionale Fischgerichte wie krabbengefüllten Tintenfisch servieren. In den Bars kann tags entspannt und nachts gefeiert werden, oft gibt es dazu Live-Musik.

In der Walbeobachtungszeit von August bis November bietet die Praia do Rosa schnellen Zugang zu Aussichtspunkten an Land. Auch Abfahrtsorte für Meeresexkursionen liegen ganz in der Nähe: Imbituba 20 km südlich und Garopaba 20 km nördlich. Weitere Informationen dazu gibt das **Vida Sol e Mar Ecoresort** in Imbituba.

In Garopaba empfehlen sich die bei Sandboardern beliebten **Dunas do Siriú** und die **Praia da Ferrugem**, ein erstklassiger Surfspot, der zudem auch reges Nachtleben bietet.

Blumenau

Blumenau liegt auf dem Festland 140 km nordwestlich von Florianópolis und gute 250 km südlich von Curitiba. Hier findet das größte Oktoberfest außerhalb Deutschlands statt, die deutsche Kultur und das Bier locken jedoch das ganze Jahr über Besucher an.

1850 wurde Blumenau am Ufer des Itajaí-Açu von deutschen Einwanderern gegründet, heute ist es ein bedeutendes Industrie- und Handelszentrum. Urlauber

können ihren Besuch mit der Besichtigung des **Parque Vila Germânica** *(Rua Alberto Stein 199, Bairro da Velha, 47/3381 7700, www.parquevilager manica.com.br)* beginnen, dem ganzjährig geöffneten Zentrum des Oktoberfests. Fachwerkhäuser mit Kneipen, Souvenirläden und traditionellen Restaurants säumen die Straßen.

Biertradition: Ebenfalls zentral und in Flussnähe befindet sich das Biermuseum **Museu da Cerveja**, in dem Brauereianlagen aus der Cervejaria

Vida Sol e Mar Ecoresort

✉ Estr. Geral da Praia do Rosa, Ibiraquera, Imbituba

☎ 48/3355 6111

www.vidasolemar. com.br

Museu da Cerveja

✉ Rua XV de Novembro 160, an der Praça Hercílio Luz, Centro

☎ 47/3326 6791

Läden säumen die Straßen von Blumenau — hier feiern Nachfahren deutscher Zuwanderer jährlich ihr Oktoberfest

ERLEBNIS: Radfahren

Brasilien entwickelt langsam auch eine Infrastruktur für Radfahrer, vor allem in Santa Catarina. Das Radfahren hatte — im Gegensatz zu Europa oder den USA — lange Zeit keinen Anklang gefunden. Bis heute bieten nur wenige Stadtgebiete ein flächendeckendes Radwegenetz, und die Straßen sind keineswegs sicher: Hier verunglücken doppelt so viele Radfahrer tödlich wie in Argentinien und mehr als dreimal so viele wie im radfahrerfreundlichen Frankreich.

Radwandern in Santa Catarina

Doch Brasilien ist ein Land von landschaftlicher Schönheit, mit kulturellen Traditionen und halbwegs gut erhaltenen (wenn auch oft unbefestigten) Landstraßen, die erkundet werden wollen. **Caminhos do Sertão** *(Rua Vento Sul 197, Campeche, Florianópolis, Tel. 48/3234 7712 oder 8407 8103, www. caminhosdosertao.com.br, Sa & So geschl.)* ist seit 2004 ein Vorreiter des Radtourismus. Manche der Tourguides sprechen Deutsch, Englisch oder Spanisch. Begleitfahrzeuge bieten Rundum-Service.

Die beliebteste Tour dauert acht Tage und führt von den Bergen der Serra Catarinense nach Florianópolis. Von den Bergen der **Serra Geral** in 1400 m Höhe windet sich die Tour über Bergpfade und Landstraßen — vorbei an Felswänden, Flüssen, Wasserfällen und heißen Quellen. Sehenswert sind vor allem der 1822 m hohe Gipfel des **Morro da Igreja** (siehe S. 156), die bis zu 1470 m hohen Felsen der **Serra do Corvo Branco**, die „natürlichen Felsskulpturen" des **Morro do Campestre**, die **Cascata do Avencal**, ein 100 m hoher Wasserfall, und der **Parque Nacional de São Joaquim** (siehe S. 156). Genächtigt wird bei ansässigen Bauern, Mitgliedern des Netzwerks Acolhida na Colônia, das mit dem französischen Accueil Paysan in Verbindung steht. Auch die viertägige Überlandtour nutzt das Netzwerk der Acolhida na Colônia (siehe S. 157) und bringt die Reisenden in Kontakt mit ansässigen Kleinbauern.

Während der Walbeobachtungssaison *(Juli–Nov.; siehe S. 152)* folgen die Radler den Giganten der Meere entlang der Küstenstraße von Imbituba nach Florianópolis. Neben der Walbeobachtung laden zudem neun Strände zum Baden ein. Besuchen Sie auch das **Projeto Ambiental Gaia Village** (Umweltprojekt Gaia Village), eine Gemeinde, die sich an nachhaltiger Lebensweise orientiert; oder frühstücken Sie auf einer Farm des **Ponto de Cultura Engenhos de Farinha** — einer Gruppe von Kleinbauern, die sich der Slow-Food-Bewegung angeschlossen haben.

Die siebentägige Tour (und erste organisierte Radtour Brasiliens) **Vale Europeu** führt durch eine landschaftlich wunderschöne und von deutscher Einwandererkultur geprägte Region und wird vom Radwanderverein **Clube de Cicloturismo do Brasil** *(www.clubedecicloturismo.com. br)* veranstaltet. Inzwischen bietet der Club noch ein halbes Dutzend weiterer Radtouren an.

Auch Tagestouren (3–6 Std.) durch Florianópolis sind zu empfehlen. Drei unterschiedliche Routen (20–35 km) führen zu Stränden, Fischerdörfern und herrlichen Wasserfällen.

Feldmann und andere Artefakte gezeigt werden.

Drei ansässige Brauereien führen durch die Anlagen und laden zur Verkostung: **Cervejaria Bierland** *(Rua Gustavo Zimmermann 5361, Itoupava Central, Tel. 47/3337 3100, www.bierland.com.br, Mo geschl.)*, 30 Autominuten nördlich vom Stadtzentrum; **Cervejaria Eisenbahn** *(Rua Bahia 5181, Salto Weissbach, Tel. 47/3488 7371, So geschl., $)*, 10 km westlich vom Zentrum am Fluss; und **Cervejaria Wunder Bier** *(Rua Fritz Spernau 155, Fortaleza, Tel. 47/3339 0001, So geschl.)*, 6 km vom Biermuseum. Wer nur eine besichtigen möchte, wähle die Brauerei Eisenbahn; Besuche müssen

aber vereinbart werden. Auch Brauereien der Nachbarstädte bieten Besichtigungen. Und was wären Brauer ohne gutes Wasser? In einer alten Wasseraufbereitungsanlage befindet sich das **Museu da Água** (Wassermuseum).

Handwerk & Museen: Die Stadt ist ein Zentrum der Glaskunst. Werksverkäufe bieten die Waren feil. **Glas Park** *(Rua Rudolf Roedel 233 & 147, Salto Weissbach, Tel. 47/3327 1261, So geschl.)* beherbergt auch ein kleines **Museu do Cristal** zur Kunst der Glasherstellung.

Die **Vapor** *Blumenau (Praça Juscelino Kubitschek de Oliveira, Prainha)* ist ein altes deutsches Dampfschiff, das

Museu da Água

✉ Rua Lages, Boa Vista

☎ 47/3340 3242

Anita Garibaldi & Laguna

Anita Garibaldi, die „Heldin zweier Welten", wurde 1821 als Ana Maria de Jesus Ribeiro da Silva im Bezirk Morrinhos in Laguna, Santa Catarina, geboren. Die Tochter der Azoren-Einwanderer war eine unabhängige junge Dame. Als ihr Vater starb, war sie keine 17 Jahre alt, wurde jedoch von ihrer Mutter bald darauf verheiratet. Die Ehe zerbrach, ihr Mann ging zum Militär.

Um diese Zeit brachen im Süden des Landes Kämpfe der Republikaner gegen die kaiserliche Regierung in Rio de Janeiro aus: die Farrapen-Revolution. Giuseppe Garibaldi, ein italienischer Revolutionär, der vor den Machthabern daheim geflüchtet war, schloss sich den Rebellen an und half 1837 bei der Übernahme von Laguna. Sie gründeten kurzzeitig eine Republik und ernannten Laguna zur Hauptstadt.

Anita traf Giuseppe und kämpfte bald an seiner Seite. Sie wurde schwanger und in diesem Zustand von kaiserlichen Truppen gefangen genommen, konnte trotz Verfolgungsjagd aber entkommen. Anita kehrte zu den Rebellen zurück und gebar Garibaldi wenig später das erste Kind.

Das Paar kämpfte in Uruguay, schließlich in Italien, wo Garibaldi als Führer der antiklerikalen, republikanischen Einigungsbewegung auftrat. Anita starb 1849 während der italienischen Revolution.

In Laguna wird sie noch heute verehrt: Das **Museu Anita Garibaldi** *(Praça República Juliana, Tel. 48/3646 2542, $)* zeigt Gegenstände aus der Zeit der Farrapen-Revolution; und die **Casa de Anita** *(Rua Jerônimo Coelho, Centro)*, das Haus, in dem sie sich auf ihre erste Hochzeit vorbereitete, illustriert ihre Geschichte.

Blumenau, Santa Catarina: Glaswerker bei der Arbeit

Fests gibt es noch ein halbes Dutzend weiterer Umzüge.

Auf dem Programm stehen u. a. deutsche Musik, Tanz und Bierwetttrinken. Dass dabei auch Waffen ins Spiel kommen, mag fragwürdig sein, doch wird auch der Jagdtradition gedacht: mit dem Schießen um den Rei do Tiro (Schützenkönig). 2012 kamen fast 600 000 Gäste.

Parque Nacional de São Joaquim, Urubici & Lages

Diese Region im Südosten von Santa Catarina ist die kälteste in Brasilien. Für die Tropen ganz untypisch: Schnee ist hier winters ganz normal. Hauptattraktionen sind Agrotourismus und der **Parque Nacional de São Joaquim**, der 1961 geschaffen wurde, um einen Teil des charakteristischen Araukarienwaldes vor Abholzung zu schützen. Im Winter bieten die schneebedeckten Bäume eine für das tropische Brasilien einzigartige Landschaft.

Bis Juli 2012, als die neue Regierung Regeln für zulässige Aktivitäten wie Kontemplation, Wandern, Felsklettern, Radfahren und Reiten, festlegte, war der Park für Besucher gesperrt. Geologische Hauptattraktionen sind die **Pedra Furada**, wie der Name sagt: eine Felsformation mit einem riesigen Loch in der Mitte, und der Gipfel **Morro da Igreja**. Die dortige Wetterstation registrierte

Parque Nacional de São Joaquim

🗺 Karte S. 137 C3

✉ 27 km östlich von Urubici

☎ 49/3278 4994

seine Jungfernfahrt 1895 von Blumenau den Fluss hinab zur Hafenstadt Itajaí unternahm. Heute liegt es am Ufer desselben Flusses, des Rio Itajaí-Açu, vor Anker und dient als Museum.

Oktoberfest: Dieses Fest (*www.oktoberfestblumenau. com.br*) wird jeden Oktober 18 Tage lang gefeiert. In der Eröffnungsnacht fährt ein Bierwagen durch die Stadt und schenkt Freibier aus. Am ersten Tag ziehen 2500 Teilnehmer in ca. hundert Gruppen durch die Rua Quinze de Novembro, die Hauptstraße im Zentrum. Während des

INSIDERTIPP

Im kleinen Surf-Ort Garopaba tummeln sich Badegäste, Surfer, Yogis und Pensionäre. Hier ist es ruhiger und friedlicher als im quirligen „Floripa".

ROBYN BURNHAM
NATIONAL GEOGRAPHIC-Stipendiat

im Juni 1996 die tiefste Temperatur, die je in Brasilien gemessen wurde: –17,8 °C.

Agrotourismus: Urubici liegt ca. 144 km südwestlich von Florianópolis und ist dem Eingang des Parks am nächsten. Die Stadt gilt als Gemüsehauptstadt von Santa Catarina. Um in die hiesige Kultur einzutauchen, empfiehlt sich ein Aufenthalt auf einer der Farmen mit Gästezimmern der Initiative **Acolhida na Colônia** *(Santa Rosa de Lima, Tel. 48/3654 0186 oder 3256 0131)*.

Zu Urubicis Hauptattraktionen zählen **Vinhos Celestino** *(Rua Francisco Ghizoni 150, Tel. 49/3278 4169 oder 8402 7877)*, ein Familienweingut, das Besichtigungen und Verkostungen bietet, das **Café Colonia Sabor da Roça** (siehe Reiseinformationen S. 292) mit Kuchen-„Snacks", Marmeladen und mehr, und die **Propriedade Cascata Véu de Noiva** *(Morro da Igreja Urubici, Tel. 49/9134 3409*

oder 9135 2121, $) mit einem Weg hinauf zum Wasserfall Morro da Igreja, einer Zipline und Restaurant.

In **São Joaquim**, ca. 50 km südöstlich von Urubici, gibt es eine Winzerei, die erlesene, preisgekrönte Weine herstellt. Die **Villa Francioni** bietet zur üblichen Führung und Verkostung noch eine Kunstgalerie mit Werken berühmter Künstler wie Luciano Martins und Camille Claudel.

Lages liegt ca. 105 km westlich von Urubici und gilt als Geburtsort des brasilianischen Agrotourismus. Die **Fazenda do Barreiro** 45 km südöstlich von Lages zählt zu den ersten Farmhotels; ein Familiengut, das 1782 gegründet wurde und heute in achter Generation geführt wird. In der Küche des steinernen Haupthauses brennt ein Holzfeuer, das in kalten Wintern nicht gelöscht wird. Gäste können hier wandern, angeln, Feldarbeit leisten und – natürlich – reiten. ∎

Villa Francioni
✉ Rod. SC-438, Km 70, São Joaquim
☎ 49/3233 8200
💲 $

Bolschoi

Das russische Bolschoi-Theater eröffnete im Jahr 2000 die erste und einzige Außenstelle in **Joinville**, Santa Catarina, ganz im nordöstlichen Zipfel des Landes. Diese Initiative geht auf eine Brasilien-Tournee von 1996 zurück, die auch einen Auftritt beim Joinville Dance Festival vorsah. Vortanzen kann jede/r: **Escola do Teatro Bolshoi** *(Av. José Vieira 315, América, Joinville, Tel. 47/3422-4070, www.escolabolshoi.com.br, So geschl., $).* Besuche nur nach vorheriger Anmeldung.

Rio Grande do Sul

Dieser Bundesstaat ist das Land der weitläufigen Pampas, die sich von Argentinien und Uruguay bis nach Brasilien erstrecken. Die ländliche Kultur ist geprägt von der Viehzucht und dem Einfluss der Einwanderer.

Porto Alegre

⬛ Karte S. 137 B2

Besucherinformation

✉ Largo Jornalista Glênio Peres s/n, Erdgeschoss Quadra 3, loja 99, Mercado Público

☎ 0800/517686 oder 51/3211 5705

Porto Alegre

Porto Alegre ist nicht nur Hauptstadt von Rio Grande do Sul, sondern auch Tor zur Pamparegion und Fenster zur Kultur der *gaúchos,* der Bewohner dieses südlichsten Zipfels. Es gibt eine lebendige Kunst- und Musikszene und exzellente Steakhäuser.

Die meisten Innenstadt-Attraktionen sind fußläufig an nur einem Tag erreichbar. Einige davon befinden sich an der Praça da Alfândega. Das **Museu Santander Cultural** *(Rua Sete de Setembro 1028, Centro Histórico, Tel. 51/3287 5500, Mo geschl.)* bietet Kunst, Kino und Musik. Das **Memorial do Rio Grande do Sul** *(Rua Sete de Setembro 1020, Centro Histórico, Tel. 51/3224 7210, So & Mo geschl.)* widmet sich der Kultur und Geschichte des Bundesstaates. Das **Museu de Arte do Rio Grande do Sul Ado Malagoli** (MARGS; *Praça da Alfândega, Centro Histórico, Porto Alegre, Tel. 51/3227 2311, Mo geschl.*) besitzt rund 2800 internationale, nationale und regionale Kunstwerke.

Die **Casa de Cultura Mario Quintana** *(Rua dos Andradas 736, Centro Histórico, Tel. 51/3221 7147)* erinnert an den Schriftsteller und offeriert diverse Kulturangebote. Unweit davon steht der 1869 nach dem Vorbild des Mercado da Praça da Figueira in Lissabon erbaute **Mercado Público** mit neoklassizistischem Obergeschoss.

Die **Fundação Iberê Camargo** (Iberê Camargo

Die Fundação Iberê Camargo in Porto Alegre, ein Kultur- und Kunstinstitut von Weltrang

Kulturelle Traditionen

Die bestorganisierten Institutionen Brasiliens zur Förderung regionaler Kultur befinden sich scheinbar im Süden des Landes. Viele der unzähligen Zentren in Rio Grande do Sul bieten regelmäßig öffentliche Kulturveranstaltungen. Sie finden das ganze Jahr über statt und sollen das Erbe und die Traditionen bewahren.

Die älteste Organisation, das **Centro de Tradições Gaúchas** (CTG), wurde in den 1940er Jahren in Porto Alegre zu Ehren des *gaúcho* gegründet. Der „CTG 35" (im Gedenken an die Farrapen-Revolution 1835; siehe Kasten S. 155) folgten weitere Zentren in Rio Grande do Sul, in Brasilien und schließlich auf der ganzen Welt. Heute gibt es mehr als 1600 in Rio Grande do Sul, mehr als 500 im benachbarten Santa Catarina und sogar 33 im brasilianischen Bundesstaat Rondônia.

Die **Churrascaria Roda de Carreta** (*Av. Ipiranga 5200, Tel. 51/3336 0817, www. churrascariarodadecarreta.com.br, $*) neben dem Hauptsitz des CTG in Porto Alegre dient als traditionelles Steakhaus und als Kulturraum, der seine eigenen Veranstaltungen anbietet: montags bis samstags abends und sonntags tagsüber.

Stiftung) verfügt über die vielleicht modernste Ausstellungsfläche Brasiliens. Das preisgekrönte Gebäude mit seiner geschwungenen Stahlbetonfassade wurde von Álvaro Siza entworfen, die Landschaftsgestaltung übernahm die Umweltschutzgruppe Gaia Foundation, die hinter dem Gebäude einheimischen Wald pflanzte. Das Institut (7 km südlich der Praça da Alfândega) gedenkt des bedeutenden Expressionisten Camargo (1914–94) und zeigt moderne Kunst.

Ein allseits beliebtes Motiv ist der Sonnenuntergang am **Rio Guaíba**, der besonders gut von der **Usina do Gasômetro** (*Av. Presidente João Guulul l 551, Centro, Tel. 51/3289 8100, Mo geschl.*) zu sehen ist, einem alten Elektrizitätswerk am Fluss, das zum Kulturzentrum mit Theater, Kino,

Kunstausstellungen, einem Café und einem Restaurant umfunktioniert wurde. Auch von einem Boot hat man eine gute Sicht.

Das Nachtleben pulsiert in der „Unterstadt" **Cidade Baixa**. Das zentral gelegene Viertel **Bom Fim**, ehemals ein bevorzugter Treffpunkt, wird heute wieder beliebter. Besucher mögen das *rodízio*-Steakhaus **Galpão Crioulo** (siehe Reiseinformationen S. 291). Sonntags lohnt ein Besuch des **Brique da Redenção** Antik- und Kunstmarkts im **Parque Farroupilha** (*Av. João Pessoa, Farroupilha, Tel. 51/3286 4458*).

Serra Gaúcha: Gramado & Canela

Die Zwillingsstädte Gramado und Canela zwei Stunden nördlich von Porto Alegre sind eine beliebte Sommerfrische; vor allem während des Weihnachtsfests, Natal

Mercado Público

- ✉ Largo Jornalista Glênio Peres, Centro Histórico
- ☎ 51/3289 4801
- 🕐 So geschl.

Fundação Iberê Camargo

- ✉ Av. Padre Cacique 2000
- ☎ 51/3247 8000
- 🕐 Mo geschl.

Gramado

⛰ Karte S. 137 B2

Besucherinformation

✉ Prefeitura de
Gramado, Av.
das Hortências
2029, Centro

☎ 54/3286 0200

Canela

⛰ Karte S. 137 B2

Besucherinformation

✉ Prefeitura de
Canela, Rua
Dona Carlinda
455

☎ 54/3282 4108

Luz, vom 1. November bis 13. Januar. Seit 1973 findet in Gramado das bedeutendste Filmfestival Brasiliens statt.

Beide Städte sind Tourismushochburgen, doch es gibt Möglichkeiten, die Outdoor-Aktivitäten, die Restaurants und die deutsche Immigrantenkultur ohne Menschenmassen zu genießen.

Das zu Jahresende üppig blühende Vale das Hortensias zog im 19. Jh. deutsche Einwanderer an, die Häuser im traditionellen Fachwerkstil bauten und Schokolade und Lederwaren herstellten.

Gramado: Deutsche Architektur und Blumenkästen zieren die Straßen

Mini Mundo

✉ Rua Horácio
Cardoso 291,
Planalto,
Gramado

☎ 54/3286 4055

💲 $

Nur 7 km trennen Gramado und Canela voneinander. Die meisten städtischen Attraktionen bietet Gramado. Sie können einen schönen Spaziergang durchs Stadtzentrum machen, über die **Avenida Borges de Medeiros** und einige der Seitenstraßen

schlendern und deutsche Architektur und blühende Gärten bewundern. Die Läden bieten Kolonialmöbel, Kunsthandwerk und Schokolade; die Restaurants im Zentrum sind gediegen. Unweit davon befindet sich das bei Kindern beliebte **Mini Mundo**, ein Mini-Themenpark.

Schokolade kam 1970 mit der Kleinserien-Produktion von Jayme Prawer auf. Seine Fabrik, **Chocolates Prawer** (*Av. das Hortênsias 4100, Gramado, Tel. 54/3286 1580, Fabrik Sa & So geschl.; Laden tgl. geöffnet*) heißt Besucher willkommen. Lassen Sie Platz für einen *café colonial,* einen üppigen spätnachmittäglichen „Snack" aus Kuchen, Torten, Konfekt, Marmeladen und Konfitüren, Aufschnitt, Käse, Würstchen u. a. Das **Café Colonial Bela Vista** (s. Reiseinformationen S. 291) ist die beste Wahl.

Campofora (siehe Kasten S. 163) bietet wunderbare Ausritte durch die Araukarienwälder, vorbei an Wasserfällen, Flüssen und Weideland. Wie auch immer Sie reisen: Besuchen Sie den **Caracol**-Wasserfall im gleichnamigen Naturreservat im **Parque do Caracol**, 5 km nördlich von Canela. Einen anderen Blickwinkel bietet der **Parque da Floresta Encantada do Caracol** (*Estr. do Caracol, Banhado Grande 450, Canela, Tel. 54/3504 1405, $*), auch Teleférico. Halten Sie beim **Castelinho Caracol**, dem Einwanderermuseum und Teehaus!

INSIDERTIPP

In den Sumpfgebieten entlang der BR-471 im südöstlichen Rio Grande do Sul suhlt sich das größte Nagetier der Welt: das Wasserschwein.

PATRICIA H. KELLEY
& CHRISTY VISAGGI
NATIONAL GEOGRAPHIC, Recherche

Bento Gonçalves

Die Portugiesen hatten sich jahrhundertelang im Weinbau versucht, doch gelang es erst italienischen Einwanderern in den 1870er Jahren, diese Branche zu etablieren. Die Bedingungen waren nicht die besten, doch man war ehrgeizig. Die größten Erfolge erzielte die Stadt Bento Gonçalves in den Bergen der Serra Gaúcha durch ihr relativ mildes Klima.

Heute gibt es in der Gegend um Bento Gonçalves viele Weingüter. Besucher sind eingeladen, die brasilianischen Weine zu verkosten und dem italienischen Erbe nachzuspüren.

Weintouren: Wein-Fans werden zwei Routen geboten: Vale dos Vinhedos und Vinhos de Montanha. Die Ausflüge lassen sich mit Stopps in italienischen Weinkellern bereichern. Einige Weingüter laden gar zum Keltern eigenen Weins, wobei die Trauben traditionell mit den Füßen gestampft werden.

Vale dos Vinhedos ist mit mehr als 30 Weingütern und diversen Extras die längste Strecke. **Casa Valduga** *(RS-470–Linha Leopoldina, Vale dos Vinhedos, Tel. 54/2105 3122, www.casavalduga.com. br)* bietet eigene Gasthäuser und Restaurants. Einmal im

Parque do Caracol
✉ RS-466 Canela
☎ 54/3278 3035
💲 $

Castelinho Caracol
✉ Estr. do Caracol, Km 3, Canela
☎ 54/3278 3208
www.castelinho caracol.com.br

Bento Gonçalves
🗺 Karte S. 137 B2
Besucherinformation
✉ Prefeitura de Bento Gonçalves, Rua Marechal Deodoro 70, Centro
☎ 54/3055 7100

Linha Turismo

Die **Linha Turismo** *(Travessa do Carmo 84, Cidade Baixa, Tel. 51/ 3289 0176, www. portoalegre.travel)* befährt Porto Alegre mit Doppelstockbussen auf zwei getrennten Rundtouren. Hauptabfahrtsort für beide Strecken ist die Travessa do Carmo (Nr. 84), ca. drei Gehminuten östlich der Praça dos Açorianos.

Der Bus des **Roteiro Centro Histórico** fährt von Dienstag bis Samstag tagsüber stündlich durch das historische Stadtzentrum. Ab- und wieder zugestiegen werden kann an fünf Stationen, darunter am Parque Farroupilha und der Fundação Iberê Camargo. Wer ein Ticket hat, kann bei dieser Tour an jeder beliebigen Haltestelle zusteigen.

Die Strecke **Roteiro Zona Sul** (Rundtour durch den Südbezirk) wird von Mittwoch bis Freitag einmal täglich und an Wochenenden und Feiertagen zweimal täglich befahren. Sie führt am Ufer entlang und vorbei an etlichen Sehenswürdigkeiten wie den Fußballstadien der Rivalen Grêmio und Internacional. Haltepunkte gibt es auf dieser Strecke keine.

Vinícola Pizzato

▲ Karte S. 137 B2

✉ Via das
Parreiras, Vale
dos Vinhedos

☎ 54/3459 1155
oder 8136 4858

www.pizzato.net

**Vinícola Marco
Luigi**

✉ RS-470–Linha
Leopoldina–km
6, Vale dos
Vinhedos

☎ 54/2621 1100

www.marcoluigi.
com.br

Vinícola Aurora

✉ Rua Olavo Bilac,
500, Cidade Alta

☎ 54/3455 2051

🕐 So nachm.
geschl.

Monat veranstaltet Valdu-
ga einen **Dia da Vindima**
(Tag der Weinlese), an dem
man in die Weinberge geht,
Trauben erntet und stampft.
Ähnliches bietet **Vinícola
Pizzato**. **Vinícola Marco Lu-
igi** betreibt einen Weinkeller,
Spa do Vinho Caudalie
(siehe Reiseinformationen
S. 290) bietet Vinotherapie.

Vinhos de Montanha
führt nach **Pinto Bandeira**,
20 km von Bento Gonçalves
entfernt. Die **Pousada Don
Giovanni** (siehe Reiseinformationen S. 290) mit
eigenem Gasthaus, Restau-
rant und preisgekrönten
Perlweinen empfiehlt sich.
Vinícola Aurora wird von
einer Kooperative betrieben
und bezieht Trauben von unzähligen kleinen Weingütern.
Caminhos do Sertão –
der erstklassige Radreisever-
anstalter (siehe Kasten

S. 154) – bietet eine Vier-
tagestour, die beide Wein-
routen und den Caminhos de
Pedra einschließt.

Die als **Maria Fumaça**
(*Rauchende Maria*) bekannte
alte Dampflok tuckert 90 Minuten von Bento Gonçalves
durch eine malerische
Landschaft nach **Garibaldi**,
Volkstanz und Weinverkos-
tung inbegriffen.

Caminhos de Pedra: An
Brasiliens Weinbaugebiete
grenzt ein lebendiges Muse-
um italienischer Immigration,
Caminhos de Pedra (auch
São-Pedro-Bezirk von Bento
Gonçalves). Diese Route
kann man mit dem Auto,
Rad oder zu Fuß absolvieren;
allein oder geführt.

Die 12 km lange Strecke
umfasst Dutzende Besich-
tigungs- und Haltepunkte,
darunter Weingüter und

Italienische Einwanderer machten Bento Gonçalves zum bedeutendsten Weinbaugebiet des Landes

ERLEBNIS: Reiten

Mehr als die Hälfte der 21 Gaúcho-„Glaubenssätze", die J. Simões Lopes Neto 1912 in seinem Buch „Contos gauchescos" („Gaúcho-Geschichten") aufführt, handeln von Pferden. Wer in die Gaúcho-Kultur eintauchen will, besteige ein Pferd von Paulo Hafner. Hafner, ein früherer Werbeprofi, kehrte der Stadt den Rücken und gründete mit seiner Frau Ângela vor 20 Jahren **Campofora** *(Passeio Caáguas 525, Boca da Serra, São Francisco de Paula, Tel. 54/ 3244 2993, www.campofora.com.br).*

Campofora („Querfeldein") liegt ca. 35 km östlich von Canela. Geboten werden Ausritte durch die Berge der Serra Gaúcha, in die Schluchten des Parque Nacional de Aparados da Serra und durch die Ebenen der Pampa gen Süden Richtung Uruguay. Geritten wird auf *crioulos* (»die sind wie die Mustangs; Nachkommen der Pferde, die die spanischen Siedler mit nach Amerika brachten«, so Hafner), vorbei an Wasserfällen, Flüssen und flachkronigen Brasilkiefernwäldern (Araukarien). Darüber hinaus wird man Zeuge beim Kälberfangen, Brandmarken und Rindertreiben — Teil eines Mythos, der die gesamte Pamparegion in Rio Grande do Sul durchzieht. »Der Gaúcho ist der südamerikanische Cowboy«, erklärt Hafner.

Das Abendessen wird in einer der Bauernhütten serviert, die als Herberge dienen. Mittagessen gibt es unterwegs — ein Picknick unter einem Baum oder an einer Quelle. Buchen Sie weit im Voraus und genießen Sie die stressfreien Tage im Gebirge. Wie Hafner zu zitieren pflegt: »Der Weg ist hier das Ziel«.

Verkostungskeller, Restaurants und Wohnhäuser, kleine Höfe und Handwerksbetriebe. Besucher gehen auf Tuchfühlung mit Traditionen der Region. Ein umfassendes Verzeichnis ist im **Barracão Restaurante e Churrascaria** *(Estr. Do Barracão 580, Tel. 54/3454 9749)* erhältlich, einer ehemaligen Aufnahmestelle für Neuankömmlinge.

Jeder brasilianische Weinkenner weiß die Geschichte der italienischen Einwanderer zu erzählen, die sich im 19. Jh. in Rio Grande do Sul ansiedelten. Doch nur Önologe Silvério Salvati bietet die Rebsorten, die diese Einwanderer damals bevorzugten.

Im Vale dos Vinhedos, der Weinroute östlich von Bento Gonçalves (siehe S. 161–162), bestimmen Cabernets und Chardonnays die Hänge und die Kaltereien. Diese neuen Rebsorten sind so allgegenwärtig, dass Salvati um Setzlinge der damals importierten Sorten Peverella und Barbera betteln musste.

Die große achteckige **Cantina Salvati & Sirena** *(Linha Palmeiro, Tel. 54/3455 6400, www.salvatisirena.com.br)* wurde aus den bei Immigranten üblichen, unregelmäßigen Basaltsteinen errichtet und steht westlich der Stadt im Grünen. Gruppen können ein damals „typisches" Sonntagsessen buchen: Bohnensuppe, Polenta, Hühnereintopf und Omelett.

Das Gelände um das Gut verkörpert das Wesen des Caminhos de Pedra, der

Maria Fumaça

✉ Estr. Ferroviária, Rua Duque de Caxias, Bairro Cidade Alta
☎ 54/3455 2788
🕐 Mo–Mi geschl.
💲 $$

www.mfumaca. com.br

Caminhos de Pedra

✉ Rua Henry Hugo Dreher 227, Planalto
☎ 54/3454 5702

www.caminhos depedra.org.br

Museu do Imigrante

✉ Rua Henry Hugo Dreher 127, Planalto

☎ 54/3451 1773

🕐 Mo geschl.

„Steinwege", ein Name, der von den Steinhäusern der Siedler abgeleitet wurde.

Die ersten Monate und sogar Jahre überlebten viele Siedler nur dank der essbaren Araukariensamen, noch immer ein beliebter Snack. Benutzt wurden provisorische Werkzeuge. Die Hacken, wie im **Museu do Imigrante** zu sehen, waren oft bloße Stangen mit handgefertigten Zacken an den Enden.

Die **Cantina e Casa Strapazzon** (Linha Palmeiro, Tel. 54/3455 6321, $), ein Steinbau von 1880, diente 1995 als Kulisse für den Oscar-nominierten Film „O Quatrilho". Im Strapazzon können Gäste Wein, regionalen Käse und Salami verkosten. Unweit davon steht die **Casa da Ovelha** (Linha Palmeiro 400, Tel. 54/3455 6399, $), in der Schafsmilch-Joghurt probiert werden kann. Ein Holzbau von 1917, das florierende

Hotel Cavalet (RS-453, Km 109, Tel. 54/3458 7216), befindet sich an der Landstraße nach Porto Alegre.

Weitere Highlights sind die **Casa do Tomate e Refrigerante Natural** (Linha Palmeiro, Tel. 54/3455 6292) in einem von Júilo Posenato entworfenen Gebäude; die **Casa da Erva-Mate** (Santo Antônio, Tel. 54/3455 6427), wo mit Hilfe einer Wassermühle der bei Gaúchos so beliebte chimarrão-Tee produziert wird; die **Casa Vanni** (Linha Palmeiro 795, Tel. 54/3455 6383, Fr–Mo geschl., $), in der man bei der Teigherstellung und beim Weben zusehen kann; und die **Casa Bertarello** (Linha Palmeiro 120, Tel. 54/3454 9756, Mo & Di geschl.), in deren Restaurant Nona Ludia im Keller des von Einwanderer Giuseppe Dall'Acqua 1880 erbauten Hauses italienische Küche serviert wird.

Chimarrão

Schon bei den Guaraní, den Ureinwohnern der Region, war der chimarrão – der grüne Mate-Tee – sehr beliebt. Die Siedler übernahmen diese Tradition. Getrunken wird oft gemeinsam, wobei die Tee-Kalebasse im Kreis herumgereicht wird, meist nach den Mahlzeiten.

Bei der Zubereitung wird der Tee – die erva-mate – in eine Kalebasse gefüllt, mit (nicht ganz kochend) heißem Wasser übergossen und der Sud durch ein Metalltrinkrohr gesogen. Ist das Gefäß leer, wird es erneut aufgegossen und weitergereicht. Schlürfen signalisiert, dass man fertig ist.

Die **Rota da Erva Mate**, ein 60 km langer Rundweg durch das Tal **Vale do Taquari**, hat sich der Geschichte des Mate-Tees in Rio Grande do Sul gewidmet. Hauptattraktion ist die nach dem lateinischen Pflanzennamen (Ilex) benannte Stadt **Ilópolis** (Besucherinformation, Rua Expedicionários 930, Praça Itália, Centro, Tel. 51/3774 1537), 192 km nordwestlich von Porto Alegre und 106 km von Bento Gonçalves enfernt. Der **Parque do Ibama** (Rua 7 de Abril, Centro, Tel. 51/3774 1322) zeigt eine Ausstellung zur Geschichte des Tees in Rio Grande do Sul ab 1509.

Der berühmte Gaúcho-Bildhauer João Bez Batti lebte und arbeitete eine Zeit in der **Casa Gilmar Cantelli** *(Linha Palmeiro, Tel. 54/3455 6254, Sa & So geschl.)*, einem der besten Beispiele für lokale Steinbauten des ausgehenden 19. Jhs. Batti verwendete den roten Basalt der Region und orientierte sich an den Techniken der alten Ägypter und der präkolumbianischen Indios. Besuche seines neuen **Atelier João Bez Batti** *(Tel. 54/3455 6254)* muss man im Voraus buchen!

Cambará do Sul & Torres

Im äußersten Nordosten von Rio Grande do Sul liegen die Städtchen Cambará do Sul (6500 Einw.) und Torres (35 000 Einw.) in etwa 70 km Entfernung. Von hier hat man Zugang zu einzigartigen Naturschauspielen. Cambará do Sul dient als Startpunkt für Erkundungen der nahen Nationalparks Aparados da Serra und Serra Geral an der Grenze zu Santa Catarina. Torres ist eine Küstenstadt und liegt am Parque Estadual da Guarita.

Parque Nacional de Aparados da Serra *(Aparados da Serra Nationalpark; RS-429, Km 18, Itaimbezinho, Tel. 54/3251 1277, $)* birgt einige der größten, bis 900 m tiefen Schluchten Brasiliens, **Itaimbezinho** ist mit 6 km Länge und 2000 m Breite die größte. Weitere Attraktionen sind Wasserfälle, darunter

der **Cachoeira Véu da Noiva** und **Cachoeira das Andorinhas** (Letzterer ist nach den Schwalben benannt, portugiesisch.: *andorinhas*, die hinter dem herabfallenden Wasser nisten). Aparados da Serra zählt hinsichtlich seiner Infrastruktur zu den besten Nationalparks Brasiliens.

Bento Gonçalves bietet Weininteressierten Gelegenheiten zum Probieren, Dinieren und Logieren

Beide Parks sind bei Wanderern beliebt. Der ansässige Veranstalter **Cânion Turismo** organisiert vierstündige Ausflüge zum Wasserfall, Tagestouren (24 km) im **Parque Nacional da Serra Geral** *(RS-429, Km 18, Itaimbezinho, Tel. 54/3251 1277 oder 3251 1262)* durch Araukarienwälder, Berge und Arroyos, Montainbike-Touren durch Itaimbezinho, eine Bootsfahrt und den Besuch einer Imkerei. Campofora (siehe Kasten S. 163) bietet Ausflüge zu Pferd.

Cambará do Sul
🅰 Karte S. 137 C2
Besucherinformation
✉ Prefeitura de Cambará do Sul, Rua Da Úrsula 641
☎ 54/3251 1174

Torres
🅰 Karte S. 137 C2
Besucherinformation
✉ Prefeitura de Torres, Rua Júlio de Castilhos 707
☎ 51/3664 2202

Cânion Turismo
🅰 Av. Getúlio Vargas 1098, Room 1, Cambará do Sul
☎ 54/3251 1027 oder 811/ 101/

Parque Estadual da Guarita

✉ Rua Caxias do Sul, Beira-Mar, Torres

☎ 51/3664 1411 App. 247

💲 $

Der Name Torres (Türme) stammt von den riesigen Basaltblöcken, die an der Küste aufragen. Zwei der größten befinden sich im **Parque Estadual da Guarita**. Ein Wanderweg führt zum Gipfel des **Torre do Meio**, über Stiegen und Geländer geht es in die Höhlen und zum **Torre Sul**. Beide sind bei Felskletterern sehr beliebt, doch ist Vorsicht geboten: Aufgrund der Meerwasserspritzer lösen sich die Haken leicht. Torres bietet einige

diesen 30 Jesuitenreduktionen im heutigen Brasilien, Argentinien und Paraguay fanden im Laufe der Zeit ca. 140 000 Guaraní Schutz.

Nach dem „Vertrag von Madrid" 1750, der Portugal einige bis dato spanische Besitzungen zuwies, fielen sieben Missionen an die Portugiesen und sollten umgesiedelt werden. Die Guaraní wehrten sich, weil sie die Portugiesen mit den Sklavenhändlern (*bandeirantes*) gleichsetzten, die regelmäßig

Getúlio Vargas & São Borja

Getúlio Vargas, der bedeutendste brasilianische Politiker des 20. Jhs., wurde 1882 in der Kleinstadt São Borja nahe der argentinischen Grenze im Bundesstaat Rio Grande do Sul geboren. Er regierte erst als Diktator (1930–45), dann als gewählter Präsident (1951–54). Vargas bestimmte den Ton, und seine Politik prägt das Land bis heute. Das **Museu Getúlio Vargas** (*Av. Presidente Vargas 1772, São Borja, Tel. 55/3430 4293*) ist in São Borja in dem

Haus untergebracht, das Vargas mit Frau und Kindern bewohnte. Ein von Oscar Niemeyer entworfenes, 2004 eröffnetes Mausoleum befindet sich auf dem Hauptplatz, der Praça XV de Novembro.

Einem weiteren berühmten Sohn der Stadt ist das **Memorial Casa João Goulart** (*Av. Presidente Vargas 2033, São Borja, Tel. 55/3431 5730, Mo geschl.*) gewidmet: dem Präsidenten Brasiliens (1961–1964), João Goulart.

beliebte Strände und jedes Jahr im April ein viertägiges **Festival Internacional de Balonismo** (Ballon-Festival).

São Miguel das Missões

Die Ruinen von **São Miguel das Missões** (1687 gegründet) gelten als die besterhaltenen Überreste der 30 Jesuitenmissionen, die sich im 17. Jh. unter spanischer Krone um die Missionierung der Guaraní bemühten. In

ihre Landsleute verschleppten. Das führte zum Guaraní-Krieg (1754–56), bei dem Hunderte Ureinwohner ermordet wurden.

Der 1986 gedrehte, historisch nicht korrekte Film „The Mission" mit Robert de Niro handelt von diesen Ereignissen. Die Mission São Miguel das Missões wurde für diesen Film nachgebaut.

Besucher können die Ruinen der echten Reduktion

São Miguel das Missões: das eindrucksvollste Relikt der Bemühungen spanischer Jesuiten um die Bekehrung der Guaraní zum Katholizismus

besichtigen, heute Unesco-Weltkulturerbe, und die einst imposante Steinkirche **São Miguel Arcanjo** (1745) bewundern. Wer Zeit hat, sollte die Ruinen bei Sonnenuntergang besichtigen und bis zur Lichtshow bleiben. Das benachbarte, von Lúcio Costa entworfene **Museu das Missões** zeigt eine umfangreiche Sammlung von Artefakten aus der Zeit der Missionierung.

Von hier kann man zu weiteren Weltkulturerbe-Reduktionen in Argentinien und Paraguay reisen oder drei andere in Brasilien besichtigen. **São Nicolau** in der gleichnamigen Stadt birgt einige erhaltene Mauern der Mission von 1687. Von **São Lourenço Mártir** (in São Luiz Gonzaga) stehen einige Ruinen der 1690 gegründeten Mission, und auch **São João Batista** in Entre-Ijuís, deren Geschichte gut aufbereitet wurde, birgt noch Ruinen.

São Borja

São Borja liegt nur 170 km von São Miguel das Missões entfernt und lohnt einen Abstecher für jene, die mit dem Auto unterwegs sind.

Über 325 km (zwei Wochen Gehzeit) erstreckt sich der Wanderweg **Caminho das Missões** (*www.caminhodasmissoes.com.br*). Er beginnt in São Borja und folgt weitgehend der alten Guaraní-Jesuiten-Strecke am Fluss Uruguay und der argentinischen Grenze entlang, bevor er ins Landesinnere nach **Santo Ângelo** abbiegt. ∎

Museu das Missões

🄰 Karte S. 137 A2
✉ Rua São Nicolau
☎ 55/3381 1291

HINWEIS: Die genauen Zeiten der Lichtshow variieren je nach Jahreszeit; bitte vor Ort in Erfahrung bringen.

Das Pantanal voller Wildtiere, Hochebenen mit Wasserfällen, kristallklaren, fischreichen Flüssen und Brasiliens Hauptstadt Brasília

Südwesten
& Pantanal

Ein Jaguar im Pantanal. Die Weibchen sind schwer aufzuspüren; wer dennoch eines erspäht, wird dieses Erlebnis nie vergessen.

Südwesten & Pantanal

Der Südwesten Brasiliens ist ein einzigartiges Naturparadies – vor allem das Pantanal mit mehr als 80 Säugetierarten, 650 Vogelarten, 235 Fischarten und 1000 Schmetterlingsarten. Die südwestlichen Bundesstaaten Mato Grosso und Mato Grosso do Sul grenzen an die Nachbarländer Bolivien und Paraguay und besitzen den „Jaguaranteil" an den 140 000 Quadratkilometern des Pantanal.

Das in den Überschwemmungsgebieten des Pantanal entstandene Ökosystem lockt Naturliebhaber

Das Pantanal, die „Serengeti Südamerikas", ist ein Flickwerk aus Auwäldern, Marschland und Trockensavannen, in denen Jaguare, Große Ameisenbären, Sumpfhirsche und Riesenotter leben. Während der Regenzeit treten Flüsse und Ströme über die Ufer und überschwemmen 80 % des Pantanal, eine Fläche halb so groß wie die Bundesrepublik Deutschland. Seerosen zieren die Gewässer, Rohrkolben und Palmen prägen die Landschaft. Rinder, die hier seit über 200 Jahren gezüchtet werden, und Wildtiere ernähren sich von einer Vielfalt an Gräsern.

Das Pantanal lässt sich per Zug, Boot oder Auto erkunden. Große Entfernungen, schlechte Straßen und jahreszeitliche Überschwemmungen erschweren jedoch das Reisen. Der Tourismus konzentriert sich hier auf eigenverwaltete Öko-Lodges, die naturnahe Entspannung, Wildtier- und Vogelbeobachtung, Reiten und mehr bieten.

Viele dieser Lodges sind umgestaltete Rinderfarmen, Weideland dominiert die Landschaft. Was die Rindfleischproduktion Brasiliens anbetrifft, erwirtschaften die Staaten Mato Grosso 15 % und Mato Grosso do Sul 12 %. Erst in den letzten Jahrzehnten erkannte man das Potenzial des Ökotourismus.

Jenseits des Pantanal

Südlich des Pantanal, in Mato Grosso do Sul, liegt die Serra da Bodoquena, ein

Zipfel der Mata Atlântica, bekannt durch den Ökotourismusort Bonito. Hier findet man sowohl die Chapada dos Guimarães, eine typische Cerrado-Savanne mit gelbrotem Sandstein, Höhlen, Felsformationen und Wasserfällen, und die weitgehend unberührte Araguaia-Serra do Roncador, eine Übergangszone zwischen den Ökoregionen Cerrado und Amazonien, mit paradiesischen Flussufern, Flussdelfinen und den Mythen um verschwundene Forscher. Auch die Chapada dos Veadeiros in Goiás ist ein zauberhaftes Wandergebiet.

Wie ein Fremdkörper in diesem Naturwunderland wirkt die Hauptstadt Brasília: eine am Reißbrett entworfene Stadt, die in den 1950er Jahren erbaut und 1960 eingeweiht wurde. Ihre monumentale moderne Architektur ist wahrscheinlich einzigartig auf der Welt. ∎

NICHT VERSÄUMEN

Die monumentale, moderne Architektur der Planstadt Brasília 172–177

Wandern und Wasserfälle in Chapada dos Veadeiros oder Chapada dos Guimarães 180, 194–195

Mit den Fischen schwimmen in den Flüssen der Serra da Bodoquena 184

Wildtier- und Vogelbeobachtung und Outdoor-Aktivitäten auf einer Öko-Lodge im Pantanal 192–193

Angeltour auf einer Jacht im Pantanal 193–194

Die unberührte, geheimnisvolle Region Araguaia-Serra do Roncador im Osten von Mato Grosso 195

Brasília

Als Hauptstadt besitzt Brasília eine gute Infrastruktur für Geschäftsreisende: komfortable Hotels, gute Restaurants und ausreichend Taxis. Urlaubern bieten sich zwei Hauptattraktionen: die Monumentalbauten der architektonischen Moderne und die politischen Machtzentralen. Fußgänger hat man allerdings nicht eingeplant. Die Sehenswürdigkeiten lassen sich nicht zu Fuß abklappern.

Die Catedral Metropolitana Nossa Senhora Aparecida, eine von Oscar Niemeyer entworfene katholische Kirche, ist eine der beliebtesten Attraktionen der Stadt

Brasília

🔺 Karte S. 171 C2

Besucherinformation

✉ Centro de Atendimento ao Turista, Praça dos Três Poderes

✉ Centro de Atendimento ao Turista, Brasília International Airport

www.brasil.gov.br/brasilia-english

Brasília ist ein absoluter Schmelztiegel. Die in den 1950er Jahren buchstäblich im Niemandsland entstandene Stadt wurde erst von Bauarbeitern, dann von Bürokraten, Soldaten, Politikern und deren Gefolgschaft aus ganz Brasilien bevölkert. Wer sich für Architektur und Stadtplanung interessiert, kommt hier ins Staunen. Manche nennen die Stadt gar ein Open-Air-Museum der Moderne. Oscar Niemeyer und Lúcio Costa standen den verantwortlichen

Architekten, Städteplanern, Landschaftsgestaltern und Auftragskünstlern vor.

Stadtbesichtigung

Der beste Auftakt ist ein Blick von oben: von der 75 m hohen Plattform des **Torre da TV** (Fernsehturm; *Eixo Monumental, Tel. 61/3321 7944, Mo vorm. geschl.*). Der von Costa entworfene Turm ist mit 224 m einer der höchsten Fernsehtürme der Welt. Von dort oben wird man feststellen, dass die Sehenswürdigkeiten überall

INSIDERTIPP

Fahren Sie in Brasília mit der Metrô und erkunden Sie die *super-quadras*. Die Tickets sind billig, die Stationen sauber und sicher. Steigen Sie an der 108 Sul aus und erkunden Sie die Umgebung.

CHRISTIAN BRANNSTROM
National Geographic-Stipendiat

in der Stadt verstreut sind; am besten nimmt man ein Mietauto oder ein Taxi.

Einige Hauptattraktionen liegen nahe der riesigen Praça dos Três Poderes und an der 16 km langen Esplanada dos Ministérios, der von sehenswerten Regierungsgebäuden gesäumten Straße, an der auch 17 identische Bürohäuser stehen. (Niemeyer glaubte, dass Gleichförmigkeit die Machtkämpfe und das Ellbogengerangel der ansässigen Unternehmen bremsen würde.)

Praça dos Três Poderes:
Viele beginnen die Stadtbesichtigung am Anfang der Esplanada dos Ministérios, der nach den drei Regierungsgewalten benannten Praça dos Três Poderes. Hier stehen der **Palácio do Planalto**, Sitz des Präsidenten und ein Traum aus weißem Marmor; der **Congresso Nacional** (Nationalkongress) mit seinen zwei

Kuppeln (Kammern) und der **Supremo Tribunal Federal** (Oberster Gerichtshof) mit Bogen, die mit denen des Präsidentenpalastes korrespondieren. Diese drei Niemeyer-Schöpfungen sind nicht nur von außen zu bewundern, sondern können auch von innen besichtigt werden. Der Oberste Gerichtshof birgt auch ein kleines Museum.

Den Platz schmückt **„Os Guerreiros"** („Die Krieger",

inoffiziell „Os Candangos" genannt), eine Bronzeskulptur von Bruno Giorgi. Das aus dem Afrikanischen stammende Wort *„candango"* war ursprünglich eine abwertende Bezeichnung für die Bauarbeiter, die in

(Fortsetzung auf S. 176)

Palácio do Planalto

✉ Praça dos Três Poderes, Esplanada dos Ministérios

☎ 61/3411 2317

🕐 Nur So vormittags geöffnet

Congresso Nacional

✉ Praça dos Três Poderes, Esplanada dos Ministérios

☎ 61/3318 5107 oder 3311 3344

Supremo Tribunal Federal

✉ Praça dos Três Poderes, Esplanada dos Ministérios

☎ 61/3217 3000

🕐 Sa & So & Feiertage geöffnet

www.stf.jus.br

Die Kunst von Athos Bulcão

Während Lúcio Costa, Oscar Niemeyer und Roberto Burle Marx in brasilianischen Texten regelmäßig erwähnt werden, fristet der Maler und Bildhauer Athos Bulcão (1918–2008) offenbar ein Schattendasein. Dabei dekorierte der Fliesenkünstler viele der Niemeyerschen Bauten, am eindrucksvollsten vermutlich die Igreja Nossa Senhora da Fátima *(SQS 307–308, Asa Sul, Tel. 61/3242 0149)*, eine als Igrejinha bekannte Kapelle, aber auch den Congresso Nacional, das Teatro Nacional *(Eixo Monumental, Tel. 61/3325 6153)*, den Palácio da Alvorada, den Palácio do Itamaraty und andere Gebäude. Die **Fundação Athos Bulcão** *(CLN 208, Bloco D, Entrada 49, Sala 111, Asa Norte, Tel. 61/3322 7801, Sa & So geschl.)* ist eine gemeinnützige Stiftung mit einem Souvenirladen, in dem Artikel im Bulcão-Design verkauft werden.

Brasília: nach Plan gebaut

Viele Brasilianer schwören auf ihre Hauptstadt Brasília und feiern ihre Ernennung zum Unesco-Weltkulturerbe. Die meisten waren jedoch nie dort. Wer *wirklich* dort war, verflucht die Stadt nicht selten. Denn Brasília, diese aus dem Nichts entstandene Planstadt, kann sehr befremdlich wirken. Über Sinn und Unsinn ihrer Architektur wurde viel geschrieben — und viel gerätselt.

Die von Alexandre Chan entworfene und 2002 eingeweihte Juscelino-Kubitschek-Brücke fügt sich ästhetisch in die Architektur der Moderne dieser in den 1950er Jahren entstandenen Planstadt ein

Der brasilianische Journalist José Nêumanne Pinto führt Brasílias Defizite auf den Architekten Le Corbusier zurück, der die Stadtplaner Lúcio Costa und Oscar Niemeyer beriet. »Schnelligkeit, Ordnung und Geometrie waren dessen Prämissen für eine effiziente Stadt, und die setzte man um«, schrieb Nêumanne im Buch „O Que Sei de Lula" („Was ich über Lula weiß"). »Brasília wurde von der tolerantesten Regierung in der Geschichte der Brasilianischen Republik erbaut, jedoch nach einem äußerst anti-demokratischen Konzept [...], das den Zufall abschaffen sollte; aus diesem Grunde scheitert es.«

Marshall Berman, ein Politikwissenschaftler, der zuletzt am City College of New York lehrte, beobachtete Ähnliches: »Aus der Luft sah Brasília dynamisch und spannend aus«, schrieb er Ende der 1980er Jahre. »Unten aber, wo die Menschen leben und arbeiten, ist es eine der trostlosesten Städte der Welt, mit riesigen Leerräumen, in denen sich der Einzelne [...] so verlassen vorkommt wie auf dem Mond. Man verzichtete hier bewusst auf öffentlichen Raum, in dem man sich trifft, redet, anschaut oder entspannt. Mit der großen Latino-Tradition, nach der das städtische Leben um eine *Plaza Mayor* herum organisiert ist, wird explizit gebrochen.«

Das wird jedem bewusst, der sich in einem der drei Hotelbezirke aufhält. Hier gibt es nichts als Hotels, nichts, das man fußläufig erreichen, unternehmen oder besichtigen könnte. Wer hinausgeht, muss den Fuß buchstäblich auf die Straße setzen, Fußwege gibt es keine.

Isolation

Experten erklärten dieses Stadtgefühl mit der isolierten Lage. »Die Reise nach Brasília, über das zentrale Hochplateau hinweg, ist eine Reise in die Isolation«, schreibt James Holston, Professor für Anthropologie in Berkeley, in seinem Buch „The Modernist City. An Anthropological Critique of Brasília" („Stadt der Moderne. Eine anthropologische Kritik an Brasília"): »Sie konfrontiert den Reisenden mit der Abspaltung des modernen Brasília vom vertrauten Brasilien; mit dem Kontrast der dicht besiedelten Küsten zur Leere im Binnenland, mit der Überfüllung und dem Chaos im Vergleich zu den stillen Horizonten der Hochebene; mit dem Kontrast der kommunikativen Marktplätze zu den Leerräumen Brasílias, mit der Zivilisation zum Grenzland, der Unterentwicklung zur unpassenden Moderne.« In seinem Buch „Barcelona" stellt Kunstkritiker Robert Hughes einen historischen Kontext her: »Der Hafen ist der Ort, an dem das Authentische, das Wesen eines Landes — in der Vorstellung zentralistischer Macht —, sich aufzulösen droht. Deshalb zog die russische Regierung von St. Petersburg wieder nach Moskau; deshalb verlegte Mustafa Kemal Atatürk den Regierungssitz von Istanbul nach Ankara; und deshalb ist nicht Rio de Janeiro die Hauptstadt Brasiliens, sondern das künstliche Brasília.«

Der lichtdurchflutete Innenraum der Catedral Metropolitana Nossa Senhora Aparecida

Espaço Lúcio Costa

✉ Praça dos Três Poderes, Esplanada dos Ministérios

☎ 61/3325 6163

🕐 Mo geschl.

Palácio do Itamaraty

✉ Esplanada dos Ministérios, Bloco H

☎ 61/2030 8051

Palácio da Justiça

✉ Esplanada dos Ministérios

☎ 61/3429 3401

🕐 Sa & So geschl.

Catedral Metropolitana Nossa Senhora Aparecida

✉ Esplanada dos Ministérios, Lote 12

☎ 61/3224 4073

🕐 Mo geschl.

Das Memorial JK ehrt Präsident Kubitschek, den Gründer von Brasília

den 1950ern hier herkamen; heute ist es ein Spitzname für die Einwohner Brasílias.

Unter dem Platz befindet sich der **Espaço Lúcio Costa** mit einem Modell der Stadt und anderen Artefakten aus dem Werk des Stadtplaners und Architekten von Brasília.

Esplanada dos Ministérios: Der **Palácio do Itamaraty** (Außenministerium) westlich der Praça dos Três Poderes zählt zu Niemeyers originellsten Werken: außen ein spiegelnder Pool und eine Brücke, innen eine massive Wendeltreppe. Bulcão gestaltete die Marmorwände, Roberto Burle Marx die Gärten, Giorgi die Marmorskulptur, die auf dem Wasser zu schwimmen scheint. Das Außenministerium hat über die Jahre eine bedeutende Kunstsammlung zusammengetragen, mit Werken u. a. von Victor Brecheret,

Manabu Mabe, Maria Martins, Lasar Segall und Alfredo Volpi. Außerdem steht hier der Tisch, auf dem Prinzessin Isabella 1888 die Lei Áurea, das Gesetz zur Abschaffung der Sklaverei, unterzeichnete.

Gegenüber des Palácio do Itamaraty, auf der anderen Seite der Esplanada dos Ministérios, steht der 1958 fertiggestellte **Palácio da Justiça** (Justizpalast), unverkennbar ein Werk Niemeyers mit Pools und Wasserkaskaden vor der Hauptfassade.

Weiter unten erhebt sich die **Catedral Metropolitana Nossa Senhora Aparecida**, deren Form die Dornenkrone Jesu symbolisiert. Innen reflektiert weißer Marmor das durch Glaswände einfallende Licht, von der Decke schweben drei Engelsskulpturen von Alfredo Ceschiatti.

Ganz am Ende der Promenade steht das **Memorial JK** *(Praça do Cruzeiro, Eixo*

Monumental, Tel. 61/3226 7860 oder 3225 9451, www. memorialjk.com.br, Mo geschl., $), ein von 1981 stammender Bau Niemeyers, Ruhestätte Juscelino Kubitscheks, des Gründers von Brasília, und Museum ihm zu Ehren.

Jenseits des Verwaltungs-viertels: Ebenso sehenswert sind die Regierungssitze. Dienstwohnung des Prä-sidenten ist der eindrucks-volle **Palácio da Alvorada** (SPP Zona Cívico-Administra-tiva, Tel. 61/3411 2440, Mi 15–17 Uhr geöffn.) am Ufer des Paranoá-Sees. Die Land-schaft wurde von Burle Marx gestaltet, die Räume mit Kunstwerken angesehener brasilianischer Künstler deko-riert. Empfangsraum und Wohnräume können einmal in der Woche besichtigt werden. Viele brasilianische Staatsoberhäupter zogen dieser formalen Strenge jedoch die ganz und gar

nicht monumentale **Granja do Torto** vor, eine ländlich anmutende Residenz am Stadtrand (nicht öffentlich).

Vor der Stadt befindet sich das **Catetinho** (BR-040, Km 27, Tel. 61/3338 8694, Mo geschl.), ein schlichtes zweistöckiges Holzhaus, von Niemeyer entworfen, 1956 erbaut und von Präsident Ku-bitschek bei seinen Besuchen vor der Fertigstellung des Palácio da Alvorada genutzt. Heute dient es als eine Art historisches Museum mit Möbeln und Erinnerungsstü-cken der Ära Kubitschek. ∎

Brasílias Kulturfleischerei

Absolut einzigartig ist die **T-Bone Açougue Cultural** (SCLN 312, Bloco B, Loja 27, Asa Norte, Tel. 61/3963 2069, www. t-bone.org.br, Do 18–23 Uhr geöffn.): eine ansässige Fleischerei, die auch als Kulturzentrum genutzt wird. Als Luiz Amorim hier angestellt wurde, hatte er keine Bleibe. Er schlief also im Hinterhof und las in seiner Freizeit Bücher. Irgendwann hatte er genug Geld gespart, um die kleine Fleischerei zu kaufen, in der er arbeitete. Das war 1994. Aus Jux stellte er ein Regal mit Büchern auf. Die Leute begannen schon, über „die Kulturfleische-rei" zu witzeln. Es wurden immer mehr Bücher, und die Hygieneinspektoren luden Amorim vor, weil er mit den Bücherstapeln um die Fleischtheke herum gegen das Gesetz verstieß. Heute befinden sich die Bücher in einer Stadtbibliothek, die T-Bone Açougue Cultural aber organisiert regelmäßig Kulturevents – vom Lyrik-Workshop bis hin zu Aufführungen bekannter Künstler wie des Komponisten und Musikers Lenine. Übrigens: Es gibt immer noch T-Bone-Steaks zu kaufen!

Goiás

Im zentralbrasilianischen Bundesstaat Goiás florieren Agrar- und Viehwirtschaft. Die Hauptstadt Goiânia, 211 km südwestlich von Brasília, hat wenig zu bieten. Lohnend dagegen sind die historische Kolonialstadt Pirenópolis, die frühere Hauptstadt Goiás Velho und zwei faszinierende Nationalparks, der Parque Nacional das Emas und der Parque Nacional da Chapada dos Veadeiros.

Pirenópolis

Das historische Pirenópolis liegt nur 140 km westlich des Bundesdistrikts und ist ein beliebtes Wochenendziel der Einwohner Brasílias, die dank der zahlreichen Outdoor-Angebote gern hierherkommen. An Wochenenden ist es manchmal überlaufen, aber erfreulich menschenleer, wenn die Bürokraten nach Brasília zurückgekehrt sind. Die Stadt ist ausgesprochen sauber und gepflegt.

Das historische Stadtzentrum konzentriert sich um die alte Rua Direita. Sehenswert sind zwei Kirchen, die **Igreja Matriz de Nossa Senhora do Rosário** (Praça da Matriz 2), die 1732 geweiht wurde, und **Nosso Senhor do Bonfim** (Rua do Bonfim) von 1754. Speisen kann man in den Bars und Restaurants der **Rua do Lazer**.

Bekannt ist die Umgebung für ihre natürliche Schönheit und die vielen Wasserfälle. Das Privatreservat **Santuário da Vida Silvestre Vagafogo** (Rua do Frota 888, Tel. 62/3335 8515 oder 9222 0541, $) am Stadtrand bietet einen kurzen Wanderweg und einen Erlebnis-Parcours. In der **Reserva Ecológica Vargem Grande** (Abzweig von der Estr. dos Pireneus, Tel. 62/3331 3071, $), 11 km nordwestlich der Stadt,

Die Kolonialarchitektur und die Nähe zu Natur und Wasserfällen machen Pirenópolis attraktiv für Erholungssuchende

gibt es zwei Wasserfälle: Cachoeira de Santa Maria und Cachoeira do Lázaro. Durch den **Parque Estadual dos Pireneus** *(Abzweig von Estr. dos Pireneus, Tel. 62/3331 2633)* führt ein Weg an Wasserfällen und natürlichen Wasserbecken vorbei zum Aussichtspunkt Mirante do Ventilador und weiter zum Gipfel des Pico dos Pireneus (1385 m). Raften kann man auf dem Rio Corumbá. Generell empfiehlt sich ein einheimischer Führer, zu buchen über das Centro de Atendimento ao Turista oder **Cerrado Aventuras** *(Praça do Coreto 45, Centro Histórico, Tel. 62/3331 3765).*

Goiás Velho

Die Stadt Goiás wurde 1727 gegründet, nachdem man in der Nähe auf Gold gestoßen war. Das Gold brachte Wohlstand, dennoch wurde die Stadt verlassen, nachdem sie 1937 ihren Status als Hauptstadt des Bundesstaats verloren hatte. Doch so bewahrte sie ihre historische Architektur und Kultur und wurde 2001 zum Unesco-Weltkulturerbe erklärt. Um sie vom Bundesstaat zu unterscheiden, nannte man die Stadt schließlich Goiás Velho.

So planlos, wie die ersten Bewohner hier siedelten, wurden auch die Pflasterstraßen angelegt, für Autos kaum geeignet, für Fußgänger umso mehr. Hauptattraktion ist das Haus der Dichterin

Cora Coralina (1889–1985), deren Texte zumeist von ihrer Heimatstadt erzählen. Die **Casa de Cora Coralina**, heute Museum, steht auf einer Brücke über den Rio Vermelho und hat die fürs 18. Jh. typische Architektur. Hier verbrachte die Dichterin die ersten 22 und ihre letzten 30 Lebensjahre.

Man kann durch die Stadt spazieren, 100 Stufen zur **Igreja de Santa Bárbara** *(Rua Santa Bárbara)* hinaufsteigen oder die **Igreja de São Francisco de Paula** *(Praça Zacheu Alves, Largo de São Francisco)* in Flussnähe besichtigen. Im **Museu das Bandeiras** (Heimatmuseum; *Praça Brasil Caiado, Tel. 62/3371 1087, Mo geschl., $)* waren bis zur Verlegung der Hauptstadt das Rathaus und das Gefängnis untergebracht. Zu den Kuriositäten gehört eine Tür, die vom Gerichtssaal hinunter ins Gefängnis

---

Pfingsten feiern

Pirenópolis ist für seine Festa do Divino Espírito Santo (Feier des Heiligen Geistes) und die Cavalhadas (Reiterspiele) bekannt. Das genaue Datum richtet sich nach dem Kirchenkalender. Start ist 50 Tage nach Ostern. Während der Feier finden verschiedene Veranstaltungen statt, die Krönung sind jedoch die abschließenden Cavalhadas, bei denen kostümierte Ritter historische Reiterschlachten des mittelalterlichen Europa nachstellen. Das **Museu das Cavalhadas** *(Rua Direita 39, Centro Histórico, Pirenópolis, Tel. 62/3331 1166, $)* ist ganzjährig geöffnet und zeigt Festivalutensilien.

Pirenópolis

🗺 Karte S. 171 C2

Besucherinformation

✉ Centro de Atendimento ao Turista, Rua do Bonfim 1, Centro Histórico

☎ 62/3331 2633

Goiás Velho

🗺 Karte S. 171 C2

Besucherinformation

✉ Prefeitura da Cidade de Goiás Velho, Praça da Bandeira 1, Centro

☎ 62/3371 7720

Casa de Cora Coralina

✉ Rua Dom Cândido Tenso 20, Centro, Goiás Velho

☎ 62/3371 1990

🕐 Mo geschl.

💲 $

Parque Nacional da Chapada dos Veadeiros

🗺 Karte S. 171 C3

✉ GO-239, Km 36, Vila de São Jorge, Alto Paraíso de Goiás

☎ 62/3455 1114, 3455 1116 oder 9299 8536

💲 $

Alto Paraíso de Goiás

🗺 Karte S. 171 C3

Besucherinformation

✉ Centro de Atendimento ao Turista, Av. Ary Valadão Filho 1100

☎ 62/3446 1159

Suçuarana

✉ Estr. Cavalcante Colinas do Sul, Km 5,5, Reserva Água do Santo

☎ Vor Ort: 62/3494 1536 oder 9668 1065 Buchungen: 117/7003 7057

Povoado Kalunga do Engenho II

✉ Estr. para São José, Km 29, Comunidade do Engenho II, 27 km vom Stadtzentrum von Cavalcante

führte, eine Sackgasse für Überführte. Einen anderen Zugang gab es nicht.

Chapada dos Veadeiros

Die Chapada dos Veadeiros liegt 260 km nördlich von Brasília und ist ein Magnet für Naturliebhaber. Der größte Teil dieser Hochebene ist geschützter Nationalpark. Die Basis der geologischen Formation (und des Tourismus) bilden große Mineralienvorkommen. Flüsse und spektakuläre Wasserfälle kennzeichnen die Landschaft.

Die beeindruckendsten Felsformationen und Wasserfälle des **Parque Nacional da Chapada dos Veadeiros** sieht nur, wer einige Kilometer wandert. Vom Haupteingang im Süden (nahe São Jorge) gehen zwei Wege ab und führen zu zwei Schluchten: Cânion 1 und Cânion 2. Wanderführer sind unerlässlich und informieren auch über weitere Wege, welche vom Parkpersonal zum Schutz bedrohter Tierarten manchmal geschlossen werden; sie können im Centro de Atendimento ao Turista in São Jorge *(Tel. 62/3455 1090)* oder in **Alto Paraíso de Goiás** gebucht werden.

Ambitionierten Wanderern sei der 18 km lange Rundweg **Sertão Zen** zum höchsten Punkt des Plateaus (1676 m ü. NN) und einem Wasserfall (150 m) empfohlen. Führer können in Alto Paraíso de Goiás gebucht

werden. Auch Mountainbiking, Ziplining und andere Aktivitäten sind möglich.

Die Region kann auch von der **Pousada Vale das Araras** (siehe Reiseinformationen S. 294) aus erkundet werden, einem Gasthaus in Cavalcante, im Norden eines Privatreservats. Dieses ist von Wanderwegen, einem Fluss und etlichen Kanälen durchzogen, die die ersten Goldgräber für ihre Trinkwasserversorgung anlegten.

Die Chapada dos Veadeiros kann man auch in Mehrtagestouren erkunden, die z. B. von der Agentur **Suçuarana** organisiert werden und einen Besuch des *quilombo* **Kalunga** beinhalten, einer einst von geflohenen Sklaven gegründeten Siedlung.

Der Süden von Goiás

Im Süden des Bundesstaats Goiás können Wildtiere in einem Nationalpark beobachtet und prähistorische

Felszeichnungen und Inschriften in einem privaten Reservat bestaunt werden.

Parque Nacional das Emas: Dieser Park vermittelt die vielen Nuancen, die die Cerrado-Ökoregion zu bieten hat: Grasland, Buschland, Auwälder und üppig grüne *veredas* entlang der Flussufer. Wildtiere lassen sich hier gut beobachten, besonders die flugunfähigen Nandus (*emas* auf Portugiesisch), die größten Vögel Brasiliens, nach denen der Park benannt ist. Auch Ameisenbären, Tapire, und Hirsche sind häufig zu sehen, seltener Mähnenwölfe und Jaguare. Die befahrbaren Wald- und Feldwege führen an unzähligen Termitenhügeln vorbei, die hier wie Unkraut aus dem Boden schießen.

Der mehr als 400 km von Goiânia entfernte Park wird von den Städten Chapadão do Céu und Mineiros betrieben. Für einige Parkbereiche ist ein Führer erforderlich (zu buchen in den Tourismusbüros der beiden Städte).

Serranópolis: Etwa 90 km östlich von Chapadão do Céu liegt Serranópolis mit Hunderten bis zu 11 000 Jahre alten Fels- und Höhlenzeichnungen. Vom Gasthaus **Pousada das Araras** (siehe Reiseinformationen S. 294) sind vier der Fundorte gut zu erreichen. Vogel- und Wildtierbeobachtung, Wanderungen und Schnorcheln in einem natürlichen Wasserbecken sind ebenso möglich. Wer nicht übernachten mag, bucht einfach einen Tagesausflug. ■

Parque Nacional das Emas
- ⬛ Karte S. 171 B2
- ✉ GO-206, Km 27, Chapadão do Céu
- ☎ 64/3929 6000
- 💲 $

Serranópolis
- ⬛ Karte S. 171 B2

Die ländliche *Música sertaneja*

Wenn von der Zweiteilung des Landes Brasilien die Rede ist, dann ist meist die Kluft zwischen Arm und Reich gemeint. Dabei könnte es genauso um die kulturelle Differenz zwischen Stadt und Land gehen. Nirgendwo wird diese Teilung deutlicher als in der Volksmusik, und nirgendwo ist die ländliche *Música sertaneja* verwurzelter als in Goiás, einem stark landwirtschaftlich geprägten Bundesstaat.

Ein Gitarrenduo ist charakteristisch für diese Musik, die ihre Wurzeln wiederum in der traditionellen Musik der *caipiras* hat, vergleichbar etwa mit dem Country. Und ebenso wie dieser hat sich die Música sertaneja zu einem von Rock und Pop durchtränkten Stil entwickelt, der weniger mit Caipira zu tun hat, sondern mit populären, letztlich vorhersehbaren Elementen kommerzialisiert wurde.

Plattenfirmen können der Música sertaneja durchaus Kraft und Stehvermögen bescheinigen. Top-Duos wie Zezé di Camargo und Luciano (beide aus Pirenópolis) sowie Chitãozinho und Xororó standen jahrzehntelang an der Spitze der brasilianischen Charts. In letzter Zeit werden die Duos jedoch mehr und mehr von Solokünstlern verdrängt: Zwei Alben von Paula Fernandes schafften es 2011 auf Platz zwei und drei der brasilianischen Popcharts. Dennoch bleibt die Música sertaneja beliebt. Brasiliens Landbevölkerung ist zahlenmäßig nach wie vor stark.

Mato Grosso do Sul

Im Bundesstaat Mato Grosso do Sul befindet sich der südliche Teil des Pantanal, das man am besten über die Hauptstadt Campo Grande erreicht. Von hier gelangt man auch in die Serra da Bodoquena, in den Ökotourismusort Bonito und zu der historischen Bahn, die am Wochenende durchs Pantanal zuckelt.

Die faszinierende Unterwasserwelt zieht viele Besucher nach Bonito

Campo Grande
🅰 Karte S. 171 B2

Besucherinformation
✉ Centro de Atendimento ao Turista, Av. Duque de Caxias, Aeroporto Internacional
☎ 67/3363 3116

Campo Grande

Campo Grande, die Hauptstadt von Mato Grosso do Sul, bietet interessante Museen, die sich der indigenen, präkolumbianischen Kultur widmen. Das **Memorial da Cultura Indígena** *(Rua Terena, Conj. Marçal de Souza, Tiradentes, Tel. 67/3314 3544, $)* ist ein Kulturzentrum inmitten eines Dorfes, in dem ca. hundert Familien leben. Das **Museu de Arte Contemporânea** *(Rua Antônio Maria Coelho 6000,*

Caranda, Tel. 67/3326 7449, Mo & vorm. geschl.) zeigt eine Sammlung zeitgenössischer Kunst von einheimischen, auch indigenen Künstlern. Das naturhistorische Museum **Museu das Culturas Dom Bosco** *(Av. Afonso Pena 7000, Tel. 67/3326 9788, Mo geschl., $)*, bekannt als Museu do Índio (Indianermuseum), stellt Objekte der indigenen Kultur aus, darunter auch Kopfschmuck.

Wer indigenes oder regionales Kunsthandwerk

erwerben möchte, kann das in der **Casa do Artesão** (Av. Calógeras 2050, Centro, Tel. 67/3383 2633, So geschl.) tun. Auf indianischen Höfen produzierte Agrarprodukte werden auf der **Feira Indígena** vor dem **Mercado Municipal Antônio Valente** (Rua 7 de Setembro an der Av. Noroeste 5500) verkauft. Beide Märkte bieten regionale Zutaten wie urucum, roten Annatto-Samen. Die **Feira Livre Central** (Av. Calógeras an der Av. 14 de Julho, Mo, Di & Do geschl.) öffnet nachts und bietet Kunstgewerbe, Obst, Gemüse und viele verschiedene Speisen wie japanische Soba (Buchweizennudeln) oder Minispieße mit Grillfleisch und Maniok.

Die Geschichte von Campo Grande wird im **Museu José Antônio Pereira** (Fazenda Bálsamo, Av. Guaicurús, Jardim Monte Alegre, Tel. 67/3314 3181, Mo geschl.) illustriert, in einem Farmhaus, von dem aus Pereira die Stadt gegründet haben soll.

Serra da Bodoquena

Unterhalb des Pantanal, im Südwesten von Mato Grosso do Sul, liegen die Berge der Serra da Bodoquena, Ausläufer der Ökoregion Mata Atlântica. Hier gibt es nicht nur Dutzende klarer Flüsse, sondern auch mehr als 50 Höhlen und Grotten, manche mit glasklaren Seen. Besuchern werden zahlreiche verlockender Aktivitäten geboten: Rafting, Abseilen, Reiten, Schnorcheln etc. Hauptanziehungspunkt ist Bonito, Brasiliens bestorganisierter Ökotourismusort. Doch auch die benachbarten Orte Jardim und Bodoquena halten außergewöhnliche Attraktionen bereit und sind zudem weniger überlaufen.

Bonito: Die Stadt liegt 312 km südwestlich von Campo Grande und ist so perfekt organisiert, dass sie manchmal wie ein Freizeitpark wirkt. Selbst an Umweltschutz wurde gedacht (siehe Kasten unten).

Viele der Attraktionen haben auf irgendeine Weise mit Wasser zu tun. Die **Gruta do Lago Azul** (Estr. para Campo

Bonito
🅰 Karte S. 171 A1
Besucherinformation
✉ Centro de Atendimento ao Turista, Rod. Bonito/Guia Lopes, Km 1
☎ 67/3255 1850

Sehenswertes in Bonito

Zum Schutz der Umwelt wurde für jede Attraktion ein „Fassungsvermögen" (die Anzahl der täglichen Besucher) festgelegt. Für die meisten Sehenswürdigkeiten muss vorher ein Ticket in einer ansässigen Reiseagentur wie **Bonito Way** (Rua General Osório 865, Centro, Tel. 67/3255 1046, www.bonitoway.com.br) gekauft werden. Ein einheimischer Führer ist meist erforderlich. Die meisten Exkursionen dauern fast den ganzen Tag und beinhalten ein Mittagessen. Mehr als eine Outdoor-Aktivität am Tag lässt sich kaum unterbringen.

Weniger umweltfreundlich ist allerdings, dass man nur mit dem Auto zu den Attraktionen gelangt. Wer keins hat, muss den Transfer über ein Reisebüro organisieren. Manchmal kann man sich mit anderen Besuchern zusammentun und Kosten sparen. Regelmäßige Shuttles oder andere öffentliche Verkehrsmittel gibt es nicht.

**Aquário
Natural Reserva
Ecológica Baía
Bonita**

✉ Rua Coronel
Nelson Felício
dos Santos 741,
Bonito

☎ 67/3255 2160

💲 $$

www.aquario
natural.com.br

*Flutuação auf
dem Rio Sucuri*

✉ Estr. para São
Geraldo, 18 km
von Bonito

☎ 67/3255 1030

💲 $$

Estância Mimosa

✉ MS-178, Km 18,
24 km nördlich
von Bonito

☎ 67/3321 3351

💲 $$$ für
Wandertouren

www.estancia
mimosa.com.br

Abismo Anhumas

✉ Rua General
Osório 681,
Bonito (Höhle
23 km von
Bonito)

☎ 67/3255 3313

💲 $$$$$

www.abismo
anhumas.com.br

Projeto Jibóia

✉ Rua Nestor
Fernandes 610,
Vila Donária

☎ 67/8419 0313

💲 $

Bodoquena

🗺 Karte S. 171 A2

*dos Índios, $, Kinder unter 5
Jahren haben keinen Zutritt)*,
eine ca. 20 km von Bonito
entfernte Höhle, birgt ein
tiefblaues Wasserbecken, das
über fast 300 unregelmäßige
Stufen nach unten erreichbar
ist. Das **Aquário Natural
Reserva Ecológica Baía
Bonita** mit seinem klaren
Wasser und einer Vielfalt an
Fischen und Pflanzen zieht
Schnorchler an. Ein besonde-
res Schnorchelerlebnis bietet
eine *flutuação* auf dem **Rio
Sucuri**: Mit Neoprenanzug
und Schwimmweste lässt
man sich mit den Fischen
den Fluss hinabtreiben.

Von der **Estância Mimo-
sa**, einer früheren Rinder-
farm, schlängelt sich ein Weg
an sieben Wasserfällen und
einer 6 m hohen Plattform
vorbei, von der man ins Was-
ser springen kann. Weitere
Attraktionen sind Vogelbe-
obachtung und Ausritte.

Abenteuerlustigen sei der
Abismo Anhumas empfoh-
len, eine Höhle, in die man
sich 72 m tief abseilen muss.
Bote no Rio Formoso *(Rua
Coronel Pilad Rebuá 1853, Tel.
67/3255 1733)* organisiert
Wildwasserrafting auf dem
Rio Formosa, das **Hotel
Cabanas** *(Rod. Bonito/Guia
Lopes, Km 6, Tel. 67/3255
3013 oder 9632 5465)* Tubing.
**Lobo Guará Bike Ad-
venture** *(Rua Coronel Pilad
Rebuá 2156, Tel. 67/9235
6954 oder 9986 3906)*
veranstaltet 6–130 km lange
Radtouren durchs Hinterland.

Unterwegs werden Samen
gesammelt und später einer
Baumschule gebracht. Außer-
dem pflanzt jeder Radfahrer
einen Setzling am Weg.

INSIDERTIPP

**Wer Mato Grosso
do Sul bereist, sollte
Bonito gesehen haben.
Die glasklaren
Gewässer sind eine
großartige und ein-
malige Erfahrung für
Schnorchler.**

DENISE RAMBALDI
*Vizepräsidentin, Instituto Estadual
do Ambiente*

Auch kulturell ist Bonito
interessant. Schlangenzüch-
ter Henrique Naufal vom
Projeto Jibóia vermittelt
Wissenswertes über diese
Tiere — ganz unterhaltsam
mit einer Boa Constrictor
über der Schulter. Kunst-
handwerkliches wird auf dem
Bonito Feito à Mão *(Rua
Coronel Pilad Rebuá 1956, Tel.
67/3255 1950)* geboten.

Bodoquena: Der kleine Ort
Bodoquena liegt ca. 80 km
nördlich von Bonito. Haupt-
attraktion ist die **Boca da
Onça**-Farm etwa 35 km süd-
lich der Stadt an der Straße
nach Bonito. Zwei Wander-
wege führen zu zahlreichen
Wasserfällen, darunter der
mit 156 m höchste des Bun-
desstaats. Wer's wagt, kann

von einer Plattform über dem Wasserfall 90 m tief hinabsteigen.

Jardim: Die meisten der in Jardim (64 km südlich von Bonito) gebotenen Attraktionen sind nur mit einem Tourguide zu erreichen. Der **Buraco das Araras** ist eine Doline, ein 105 m tiefer Trichter, der sich beim Einsturz des Gewölbes bildete; einer der größten der Welt. In den zerklüfteten Felsen nisten unzählige Hellrote Aras (daher der Name) und andere Vogelarten; Anblick und Geräuschkulisse sind überwältigend. Der Buraco das Araras ist Teil eines Privatreservats und darf eine Stunde erkundet werden. Möglich sind aber halb- oder ganztägige Vogelbeobachtungstouren durch andere Teile des Reservats, in denen mehr als hundert Vogelarten gesichtet wurden.

Eine weitere bemerkenswerte Attraktion vor allem für Schnorchler und Taucher (PADI-Tauchschein erforderlich) ist die **Lagoa Misteriosa**, ein See, der sich 75 m tief in einer Doline befindet und selbst 220 m tief ist. Für diese Tour sollten Sie ein paar Stunden Zeit einplanen.

Eine weitere Tauchoption ist eine im **Rio da Prata Recanto Ecológico** organisierte Tour den Rio da Prata hinunter. Dort wird auch Schnorcheln, Reiten und Vogelbeobachtung geboten.

Die Lagoa Misteriosa und das Reservat Rio da Prata Recanto Ecológico liegen nah beieinander. Besuche müssen über eine autorisierte (Fortsetzung auf S. 188)

Jardim
▲ Karte S. 171 A1

Buraco das Araras
✉ BR-267, Km 510, Jardim
💲 $$
www.buracodas araras.com.br

Lagoa Misteriosa
✉ BR-267, Km 515
💲 $$$
www.lagoa misteriosa.com.br

Rio da Prata Recanto Ecológico
✉ BR-267, Km 512, Jardim
💲 $$$
www.riodaprata. com.br

Sonnenlicht lässt das Wasserbecken in der Gruta do Lago Azul faszinierend blau erscheinen

Refúgio Ecológico Caiman

Das 59 890 ha große Refúgio Ecológico Caiman mitten im Pantanal ist richtungsweisende Öko-Lodge, Naturreservat und Rinderfarm in einem. Die Kaimane, nach denen die Lodge benannt ist, sonnen sich am Ufer und sind bei Ausritten durch die Wiesen, Kanufahrten durch die Sümpfe und Radtouren zu sehen. Manchmal erblickt man sogar einen scheuen Jaguar.

Hyazinth-Aras zählen im Pantanal zu den größten Attraktionen für Vogelbeobachter

Vor hundert Jahren noch hätte Theodore Roosevelt wahrscheinlich ein paar Nahschüsse auf sie abgefeuert. »Diese hässlichen Viecher lagen im Sand und auf Schlammbänken herum wie Baumstämme, den Kopf immer oben, den Kiefer manchmal offen«, schrieb er in seinem Bericht „Durch die brasilianische Wildnis". »Oft werden sie einheimischen Tieren gefährlich; Fische werden nie verschont. Am besten, man erschießt sie. Ich habe ein halbes Dutzend erschossen und fast so viele verfehlt; ein tuckerndes Boot macht nicht sonderlich treffsicher.«

Heute würde Roosevelt dafür eingesperrt. Seit mehr als 40 Jahren gilt ein Jagdverbot für die gefährdetste Spezies des Landes. Seither erholen sich die Kaiman-Bestände so, dass man wieder über legalisiertes Jagen nachdenkt.

Segensreiches Verbot

Abhängig vom Reisezeitpunkt und damit der Höhe des Wasserspiegels sieht man manchmal Gruppen von Kaimanen, die starr und mit aufgerissenen Mäulern auf dem Grund kleinerer Stromschnellen liegen. Kaimane fischen so; sie sind durch eine spezielle Membran im Maul vor dem Ertrinken geschützt.

Auch für andere Tierarten war das Jagdverbot ein Segen. Ein großer Nutznießer ist wohl der Jaguar, obwohl er (zusammen mit dem Puma) jährlich 400 Caiman-Farm-Rinder auf dem Gewissen hat. Noch die letzte Generation der Farmer beschäftigte Jaguarjäger, um die Herden zu schützen. Diese Jäger waren bekannt für ihre List und Tapferkeit; Roosevelt widmete seinem Abenteuer mit einem dieser Männer fast ein ganzes Buchkapitel.

Doch im Pantanal gibt es mehr als nur Jaguare, das musste auch Roosevelt feststellen. »Solch einen Chor von Vögeln und Säugern hatten wir nicht einmal vernommen, als wir über Land reisten und mehr als einmal im Morgen-grauen vom Heulen, Schreien, Jaulen und Schnattern der Affen, Aras, Papageien und Sittiche geweckt wurden.« Selbst der flinkeste und listigste Vogelbeobachter wird ihnen nur schwer folgen können, den Hunderten von Vogelarten, die das Pantanal bevölkern. Besucher des Refúgio Ecológico Caiman werden vielleicht einen Savannenbussard *(Buteogallus meridionalis)* oder einen Amazonasfischer *(Chloroceryle amazona)* erspähen, bevor zwei, drei kobaltblaue Vögel vorbeischwirren, die Hyazinth-Aras *(Anodorhynchus hyacinthinus)*, Nutznießer eines ansässigen Forschungs- und Schutz-Projekts (siehe Kasten unten).

Aktivitäten im Schutzgebiet

Das Refúgio Ecológico Caiman *(Karte S. 171 A2, Estância Caiman, 37 km nord-westlich von Miranda, Tel. 67/3242 1450 oder 11/3706 1800, www.caiman.com.br)* bietet allerlei Aktivitäten rund um die Wildtierbeobachtung. Da Teile des Refúgio als Rinderfarm betrieben werden, kann man den Viehhirten bei der Arbeit assistieren und so weitere Einblicke in die Pantanal-Kultur gewinnen. In der Hochsaison (Juni bis Mitte September) werden zudem ein Astronomie-Workshop, ein Pantaneira-Tag der Kultur (mit traditionellem Grillen) und eine Einführung in das Jaguar-Schutz-Programm Projeto Onçafari geboten.

Das Hyazinth-Ara-Projekt

Einer der prächtigsten Vögel des Pantanal ist der Hyazinth-Ara. Heute ist er durch schwindende Biotope, Wilderei und die Jagd der indigenen Bevölkerung (die seine Federn für den Kopfputz nutzen) jedoch vom Aussterben bedroht. Seit die Biologin Neiva Guedes 1990 jedoch das **Projeto Arara Azul** (Hyazinth-Ara-Projekt; *Zentrale: Rua Klaus Sthurk 178, Jardim Mansur 79, Campo Grande, Tel. 67/3341 3331)* ins Leben rief, ist die Population der Vögel im 4000 km² großen Forschungsgebiet auf 6000 und damit auf ein Vierfaches gestiegen.

Die Hyazinth-Aras sind außergewöhnlich schöne Vögel, ihre königsblauen Federn kontrastieren reizvoll mit der leuchtend gelben Haut an Unterschnabel und um die Augen. Mit rund 1 m Länge und bis zu 1,3 kg Gewicht ist es auch die größte Papageienart. Sie leben in Amazonien und Nordost-Brasilien, ca. 70 % der Gesamtpopulation jedoch im Pantanal.

Mithilfe von Klettertechniken und Ausrüstung ziehen sich Guedes und ihre Mitarbeiter in die Bäume hoch, inspizieren und reparieren beschädigte Nester und sammeln Daten. Sie retten verletzte Tiere und greifen manchmal zu Tricks wie dem Ersetzen der von Raubtieren bedrohten Eier durch Hühnereier. Diese Eier werden in Inkubatoren ausgebrütet und dann in die Nester zurückgesetzt.

Jeder Jungvogel zählt, denn die Hyazinth-Aras vermehren sich langsam. Die Vögel leben in Paaren, die jährlich nur ein bis zwei Nachkommen zeugen. Eier und Jungvögel sind durch Raubtiere gefährdet, die Nester, vorzugsweise in Hohlräumen des *manduvi*-Baums, heiß begehrt. Die Bäume müssen mindestens 60 Jahre alt sein, um von den Vögeln als tauglich erachtet zu werden. Um diesem Notstand entgegenzuwirken, hat Guedes' Team die Beschaffenheit der Nester studiert und selbst welche hergestellt, die von den Vögeln angenommen wurden. Diese kurios anmutenden Kästen hängen nun von hohen Bäumen herab, sehen seltsam aus, funktionieren aber. Positive Folge: Man sieht wieder mehr Aras.

Das Projekt-Team betreut auch ein Besucherzentrum an seinem Basislager: im Refúgio Ecológico Caiman.

Am Rande von Mato Grosso do Sul, am Rio Paraguai, an der Grenze zwischen Brasilien und Bolivien, liegt Corumbá

Aquidauana
🄰 Karte S. 171 B2

Besucherinformation

✉ Prefeitura de Aquidauana, Rua Cassemiro Bruno, Alto Aquidauana

☎ 67/3241 4308

Miranda
🄰 Karte S. 171 A2

Besucherinformation

✉ Prefeitura de Miranda, Rua Firmo Dutra, Centro

☎ 67/3242 2471

Reiseagentur wie Bonito Way (siehe Kasten S. 183) angemeldet werden.

Städte am Pantanal

Zwei Drittel der Feuchtgebiete des Pantanal liegen in Mato Grosso do Sul. Die Städte Aquidauana und Miranda fungieren quasi als Einflugschneisen zum Pantanal. In deren Umgebung finden sich viele Öko-Lodges, die eine Menge Aktivitäten anbieten, darunter das **Refúgio Ecológico Caiman** (siehe S. 186–187), 37 km nordwestlich von Miranda, das **Pousada Aguapé**, 50 km westlich von Aquidauana, und die **Fazenda San Francisco**, 36 km westlich von Miranda (siehe Reiseinformationen S. 294).

Aquidauana: Aquidauana liegt ca. 136 km westlich von Campo Grande und

wurde zuerst von ehemaligen Soldaten besiedelt, die nach dem Tripel-Allianz-Krieg 1864–70 (siehe S. 35) entlassen worden waren. Aquidauana war der erste Ort in dieser Gegend, in dem es Strom und später ein Kino gab. Einige Gebäude aus dem frühen 20. Jh. sind noch erhalten. Das **Museu de Arte Pantaneira** *(Rua Cândido Mariano 462, Tel. 67/3241 5254)* zeigt Objekte aus jenem Krieg und der Stadtgeschichte sowie Sonderausstellungen mit Werken regionaler Künstler.

Miranda: Miranda liegt 218 km westlich von Campo Grande. Die Stadt fristete ein Schattendasein bis Anfang des 20. Jhs., als sie per Telegrafen und Schienen (1912) endlich mit dem Rest des Landes verbunden wurde. Hier lebt die zweitgrößte indigene Bevölkerung des Bundesstaates, die Traditionen der Terena prägen bis heute die Kultur. Im **Centro Referencial da Cultura Terena** *(Trevo de Miranda, Tel. 0800 647 6050)* wird Keramik und Kunsthandwerk dieses Volkes verkauft.

Corumbá

Am Rio Paraguai, an der Grenze zu Bolivien, liegt Corumbá, eine der ältesten Städte im Südwesten des Landes. Sie wurde 1774 gegründet, als die Portugiesen nach dem Ende des Vertrags von Madrid zum Schutz vor spanischem Militär eine Außenstelle und Siedlung errichteten. Geschichtsinteressierten sei die Tour zu einer 292 km entfernten Festung aus jener Zeit empfohlen: **Forte Coimbra**, z. B. mit **Canaã Turismo** (*Rua Colombo 245, Centro, Tel. 67/3231 3667 oder 3232 2208*).

Nach Ende des Tripel-Allianz-Krieges — durch den die Stadt beträchtlichen Schaden erlitt — wurde Corumbá bald einer der bedeutendsten Warenumschlagplätze Südamerikas, mit einer Logistik bis hinunter zum Rio de la Plata.

Ende des 19. Jhs. wurde die Stadt von Einwanderern überflutet und wuchs beständig. Viele der Bauten, die in jenen Boom-Jahren im Hafenviertel **Casário do Porto** entstanden waren, wurden von der Regierung des Bundesstaats zum nationalen Erbe erklärt. Eines der Gebäude, das Wanderley, Baís & Cia, wurde restauriert und beherbergt heute das **Museu de História do Pantanal** (*Rua Manoel Cavassa 275, Porto Geral, Tel. 67/3232 0303, So & Mo geschl.*), ein Museum für die Geschichte dieser Region. ■

Corumbá

◪ Karte S. 171 A2

Besucherinformation

✉ Centro de Atendimento ao Turista, Internationaler Flughafen, Av. Santos Dumont, Centro

☎ 67/3907 5329

Forte Coimbra

✉ Av. Tenente Oliveira Melo, Forte Coimbra, Corumbá

☎ 67/3282 1010

ERLEBNIS: Unterwegs auf Schienen

Durch das Pantanal kann man auch an Bord des **Trem do Pantanal** (*www.serraverdeexpress.com.br; Fahrkartenschalter in Campo Grande: Av. Afonso Pena 5140, Morada dos Baís – Mezzanine, Tel. 67/3043 2233, So geschl.*) reisen. Diese Tour durch eine atemberaubende Landschaft ist auch eine Reise in eine nicht allzu lange zurückliegende Zeit, als man hier noch regulär mit dem Zug reiste.

Offiziell heißt er Pantanal Express, ist jedoch gemeinhin als Trem do Pantanal bekannt, nach dem gleichnamigen Lied im Sertanejo-Stil (s. Kasten S. 181). Er startet jeden Samstagmorgen von Campo Grande (siehe S. 182–183; Bahnhof: Rua Cascatinha, Vila Entroncamento) und windet sich die 136 km hinüber nach Miranda (siehe S. 188); Fahrtzeit fünf Stunden. Sonntags um 8 Uhr geht's zurück. Entlang der Strecke wird ein paarmal gehalten, u. a. in Aquidauana (siehe S. 188). Wer nicht in Miranda übernachten will, muss mit dem Bus zurückfahren. Diese Tour für 150 BRL (49 €) gleicht eher einer Landpartie denn einer regulären Bahnfahrt.

Der Zug passiert einen Teil des Streckenabschnitts von Bauru nach Corumbá, der noch bis 1996 von der Estrada de Ferro Noroeste do Brasil unterhalten wurde. Diese Wochenendfahrten werden seit 2009 angeboten.

Mato Grosso

Mato Grosso kann nicht nur ein Stück Pantanal, sondern auch die Chapada dos Guimarães mit ihren spektakulären Quellflüssen, Wasserfällen, Höhlen und Felsen der Ökoregion Cerrado für sich verbuchen. Östlich, im Araguaia-Flussgebiet, liegt die sagenumwobene Serra do Roncador, abgelegen und wenig beachtet, doch mit einem großen Angebot an Outdoor-Aktivitäten sowie glasklaren Flüssen zum Angeln. (Zur Region Amazonien siehe Kapitel S. 242.)

Cuiabá, das Tor zum nördlichen Pantanal, besitzt viele gute Fischrestaurants

Cuiabá

🗺 Karte S. 171 A3

Besucherinformation

✉ Im Museum do Rio (Flussmuseum), Av. Beira Rio, Porto

☎ 65/3027 3269

Cuiabá

Die in ländlicher Umgebung gelegene Hauptstadt Cuiabá fungiert als Verkehrsknotenpunkt mit Anbindung an kleinere Städte und ins Landesinnere, ist geschichtlich jedoch durchaus interessant.

Als die Regierung der neuen Republik 1892 den jungen Militäringenieur Cândido Mariano da Silva Rondon ausschickte, um die Telegrafendrähte bis in die entlegensten Winkel Brasiliens zu legen, wurde Cuiabá als Endpunkt festgelegt. Auch wenn Rondon und seine Männer noch weitere Kabel legten, zeigt das doch, wie isoliert die Hauptstadt bis vor einem Jahrhundert noch war. Durch Regierungsprogramme zur Besiedelung des Landesinneren erreichte Cuiabá schließlich die heutige Einwohnerzahl von 550 000.

Wer hier ein, zwei Tage verbringen möchte, hat einige Attraktionen zur Auswahl.

Das **SESC Arsenal**, das ehemalige Waffenlager von 1832, beherbergt heute ein Kulturzentrum. Der Innenhof wird von der hauseigenen Bar und vom Restaurant als Terrasse genutzt, ein hübscher Platz zum Entspannen. Das ganze Jahr über werden Kulturveranstaltungen geboten, jeden Donnerstagabend ist Kunstgewerbemarkt. Die **Casa do Artesão** (Tel. 65/ 3322 2047, So geschl.), eine ehemalige Schule, die an das **Museu do Artesanato do Mato Grosso** angegliedert ist, verkauft Objekte von regionalen und indigenen Kunsthandwerkern.

INSIDERTIPP

Gegen den Hunger auf langen Autofahrten helfen zwei brasilianische Leckereien: Pizza mit *catupiry*-Käse oder *pães de queijo*, köstliche Käsebrötchen.

PATRICIA H. KELLEY & CHRISTY VISAGGI
National Geographic, Recherche

Beschließen Sie den Tag mit einem von den Traditionen der Ureinwohner geprägten Mahl (mit reichlich Fisch und Maniok) und kosten Sie die *mojica de pintado*, den Seewolfeintopf! In der **Peixaria Popular** (siehe Reiseinformationen S. 296) gibt's den besten Fisch.

Poconé & die Transpantaneira

Poconé, 100 km südwestlich von Cuiabá, ist an sich schon reizvoll, Highlight ist aber die Estrada Parque Transpantaneira, eine Straße durch die malerische Landschaft der Pantanal-Region. Das größte Fest, die **Festa de São Benedito**, wird im Juni gefeiert und hat ihren Höhepunkt in den Cavalhadas, den kostümierten Ritterspielen. Von Poconé führt die MT-370 zur SESC Pantanal Estância Ecológica, einem der beliebtesten Ökotourismusziele.

Estrada Parque Transpantaneira: Von der Autobahn Transpantaneira (MT-060; von Poconé 149 km gen Süden nach Porto Jofre am Rio Cuiabá) lässt sich das Pantanal vom Auto aus am besten erschließen. Doch Vorsicht: Die meisten Straßen sind unbefestigt, die mehr als 120 Holzbrücken oft in schlechtem Zustand. Halten Sie an und prüfen Sie sie, bevor Sie sie überqueren.

Während der Fahrt, besonders morgens zwischen der Dämmerung und 9 Uhr, lassen sich oft eine Menge Tiere erspähen: Kaimane, Wasserschweine, Rotwild und eine Vielzahl von Vögeln. Denken Sie daran, in Poconé den Tank zu füllen und genügend Wasser und etwas Proviant mitzunehmen.

Vorbei geht's auch an einigen Öko-Lodges. Eine der

SESC Arsenal

✉ Rua 13 de Junho, Centro Sul

☎ 65/3611 0550

Museu do Artesanato do Mato Grosso

✉ Rua 13 de Junho 315, Centro Norte

☎ 65/3611 0500

🕐 So geschl.

Poconé

▲ Karte S. 171 A2

Besucherinformation

✉ Secretaria Municipal de Turismo e Meio Ambiente (SETMA), Praça da Matriz, Centro

☎ 65/3345 1952

🕐 Sa & So geschl.

Jaguar Ecological Reserve

▲ Karte S. 171 A2

✉ Estr. Parque Transpantaneira, Km 110 (3 Std. ab Poconé)

☎ 65/3646 9679 oder 9958 4306

www.jaguarreserve.com

interessantesten ist die **Pousada Araras Ecolodge** (siehe Reiseinformationen S. 296) bei Km 32, die nach den Hyazinth-Aras benannt wurde. Die Anzahl der hier lebenden Vögel stieg von 27 (1993) auf 42 (2012). Das Umland diente oft als Filmkulisse. Die Lodge bietet Wanderungen, Ausritte, Tag- und Nacht-Wildtierbeobachtung per Jeep und Kanufahrten. Über

Conservation Fund (New Mexico) unterstützt wird. Neben Wanderwegen werden Wildtier- und Vogelbeobachtungsexkursionen per Jeep und Boot geboten.

Der **Parque Nacional Pantanal Matogrossense** am Zusammenfluss des Rio Paraguai und des Rio Cuiabá schützt 1350 km² der Sümpfe des Pantanal. Besuche dieses Nationalparks

Eine Sumpferkundung zu Pferd ist nur eine der Aktivitäten der Öko-Lodges im Pantanal

Parque Nacional do Pantanal Matogrossense

▲ Karte S. 171 A2

✉ Estr. Parque Transpantaneira, Km 147 (3,5 Std. ab Poconé)

☎ 65/9952 5880

die Schwesterfirma Pantanal Explorer können weitere Aktivitäten wie mehrtägige Ausritte durch das Pantanal, Foto-Safaris oder ein *pantaneiro*-Tag gebucht werden, der Einblicke in die Kultur der Viehhirten vermittelt.

Bei Km 110 der Transpantaneira befindet sich das **Jaguar Ecological Reserve**, ein familienbetriebenes Naturreservat, das vom Focus

sind bei einem der beiden von der IBAMA (Brasiliens Umweltschutzorganisation) autorisierten Reiseveranstalter anzumelden: Pousada Piuval und Hotel Porto Jofre Pantanal Norte. Die **Pousada Piuval** (am Anfang der Transpantaneira) ist seit 130 Jahren in Familienbesitz, bietet Unterkünfte, etliche Outdoor-Aktivitäten und Parkbesuche. Das **Hotel**

Porto Jofre Pantanal Norte befindet sich am Ufer des Rio Cuiabá, hat sich auf Fischfang spezialisiert und wird nur von März bis Oktober (außerhalb der Laichzeit) betrieben.

INSIDERTIPP

Angeln ist das Highlight in Cáceres, die Vogelbeobachtung nicht weniger beliebt. Die ganze Artenvielfalt der Region, darunter Jabirus und Hyazinth-Aras, bestaunt man am besten im brasilianischen Frühling (Sept.–Nov.).

ROSE DAVIDSON
National Geographic-Redakteurin

SESC Pantanal Estância Ecológica: Am Ende der MT-370 von Poconé gen Südosten (40 km) befindet sich Porto Cercado und die SESC Pantanal Estância Ecológica, ein riesiges Öko-Resort mit Naturreservat, Forschungsstation und einem Hotel, das als bestausgestattetes im gesamten Pantanal gilt. Geboten werden Wanderungen, Ausritte, Wildtierbeobachtung per Jeep oder nachts, Bootsfahrten durch Flüsse und Süßwasserbuchten etc. Im **Borboletário**, einer angegliederten Schmetterlingsfarm, können

mehr als 3000 Exemplare der über 20 Arten bewundert werden, im **Formigueiro** die in Glaskästen gehaltenen Ameisenkolonien. Ein **Museum** zu Flora und Fauna der Region gibt's auch.

Cáceres

Cáceres — etwa 220 km westlich von Cuiabá am Rio Paraguai — ist zum bedeutendsten Angelzentrum im Pantanal geworden. Hier findet alljährlich das größte Sportangel-Turnier der Welt statt, das **Festival Internacional de Pesca Esportiva**.

An den engen Gassen im historischen Stadtzentrum von Cáceres stehen etliche interessante Gebäude, einige aus dem 18. Jh. Im **Museu Histórico de Cáceres** sind Objekte der indigenen Völker ausgestellt. Ein Raum ist Cândido Mariano da Silva Rondon gewidmet, jenem Militäringenieur, der den Bundesstaat Mato Grosso um die Jahrhundertwende mit Telegrafenleitungen bestückte und so die Kommunikation mit dem Rest des Landes ermöglichte.

Fischfang: Die saisonalen Überschwemmungen des Pantanal bieten ausgezeichnete Bedingungen für Fische; Sportangler berichten von preisgekrönten Fängen von *jaú* (Zungarowels), *pintado* (Geflecker Sorubimwels) und *dourado* (Forellen-Raubsalmler (»ein Kampffisch,

Pousada Piuval

✉ Estr. Parque Transpantaneira, Km 10, Zona Rural, Poconé

☎ 65/3345 1338

Hotel Porto Jofre Pantanal Norte

✉ Estr. Parque Transpantaneira, Km 145

☎ 65/3637 1593 oder 3637 1263

www.portojofre. com.br

SESC Pantanal Estância Ecológica

🄰 Karte S. 171 A2

✉ MT-370, Km 43, Zona Rural, Poconé

☎ 65/3688 2001

www.sescpantanal. com.br

Cáceres

🄰 Karte S. 171 A2

Besucherinformation

✉ Secretaria Municipal de Meio Ambiente e Turismo (SEMATUR), Rua Riachuelo 1, Cavalhada, Centro

☎ 65/3222 3455

🕐 Sa & So geschl.

Museu Histórico de Cáceres

✉ Rua Antônio Maria 244, Centro, Cáceres

☎ 65/3223 1500

Parque Nacional da Chapada dos Guimarães

 Karte S. 171 B3

✉ Rod. Emanuel Pinheiro, MT-251, Km 50, Chapada dos Guimarães

☎ 61/3301 1133

dessen Fang die Mühe lohnt«). Mehr als 200 Fischarten leben im Pantanal.

Früher waren Angler in *chalanas* unterwegs, den traditionellen Flachbooten für Transporte. Heute werden mehrtägige Sportangeltouren auf modernen Jachten geboten *(Brasilianischer Angelschein erforderlich; bei ansässigen Reiseveranstaltern anfragen).* Die **Barão de Melgaço** *(Tel. 65/3623 1408)* ist eine Jacht mit 28 Plätzen, die von Cáceres startet (Angelsaison März bis Okt.).

ERLEBNIS:
Jaguar-„Safari"

Cáceres ist der Ausgangspunkt für die siebentägige Tour mit dem Ziel, Jaguare aufzuspüren. Veranstalter ist **Focus Tours** *(Rua Getúlio Vargas 668, Sala 10, Funcionários, Belo Horizonte, Tel. 31/3309 2060 oder 9134 3833, www.focustours.com, $$$$$).* Jaguare lassen sich grundsätzlich selten blicken. Chancen hat man allerdings im Gebiet in der und rund um die **Estação Ecológica do Taiamã**, ein nicht öffentliches Naturreservat bei Cáceres. Von der Unterkunft in einem Hausboot bei Taiamã wird tagsüber per Boot und vom Fluss aus nach Jaguaren, Riesenottern und anderen Tieren Ausschau gehalten, abends geht es zurück zum Hausboot. Selbst wenn sich der scheue Jaguar nicht sehen lässt – dieses Erlebnis werden Sie nicht so schnell vergessen.

Chapada dos Guimarães

Die Chapada dos Guimarães liegt 69 km nordöstlich von Cuiabá und ist ein faszinierendes und auch klassisches Beispiel für die savannenartige Cerrado-Ökoregion. Die gelbroten Sandsteinfelsen, Höhlen und Berge eignen sich bestens für Wanderungen und andere Aktivitäten – oder zum Entspannen an einem Wasserfall. In jedem Fall muss in Chapada dos Guimarães ein Führer gebucht werden.

Der rund 300 km² große **Parque Nacional da Chapada dos Guimarães** schützt einen Großteil der Region, dessen komplexe Entstehungsgeschichte 500 Millionen Jahre zurückreicht: Damals lag die Region unter Eis; 200 Millionen Jahre später war sie Meeresboden, dann ein von Sauriern bewohnter Wald. Als sich durch tektonische Kräfte die Anden hoben, sank das Pantanal und wurde Sumpf; die Chapada dos Guimarães wurde angehoben.

Dieser Hochebene entspringen zahlreiche Flüsse, einige fließen südlich ins Rio de la Plata-Becken, andere gen Norden in die Amazonas oder die Araguaia-/Tocantins-Becken. Beliebt ist der sechsstündige **Circuito das Cachoeiras** (Wasserfall-Rundweg). Um den atemberaubenden **Véu da Noiva** zu sehen, dessen Wasser 86 m tief in ein Sandsteinbecken fällt, braucht man ein Auto. Die beste Sicht hat man von einer Aussichtsplattform, die über einen kurzen Weg von einem Parkplatz an der

Rodovia Emanuel Pinheiro (bei Km 51) zu erreichen ist.

Echte Wanderer sollten den 15 km langen Anstieg zum 836 m hohen **Morro de São Jerônimo** nicht verpassen. Gute Aussichtspunkte gibt es aber auch auf den anderen Wanderwegen.

Serra do Roncador & das Araguaia-Becken

Die Landschaft und Mystik zieht die Besucher bis in die östlichsten Zipfel von Mato Grosso. **Barra do Garças**, rund 500 km östlich von Cuiabá, ist die wichtigste Stadt der Region. Sie soll einst die flächenmäßig größte der Welt gewesen sein. Ihr Zuständigkeitsbereich umfasst noch heute mehr als 9000 km² — das Hundertfache der Fläche von Paris.

Seriöse Reiseveranstalter wie **Roncador Expedições** bieten interessante Exkursionen in die Region an. Zu den Aktivitäten gehören Touren auf dem Rio Araguaia (Flussdelfine und Vogelschwärme inkl.). Einer der Zuflüsse, der **Rio das Mortes**, zählt zu den saubersten der Welt. Während der Trockenzeit kann man an seinen Ufern entspannen oder sich landeinwärts wagen und Mähnenwölfe, Ameisenbären oder Hoatzine aufspüren.

Die Serra do Roncador ist ca. 600 m hoch und 1000 km lang. Hier sind der britische Forscher Percy Fawcett — späteres Motiv für Indiana Jones — und seine Begleiter 1925 auf der Suche nach der Versunkenen Stadt Z spurlos verschwunden, die mit der Goldstadt El Dorado in Zusammenhang gestanden haben soll. Die Region ist von etlichen Wegen durchzogen; einer davon führt unter Tage (*Wanderern nicht zugänglich*), ein anderer Mystikern zufolge in andere Dimensionen.

Zudem gibt es eine *discoporto* zu sehen, eine von der Stadt erbaute Landerampe für Ufos. Der Weg dorthin führt durch den **Parque Estadual da Serra Azul**. Vom **Platô do Roncador** hält noch manch einer nach Ufos Ausschau. ∎

Barra do Garças

⊠ Karte S. 171 B2

Besucherinformation

✉ Prefeitura de Barra do Garças, Rua Carajás 522, Centro

☎ 66/3402 2000

Roncador Expedições

✉ Rua Germano Bezerra, Quadra B, Lote 04, Monte Sinai, Barra do Garças

☎ 66/8121 1151 oder 9919 7066

Ein Riesenotter auf Kurs. Die Wildtierbeobachtung zählt zu den Hauptattraktionen des Pantanal

Wildes Hinterland und ausgedehnte Strände, prähistorische Stätten und Kolonialstädte, ausgelassene Feste und Outdoor-Abenteuer

Der Nordosten

Zu den Attraktionen des Pelourinho, des historischen Zentrums von Salvador, gehört die beeindruckende Igreja de São Francisco aus der Kolonialzeit

Der Nordosten

Brasília mag die Hauptstadt sein, São Paulo die Finanzhochburg und Rio die Berühmtheit, aber der Nordosten ist Brasiliens Seele. Hier landeten die Portugiesen im Jahr 1500, und Salvador ist die alte koloniale Hauptstadt.

Der Nordosten brachte sowohl Palmares, eine Gemeinde entflohener Sklaven im 17. Jh., als auch Canudos, eine religiöse Kommune des späten 19. Jhs., hervor. Von der Obrigkeit brutal zerschlagen, beflügeln beide bis heute die Volksfantasie. In Alagoas bzw. Bahia sind diesen Gemeinschaften historische Parks gewidmet. Auch Brasiliens populärster Musiker, Luiz Gonzaga, und der am meisten gefürchtete Bandit, Lampião, stammen aus dieser Region. Im Staat Sergipe ist der Ort zu besichtigen, wo Letzterer starb.

In Bahia bietet die Hauptstadt Salvador einen einzigartigen Mix aus Geschichte, afro-brasilianischer Kultur und quirliger Partyatmosphäre. Die Schwesterstädte Recife und Olinda mit hübschen kolonialen Altstädten warten mit reichlich Kulturtradition auf. In Maranhão versetzen Sie die Hauptstadt São Luís mit ihren kachelgeschmückten Häusern und die Geisterstadt Alcântara in vergangene Zeiten zurück.

Doch der Nordosten atmet nicht nur Kolonialgeschichte. Die prähistorische Stätte der Serra da Capivara in Piauí stellt die bisherige Theorie der Besiedlung des amerikanischen Doppelkontinents infrage, und Paraíba birgt einen wichtigen paläontologischen Fundort, wo Dinosaurierfußabdrücke Millionen von Jahren erhalten geblieben sind.

Überall im Nordosten begegnet man der Volkskultur. In einem Land, wo die Menschen ihre traditionellen Feste lieben, bietet diese Region einige der besten. Die Feierlichkeiten des Straßenkarnevals in Olinda and Salvador gehören zu den absoluten Highlights. Im Winter werden die eindrucksvollen Festas Juninas (Junifeste; drei getrennte Feiern zu Ehren dreier wichtiger katholischer Heiliger) begangen – die größten Partys steigen in Campina Grande und Caruaru. Letztere Stadt ist ebenso wie das nahegelegene Bezerros ein wichtiges Zentrum der Volkskunst.

Schätze der Natur

Brasilien kann einige der schönsten Strände der Welt für sich beanspruchen, viele davon im Nordosten. Und wer nicht nur am Strand liegen und Caipirinha schlürfen möchte, für den gibt es zahlreiche Möglichkeiten zum Kitesurfen, Surfen und Tauchen.

Die Region Abrolhos vor der Küste Südbahias ist eine erstklassige Gegend zum Whalewatching, und in der Saison können Sie Schildkrötenbabys schlüpfen und in die Brandung krabbeln sehen.

An zahlreichen Orten bieten sich Outdoor- und Abenteueraktivitäten an. Im Landesinneren von Bahia lockt z. B. die Chapada Diamantina Wanderfreunde an. Ihre mit leuchtend blauem Wasser gefüllten Höhlen sind ein unvergesslicher Anblick.

Die Natur zeigt ihre Schönheit und Vielfalt auch an Orten wie den Lençóis Maranhenses mit ihren regengefüllten Becken in einer Wüste von Sanddünen, dem üppig-grünen Delta do Parnaíba und der Cariri-Region mit der spektakulären Felsformation des Lajedo de Pai Mateus im ausgedörrten *sertão*. ■

Bahia

Das wichtigste Ziel in Bahia, der Wiege afrobrasilianischer Kultur, ist sicher die feierfreudige einstige Kolonialhauptstadt Salvador. Der Parque Nacional da Chapada Diamantina, eine Oase im trockenen Hinterland, ist ein Magnet für Outdoor-Fans, und die lange Küste lädt zum Baden und Whalewatching ein.

Der Pelourinho, Salvadors koloniale Altstadt, ist ein Labyrinth aus von interessanten Gebäuden gesäumten Kopfsteinpflasterstraßen und strotzt vor farbenfroher bahianischer Kultur

Salvador

Karte S. 199 C2

**Besucher-
information**

✉ Serviço de
Atendimento
ao Turista
Salvador, Rua
das Laranjeiras
12, Pelourinho

☎ 71 / 3321 2133
oder 3321 2463

www.bahia.com.br

Salvador

Brasiliens koloniale Hauptstadt von 1549 bis 1763
bietet einen einzigartigen
Mix aus Geschichte und
afro-brasilianischer Kultur.
Die 2,7-Millionen-Stadt
rund 2000 km nordöst-
lich von São Paulo lockt
mit Attraktionen, die
von Kunstmuseen über
Bilderbuchmotive bis zu
Stadtstränden reichen. Viel

Sehenswertes konzentriert
sich in der Cidade Alta (Oberstadt), im Pelourinho und
nördlich bis zum Largo Santo
Antônio Além do Carmo.

Pelourinho: Das Centro
Histórico (die Altstadt) ist
nach einem seiner Hauptplätze
benannt. Der **Largo do Pelourinho**, an einem mäßig steilen
Hang gelegen, gipfelt an der
Fundação Casa Jorge Amado

(Largo do Pelourinho 51, Tel. 71/3321 0070, Mo geschl., $) mit einer Dauerausstellung über das Werk des Autors und Wechselausstellungen. Dank Amado (1912–2001), Brasiliens meistverkauftem Romancier des 20. Jhs., hat Salvador einen besonderen Platz in der Vorstellungswelt der Brasilianer.

Das Hauptquartier der Lokalmatadore Olodum (siehe Kasten), die **Casa do Olodum** *(Rua Maciel de Baixo 22, Tel. 71/3321 5010)*, liegt südlich des Platzes. Ein Stück weiter beeindruckt die Kolonialkirche **Igreja de São Francisco** *(Largo Cruzeiro de São Francisco, Tel. 71/3322 6430)* mit einem üppig vergoldeten Inneren. Etwas weiter östlich gruppieren sich weitere Kolonialkirchen um den großen Platz **Terreiro de Jesus**, daneben widmet sich das **Museu Afro-Brasileiro** *(Largo do Terreiro de Jesus, Tel. 71/3283 5540, www.mafro.ceao.ufba. br)* afrobrasilianischer Kultur und Geschichte. Einige Blocks südwestlich zeigt die **Fundação Pierre Verger** *(Ladeira da Vila América 6, Tel. 71/3203 8400)* Arbeiten des französischen Fotografen (1902–96), der seine letzten 50 Lebensjahre damit zubrachte, seine Wahlheimat Bahia zu dokumentieren.

Bevor Sie auf der Rua do Carmo vom Largo do Pelourinho zum Largo Santo Antônio Além do Carmo gehen, besuchen Sie noch das urige **Museu Tempostal** *(Rua Gregório de Matos 33, Tel. 71/3117 6383, Mo geschl.)*, das Salvador in Form von 100 Jahren Postkarten feiert.

Am anderen Ende der Altstadt, am Largo de Santo Antônio Além do Carmo, steht das **Forte de Santo Antônio Além do Carmo**. Die alte Festung wird heute als Zentrum für Capoeira (siehe Kasten S. 21) genutzt, samstagabends gibt es kostenlose Vorführungen.

Cidade Baixa & Umgebung: In der Cidade Baixa (Unterstadt), die sich an die Küste schmiegt, warten weniger besuchte Ziele: ein authentischer Straßenmarkt,

---

Olodum

Obwohl sie den Samba-Reggae maßgeblich prägte, ist Olodum keine Band als solche, sondern eher eine Aktionsgruppe zur Stärkung der afro-brasilianischen Identität, zu deren Aktivitäten neben der Teilnahme am Karneval und pädagogischer Arbeit auch musikalische Darbietungen gehören. 1979 gegründet, machte sich Olodum um die Wiederbelebung des einst heruntergekommenen Innenstadtviertels Pelourinho verdient, wo die Gruppe häufig dienstagabends auftritt. Bei der Casa do Olodum kann man Termine erfragen.

TRANSPORT VOR ORT: Bis 2014 sollen schrittweise zwei S-Bahnlinien in Betrieb genommen werden. In erster Linie für Pendler gedacht, werden sie auch Besuchern das Leben erleichtern. Ansonsten ist man auf Stadtbusse und Taxis angewiesen.

Forte de Santo Antônio Além do Carmo

✉ Praça Barão do Triunfo, Largo de Santo Antônio

☎ 71/3117 1488 oder 3117 1492

HINWEIS: Verzichten Sie auf Shorts und Sandalen und kleiden Sie sich wie die Einheimischen – mit langen Hosen und geschlossenen Schuhen ist die Wahrscheinlichkeit, belästigt zu werden, viel geringer. Achten Sie auf Ihre Umgebung, besonders im Pelourinho. *Malandros* (raffinierte Gauner) warten in diesem Teil der Stadt auf Touristen. Manche sind äußerst charmant und sprechen auch Englisch. Natürlich haben es nicht alle, die Sie treffen, auf Ihren Geldbeutel abgesehen, aber seien Sie auf der Hut.

Palácio Rio Branco

✉ Praça Tomé de Sousa, Centro
☎ 71/3116 6520 oder 3117 6492
🕐 Mo geschl.

Mercado Modelo

✉ Praça Visconde de Cayrú, Comércio
☎ 71/3241 0242
🕐 Feiertags geschl.

Associação Comercial

✉ Praça Conde dos Arcos, Comércio
☎ 71/3242 4455
🕐 Sa & So geschl.

Der Elevador Lacerda verbindet die Unter- und die Oberstadt des historischen Zentrums von Salvador

eine Kirche, die den religiösen Synkretismus symbolisiert, und eine Festung aus dem 16. Jh. mit Aussicht.

Von der Cidade Alta in die Cidade Baixa gelangt man über den **Elevador Lacerda** *(Praça Municipal/Praça Tomé de Sousa, Cidade Alta, Tel. 71/3243 4030, $)*. Der öffentliche Aufzug am Rande des Pelourinho überbrückt seit 1873 die 72 m, die die beiden Altstadtteile trennen. 1930 wurde er im Art-déco-Stil renoviert. Beim oberen Fahrstuhlzugang befinden sich Gebäude der Stadtverwaltung sowie der **Palácio**

Rio Branco, einst Sitz der Kolonialregierung.

Das alte Zollhaus am Fuß des Fahrstuhls beherbergt heute den Kunsthandwerksmarkt **Mercado Modelo**, wo die Preise meist niedriger sind als in den Läden des Pelourinho. In der Nähe liegen der Hafen und der angloklassizistische **Palácio da Associação Comercial** aus dem 19. Jh. Das Kunst- und Kulturzentrum **Museu du Ritmo** *(Av. Jequitaia 1, Comércio, Tel. 71/3354 2747, www. carlinhosbrown.com.br/universo, Sa & So geschl.)* wurde vom salvadorianischen Musiker Carlinhos Brown gegründet.

Weitere Attraktionen weiter nördlich an der Küste sind per Taxi oder per Bus Richtung Bonfim oder Ribiera erreichbar. Etwa 2 km entfernt erstreckt sich der Straßenmarkt **Feira de São Joaquim** *(Av. Oscar Pontes, Comércio)* über mehrere Blocks. Hier werden Frischwaren, traditionelle Snacks, Candomblé-Artikel und Kunsthandwerk feilgeboten.

3 km weiter erhebt sich die **Igreja do Senhor do Bonfim** (*Praça Senhor Bonfim, Bonfim, Tel. 71/3316 2196*) auf einem Hügel. 1745 im portugiesischen Rokokostil erbaut, gilt sie landesweit als Symbol der Verbindung von Katholizismus und Candomblé. Vor der Kirche drängen Händler Besucher, bunte Bonfim-Bändchen zu kaufen. Traditionell knotet man sie

17. Jh. Neben den üblichen Vertretern des Modernismo Brasileiro, zeigt das MAM–BA salvadorianische Künstler wie Carybé und Mário Cravo. Draußen im Skulpturenpark locken Arbeiten von Chico Liberato und Emanoel Araújo. Die Jazz-Sessions am Samstagabend sind beliebt.

Etwa 1,5 km entfernt, parallel zur Küste Richtung Südwesten, residiert das

Forte de Nossa Senhora de Monte Serrat

✉ Rua Santa Rita Durão, Ponta de Humaitá

☎ 71/3313 7339

Museu de Arte Moderna da Bahia

✉ Av. Contorno, Solar do Unhão

☎ 71/3117 6139

🕐 Mo geschl.

ERLEBNIS: Candomblé verstehen

Sie können sich in einem von Salvadors *terreiros* über die afro-brasilianische Religion Candomblé informieren. Diese Kultstätten befinden sich meist in ärmeren Vierteln, wo viele der Gläubigen leben. **Terreiro da Casa Branca do Engenho Velho** (*Av. Vasco da Gama 463, Engenho Velho, Tel. 71/3018 5899 oder 9986 4844*),

Terreiro de Mãe Menininha do Gantois (*Rua Mãe Menininha 23, Federação, Tel. 71/3331 9231*) und andere empfangen nach Anmeldung oder zu Festtagsritualen Gäste. Für einen Besuch sollte man sich ordentlich kleiden und zur Sicherheit einen brasilianischen Begleiter mitnehmen, entweder einen Bekannten oder einen Guide.

---

ums Handgelenk, während man sich etwas wünscht; wenn das Band abfällt, geht der Wunsch in Erfüllung.

Ein kurzes Stück die Straße hinauf genießt man vom **Forte de Nossa Senhora de Monte Serrat** von 1587 denselben Blick auf Bucht und Cidade Baixa wie einst die Soldaten der Kolonialzeit.

Jenseits der Altstadt: Nicht weit vom Centro Histórico, nimmt das **Museu de Arte Moderna da Bahia** (MAM–BA) einen Teil des Solar do Unhão ein, des früheren Hauptgebäudes einer Zuckerrohrplantage aus dem

Museu de Arte Sacra in einem Kloster aus dem 17. Jh., eines der besten Brasiliens für sakrale Kunst. Weitere 3 km südlich fungiert im Viertel Graça der **Palacete das Artes**, ein herrlich eklektizistischer Palast, als Museum für zeitgenössische Kunst.

Noch etwa 2 km weiter südlich steht im Viertel Barra der berühmte Leuchtturm **Farol da Barra**. Hier einen Sonnenuntergang zu erleben, ist ein Muss. Wer etwas früher da ist, kann die benachbarte Festung, das **Forte de Santo Antônio da Barra**, besichtigen, die das **Museu Náutico da**

Museu de Arte Sacra

✉ Rua do Sodré 276, Dois de Julho

☎ 71/3243 6511

🕐 Sa & So geschl.

Palacete das Artes

✉ Rua da Graça, Graça

☎ 71/3117 6987

🕐 Mo. & vormittags geschl.

Farol da Barra & Forte de Santo Antônio da Barra

✉ Av. 7 de Setembro 4442, Barra

☎ 71/3331 8039

Museu Náutico da Bahia

✉ Largo do Farol da Barra

☎ 71/3264 3296 oder 3331 8039

🕐 Mo geschl.; Jan. & Juli tägl. geöffnet

💲 $

www.museunautico dabahia.org.br

Fähr-Terminal Marítimo de São Joaquim

✉ Av. Oscar Pontes 1051, Calçada

☎ 71/3319 2890, 2105 9700 oder 3682 1330

Lancha

✉ Terminal Turístico Marítimo de Salvador, Mercado Modelo, Comércio

☎ 71/3242 4366

Praia do Forte

🅰 Karte S. 199 C2

Bahia mit Objekten aus einem Schiffswrack von 1668 beherbergt. Fahren Sie nach Sonnenuntergang 8 km ostwärts zur **Praia do Rio Vermelho**, um dort die örtliche Spezialität acarajé (siehe S. 24) zu probieren.

An der Küste reihen sich nun Wohnviertel mit Stadtstränden aneinander. Besonders beliebt sind **Piatã**, **Itapuã** und **Stella Maris**, etwa 25–30 km östlich des Zentrums gelegen.

Recôncavo & Umgebung

Mehrere Attraktionen können als Tagesausflug von Salvador besucht werden: die Insel Itaparica, der Strand und die Schutzstation für Meeresschildkröten in Praia do Forte sowie die historischen Städte Cachoeira und São Félix im Recôncavo (der einstigen Zuckerrohrregion, die die Bucht umgibt).

Itaparica: Mehrere Segelbootausflüge am Tag und am Abend ab Salvadors Centro Náutico da Bahia (Av. da França, Comércio) erkunden die **Baía de Todos os Santos**, viele halten auf Itaparica, der größten Insel der Bucht mit vielen palmengesäumten Stränden (an Wochenenden überfüllt). Für einen längeren Besuch auf Itaparica nehmen Sie die Autofähre vom **Terminal Marítimo de São Joaquim**. Die Fahrt dauert 1¼ Stunden (Abfahrt stündlich, vom

frühen Morgen bis zum späten Abend). Die *Lancha*, die nur Personen transportiert, schafft die Überfahrt in etwa 45 Minuten. Als Abwechslung vom Strandleben können Sie die faszinierende **Fonte da Bica** (Parque da Fonte, Morro de Santo Antônio) aufsuchen, einen von einer bunt gekachelten Mauer umgebenen Brunnen von 1842. Dem Wasser wird eine heilende (und verjüngende) Wirkung nachgesagt.

INSIDERTIPP

Beobachten Sie an Salvadors Praia do Rio Vermelho, wie sich die unterschiedlichen Gruppen von Badegästen über den Tag hinweg ablösen. Stecken Sie nur etwas Geld für Sonnenschirm und Liege ein, Wertsachen bleiben im Hotelsafe.

CHRISTIAN BRANNSTROM
National Geographic-Stipendiat

Praia do Forte: Der Ortsteil von Mata de São João, etwa 75 km nordöstlich von Salvador, besteht aus einer Abfolge weißer Sandstrände zwischen glitzerndem blauen Meer und üppigem Grün und Kokospalmen im Hintergrund. An diesen Stränden legen zu Beginn des brasilianischen Sommers mehr

ERLEBNIS: Salvadors Karneval genießen

Jeder kann sich in die Straßenparty von Salvadors Karneval stürzen. Eine ganz besondere Erfahrung ist es jedoch, sich einem *bloco ($$$$$)*, einer der organisierten Karnevalsgruppen, anzuschließen. In ganz Brasilien dauert die große Party ein langes Wochenende und endet schlagartig am Aschermittwoch – außer in Salvador, wo viele direkt mit der *ressaca*, wörtlich „dem Kater", weitermachen, einer Gelegenheit für weitere Feiern und Karnevalspartys.

Feierlustige füllen beim Karneval in Salvador die Straßen

In gewissem Sinne dauert der Karneval in Salvador den ganzen Sommer an. Bereits ab Neujahr halten die Blocos zur Vorbereitung auf das große Ereignis ständig *ensaios* (partyähnliche Übungen) ab.

Salvador kann sich Brasiliens größten Straßenkarnevals rühmen. Die Blocos defilieren auf festen Strecken durch die Straßen der Stadt. Die Musiker jedes Blocos, die zumeist die energetischen Klänge des *axé* produzieren, spielen auf riesigen Lautsprecherwagen, genannt *trios elétricos*. Wer für das Privileg zahlt, darf ein T-Shirt seines Blocos tragen, innerhalb der schweren Taue laufen, mit denen strenge Ordner die Trucks abschirmen, und sich mit Erfrischungen vom Begleitwagen stärken.

Auf dem verbleibenden Platz in den überfüllten Straßen steht es jedem frei, sich einem Bloco anzuschließen. Solche nicht zahlenden Teilnehmer werden *pipoca* (Popcorn) genannt. Wehe dem Pipoca, der sich zwischen die Taue verirrt: Mit den Ordnern ist nicht zu spaßen!

Blocos afros marschieren normalerweise zum hämmernden Beat ihrer Trommelgruppen und haben oft eine Black-Pride-Botschaft dabei; die traditionellste ist die 1974 gegründete

Ilê Aiyê. Nicht versäumen sollte man als Zuschauer den Bloco **Filhos de Gandhy**, eine 1949 von Werftarbeitern gegründete Gruppe, inspiriert von Mahatma Gandhi. In weißen Gewändern und Turbanen mit blauen Bordüren paradieren die Teilnehmer nach Karnevalsstandard ziemlich langsam und verteilen unterwegs Halsketten an ihre Anhänger. Wer gut aufpasst, entdeckt vielleicht den brasilianischen Starmusiker und ehemaligen Kulturminister Gilberto Gil, der normalerweise mit der Gruppe mitläuft.

Gewissermaßen hört Salvadors Karneval nie auf. Die beliebtesten Blocos zeigen ihre Darbietungen bei salvadorianischen Karnevalsparaden außerhalb der Saison, sogenannten *micaretas*, in Städten im ganzen Land.

Anmeldung beim Bloco

Die meisten Blocos stehen gegen Gebühr jedermann offen, eine frühzeitige Anmeldung ist jedoch nötig. Jede Gruppe läuft während des Karnevals zu mehreren festgelegten Zeiten.

Als Teilnehmer einer der folgenden Blocos werden Sie sich garantiert amüsieren:

Afoxé Filhos de Gandhy, Rua Gregório de Matos 53, Pelourinho, Tel. 71/3321 7073
Bloco Carnavalesco Ilê Aiyê, Rua do Curuzu 233, Liberdade, Tel. 71/3386 2148
Camaleão, Av. Oceânica 3501, Rio Vermelho, Tel. 71/3797 6100 oder 3535 3000
Grupo Cultural Olodum, Rua Maciel de Baixo 22, Pelourinho, Tel. 71/3321 5010
Timbalada, Alameda Benevento 113, Pituba, Tel. 71/3354 2747 oder 3355 0680.

Projeto Tamar

✉ Av. Farol Garcia d'Ávila, Praia do Forte

☎ 71/3676 1045

💲 $

Projeto Baleia Jubarte

✉ Av. do Farol, Praia do Forte

☎ 71/3676 1463

www.baleiajubarte.org.br

Cachoeira

🅰 Karte S. 199 B2

Irmanidade Nossa Senhora da Boa Morte

✉ Rua 13 de Maio 32, Centro, Cachoeira

☎ 75/3425 1468

Meeresschildkröten ihre Eier ab als irgendwo sonst in Brasilien. Das **Projeto Tamar** zum Schutz von Meeresschildkröten hat hier seinen Hauptsitz mit Besucherzentrum und Museum. In der Saison (*Jan. oder Feb.*), können Sie junge Schildkröten schlüpfen sehen.

In Praia do Forte werden eine Reihe Outdoor-Aktivitäten angeboten, z. B. ein Kanutrip den **Rio Imbassaí** zum Meer hinab, mit Halt an einem einsamen Strand und einem Strohflechterzentrum, dem **Artesanato de Palha**. Von Juli bis Oktober starten Touren zur Beobachtung von Buckelwalen. Im Besucherzentrum des **Projeto Baleia Jubarte** zum Schutz von Buckelwalen erfahren Sie mehr über die Meeressäuger.

Informationen zu Outdoor-Aktivitäten gibt es bei **Bahia Adventure Ecoturismo** (*Alameda do So, Tel. 71/3626 1932 oder 3676 1231*).

Cachoeira: Dieses Juwel von einer Stadt liegt etwa 112 km nordwestlich von Salvador. Dank seiner Lage am Rio Paraguaçu und der fruchtbaren Böden war die Stadt zu Kolonialzeiten ein wohlhabendes Zentrum — erkennbar am architektonischen und kulturellen Erbe. Viele Afro-Brasilianer kommen auf der Suche nach ihren Wurzeln hierher, vor allem im August zur jährlichen **Festa da Boa Morte**. Organisiert vom Frauenbund der **Irmanidade Nossa Senhora da Boa Morte**, zelebriert sie die Verbindung zwischen

Zigarren aus São Félix

Kuba und die Dominikanische Republik mögen die berühmtesten Zigarren produzieren, aber Bahia hat seine eigene langjährige Tradition bei der Herstellung von erstklassigen handgerollten Zigarren. Da auf den Böden des Recôncavo, der fruchtbaren Region um die Baía de Todos os Santos, ein besonders hochwertiger Tabak wächst, siedelten sich im 19. Jh. viele Zigarrenfabriken in und um São Félix und das benachbarte Cruz das Almas an.

1873 eröffnete der Deutsche Gerhard Dannemann eine Zigarrenmanufaktur in São Félix und produzierte hochwertige Zigarren. Um sich an seine neue Heimat anzupassen, änderte Dannemann seinen Vornamen in Geraldo und wurde schließlich sogar Bürgermeister der Stadt. 1989

eröffnete das Unternehmen neben der Fabrik das **Centro Cultural Dannemann** (*Av. Salvador Pinto 29, Centro, São Félix, Tel. 75/3438 2507, www.centroculturaldannemann.com.br*), ein Kulturzentrum, das u. a. alle zwei Jahre eine internationale Kunstausstellung organisiert.

Um an einer Fabrikführung teilzunehmen, gehen Sie zunächst zum Kulturzentrum. Dort bekommen Sie zunächst ein kurzes Video über die Firma gezeigt und werden dann in die Fabrik geführt, wo ein Dutzend Frauen per Hand Zigarren rollt. Wer mag, darf selbst versuchen, eine zu rollen. Anschließend wird man aufgefordert, als Teil des vom Unternehmen geförderten Wiederaufforstungsprojekts draußen einen Baumsetzling zu pflanzen.

Katholizismus und Candom-
blé. Ein paar der einst ausgedehnten Zuckerrohr- und
Tabakplantagen sind heute
noch in Betrieb: 8 km weiter
können Sie in **São Félix** eine
Zigarrenfabrik besuchen
(siehe Kasten S. 206).

Parque Nacional da Chapada Diamantina

Die Chapada Diamantina
(Diamant-Plateau) ist ei-
ne schroffe Bergkette mit
abgeflachten Gipfeln und
steilen Hängen, die in grüne
Täler abfallen. Ein Großteil,
1520 km², steht im Parque
Nacional da Chapada Dia-
mantina unter Schutz. Die
meisten Flüsse Bahias entspringen in der Chapada,
sodass der Nationalpark über
70 Wasserfälle beinhaltet,
darunter Brasiliens höchsten,
den Cachoeira da Fumaça
mit 340 m. Während die
Küste des Nordostens
weitgehend vom trockenen
sertão geprägt ist, liegt diese
Binnenoase am Rand der
Ökoregion des Cerrado, die
einen Großteil von Zent-
ralbrasilien einnimmt.

Lençóis, eine alte Dia-
manten- und Goldgräber-
stadt gut 400 km westlich
von Salvador, bietet heute
Parkbesuchern die beste Infrastruktur. Outdoor-Enthusiasten kommen scharenweise
zum Fels- und Höhlenklet-
tern, Trekking, Abseilen,
Mountainbiken, Kanufahren,
Tauchen, Reiten, Ziplining
oder zum Wandern.

Die Chapada Diamantina lockt zahlreiche Outdoor-Fans an

Die Wanderwege bieten
Möglichkeiten zu Ein- bis
Zehn-Tagestouren, und dank
vieler Gästehäuser und Restaurants in der Umgebung
braucht man auch bei längeren Touren nicht auf abendli-
chen Komfort zu verzichten.

Viele der kürzeren Wege
führen zu Attraktionen wie
den Wasserfällen **Cachoeira
da Fumaça** und **Cachoeira
do Mosquito** oder den
Höhlen **Pratinha** und **Lapa
Doce**. Wer den alten Pfad
zum **Morro do Pai Inácio**
hinaufgeht, wird oben mit
einer herrlichen Aussicht
belohnt. Die Gipfel **Pico das
Almas**, **Pico do Itobira** und
Pico do Barbado bilden
die höchsten Punkte Bahias,
Letzterer ist mit 2033 m
über dem Meeresspiegel
der höchste Punkt des
ganzen Nordostens. Die

**Parque Nacional
da Chapada
Diamantina**

▲ Karte S. 199 B2

✉ Rua Barão do
Rio Branco 25,
Palmeiras

☎ 75/3332 2418
oder 3332 2310

Morro de São Paulo

🅐 Karte S. 199 B2

✉ Ilha de Tinharé

HINWEIS: Diverse Anbieter betreiben Boote ($$) vom Terminal Turístico Marítimo (Av. da França) in Salvador nach Morro de São Paulo, z. B. **Biotur** (Tel. 75/3641 3327), **Catamarã Farol do Morro** (Tel. 71/3319 4570 oder 9136 4460) und **IlhaBela TM** (Tel. 71/3326 7158 oder 9195 6744). Die Fahrt dauert etwa zwei Stunden.

unterirdischen Seen **Poço Encantado** und **Poço Azul** leuchten wunderschön neonblau, wenn sie in bestimmten Monaten von Sonnenstrahlen getroffen werden.

Für Wandertouren sind Guides zu empfehlen; Informationen bei den örtlichen Veranstaltern **Venturas** *(Av. 7 de Setembro 22, Lençóis, Tel. 75/3334 1030)* oder **Fora da Trilha** *(Rua das Pedras 202, Lençóis, Tel. 75/3334 1326).*

Jenseits des Parks: Diverse Städte in der Umgebung lohnen einen Besuch. **Xique-Xique**, gut 230 km nordwestlich von Lençóis, wurde beinahe zur Geisterstadt, als die Diamantminen Ende des 19. Jhs. erschöpft waren. Fast alle Gebäude der Stadt sind aus Stein. **Mucugê**, gut 55 km südlich von Lençóis, hat einen sogenannten byzantinischen Friedhof aus dem 19. Jh. – und **Rio de Contas**, weitere 130 km südlich, viel Kolonialarchitektur zu bieten.

Südlich von Salvador

Costa do Dendê: Die Küste gleich südlich der Baía de Todos os Santos ist nach dem Palmöl benannt, das in dieser Region gewonnen wird. Hier locken Strände, Atlantischer Regenwald, Geschichte und Outdoor-Aktivitäten.

Der erste Stopp ist das Fischerdorf **Morro de São Paulo** und die Nordostecke der großen Insel **Ilha**

INSIDERTIPP

Besuchen Sie den hübschen Cachoeira do Buracão gleich südlich des Parque Nacional da Chapada Diamantina, bei Ibicoara. Am Beginn einer Schlucht stürzt der Wasserfall 80 m hinab in ein tiefes Becken.

RODRIGO NICOLETTE
Professor, Universität von São Paulo

de Tinharé, gleich vor der Küste bei Valença. Tagsüber beliebtes Ziel für Sonnenhungrige, herrscht hier abends die typische Partyatmosphäre Bahias. Privatfahrzeuge sind auf der Insel nicht zugelassen, zu entfernteren Stränden gelangt man mit Eselskarren. Sehr populär sind Bootsausflüge mit Halt an verschiedenen Stränden. Die ruhigere Nachbarinsel, die **Ilha de Boipeba**, ist per Charterboot von Morro de São Paulo aus zu erreichen.

Tinharé und Boipeba liegen vor der Küste bei der Stadt **Valença**. Boote verbinden die Stadt mit beiden Inseln. In Valença, einer Kolonialstadt aus dem 18. Jh., sind u. a. die Ruinen von Brasiliens erster Textilfabrik **Todos os Santos** aus dem Jahr 1844 zu finden. Um dorthin zu gelangen, läuft man 2 km auf einem Uferweg am **Rio Una** entlang.

Das winzige **Nilo Peçanha**, knapp 30 km südlich von Valença, ist von Atlantischem Regenwald umgeben. Rafting-Fans schätzen die Stromschnellen des Grads III auf dem **Rio das Almas**. In **Ituberá** lädt der **Cachoeira da Pancada Grande**, der größte Wasserfall der Region, zum Abseilen ein. Informationen hat **Ativa Rafting e Aventuras** *(Nilo Peçanha, Tel. 73/3257 2083 oder 9928 1372, www.ativarafting.com.br).*

Etwa 140 km südlich von Nilo Peçanha liegt das Fischerdorf **Barra Grande**, Hauptattraktion der Península de Maraú. Die Straßen hierher sind noch immer unbefestigt, was zum Erhalt der friedlichen Atmosphäre beiträgt. Angeboten werden Bootsausflüge entlang der Küste und Touren zur Sichtung von Buckelwalen, die sich von Juli bis November zur Paarung im warmen Wasser vor Bahia einfinden.

Costa do Cacau: Am Südostzipfel Bahias erstreckt sich die Kakaoküste gut 210 km von Itacaré bis Canavieiras. Neben Stränden und Atlantischem Regenwald steht dieser Küstenabschnitt für die Geschichte eines der wichtigsten Erzeugnisse des Landes, der Kakaobohne, im 19. und 20. Jh. Outdoor-Aktivitäten können mit Besichtigungen von Kakaoplantagen und historischen Stätten kombiniert werden.

Im Outdoor-Mekka **Itacaré**, etwa 260 km südlich von Salvador, können Sie surfen, kanufahren, raften oder trekken. Surfunterricht erteilt die **Easy Drop Surfing School** *(Rua João Coutinho 140, Centro, Tel. 73/3251 3065).* Eine Wildwassertour (Grad III–IV) auf dem **Rio de Contas**, etwa 30 km westlich von Itacaré bei Taboquinhas, führt an Kakaoplantagen, üppigem Dschungel und einem Süßwasserstrand vorbei, Details bei Ativa Rafting e Aventuras *(Rua Pé da Pancada, Taboquinhas, Tel. 73/3257 2083, www.ativarafting.com.br).*

Itacaré
🗺 Karte S. 199 B2

Ilhéus
🗺 Karte S. 199 B2
Besucherinformation
✉ Secretária de Turismo de Ilhéus, Av. Soares Lopes 1136, Centro
☎ 73/3634 1977
www.ilheus.ba.gov.br

Casa de Cultura Jorge Amado
✉ Rua Jorge Amado 21, Boa Vista, Ilhéus
☎ 73/3634 8986
🕐 Sa & So geschl.

Morro de São Paulo, ein beliebter Strand- und Partyort

Ilhéus, knapp 60 km südlich von Itacaré, ist reich an historischen Sehenswürdigkeiten. Die Region diente als Kulisse für Jorge Amados Roman „Gabriela wie Zimt und Nelken" über die Plantagenära. Die **Casa de Cultura Jorge Amado**, in der der Autor einige Zeit lebte, liegt in

Mãe da Mata

✉ Estr. Banco da Vitória Maria Jape, Km 7, Ilhéus

☎ 73/9981 8132, 8816 1318 oder 8193 6906

🕐 Nur nach Vereinbarung

💲 $

www.rppnmaeda mata.blogspot.com

Ecoparque de Una

🅰 Karte S. 199 B1

✉ Rod. Ilhéus-Una, 45 km südl. von Ilhéus

☎ 73/3234 3250 oder 9983 6363

www.ecoparque. org.br

Porto Seguro

🅰 Karte S. 199 B1

der Altstadt, ebenso wie die **Bar Vesúvio** (*Praça Dom Eduardo 190, Centro, Tel. 73/3634 2164*), ein wichtiger Romanschauplatz. Einblicke in das Leben eines Kakaobarons bietet ein Plantagenbesuch (siehe Kasten unten). Außerhalb der Stadt führen im privaten Naturreservat **Mãe da Mata** Wege durch einen Kakaowald. Sie können dort auch eine Cachaça-Destillerie besichtigen und tropische Früchte probieren. **Rio do Engenho** (*Zugang per Boot ab Praça Maramata im Bezirk Pontal, Tel. 73/3231 9119*) ist eine alte Zuckerrohrplantage mit Gebäuden aus dem 16. Jh.

Im privaten Naturreservat **Ecoparque de Una**, gut 58 km südlich von Ilhéus, werden Führungen angeboten. Eine 2-km-Tour beginnt in einer Kautschukplantage, wo die Besucher lernen, wie der Rohstoff geerntet wird. Über 200 Vogelarten sind in der Gegend bestimmt worden, und eine 20 m hohe Hängebrücke durch

die Baumkronen bietet eine einzigartige Perspektive.

Canavieiras, 58 km südlich von Una, ist wegen seiner Nähe zur Royal Charlotte Bank im Südatlantik, einem der besten Orte, um Blauen Marlin zu fangen, ein erstklassiges Ziel für Angler.

Costa do Descobrimento: Die Küste der Entdeckung erstreckt sich um die Stadt **Porto Seguro**. Hier gingen im Jahr 1500 die portugiesischen Eroberer an Land. Die Region lockt mit Kolonialgeschichte, indigener Kultur, Outdoor-Attraktionen, und, natürlich, Stränden. Leider hat Porto Seguro viel von seinem Charme verloren, und es ist nicht viel historisch oder kulturell Interessantes erhalten geblieben. Heute ist es ein beliebter Badeort, und brasilianische Studenten verbringen hier gern ihre Semesterferien, davon zeugt auch die Ausgehmeile namens Passarela do Álcool (Alkohol-Laufsteg). Die Stadt

---

ERLEBNIS: Eine Kakaoplantage besuchen

Die Gegend um Ilhéus war ein florierendes Zentrum des Kakaoanbaus, bis in den 1980er Jahren ein Pilz den meisten Kakaobäumen den Garaus machte. Ein paar Kakaoplantagen mit Schokoladenproduktion im kleinen Stil arbeiten jedoch noch erfolgreich. Einige von ihnen kann man besichtigen, sich über Anbau und Schokoladenproduktion informieren und das Endprodukt probieren. Empfehlenswert

sind die **Fazenda Yrerê** (*Rod. Ilhéus-Itabuna, Km 11, Tel. 73/3656 5054 oder 9998 6790, www.fazendayrere.blogspot.com*), die eine zweistündige Führung anbietet, und die **Fazenda Primavera** (*Rod. Ilhéus-Itabuna, Km 20, Tel. 73/3231 3996 oder 9983 1627*). Auf beiden muss ein Besuch ($$) angemeldet werden. Reservierungen sind über das örtliche Reisebüro **Cooperbom Turismo** (*Tel. 73/3231 5563*) möglich.

Porto Seguro ist der Ort, an dem portugiesische Entdecker erstmals Südamerika betraten

ist jedoch Start- und Endpunkt der **Rota das Aldeias**, einer fünftägigen Erkundung indigener Siedlungen und Kultur in der Umgebung. Details gibt es bei **Pataxó Turismo** (*Rua Oscar Oliveira 4, Tel. 73/3288 1256*).

Die Badeorte **Trancoso** und **Arraial d'Ajuda** südlich von Porto Seguro sind bei Brasilianern extrem beliebt. In Trancoso gibt es einen Club Med, in Arraial d'Ajuda einen Öko-Themenpark.

Gut 74 km südlich von Porto Seguro erinnert **Caraíva** an vergangene Zeiten. Im autofreien, nur per Boot erreichbaren Dorf gibt es erst seit 2007 Strom, und die Einheimischen waren clever genug, für unterirdische Kabel zu kämpfen. In der **Aldeia Mãe Barra Velha**, 6 km nördlich von Caraíva, leben etwa 500 indigene Familien. Sie produzieren Kunsthandwerk, das im **Centro Cultural de Tradições Indígenas** zu erwerben ist.

Über 100 km südwestlich von Porto Seguro liegt der **Parque Nacional do Monte Pascoal**. Der Nationalpark, von Eunápolis über die BR-101 erreichbar, hat ein Besucherzentrum und diverse Wanderwege, darunter den steilen 1,6-km-Aufstieg auf den Monte Pascoal mit fantastischer Aussicht. Diesen Gipfel soll der portugiesische Seefahrer Pedro Álvares Cabral von Weitem erblickt haben, bevor er bei Porto Seguro an Land ging.

Costa das Baleias (Walküste): **Caravelas**, knapp 890 km südlich von Salvador, ist das Einfallstor zum Meerespark **Parque Nacional Marinho dos Abrolhos**, dem wichtigsten Küstenziel im äußersten Süden Bahias.

Der Abschnitt **Parcel dos Abrolhos** strotzt vor Korallenriffen, in der Nähe bilden mehrere Vulkaninseln einen Archipel. Das klare Wasser bietet gute Sicht auf

Caraíva

🗺 Karte S. 199 B1

Centro Cultural de Tradições Indígenas

✉ Aldeia Mãe Barra Velha, Caraíva

☎ 73/3668 5000 oder 9931 7610

💲 $

🚌 Bus von Porto Seguro (Busline Viação Águia Azul, Tel. 73/3281 3469)

Parque Nacional do Monte Pascoal

🗺 Karte S. 199 B1

✉ BR-101 Itamaraju, 30 km südl. von Eunápolis

☎ 73/3294 1870

Parque Nacional Marinho dos Abrolhos

🗺 Karte S. 199 B1

☎ 73/3297 2258

💲 $$ (Ticketverkauf bei örtlichen Touranbietern)

🚤 3-stündige Bootsfahrt ab Caravelas

**Parque
Nacional do
Descobrimento**

🏔 Karte S. 199 B1

✉ Abseits der
BR-489, 30 km
nördlich von
Prado

☎ 73/3298 1140

Meeresschildkröten, Fische
und andere marine Fauna
und Flora sowie mehre-
re Schiffswracks: *Rosalina*
(1955), *Guadiana* (1885) und
Santa Catharina (1914). Mit
Wassertemperaturen von 23
bis 27 °C und etwas wärme-
rer Luft ist die Gegend beliebt bei Tauchern. Auch mit
dem Schnorchel erhält man
einen guten Einblick in die
Unterwasserwelt. Die einzige
Insel, die man erkunden
kann, ist die **Ilha Siriba** mit
ihrer vielfältigen Vogelwelt,
zu der auch der Maskentöl-
pel zählt.

Ein Buckelwal zeigt sich vor der Costa das Baleias

Touren dürfen nur auf be-
hördlich zertifizierten Booten
unternommen werden. An-
geboten werden Tagesausflüge wie mehrtägige Fahrten.
Caravelas ist zudem ein
Zentrum für Walbeob-
achtungstouren, die von
Juli bis November starten.
Details über Touren in den
Abrolhos-Park, darunter

Tauchexpeditionen und Wal-
beobachtungstouren, gibt
es bei **Apecatu Expedições**
*(Rua Rives Scofield 74, Tel.
73/3297 1453)* oder **Horizonte Aberto** *(Av. das Palmeiras 313, Tel. 73/3297 1474).*

Die Ökologie an Land
können Sie im nahegelege-
nen **Parque Nacional do
Descobrimento** erforschen.
In den Nationalpark, 2012
auf fast 23 000 ha erweitert,
gelangt man von **Prado**,
50 km nördlich von Caravelas, aus. In der Region wach-
sen relativ viele bedrohte
Arten wie Brasilholz- und
Bahia-Rosenholzbaum. Zahlreiche Parkwege sind ehemalige Holzfällerstraßen, und
man sieht immer noch gefäll-
te Bäume am Wegesrand.

Nordbahia

Die Relikte einer Dissiden-
ten-Kommune des 19. Jhs.
und Outdoor-Aktivitäten in
der Ökoregion der Caatinga
(bzw. des Sertão) zählen zu
den Highlights Nordbahias.

Canudos: Die etwa 400 km
nördlich von Salvador mitten
im Ödland des Sertão ge-
legene Stadt blickt auf eine
bewegte Geschichte zurück.
1897 zerstörte die Armee
eine Gemeinschaft Tausen-
der Anhänger des religiösen
Führers Antônio Conselheiro
(siehe S. 36). Der Krieg von
Canudos, eine Serie von An-
griffen seitens der Regierung
auf die Gemeinde, machte
die Stadt dem Erdboden

INSIDERTIPP

Unternehmen Sie von Mangue Seco aus eine Tour entlang der Costa Azul. Den 30 km langen Sandstrand säumen Palmen, wilde Natur und ein gestrandetes Schiffswrack.

RODRIGO NICOLETTE
Professor, Universität von São Paulo

gleich. Mitte des 20. Jhs. wurde eine zweite Stadt, die am selben Ort wiederaufgebaut worden war, durch den Bau eines Staudamms überflutet. Bei niedrigem Wasserspiegel scheint es, als wüchsen Gebäude aus dem Wasser. Heute liegt eine dritte Stadt desselben Namens ein paar Kilometer entfernt.

Das **Memorial Antônio Conselheiro** erinnert an Gemeinde und Krieg und zeigt Ausstellungen zur Naturgeschichte der Region. Der **Parque Estadual de Canudos** umfasst ein Gebiet, in dem viele Schlachtfelder liegen. Man sieht Schützengräben und Sodatengräber.

Etwa 100 km südlich von Canudos diente **Monte Santo** als Kulisse für den Avantgardefilm „Gott und der Teufel im Lande der Sonne" (1964) von Glauber Rocha. Im 18. Jh. wurde hier einer der größten Meteoriten (Pedra do Bendegó) gefunden, der seit 1888 in

Rios Museu Nacional (siehe S. 69) gezeigt wird.

Raso da Catarina: Die **Estação Ecológica Raso da Catarina** ist ein bei Abenteuersportfans beliebtes Naturreservat inmitten des Sertão bei der Stadt Paulo Afonso, nahe der Grenze zu Alagoas. In dieser Region soll sich im frühen 20. Jh. der Bandit Lampião versteckt haben. Wer durch die Canyons wandert, bekommt Felsformationen zu sehen und erlebt Flora und Fauna der Caatinga hautnah.

Mangue Seco: Das Küstendorf in idyllischer Umgebung im äußersten Nordosten Bahias ist in Brasilien berühmt als Schauplatz der beliebten Telenovela-Adaptation *(Tieta)* eines Romans von Jorge Amado. Trotz seiner Bekanntheit ist Mangue Seco noch relativ unberührt. Sie können hier in den durch mehrere Flussläufe geteilten weißen Sanddünen mit Kokospalmen wandern oder einen Dünenbuggy mieten.

Bequem erreicht man Mangue Seco nur vom Ufer des Rio Real in Sergipe aus. Dort steigt man aus oder parkt seinen Wagen und nimmt ein Boot über den Fluss zurück nach Bahia. Details gibt es bei **Bahia Adventure Ecotourism** *(Alameda do Sol, Praia do Forte, Mata de São João, Tel. 71/3626 1932, www .bahiaadventure.com).* ∎

Canudos

⚠ Karte S. 199 B3

Besucherinformation

✉ Prefeitura de Canudos, Av. Enoque Canário Araújo, Centro

☎ 75/3494 2722

🕐 Sa & So geschl.

Memorial Antônio Conselheiro

✉ Rua São José, Centro, Canudos

☎ 75/3494 2194 oder 3494 2000

🕐 Sa & So geschl.

Parque Estadual de Canudos

✉ BR-116, Canudos

☎ 75/3494 2796

HINWEIS: Besuchsgenehmigung erforderlich; beim Memorial Antônio Conselheiro nachfragen

Estação Ecológica Raso da Catarina

⚠ Karte S. 199

✉ Av. Maranhão 79, Fazenda Chesf, Paulo Afonso, 50 km südwestl. von Paulo Afonso

☎ 75/3281 9999

HINWEIS: Besuchsgenehmigung erforderlich

Mangue Seco

⚠ Karte S. 199 C2

Sergipe & Alagoas

Die beiden kleinsten Bundestaaten des Nordostens locken mit Stränden, die zwar mit reichlich Restaurants und Bars ausgestattet und dennoch bisher nicht überlaufen sind, sowie einigen historischen und kulturellen Stätten.

Die Strände an der Küste um Maceió in Alagoas ziehen viele Sonnenanbeter und Surfer an

Aracaju

🅰 Karte S. 199 C2

**Besucher-
information**

✉ Centro de
Turismo,
Praça Olímpio
Campos, Centro

☎ 79/3179 1947

**Museu da Gente
Sergipana**

✉ Av. Ivo do Prado
398, Centro,
Aracaju

☎ 79/3218 1551

🕐 Mo geschl.

Aracaju & Umgebung

Sergipes Hauptstadt liegt etwa zwischen Salvador im Süden (345 km) und Maceió im Norden (245 km) an der Küste. Die Planstadt ersetzte 1855 São Cristóvão als Hauptstadt des Bundesstaats.

Die meisten Hotels und Bars Aracajus konzentrieren sich um zwei benachbarte Strände: **Praia dos Artistas** und **Praia de Atalaia**. Dort verkauft auch das **Centro de Arte e Cultura de Sergipe** *(Av. Santos Dumont, Praia de Atalaia, Tel. 79/3255 1413, $)* lokal produziertes Kunsthandwerk, während das **Oceanário de Aracaju**

(Av. Santos Dumont, Praia de Atalaia, Tel. 79/3243 3214 oder 3243 6126), ein Meerwasseraquarium, auch Süßwasserfische aus dem Rio São Francisco zeigt. Stars sind die Haie. Die beliebte **Bar e Restaurante Tia Gleide** (siehe Reiseinformationen S. 304) serviert an der Praia dos Artistas regionale Spezialitäten. **O Miguel** (siehe Reiseinformationen S. 304), ein paar Blocks landeinwärts, gilt als die beste Adresse für die Küche des Nordostens.

Unbedingt sehenswert ist das supermoderne **Museu da Gente Sergipana** im Zentrum von Aracaju, wo interaktive Exponate Besuchern erlauben, virtuell traditionelle Kostüme anzuprobieren, auf virtuellen Straßenmärkten zu feilschen und virtuell improvisierte Verse mit einem *repentista*, einem Gitarre spielenden Gesangskünstler, auszutauschen. Ein paar Blocks weiter liegt der **Mercado Municipal Antônio Franco** *(Rua José do Prado Franco, Centro)*, mit einer gute Auswahl an an lokalem Kunsthandwerk; Leckereien gibt es nebenan im **Mercado Thales Ferraz**.

23 km südlich von Aracaju liegt die frühere Hauptstadt **São Cristóvão**, 1590 gegründet. Ihr zentraler Platz, die **Praça São Francisco** mit ihrem homogenen Ensemble kolonialer Gebäude, wurde 2010 zum Weltkulturerbe erklärt. In der Stadt **Laranjeiras**, 29 km nordwestlich von Aracaju, beleuchtet das **Museu Afro-Brasileiro** *(Rua José do Prado Franco 70, Tel. 79/3281 2418, Mo geschl., $)*,

die Ära der Sklaverei. Ebenfalls nordwestlich liegt der **Parque dos Falcões** (Falkenpark), eine private Schutzstation für Raubvögel. Wer mag, darf zum Abschluss eines Besuchs eines der Tiere auf dem Arm halten.

Cânions do São Francisco

Über 210 km nordwestlich von Aracaju liegen in einer landschaftlich schönen Region voller historischer Bedeutung die Canyons des Rio São Francisco, die in den 1990er Jahren durch den Bau des Staudamms Xingó überflutet wurden (siehe Kasten unten). **MFTur** *(Rod. Náufragos, Km 9, Aracaju, Tel. 79/9972 1320)* bietet Katamarantouren zur Erkundung der bis zu 100 m hohen und 60 m breiten Canyons an. Die Anfahrt erfolgt über die Stadt **Canindé do São Francisco**.

Vom Damm flussabwärts befindet sich der Ort, wo Brasiliens berüchtigtster Bandit des 20. Jhs. starb.

Parque dos Falcões

✉ Serra da Itabaina, 45 km nordwestl. von Aracaju, an der BR-235

☎ 79/9962 5457 oder 9131 3496;

🕐 Reservierung erforderlich

💲 $

Canindé do São Francisco

🗺 Karte S. 199 C3

Besucherinformation

✉ Prefeitura de Canindé do São Francisco, Praça Ananias Fernandes do São Francisco

☎ 79/3346 9500

🕐 Sa & So geschl.

Die Verlegung des Rio São Francisco

Der Rio São Francisco, auch „Fluss der nationalen Integration" genannt, weil er auf seinem 2914 km langen Verlauf fünf Bundesstaaten quert und diverse Kulturen und Klimazonen vereint, hatte schon einiges zu erleiden: fünf Staudämme, Entwaldung am Oberlauf, Wasserentnahme zur Bewässerung, Verschmutzung, dazu noch ein riesiges Projekt zu seiner Verlegung. Der Bau des Xingó-Staudamms von 1987–1994 bei Canindé do São Francisco setzte Dutzende von prähistorischen Stätten in

der Region unter Wasser. Archäologen mussten sich beeilen, um zu retten, was zu retten war; ihre Funde, darunter Felsenkunst und ein offenbar 9000 Jahre altes Skelett, sind im **Museu de Arqueologia de Xingó** *(Rod. Canindé-Piranhas, Trevo da UHE-Xingó, Canindé do São Francisco, Tel. 79/2105 6118)* zu besichtigen. Auch das Kraftwerk selbst, die **Usina Hidrelétrica de Xingó** *(Estr. para Piranhas, 6 km nördl. von Canindé do São Francisco, Tel. 82/3686 2193)*, ist für Besucher geöffnet.

Piranhas

▲ Karte S. 199 C3

**Besucher-
information**

✉ Prefeitura de
Piranhas, Rua
Padre Cícero 9

☎ 82/3686 3078

🕐 Sa & So geschl.

Maceió

▲ Karte S. 199 C3

**Besucher-
information**

✉ Flughafen
Zumbi dos
Palmares,
BR-104, Km 91,
Tabuleiro

☎ 82/3036 5200

Grota de Angico in der Gemeinde Poço Redondo, etwa 30 km südöstlich von Canindé do São Francisco, ist der Ort, wo Lampião, seine Freundin Maria Bonita und Mitglieder ihrer Bande 1938 von der Polizei erschossen wurden. MFTur bietet eine Bootsfahrt mit Besuch der Stätte an.

Auf der anderen Seite des Flusses, in Alagoas, liegt die Stadt **Piranhas**, wo Lampiãos Kopf öffentlich ausgestellt wurde. Dort zeigt das **Museu do Sertão** *(Rua José Martiniano Vasco, Tel. 82/3628 3013, Mo geschl.)* Objekte und Bilder mit Bezug zu Lampião und seiner Bande.

Maceió & die Küste von Alagoas

Maceió, eine knappe Millionenstadt gut 265 km südlich von Recife, ist vor allem ein Badeort. Die beliebtesten Strände mit der besten Infrastruktur sind **Pajuçara**, **Ponta Verde** und **Jatiúca**. Die Topaktivität in Maceió ist, auf einer *jangada* – einem traditionellen Fischerboot – etwa 1,6 km zu den von Korallenriffs gebildeten Pools hinauszusegeln, wo man mitten im Ozean ruhig schwimmen kann. Schwimmende Snackbars beköstigen die Schwimmer. Die Boote starten bei Ebbe ab Praia Pajuçara; man handelt vor Ort mit einem einheimischen Fischer den Preis aus *($)*. Am selben Strand wird auf der **Feira de**

Artesanato da Pajuçara Kunsthandwerk verkauft. Am Abend verwandeln sich einige Strandkioske in Partylocations. **Kanoa** *(Av. Sílvio Carlos Viana, Tel. 82/3235 3943, Di geschl., $)* und **Lopana** *(Av. Sílvio Carlos Viana 27, Tel. 82/3231 7484, So–Do geschl., $$)* in Ponta Verde engagieren sogar DJs.

INSIDERTIPP

Probieren Sie in Maceió unbedingt *sururu*. Die Muschel wird zu einem herzhaften Eintopf verarbeitet und am Strand verkauft.

ROSE DAVIDSON
NATIONAL GEOGRAPHIC-Mitarbeiterin

In **Barra de São Miguel**, einem Badeort etwa 30 km von Maceió die Küste hinab, bricht ein Barriereriff die Wellen und sorgt für ruhiges Wasser am Ufer. Der örtliche Touranbieter **Gato do Mato** *(Rua Marechal Deodoro, Praia do Frances, Tel. 82/3033 1040, 9992 6111 oder 8815 3078)* organisiert Abenteuerpaddeltouren und Kanutrips zu Dörfern der Region.

Etwa 135 km nördlich von Maceió hat **Maragogi** womöglich noch beeindruckendere natürliche Pools zu bieten als die Hauptstadt. Die besten liegen 6 km vor der Küste und sind per Boot erreichbar. Tauchen oder

Schnorcheln ist sehr empfehlenswert; Informationen gibt es bei **Explorer Diving & Adventure** *(Tel. 82/9361 6449)* in Maragogi.

União dos Palmares

União dos Palmares, etwa 75 km nordwestlich von Maceió, beherbergt eine wichtige historische Stätte. Der **Parque Memorial Quilombo dos Palmares** (siehe Kasten S. 35) in der Serra da Barriga ist eine partielle, symbolische Rekonstruktion der Gemeinde entflohener Sklaven, die Ende des 17. Jhs. ausgelöscht wurde. Palmares, um 1600 gegründet, hatte mindestens einige Tausend Einwohner. 1694 zerstörten koloniale Truppen das Zentrum der Gemeinde, 1995 fassten sie ihren Anführer Zumbi und richteten ihn hin.

Etwa 10 km östlich des Parks lebt in **Muquém** eine Gemeinschaft von Nachfahren entflohener Sklaven. Im **Ateliê Dona Irinéia** *(Tel. 82/9989 4575)*, das auch als Kontaktpunkt für Gemeindebesuche dient, wird von den Bewohnern hergestellte Keramik verkauft. Wer einen Ausflug zum Park oder nach Muquém plant, sollte vorher anrufen und eventuell sogar einen einheimischen Führer engagieren. Beschilderung und sonstige Besucherinformationen sind dürftig. Mehr Informationen hat das Reisebüro Gato do Mato *(Loteamento da Garça IV,*

Quadra G19, Lote 6, Tabuleiro dos Matins, Tel. 82/3033 1040 oder 9992 6111) in Maceió.

In União dos Palmares selbst zeigt das **Centro Arqueológico Palmarino** *(Praça Brasiliano Sarmento, Centro, Tel. 82/3281 1799)* in der Serra da Barriga gefundene Objekte; das **Memorial Jorge de Lima** im ersten Stock des Museums erinnert an den Dichter, der 1895 in União

Ein Fischer auf einer *jangada* im ruhigen Wasser vor Maceió

dos Palmares geboren wurde. Die **Casa Cultural Maria Mariá** *(Rua Correia Oliveira 125, Centro, Tel. 82/3281 2845)* schließlich thematisiert die Stadtgeschichte.

In **Palmeira dos Índios**, etwa 100 km südwestlich von União, widmet sich die **Casa Museu Graciliano Ramos** *(Rua José Pinto de Barros 90, Centro, Tel. 82/8804 5706)* einem der wichtigsten brasilianischen Autoren des 20. Jhs. (siehe S. 51), der von 1924 bis 1930 in dem Haus lebte. ■

União dos Palmares

🅰 Karte S. 199 C3

Besucherinformation

✉ Prefeitura de União dos Palmares, Rua Rui Barbosa 5

☎ 82/3281 3000 oder 9657 5789

🕐 Sa & So geschl.

Memorial Quilombo dos Palmares

✉ BR-104, Serra da Barriga, União dos Palmares

☎ 82/3281 1799

Palmeira dos Índios

🅰 Karte S. 199 C3

Besucherinformation

✉ Prefeitura de Palmeira dos Índios, Praça da Independência 34, Centro

☎ 82/3421 3696

🕐 Sa & So geschl.

Pernambuco

In Recife, gewissermaßen der Hauptstadt des Nordostens, sorgen zahlreiche Musiker, Künstler und Schriftsteller für eine lebendige Kulturszene. Die auf einem Hügel gelegene koloniale Schwesterstadt Recifes, Olinda, punktet mit ihrem besonders lebhaften Straßenkarneval.

Blick von Olinda auf Recife: Die Nachbarstädte bieten jede Menge Kultur und traditionelle Musik

Recife

⬛ Karte S. 199 C3

**Besucher-
information**

✉ Prefeitura do Recife, Av. Cais do Apolo 925

☎ 81/3355 8000

🕐 Sa & So geschl.

www.recife.pe.gov.br

Recife

Die Hauptstadt von Pernambuco ist mit 1,6 Millionen Einwohnern eine der größten brasilianischen Städte. Ihre historische Altstadt strotzt vor regionaler Kultur und Geschichte. Zur Orientierung unternehmen Sie zunächst eine Flusstour. Recife liegt am Zusammenfluss von **Rio Beberibe** und **Rio Capibaribe**, der ins Meer fließt, und wird von weiteren Flüssen geteilt. **Catamaran Tours** (Rua Coronel Anízio 618, Sala 2903, Boa Viagem, Tel. 81/3424 2845)

bietet Bootstouren mit Blick auf den **Parque de Esculturas** (Molhes do Porto de Recife), eine Gruppe herrlicher Keramikskulpturen des zeitgenössischen Künstlers und Sohns der Stadt Francisco Brennand, nahe dem **Marco Zero**, dem Punkt, um den herum die Stadt wuchs. Man sieht auch die Häuser der Altstadt, Recife Antigo, auf einer der drei kleinen Inseln, auf denen sich viele von Recifes Attraktionen befinden.

Besucher strömen ins charmante **Recife Antigo**,

um zu flanieren, die Bars zu besuchen oder, umgeben von Häusern, die teils aus dem 17. Jh. stammen, Musik zu hören. Sehenswert sind die **Sinagoga Kahal Zur Israel** *(Rua do Bom Jesus 197, Tel. 81/3224 2128, www. kahalzurisrael.com)*, heute ein Museum, die **Embaixada dos Bonecos Gigantes** *(Rua do Bom Jesus 183, Tel. 81/3441 5102, $)*, die riesige Karnevalspuppen aus dem benachbarten Olinda zeigt, und der **Torre Malakoff** *(Praça Artur Oscar, Tel. 81/3184 3180, Sa–Mo geschl.)*, eine Sternwarte aus dem 19. Jh. Kunsthandwerk gibt es im **Centro de Artesanato de Pernambuco** *(Av. Alfredo Lisboa, Armazém 11, Tel. 81/3181 3451)* in einem Lagerhaus im Hafen. Das Kulturzentrum **Paço do Frevo** residiert in einer alten Villa an der Praça do Arsenal da Marinha. Es widmet sich dem *frevo,* einem wilden Musikstil und Tanz, der in der Region besonders zum Karneval beliebt ist.

Auf der Nachbarinsel liegt das Viertel São José mit dem **Pátio de São Pedro** *(www. patiodesaopedro.ceci-br.org)*, einem historischen Platz abseits der Avenida Dantas Barreto. Hier können Sie sich bei einem Bier erholen und zwei verstorbenen pernambucanischen Musikern die Ehre erweisen: am **Memorial Chico Science** *(Casa 21, Pátio de São Pedro, Tel. 81/3355 3158, Sa & So geschl.)* dem Begründer des Mangue Beat (siehe S. 49) und am **Memorial Luiz Gonzaga** *(Casa 35, Pátio de São Pedro, Tel. 81/3232 2965*

(Fortsetzung auf S. 222)

Die Haie von Recife

»Vorsicht Haiangriffe« warnen rot-weiße Schriftzüge auf Portugiesisch und Englisch an der Praia de Boa Viagem in Recife. Mit den in die Mitte gemalten schwarzen Haiprofilen wirken die Plakate beinah komisch, aber sie sind todernst gemeint.

Dem attraktiven 20-km-Sandstrand Boa Viagem eilt leider der Ruf als für Schwimmer gefährlichster Strand der Welt voraus. Die Kriminalität ist wohl nicht ausgeprägter als an anderen Stadtstränden, aber die Haiangriffe sind beispiellos. Zwischen 1992 und 2012 gab es 56 dokumentierte Begegnungen zwischen Menschen und Haien – 21 davon tödlich. Wissenschaftler glauben, dass meist Bullen- und Tigerhaie verantwortlich sind,

belegt ist das aber nur für eine kleine Anzahl von Attacken.

Vor 1992 waren Haiangriffe in Recife so selten wie anderswo. Ökologen führen die Zunahme der Vorfälle auf Umweltzerstörung und Habitatverlust zurück. Manche beschuldigen Porto de Suape, einen Hafen 40 km südlich von Recife, der 1984 seinen Betrieb aufnahm. Geländeauffüllungen an der Küste veränderten den Verlauf der Flüsse Ipojuca und Merepe. Die Haie, die den Zugang zu ihrem bisherigen Lebensraum an den Mündungen dieser Flüsse versperrt fanden, folgten der Strömung nach Norden entlang der Riffe vor beliebten Stränden wie Paiva, Candeias, Piedade, Pina und natürlich Boa Viagem.

Mit dem Auto durch Pernambuco

Bei einem Ausflug ins Binnenland von Pernambuco können Sie das kulturelle Erbe und traditionelles Kunsthandwerk der Region entdecken.

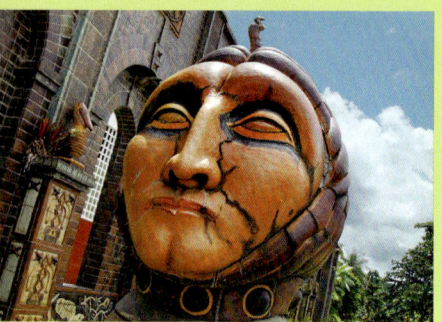

Die Oficina Brennand in Várzea ist wegen ihrer kolossalen Skulpturen sehenswert

NICHT VERSÄUMEN

Instituto Ricardo Brennand • Museu da Cachaça • Feira de Caruaru • Espaço Cultural Tancredo Neves

Starten Sie in **Várzea** ❶, einem Außenbezirk von Recife, etwa 15 km vom Zentrum entfernt, mit zwei bedeutenden Kunstorten. Die **Oficina Cerâmica Francisco Brennand** *(Propriedade Santos Cosme e Damião, Tel. 81/3271 2466, Sa & So geschl.)*, das Atelier des Künstlers, nimmt eine alte Fabrik ein, die einst seinem Vater gehörte. Das Gelände ist heute ein Skulpturenpark für Brennands riesige erotische Figuren. Das nahe **Instituto Ricardo Brennand** *(Alameda Antônio Brennand, Tel. 81/2121 0352, Mo geschl.)* zeigt die Kunstsammlung von Brennands Cousin. Interessant sind die Gemälde des holländischen Malers Frans Post, dessen Werk einen Einblick in das Pernambuco des 17. Jhs. gewährt.

Nehmen Sie ab Várzea die BR-408 nach Nordwesten. Nach knapp 50 km passieren Sie Carpina und biegen westlich in die PE-090 zur Stadt **Lagoa do Carro** ❷ ein. Im **Museu da Cachaça** *(Chácara Girassol, Lagoa do Carro, PE-090, Km 8, Tel. 81/3621 8208, $)*, das sich

dem beliebten Zuckerrohrschnaps widmet (siehe Kasten S. 131), wird das Erbe der alten Zuckerrohrplantagen lebendig, die einst die Region dominierten. Die Stadt ist zudem bekannt für ihre Handarbeiten wie die Schurwollläufer, die bei der Webergenossenschaft **Associação das Tapeceiras** *(PE-090, Km 8, Tel. 81/3621 8102)* zu erwerben sind.

Kehren Sie nach Carpina zurück und fahren Sie auf der BR-408 bis ins Keramikzentrum **Tracunhaém** ❸. Mehrere Werkstätten sind für Besucher geöffnet; viele Produkte werden im **Centro de Produção Artesanal** *(Praça Costa Azevedo, Tel. 81/3646 1208)* verkauft.

Die Stadt **Nazaré da Mata** ❹, weitere 6 km nordwärts auf der BR-408, ist berühmt für ihre farbenprächtigen *maracatu*-Musik- und Tanzgruppen. Sie zeigen während des Karnevals auf dem Hauptplatz der Stadt, was sie können.

Zurück in Carpina, fahren Sie auf der PE-050 weiter bis zur BR-232, der Rodovia Luiz Gonzaga, benannt nach dem populären Musiker, einem Sohn Pernambucos. Folgen Sie der BR-232 westwärts bis ins höher gelegene **Gravatá** ❺, dessen kühleres Klima Brasilianer anlockt, die aus der Hitze der Küstenregion fliehen. Die **Buchadinha do Gordo** (siehe Reiseinformationen S. 301) serviert köstliche Nordostküche.

Weiter geht es etwa 25 km auf der BR-232 nach Westen bis **Bezerros** ❻. Hier hat der Holzschnittkünstler **J. Borges** sein **Atelier** *(Av. Major Aprigio da Fonseca 420, Tel. 81/3728 0364 oder 8839 0373).* Sie können seine altmodische Druckmaschine und vielleicht den Künstler beim Schnitzen eines Druckstocks sehen sowie *literatura de cordel* (Lesehefte brasilianischer Volksliteratur, die fast immer Holzschnitt-Umschläge haben), Drucke und sogar Druckstöcke erstehen. Weitere Beispiele dieser Kunst zeigt Bezerros' **Centro de Artesanato de Pernambuco** *(BR-232, Km 104).*

Caruaru

Von Bezerros 35 km die BR-232 nach Westen liegt **Caruaru** ❼, ein Zentrum der Volkskultur des Nordostens. Auf der **Feira de Caruaru** *(Av. Lourival José da Silva 592, Petrópolis, Tel. 81/3721 8364),* dem größten Freiluftmarkt des Nordostens, werden alle erdenklichen Produkte feilgeboten: Obst und Gemüse, Heilkräuter, Lederwaren, *literatura de cordel* u. v. m. Probieren Sie Snacks, während Sie den Duos von *repentistas* lauschen, die miteinander wetteifern.

Im Bezirk Alto do Moura verkauft in der **Rua Mestre Vitalino** ein Laden neben dem anderen die Miniatur-Lehmfiguren, die Alltagsszenen darstellen, wie sie Vitalino selbst herstellte, der 1963 starb. Sein Haus inmitten der Läden ist heute das **Casa-Museu Mestre Vitalino** *(Rua Mestre Vitalino 644, Tel. 81/3721 1257).* Am Ende der Straße zeigt das **Memorial Mestre Galdino** *(Rua São Sebastião 181, Tel. 81/3701 1533, Mo geschl.)* das Werk eines anderen berühmten Lehmkünstlers.

Auch der **Espaço Cultural Tancredo Neves** *(Praça Coronel José de Vasconcelos 100, Nossa Senhora das Dores, Tel. 81/3721 1257)* lohnt einen Besuch Er umfasst das **Museu de Barro de Caruaru Espaço Zé Caboclo**, ein Lehmkunstmuseum mit über 2000 Stücken, das dem Musiker gewidmete **Museu Luiz Gonzaga** und den **Espaço Elba Ramalho**, der die Karriere der beliebten Sängerin illustriert.

Versuchen Sie am Johannistag (24. Juni) vor Ort zu sein, wenn die Stadt die **Festa de São João** begeht, eines der drei Feste im Juni, die zu Ehren verschiedener Heiliger abgehalten werden.

Olinda

🗺 Karte S. 199 C3

**Besucher-
information**

✉ Prefeitura de
Olinda, Rua
São Bento 123,
Varadouro

☎ 81/3429 0001

🕐 Sa & So geschl.

oder 3232 2955) dem Rei do Baião (König des Baião). Ein paar Blocks östlich bietet der **Mercado de São José** *(Praça Dom Vital, Tel. 81/3424 4681),* erbaut 1875, Kunsthandwerk, *literatura de cordel* (siehe S. 221) und Snacks.

Auf dem Festland liegt das anthropologische **Museu do Homem do Nordeste** *(Av. 17 de Agosto 2187, Casa Forte, Tel. 81/3073 6340, Mo geschl., $),* das sich den Völkern des Nordostens widmet. Das Haus des Begründers, des Soziologen Gilberto Freyre, die **Fundação Gilberto Freyre** *(Rua Dois Irmãos 320, Apipucos, Tel. 81/3441 2883, Sa & So geschl.),* ist zu besichtigen.

Olinda

Die ruhige Kolonialstadt auf einem Hang 7 km nördlich von Recife beherbergt zahlreiche Künstler und Kunsthandwerker, bietet regionale

Haute Cuisine, Bars und ein paar charmante Gasthäuser – sowie einen besonderen Karneval (siehe Kasten).

INSIDERTIPP

Wenn Sie in der Gegend von Petrolina 640 km westlich von Recife sind, versäumen Sie keinesfalls das *bododromo*. Dort bieten Freiluftrestaurants fantastisches gegrilltes Ziegenfleisch an. Den Eingang markiert eine Ziegenfigur.

CHRISTIAN BRANNSTROM
National Geographic-Stipendiat

Olinda wurde 1535 gegründet, doch aus der Frühzeit ist wenig erhalten, außer einigen Kirchen, die komplett oder teilweise wiederaufgebaut wurden. Die Holländer zerstörten die Stadt im 17. Jh. weitgehend. Als die Portugiesen sie ein paar Jahrzehnte später zurückeroberten, bauten sie sie wieder zum Verwaltungssitz auf.

Das Centro Histórico erkundet man am besten zu Fuß, dabei muss man gewisse Steigungen überwinden. Ganz oben steht Olindas Wahrzeichen, die **Igreja da Sé** *(Alto da Sé, Tel. 81/3271 4270)* von 1537. Der Vorplatz **Alto da Sé** bietet herrliche Aussicht auf die Küste

---

Karneval in Olinda

Vor der Fastenzeit schwillt die Bevölkerung von Olinda auf mehr als das Dreifache an, wenn Feiernde die Straßen füllen, um an einem von Brasiliens populärsten Karnevalsfeiern teilzunehmen, der an den vier Tagen vor Aschermittwoch stattfindet. Die charakteristischen riesigen *bonecos* (Puppen), die meist berühmte oder berüchtigte Personen aus dem In- und Ausland darstellen, werden durch die Straßen getragen, und die Menge tanzt zu den frenetischen Klängen des *frevo*. 2012 gehörten Bob Marley, Charlie Chaplin und Gene Simmons von der Rockband Kiss zu den internationalen Stars, deren Nachbildungen über die Menge hinausragten.

Von der Igreja da Sé auf einem Hügel Olindas hat man einen herrlichen Blick auf die Küste

und Recife. Gegen Abend bieten hier Straßenverkäufer Tapioka-Snacks an. Auch die **Igreja e Convento Nossa Senhora das Neves** *(Rua de São Francisco 280, Carmo, Tel. 81/3429 0517 oder 3493 0313)* in der Nähe stammt aus dem 16. Jh.

Die **Rua do Amparo** ist gesäumt von Bars, Restaurants und Läden, darunter die **Oficina do Sabor** (siehe Reiseinformationen S. 302), die dank Chefkoch César Santos innovative Regionalküche des Nordostens auftischt. In der Nähe residiert das **Museu de Arte Contemporânea de Pernambuco** *(Rua Treze de Maio, Tel. 81/3184 3153, Di geschl., $)* in einem ehemaligen Inquisitionsgefängnis aus dem 18. Jh. Die Dauerausstellung

zeitgenössischer Kunst konzentriert sich auf Modernisten wie Portinari und Di Cavalcanti, zeigt jedoch auch Arbeiten des Keramik-Bildhauers Francisco Brennand. Ebenfalls sehenswert ist das **Museu do Mamulengo** *(Rua de São Bento 344, Tel. 81/3493 2753, Mo geschl.)* mit Figuren aus dem traditionellen Puppentheater des Nordostens.

Pernambucos Küste

Neben Stränden zählen Kolonialgeschichte und ein Schutzprojekt für Seekühe zu den Highlights an der Küste.

Als die Holländer das Gebiet im 17. Jh. von den Portugiesen kaperten, bauten sie eine Festung auf der **Ilha de Itamaracá**, die sich etwa 45 km nördlich von Recife an

Ilha de Itamaracá
Karte S. 199 C3

Fernando de Noronha

Fernando de Noronha ist die größte und die einzige bewohnte Insel in einem Archipel aus 21 Inseln mitten im Atlantik vor der Küste Nordostbrasiliens. Von Recife ist es eine Flugstunde entfernt. Das Paradies für Naturliebhaber punktet mit kristallklarem Wasser, perfekt zum Tauchen und Schnorcheln, und endlosen weißen Sandstränden, die zum Entspannen einladen.

Auf der idyllischen Insel Fernando de Noronha werden die Besucherzahlen streng kontrolliert

Dass ein Großteil der Insel als Teil des nahezu archipelweiten Meeresschutzgebiets **Parque Nacional Marinho Fernando de Noronha** *(Alameda do Boldró, Tel. 81/3619 1171, $$$)* ausgewiesen ist, macht Fernando de Noronha zu einem wunderbaren Rückzugsort.

Mit Sichtweiten von bis zu 50 m und Wassertemperaturen von durchschnittlich 26 °C herrschen hier die besten Tauchbedingungen Brasiliens. An Orten wie **Pedras Secas**, **Cabeço da Sapata**, **Baía do Sueste** und **Porto Santo Antônio** bekommen Taucher Korallenriffe, Meeresschildkröten, Haie, Spinnerdelfine, Barrakudas und Wracks zu sehen.

Auch ohne Tauchschein kann man beim Schnorcheln oder Schlepptauchen einiges von der Unterwasserwelt sehen. Auf dem Wasser ist Windsurfen beliebt, und Wellenreiter können von November bis März gute Wellen erwischen. Zu den schönsten Stränden gehören **Praia do Leão**, **Praia da Baía dos Porcos** und **Praia da Baía do Sancho**.

Vom Aussichtspunkt **Mirante dos Golfinhos** kann man Spinnerdelfine erspähen, die nur hier und im Südpazifik vorkommen. Am ehesten sieht man sie am frühen Abend, wenn sie zum Jagen hinausschwimmen, und bei Tagesanbruch, wenn sie zurückkehren. Mehr Informationen beim **Projeto Golfinho Rotador** (Spinnerdelfin-Projekt; *Tel. 81/3619 1295)*. Das **Projeto Tamar** *(Alameda do Boldró, Tel. 81/3619 1171)* betreibt eine Schutzstation für Meeresschildkröten mit Museum. Dort können Sie Markierungsaktionen begleiten oder je nach Saison Eiablage oder Schlüpfen der Schildkrötenbabys beobachten.

Die Insel lässt sich auf diversen Fußwegen erkunden, die u. a. zehn Festungen aus dem 18. Jh. verbinden.

Wichtige Infos vorab

Die Regierung erhebt eine Besuchergebühr pro Tag (www.noronha.pe.gov.br), der Park zusätzlich einen Pauschalbetrag für ein Zehn-Tages-Permit. Zum Schutz der Natur ist die Zahl der verfügbaren Betten begrenzt. Die meisten Gäste übernachten in Privatunterkünften namens *pousadas domiciliares*. Das Preisniveau auf der Insel ist generell hoch.

Manche Aktivitäten erfordern einen qualifizierten Guide. Fragen Sie bei Ihrem Vermieter oder bei **Atlantis Travel** *(Praça do Cruzeiro, Vila dos Remédios, Tel. 81/3619 1371 oder 3619 1488)* nach.

Ein lehrreicher wie unterhaltsamer Familienausflug führt zum Eco-Parque Peixe-Boi und den dort gehaltenen Seekühen.

ROSE DAVIDSON
National Geographic-Mitarbeiterin

die Küste schmiegt. Als die Portugiesen zurückkehrten, erweiterten sie das Fort und benannten es offziell um. Über dreihundert Jahre später nennen es trotzdem alle immer noch **Forte Orange** *(Ende der Estr. do Forte, Km 5, Praia do Forte)* statt Fortaleza de Santa Cruz. Neben dem Fort, das man besichtigen kann, ist die zweite Attraktion der Insel der nahe **Eco-Parque Peixe-Boi & C.I.A.**, das Besucherzentrum des Manati-Schutzprojektes. In großen Becken schwimmen dort mehrere Seekühe, die durch große Glasscheiben zu beobachten sind.

Südlich von Recife erstreckt sich eine Reihe von bei Brasilianern beliebten Stränden. In **Cabo de Santo Agostinho**, etwa 40 km südlich von Recife, wacht die **Igreja de Nossa Senhora de Nazaré** *(Vila de Nazaré)* aus dem 16. Jh. vom höchsten Punkt aus über die Stadt. Von hier sieht man unterhalb die Ruinen des Forte Castelo do Mar, einer Festung aus dem 18. Jh., und in der Ferne

Porto de Suape, den Hafen Recifes. Von der alten Zuckerrohrplantage **Engenho Massangana** *(PE-60, Km 10, Vila Massangana, Tel. 81/3527 4025, Mo geschl.)* sind noch Gutshaus und Kapelle zu besichtigen. Der brasilianische Autor, Politiker und Abolitionist Joaquim Nabuco (1849–1910) lebte hier als Kind.

16 km weiter hat sich der einst ruhige Badeort **Porto de Galinhas** zu einem von Brasiliens meistbesuchten Zielen entwickelt. Sie können eine *jangada* (Segelboot der Fischer) zu den bei Ebbe vor der Küste entstehenden Pools nehmen, es gibt jedoch nicht mehr viel zu sehen. ∎

**Eco-Parque
Peixe-Boi &
C.I.A.**

✉ Ende der Estr.
do Forte,
Km 5, Praia do
Forte, Ilha da
Itamaracá

☎ 81/3544 1056

🕐 Mo geschl.

💲 $

**Porto de
Galinhas**

🗺 Karte S. 199 C3

Im Kunsthandwerk von Olinda spielen Tiere ein große Rolle

Paraíba & Rio Grande do Norte

Die Einheimischen strömen wegen der Strände nach Paraíba und Rio Grande do Norte, dabei gibt es dort auch reichlich Historie und Kultur zu entdecken.

Besonders die Strände von João Pessoa ziehen Gäste an, doch auch die Altstadt ist sehenswert

João Pessoa

Karte S. 199 C3

Besucherinformation

✉ Delegacia de Atendimento ao Turista, Av. Alameda Tamandaré 100, Tambaú

☎ 83 / 3214 8022

João Pessoa

João Pessoa, die Hauptstadt von Paraíba, bietet Stadtstrände und eine attraktive Altstadt. Anders als viele andere Küstenstädte entstand sie ein Stück flussaufwärts am Rio Sanhauá, einem Zufluss des Rio Paraíba, und dehnte sich zur Küste hin aus. Die Gebäude am Strand unterliegen Höhenbeschränkungen, und die Stadt will umweltbewusster werden: 2012 gelobte man, Abschnitte des Atlantischen Regenwaldes zu schützen und zu regenerieren, der sich einst hier erstreckte.

João Pessoa mag nicht so „grün" sein wie Curitiba, aber man ist bemüht. Da ist z. B. die Bio-Baumwolle. Diese in Brasilien entwickelte spezielle Züchtung farbiger Baumwolle verbraucht bei der Verarbeitung weniger Wasser. Produkte sind im **Mercado de Artesanato Paraibano** *(Av. Senador Ruy Carneiro 241, Tambaú, Tel. 83/3247 3135)*, ein paar Blocks landeinwärts von der beliebten **Praia de Tambaú**, zu haben. Auch die benachbarte **Praia do Bessa** wird von Einheimischen geschätzt.

An der **Praia do Jacaré** am Rio Paraíba kann man bei Sonnenuntergang den Klängen von Ravels „Bolero" lauschen, die ein Saxophonist auf einem Kanu intoniert.

Beim Bummel durch João Pessoas Altstadt sollten Sie im **Centro Cultural São Francisco** (Praça São Francisco, Centro, Tel. 83/3218 4505), einem kolonialzeitlichen Kloster mit barocker Architektur und Kunst, Halt machen. Ein paar Blocks weiter zeigt die **Casa do Artista Popular** (Praça Independência 56, Centro, Tel. 83/3221 2267, Mo geschl.) Volkskunst des Nordostens.

An der Spitze der Halbinsel, 25 km nördlich des Zentrums, wartet die Festung **Fortaleza de Santa Catarina** auf Erkundung. Etwa 100 km nördlich bietet in Barra do Mamanguape das **Projeto Peixe-Boi-Marinho** (PB-025, ab BR-101, Rio Tinto, Tel. 83/3228 3865), ein Schutzprojekt für Seekühe, Bootsausflüge ($$) zur Beobachtung der Tiere an. Etwa 25 km südlich von João Pessoa, in **Conde**, liegt die **Praia de Tambaba**, Brasiliens erster offizieller FKK-Strand.

Paraíba Interior

Das Binnenland von Paraíba strotzt vor historischen und prähistorischen Stätten – und informiert über Dinosaurier, vorzeitliche Menschen bis hin zur Zuckerproduktion des 19. Jhs.

Campina Grande & Umgebung: Campina Grande liegt 135 km landeinwärts von João Pessoa. Im Juni lockt die **Festa de São João** eine knappe Million Menschen an (siehe Kasten). Zu anderen Zeiten ist das **Museu Assis Chateaubriand** (Rua João Lélis 581, Catolé, Tel. 83/3337 3637, Sa & So geschl.) die Hauptattraktion. Das Museum für moderne

Kunst gründete Assis Chateaubriand, Medienmogul aus Paraíba und treibende Kraft bei der Schaffung des MASP, Brasiliens wichtigstem Kunstmuseum, in São Paulo. Die Dauerausstellung umfasst Arbeiten von führenden Künstlern des Modernismo Brasileiro. Auch das **Museu de Algodão** (Rua Benjamin Constant, Tel. 83/3341 0603,

---

Die Festa de São João in Campina Grande

Die Festivitäten der Festa de São João in Campina Grande konzentrieren sich auf den 4 ha großen Komplex des **Parque do Povo** (Rua Major Belmiro), eine Art folkloristischen Filmsets mit Bühnen, Bars, Restaurants und Attraktionen. Es gibt Tanzwettbewerbe, Lagerfeuer, Feuerwerk und einen Marathon an Livemusik, insbesondere forró (siehe S. 49). Der **Expresso-Forrozeiro-Zug** (Tel. 83/3066 3300 oder 9993 5151, Juni Sa & So, $$) dreht diverse spezielle, 90-minütige Party-Runden, die Waggons voller Musik und Tanz. Er startet an der Estação Velha de Campina Grande, dem alten Bahnhof, der jetzt das **Museu de Algodão** (s. u.) beherbergt.

Fortaleza de Santa Catarina

✉ Rua Francisco Serafim, bei der Praia Ponta de Matos, Cabedelo

☎ 83/3228 3959

Campina Grande

🗺 Karte S. 199 C3

Besucherinformation

✉ Prefeitura de Campina Grande, Rua Volta Redonda, 3 limãs

☎ 83/3310 6127

🕐 Sa & So geschl.

ERLEBNIS: Kitesurfen in Galinhos

Ziehen die Wellen von Santa Catarina Surfer magisch an, haben die Winde im brasilianischen Nordosten eine ähnliche Wirkung auf Kitesurfer. Einer der besten Spots zum Kitesurfen ist das stille **Galinhos**. Über 160 km nordwestlich von Natal sind seine nahezu unberührten Strände, umgeben von Dünen und Pyramiden natürlicher Salzablagerungen, nur per Boot oder Geländewagen erreichbar. Das einzige Zeichen von Zivilisation ist ein Fischerdorf. Viele Leute benutzen noch Eselskarren. Man kann auch ein *burro-táxi* (Eseltaxi) mieten, um die Gegend zu erkunden.

Zwischen Juli und März ist das Wasser hier klar und warm, der Wind stark und die Wellen beachtlich, perfekt zum Kitesurfen. Es gibt gute Kitesurfing-Spots für Anfänger ebenso wie für alte Hasen. Bemerkenswert ist der **Pico das Coroas**, eine Sandbank im offenen Meer, zu der man nur mit dem Boot gelangt.

Wie der Name vermuten lässt, kommen beim Kitesurfen ein Brett, ähnlich einem kleinen Surfboard, und ein großer Windschirm zum Einsatz, der als Luftsegel dem Antrieb dient. Ein echtes Kitesurf-Ass kann springen und sich drehen wie ein Turner. Für den Anfang braucht man sicherlich Unterricht, aber die Lernkurve ähnelt der beim Skifahren oder Snowboarden.

Exbr Kitesurf Travel *(Rua da Consolação 2710, loja 24, Jardins, São Paulo, Tel. 11/3506 1822, www.exbr.com.br, Sa & So geschl.)* mit Sitz in São Paulo organisiert Kitesurfing-Ausflüge zu etwa einem Dutzend Orten in Brasilien, darunter Galinhos, und bietet Unterricht an. Die meisten Ziele liegen im übrigen Rio Grande do Norte und im benachbarten Ceará.

Museu da Rapadura

✉ Praça Pedro Américo 76, Solar José Rufino, Areia

☎ 83/8701 0021

Sousa

🗺 Karte S. 199 C3

Besucherinformation

✉ Centro de Informação ao Turista, Rua Deputado José de Paiva Gadelha, Gato Preto

☎ 83/3522 2688

🕐 Sa & So geschl.

So geschl.), ein kleines Museum zur Baumwollproduktion in der Region, lohnt einen Besuch. Probieren Sie auch die örtliche Spezialität *carne de sol*, in der Sonne getrocknetes Rindfleisch.

In **Ingá**, etwa 45 km ostwärts, ist der **Sítio Arqueológico Itaquatiara**, auch Pedra do Ingá genannt, zu besichtigen, ein 24 m langer und 4 m hoher Fels voller prähistorischer Ritzungen. Er ist nicht leicht zu finden; am besten schließt man sich einer Tour an, z. B. von **Cariri Ecotours** *(Tel. 84/9660 1818, www.caririecotours. com.br)* in Natal. In **Areia**, gut 40 km nordöstlich von Campina Grande, erläutert das **Museu da Rapadura**

in einer alten Zuckermühle, wie man im 19. Jh. aus Zuckerrohrsaft Zucker herstellte. Im **Vale dos Dinossauros** *(Rod. Estadual José de Paiva Gadelha, Km 5, Sousa, Tel. 83/3522 1065)* schließlich sind Dinosaurier-Fußabdrücke zu bestaunen, die Millionen von Jahren überdauert haben; die Stätte liegt in **Sousa**, 300 km westlich von Campina Grande.

Cariri-Region: Wenn Locationscouts Drehorte im folklorereichen, ausgedörrten Hinterland des *sertão* suchen, kommt die Cariri-Region stets in die engere Wahl. Die einzigartige Geologie hinterließ eine von Felsblöcken durchsetzte Landschaft.

Besonders sehenswert ist die große Felsgruppe **Lajedo de Pai Mateus** mit den besonders auffälligen Gesteinsbrocken **Pedra do Capacete** (Helmfels) und **Pedra Saca de Lã** (Wollsack). Man kann sich sehr gut vorstellen, wie die legendären Banditen des Nordostens durch dieses Gebiet streiften – wie sie es schon so oft im brasilianischen Kino taten.

INSIDERTIPP

An den Sandstränden des kleinen, entspannten São Miguel do Gostoso (150 km nördlich von Natal) lässt es sich herrlich kite- und windsurfen.

RODRIGO NICOLETTE
Professor, Universität von São Paulo

In der Cariri-Region wurden zudem wichtige archäologische Funde gemacht (die beeindruckendsten befinden sich in Ingá; siehe S. 228). Im Lajedo do Pai Mateus sind einige primitive Malereien zu finden, eine stellt Menschen dar, die einen Nandu grillen. Nachfahren dieses prähistorischen Barbecues sieht man heute zwischen Kakteen und Bromelien umherstaksen. Die Region wird bisher kaum von Touristen besucht und erst nach und nach von einheimischen Wanderern und Mountainbikern entdeckt.

Die nächstgelegene Stadt ist **Cabaceiras**, etwa 70 km südwestlich von Campina Grande. Der Ort ist bekannt für die Produktion traditioneller brasilianischer Ledercowboyhüte – sie erlangten durch Filme und Musiker wie Luiz Gonzaga und Dominguinhos Berühmtheit.

Die einfachste Art, die Cariri-Region zu besuchen, ist, eine Tour bei einem örtlichen Anbieter wie Cariri Ecotours (s. o.) zu buchen.

Natal & die Nordküste

Die meisten Besucher kommen wegen der attraktiven Strände in die Hauptstadt von Rio Grande do Norte, Natal. Daher konzentrieren sich die meisten Hotels, Restaurants und Bars um die beliebte **Praia de Ponta Negra**. Eine Handvoll historischer und kultureller Attraktionen liegt jedoch im 13 km entfernten Zentrum. Ein Highlight ist die **Igreja de Santo Antônio, Convento e Museu de Arte Sacra**, Kirche und Museum für sakrale Kunst aus dem 18. Jh. Dann ist da das **Instituto Câmara Cascudo** im ehemaligen Haus des Anthropologen und Volkskundlers aus dem 20. Jh., dessen Namen das Institut trägt, sowie das nahegelegene **Memorial Câmara Cascudo**. Beide zeigen interessante Objekte aus Cascudos persönlicher Sammlung. Nicht weit vom Zentrum entfernt wacht die

Lajedo de Pai Mateus

🅰 Karte S. 199 C3

Cabaceiras

🅰 Karte S. 199 C3

Besucherinformation

✉ Prefeitura de Cabaceiras, Rua Coronel Maracajá, 7, Centro

☎ 83/3356 1042 oder 3356 1179

🕐 Sa & So geschl.

Natal

🅰 Karte S. 199 C3

Besucherinformation

✉ Secretária de Turismo, Rua Hemetério Fernandes 1102, Tirol

☎ 84/3232 2482

🕐 Sa & So geschl.

http://turismo.natal.rn.gov.br

Igreja de Santo Antônio, Convento e Museu de Arte Sacra

✉ Rua Santo Antônio 698, Cidade Alta, Natal

☎ 84/3211 4236

Instituto Câmara Cascudo

✉ Av. Câmara Cascudo 377, Cidade Alta, Natal

☎ 84/3222 3293

🕐 So & Mo geschl.

💲 $

**Memorial
Câmara Cascudo**

✉ Praça André de
Albuquerque
30, Cidade Alta,
Natal

☎ 84/3342 4912

🕐 Mo geschl.

**Fortaleza dos
Reis Magos**

✉ Av. Praia do
Forte, Santos
Reis, Natal

☎ 84/3202 9006

💲 $

**Parque das
Dunas**

✉ Av. Alexandrino
de Alencar, Tirol,
Natal

☎ 84/3201 3985

🕐 Mo geschl.

💲 $

Fortaleza dos Reis Magos
seit 1598 treu über die Mündung des Rio Potengi.

Der **Parque das Dunas** ist nach der Floresta da Tijuca in Rio de Janeiro Brasiliens größter innerstädtischer Park. Es gibt drei Wanderwege; der längste, der 4 km lange **Ubaia Doce**, führt durch Waldbestand und belohnt mit Blick aufs Meer.

Dünen: *Die* Attraktion in Natal ist ein adrenalinegeladener Buggy-Trip mitten in das Meer von Küstenwanderdünen hinein. Dabei passiert man die **Lagoa de Jacumã**, eine Lagune, in die man auf einem Bord oder per Seilrutsche von hohen Sanddünen hinabgleiten kann. Buggy und Fahrer kann man entweder in Natal oder am Strand von **Genipabu**, etwa 30 km nördlich des Zentrums, engagieren.

Informationen gibt es bei der **Associação de Proprietários e Condutores de Buggy** (*Av. Beira Mar 405, Genipabu, Tel. 84/3225 2077 oder 9937 4919*).

Die Dünen von Genipabu können Sie auch per Kamel erkunden. Die ersten Kamele gelangten um 1860 als Transportmittel

Die US-Militärpräsenz in Natal im Zweiten Weltkrieg

Im Zweiten Weltkrieg wählten die USA die damals kleine Stadt Natal wegen ihrer strategischen Lage, um dort eine Militärbasis einzurichten. Dieser Punkt des amerikanischen Doppelkontinents lag Afrika am nächsten, sodass er als Versorgungsbasis für den Einsatz in Nordafrika und zur Verteidigung Südamerikas gegen eine potenzielle Invasion der Achsenmächte dienen konnte. Tausende von US-Soldaten waren während des Kriegs hier stationiert.

Die Militärbasis befand sich auf einer zivilen Einrichtung, die heute als Augusto Severo International Airport Fluggäste abfertigt. Parnamirim Field, wie der

Flugplatz damals nach dem Vorort hieß, in dem er liegt, soll während des Kriegs einer der betriebsamsten Flugplätze der Welt gewesen sein. Auch heute noch ist Militär am Flughafen präsent: Die brasilianische Luftwaffe unterhält hier eine Basis.

Die US-Marine hatte zudem einen Wasserflugzeug-Anleger nahe der Mündung des Rio Potengi. An der Stelle der Natal Seaplane Base, vor Ort als Rampa bezeichnet, soll in einigen Jahren ein Museum, das **Centro Cultural da Rampa**, eröffnen. Weitere Informationen zur Rampa gibt es auf der Website der **Fundação Rampa** (*www.fundacaorampa.com.br*).

für eine wissenschaftliche Expedition in die Region. Der aktuelle Bestand wurde erst in jüngster Zeit hierher gebracht. Ein Kamelritt muss mindestens zwei Wochen im Voraus reserviert werden, nähere Informationen hat **Dromedunas** *(Rua Praia de Genipabu, Nova Parnamirim, Tel. 84/3225 2053).*

Praia da Pipa & die Südküste

Praia da Pipa, einer der berühmtesten Badeorte Brasiliens, liegt gut 85 km südlich von Natal in der Gemeinde **Tibau do Sul**. Bis in den 1970er Jahren ein paar Hippies auftauchten, war Praia da Pipa ein schläfriges Fischerdorf. Heute herrscht besonders in Ferienzeiten jede Menge Trubel.

Hauptattraktion sind die Strände. Die **Praia do Amor** ist am lebhaftesten. Etwas weiter südlich liegt die wesentlich ruhigere **Praia das Minas**. Beliebt sind darüber hinaus Ausflüge per Dünenbuggy, Geländewagen, Boot oder *pau de arara* (Pritschenwagen). Es gibt Mountainbike-Rundstrecken, und Sie können im **Santuário Ecológico de Pipa** wandern gehen, einem Naturschutzgebiet mit über einem Dutzend zumeist einfacher Wege. Weitere Informationen zu Outdoor-Aktivitäten hat **Pipa Aventura** *(Av. Baía dos Golfinhos 654, Tel. 84/3246 2008).*

Das **Projeto Tamar** *(Av. Joaquim Patrício 4000, Km 11, Distrito Litoral, Pium, Parnamirim, Tel. 84/4103 1967),* ein Schutzprojekt für Meeresschildkröten, betreibt hier eine Außenstation. In der Saison, gewöhnlich in den ersten paar Monaten des Jahres, können Sie hier Junge schlüpfen und ins Meer tapsen sehen.

Praia da Pipa

🗺 Karte S. 199 C3

Santuário Ecológico de Pipa

✉ Estr. para Tibau do Sul, Praia da Pipa

☎ 84/3211 6070

💲 $

www.pipa.com.br/ santuarioecologico/ english

Beim Fußballspielen im Sand von Rio Grande do Norte

Zwischen Natal und Pipa wächst am Strand Pirangi do Norte in **Parnamirim**, etwa 25 km südlich von Natal, ein Cashewbaum, von dem Einheimische behaupten, er sei der größte der Welt. Legen Sie noch einen Stopp in **Nísia Floresta**, weitere 21 km südlich, ein, um den Frauen von der **Associação das Labirinteiras de Campo de Santana** beim Klöppeln zuzusehen *(RN-063, Nísia Floresta, Tel. 84/3277 8002, Besuch telefonisch ankündigen).* ■

Ceará, Piauí & Maranhão

Piauí und Maranhão bieten Historie und Natur abseits der ausgetretenen Pfade. Und Ceará ist für seine Küste mit spektakulären Stränden bekannt.

Fortaleza

Fortaleza ist beides, Massentourismusziel und Durchgangsstation für Reisende, die zu weniger hektischen Badeorten im Norden unterwegs sind. Die Stadtstrände mit ordentlichen Hotels, preiswerten Bars und Restaurants sowie lebhaftem Nachtleben in unmittelbarer Nähe locken viele Brasilianer an. Eine Menge Unterhaltung bietet das **Centro Dragão do Mar de Arte e Cultura**. Das erstklassige Kulturzentrum umfasst u. a. ein Museum für zeitgenössische Kunst, ein Planetarium, ein Ethnographisches Museum, ein Kino, zwei Theater und eine Bücherei, die alle ein reichhaltiges Programm anbieten. Oft finden auch Konzerte von berühmten brasilianischen Musikern statt. In der Umgebung gibt es eine Menge Bars und Restaurants.

Im **Centro de Turismo** in der Innenstadt wird in einem umgenutzten Gefängnis von 1866 Kunsthandwerk verkauft. Die Zellen wurden zu kleinen Läden umgebaut. Auf dem nahegelegenen **Mercado Central** (*Av. Alberto Nepomuceno 199, Centro, Tel. 85/3454 8586*) gibt es ebenfalls Kunsthandwerk, aber auch *cachaça*, Cashewnüsse und andere Dinge des täglichen Bedarf. Ebenfalls im Zentrum illustriert das **Museu do Ceará** (*Rua São Paulo 51, Tel. 85/3101 2610, Mo geschl., $*) mit

An der Praia do Meireles in Fortaleza wird jeden Abend ein Kunsthandwerksmarkt, die Feira Noturna, aufgebaut

Wachsfiguren vom umstrittenen Padre Cícero (siehe S. 20) bis zum Banditen Lampião die Geschichte des Bundesstaats. Wenn Sie schon einmal hier sind, sehen Sie sich die schmucke Fassade des Belle-Époque-Baus des **Theatro José de Alencar** (*Rua Liberato Barroso 525, Tel. 85/3101 2583, Mo geschl., $*) an. Es werden auch Führungen angeboten.

Gegen 17 Uhr beginnt dann am Strand ein Kunsthandwerksmarkt, die **Feira Noturna** (*Av. Beira-Mar an der Praia do Meireles*).

Die Küste von Ceará

Fortaleza teilt die Küste von Ceará in zwei Abschnitte: die **Costa Sol Poente** (Sonnenuntergangsküste) im Nordwesten und die **Costa Sol Nascente** (Sonnenaufgangsküste) im Südosten. Hauptziel in Ersterer ist **Jericoacoara** (etwa 300 km nordwestlich von Fortaleza; siehe Kasten), an Letzterer Canoa Quebrada (etwa 170 km südöstlich von Fortaleza).

Die touristischen Angebote unterscheiden sich an den verschiedenen Stränden entlang der Küste kaum. In den großen Badeorten sind Dünenbuggy-Touren die Hauptattraktion, so in Jericoacoara, **Icaraí de Amontada**, **Lagoinha**, **Cumbuco** und **Canoa Quebrada**. Gute Spots zum Kite- und Windsurfen sind Jericoacoara,

Jericoacoara

Diverse Bestenlisten führen Jericoacoara als einen der schönsten Strände Brasiliens. Er ist einigermaßen unberührt, weil er nicht mit normalen Fahrzeugen erreichbar ist. Um dorthin zu gelangen, nimmt man ab **Jijoca**, der Gemeinde, zu deren Gebiet der Strand gehört, einen Geländewagen. Weitere Informationen gibt es bei **Jeri Off Road** (*Tel. 88/3669 2268 oder 9971 3330, www.jeri.tur.br, So geschl.*). Sie können Jericoacoara auch in einem mehrtägigen Ausflug mit **EcoAdventure Tour** (*Av. Presidente Getúlio Vargas 26, Parnaíba, Tel. 86/3323 9595, www.ecoadventure.tur.br*) besuchen.

Icaraí de Amontada, **Flecheiras**, **Guajirú**, **Paracuru**, **Taíba**, Cumbuco und Canoa Quebrada. In Jericoacoara sind auch Ausritte beliebt. Informationen zum Kitesurfen gibt es bei **Exbr Kitesurf Travel** (*Rua da Consolação 2710, loja 24, Jardins, São Paulo, Tel. 11/3259 1422, www.exbr.com.br*).

Costa Sol Nascente: Das **Centro das Tapioqueiras** (*Av. Washington Soares 10215, Tel. 85/3274 7565, $*) im Außenbezirk **Messejana**, knapp 20 km südöstlich von Fortaleza-Zentrum entlang der CE-040, besteht aus zwei Dutzend Ständen, die

Fortaleza
⚐ Karte S. 199 C4
Besucherinformation
✉ Prefeitura de Fortaleza, Rua São José 01, Centro
☎ 85/3105 1464
🕐 Sa & So geschl.

Centro Dragão do Mar de Arte e Cultura
✉ Rua Dragão do Mar 81, Praia de Iracema, Fortaleza
☎ 85/3488 8600
🕐 Mo geschl.

Centro de Turismo
✉ Rua Senador Pompeu 350, Centro, Fortaleza
☎ 85/8658 3640

HINWEIS: Fortaleza hat einen gewissen Ruf als Sextourismusziel. Prostitution ist in Brasilien legal, Zuhälterei und das Betreiben eines Bordells dagegen nicht. Das Mündigkeitsalter ist differenziert, aber Erwachsene sollten davon ausgehen, dass sexuelle Beziehungen mit Personen unter 18 Jahren strafbar sind.

Costa Sol Nascente
⚐ Karte S. 199 C4

Parnaíba

◪ Karte S. 199 B4

Besucherinformation

✉ Prefeitura de Parnaíba, Rua Itauna 1434, Boa Esperança

☎ 86/3315 1079

Tapioka-Snacks in diversen Geschmacksrichtungen servieren. Etwa 35 km südöstlich von Fortaleza ist in **Aquiraz** das **Centro das Rendeiras da Prainha** (Rua Desembargador Péricles Ribeiro, Tel. 85/3361 6447) angesiedelt, eine Klöppelkooperative mit etwa 80 Mitgliedern. Dort kann man die Werkstatt besichtigen und die hergestellten Produkte erstehen. Am besten melden Sie Ihren Besuch vorher an.

Obwohl es schon lange kein Geheimtipp mehr ist, hat sich das schwer erreichbare Jericoacoara seinen Charme erhalten

Ein paar Kilometer weiter südlich können Sie in einer der gut 20 Zuckermühlen in **Pindoretama** zuschauen, wie rapadura, der harte, dunkle, unraffinierte Zucker, den Brasilianer als Süßigkeit essen, hergestellt wird. **Complexo Tradição Engenho e Tapiocaria** (CE-040, Km 45, Pindoretama) und **Engenho e Museu da Rapadura Cana**

Dá (CE-040, Km 39, Tel. 85/9713 7798, $), Letzterer mit Museum, sind zwei gute Optionen.

Der Norden von Piauí

Die Region wartet mit der herrlichen Naturlandschaft des Parnaíba-Deltas und einem kleinen Nationalpark mit archäologischen und geologischen Schätzen auf.

Das einzigartige 2700 km² große **Delta do Parnaíba**, wo sich der Rio Parnaíba nach 1458 km ins Meer ergießt, besteht aus Dutzenden von Flussinseln mit Sanddünen, Mangroven und riesigen Vogel- und Wildtierpopulationen. Auch wenn über die Hälfte des Deltas jenseits der Grenze in Maranhão liegt, starten Touren in **Parnaíba**, der zweitgrößte Stadt Piauís.

Bei einem Bootsausflug sehen Sie vielleicht Kaimane und mit Sicherheit eine Vielzahl an Vögeln. Spezielle Vogelexkursionen führen in die Nistgebiete des spektakulären Roten Ibis, den man eher gegen Ende des Jahres erspäht. Auch Jeeptouren werden angeboten. Details gibt es bei **EcoAdventure Tour** (Av. Presidente Getúlio Vargas 26, Tel. 86/3323 9595, www.ecoadventure.tur.br) in Parnaíba. In jedem Fall werden Sie im Delta eine Menge Krebse sehen. Sie sind auch Hauptbestandteil der Speisekarten in den besten Restaurants von Parnaíba.

INSIDERTIPP

Die Insel Cajú in der Wildnis des Delta do Parnaíba bietet totale Einsamkeit. Kristall-klare Teiche schmiegen sich dort zwischen riesige Sanddünen.

ROBERT WALKER

Professor für Geographie & Experte für Umweltveränderungen am Amazonas, Michigan State University, USA

Sowohl EcoAdventure Tour in Parnaíba als auch **Caetés Expedições** *(Av. Brasília 40, Centro, Tel. 98/3349 0528 oder 9158 3349)* in Barreirinhas, Maranhão, bieten eine mehrtägige Tour an, die das Delta, Jericoacoara (in Ceará; siehe S. 233f) und Lençóis Maranhenses (in Maranhão; siehe S. 239f) kombiniert.

Auf halber Strecke zwischen Parnaíba (etwa 180 km nach Norden) und Piauís Hauptstadt Teresina (nach Süden) liegt **Piripiri**, das Einfallstor zum **Parque Nacional das Sete Cidades**. Die „sieben Städte" im Namen beziehen sich auf sieben Ansammlungen seltsamer Felsformationen. Fußwege verbinden die Stätten, die eine Fülle prähistorischer Malereien aufweisen. Der Schweizer Autor Erich von Däniken ist der Meinung, dass die DNA-Strängen

(Fortsetzung auf S. 238)

Piripiri

▲ Karte S. 199 B4

Besucher-information

✉ Prefeitura de Piripiri, Rua Antônio Alves 747, Centro

☎ 86/3276 1706

Parque Nacional das Sete Cidades

▲ Karte S. 199 B4

✉ BR-222, Km 64, Piripiri

☎ 86/3343 1342

Prainha do Canto Verde

Im Gegensatz zu vielen anderen Fischerdörfern an der brasilianischen Nordostküste wird Prainha do Canto Verde *(Karte S. 199 C4, Besucherinformation Tel. 85/3378 2216, Sa & So geschl.)*, von Fortaleza 110 km die Küste hinunter, nicht von Eindringlingen, Zersiedlung, Umweltverschmutzung, Drogen und Kriminalität dominiert. Die Bewohner können immer noch bei unverschlossenen Türen schlafen.

Anstatt sich fremdbestimmen zu lassen, haben sich die Gemeindemitglieder zusammengetan und eine Kooperative gegründet, um lokale Trägerschaft zu fördern und ihre eigene besondere Tourismusmarke zu vertreiben, sowie um gegen Immobilienspekulation und illegale Fischerei vorzugehen. Sie bieten ihre eigenen Gästehäuser und Touren an und haben Partnerschaften mit auswärtigen Gruppen geschlossen, um sich selbst und ihre Kinder als Fremdenführer und Köche auszubilden.

Sie bieten eine Reihe von Aktivitäten an. Es gibt Buggy-Fahrten über die angrenzenden Sanddünen und Strände zu Lagunen und anderen Sehenswürdigkeiten; ein Ausflug führt ganz bis ins etwa 50 km entfernte Canoa Quebrada. Man kann auf einem Katamaran oder einer traditionellen *jangada*, dem kleinen Segelboot der Fischer des Nordostens, in See stechen. Oder Sie begleiten Fischer bei ihrer Arbeit. Drei Wanderwege haben Natur und Heimatgeschichte zum Thema. Guides zeigen Ihnen alles von der alten Straße, die im 19. Jh. nach Fortaleza führte, bis zum Strand, an dem Meeresschildkröten ihre Eier ablegen. Zudem sind über ein halbes Dutzend Strände gut mit dem Auto erreichbar.

Unterkünfte rangieren vom einzelnen Zimmer bis zum einfachen Haus. Fünf-Sterne-Luxus gibt es hier nicht, aber egal, wo Sie unterkommen, Sie werden direkten Kontakt mit den Einheimischen haben.

Parque Nacional da Serra da Capivara

Die Serra da Capivara in Piauí, Welterbestätte seit 1991, kann es mit jeder archäologischen Stätte der Welt aufnehmen, nicht nur in puncto historischer Relevanz und Schönheit, sondern auch wegen ihrer Zugänglichkeit.

Nächtliche Besichtigung der prähistorischen Felsenkunst in der Serra da Capivara bei Flutlicht

Der Nationalpark *(Karte S. 199 B3, Rua Doutor Luís Paixão 188, Milonga, Tel. 89/3582 2085)* liegt bei **São Raimundo Nonato**, über 500 km südlich von Piauís Hauptstadt Teresina. Besser erreichbar ist er von Petrolina, 300 km östlich im benachbarten Pernambuco. Der Ort mag heute abgelegen erscheinen, vor 25 000 Jahren jedoch begann eine Gruppe unserer Vorfahren in der Region eine Menge Höhlenmalereien und Felsritzungen sowie einige Grabstätten zu hinterlassen. Die Entdeckung dieser archäologischen Stätten hat Paläoanthropologen dazu gebracht, die Theorie zu hinterfragen, dass der amerikanische Doppelkontinent erstmals von Menschen besiedelt wurde, die vor 10 000 Jahren über die Beringstraße von Sibirien nach Alaska kamen.

Verschaffen Sie sich vor dem Parkbesuch im **Museu do Homem Americano** (Museum of the American Man; *Centro Cultural Sérgio Motta, Campestre, Tel. 89/3582 1612, $*) in São Raimundo Nonato einen Überblick. Auf Anfrage können Sie die Forschungslabors im Museum besuchen, wenden Sie sich dafür an die **Fundação Museu do Homem Americano** *(Tel. 89/3582 3684 oder 3582 1700),* die private Stiftung, die archäologische Forschung

Neben der Felsenkunst bietet der Parque Nacional da Serra da Capivara eine grandiose Landschaft

betreibt und den Nationalpark unterstützt. Bei der Stiftung kann man sich auch über Guides informieren, die für einen Parkbesuch vorgeschrieben sind.

Felskunst & Landschaft

Über tausend verschiedene archäologische Stätten – etwa 700 mit Malereien – wurden identifiziert. Etwa 300 sind öffentlich zugänglich, 130 wurden z. T. mit Rampen und Geländern extra für Besucher hergerichtet. Zahlreiche Wege winden sich durch den Park und erschließen die Felskunststätten.

Die Hauptattraktion ist der Rundweg **Boqueirão da Pedra Furada**, nach einer geologischen Formation benannt, die einem durch eine Felswand gestanzten Loch ähnelt. Das Highlight des Rundwegs ist die **Baixão da Pedra Furada**, die größte und besterhaltene Gruppe von Malereien. Tiere, vor allem Wild, tauchen immer wieder in den Malereien auf, ein weiteres wiederkehrendes Thema ist Sex. Es lohnt sich eventuell, sich den Rundweg für das Tagesende aufzusparen: Auf Anfrage illuminieren die Ranger ihn abends *(vor 16 Uhr bei der Rangerstation fragen)*.

Läuft man den Rundweg **Andorinhas** am späten Nachmittag, kann man

neben der Felskunst die Schwalben sehen, nach denen die Stätte benannt ist, wie sie scharenweise im Sinkflug durch die enge Schlucht zu ihren Nestern heimkehren. Wer gut zu Fuß ist, sollte ein paar der entlegeneren Stätten aufsuchen, z. B. auf dem Rundweg **Alta da Serra**, oder den Weg **Baixa da Perna**.

Das raue Gelände wird von der Caatinga dominiert. Fast das ganze Jahr über ruhen die Pflanzen des Buschlands, Tiere trotten gemächlich umher. Dann kommen die Frühlingsschauer, und innerhalb von wenigen Tagen wird die ganze Landschaft auf wundersame Weise grün. Ein paar Monate lang strotzt die Caatinga vor Leben, bevor sie sich wieder der heißen Sonne und der Trockenheit ergibt.

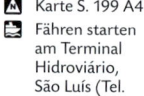

São Luís

Karte S. 199 A4

**Besucher-
information**

✉ Secretária de
Turismo, Rua
da Palma 53,
Centro

☎ 98/3212 6200

Alcântara

Karte S. 199 A4

⛴ Fähren starten
am Terminal
Hidroviário,
São Luís (Tel.
98/3232 0692)

**Parque Nacional
dos Lençóis
Maranhenses**

Karte S. 199 B4

✉ 2 km nördl. von
Barreirinhas

☎ 98/3349 1267

**www.parquelencois.
com.br**

Barreirinhas

Karte S. 199 B4

**Besucher-
information**

✉ Prefeitura de
Barreirinhas, Av.
Joaquim Soeiro
de Carvalho,
Centro

☎ 98/3349 1429

🕐 Sa & So geschl.

ähnelnden Malereien die
Anwesenheit von Außerirdi-
schen auf der Erde belegen.

São Luís

Die auf einer Insel gelegene
Hauptstadt von Maranhão
prunkt mit einer hübschen
Altstadt. Leider sind die
Unterkünfte dort knapp. Be-
achten Sie, dass die meisten
Sehenswürdigkeiten montags
geschlossen sind.

Viele der wichtigsten
Sehenswürdigkeiten konzentrieren sich im Viertel Praia
Grande, wo mit portugiesischen Fliesen geschmückte
Gebäude die Pflastergassen
säumen. Von den Franzosen,
die die Stadt 1612 grün-
deten, sind kaum Spuren
erhalten. Das **Museu das
Artes Visuais** *(Rua Portugal
273, Tel. 98/3218 9938 oder
3218 9939, Mo geschl.)* lohnt
wegen der kolonialzeitli-
chen Fliesen einen Besuch,
während die **Casa de
Nhozinho** *(Rua Portugal 185,
Tel. 98/3218 9951, Mo geschl.)*
Arbeiten traditioneller
Kunsthandwerker zeigt. Die
Casa do Maranhão *(Rua do
Trapiche, Tel. 98/3218 9955)*
beleuchtet die Volkskultur
des Bundesstaats, insbeson-
dere das jährlich im Juni
begangene Fest Bumba Meu
Boi, und auf dem Markt in
der **Casa das Tulhas** *(Rua da
Estrela 184)* aus dem 19. Jh.
werden lokale Produkte
wie Snacks, Cachaça mit
Maniok-Aroma und örtliches
Kunsthandwerk feilgeboten.

Weitere Attraktionen der
Stadt liegen etwas weiter
entfernt, aber immer noch
in fußläufiger Distanz. Das
Centro de Cultura Popular
*(Rua Giz 221, Tel. 98/3218
9924, Mo geschl.),* ein paar
Blocks östlich der Casa das
Tulhas, zeigt in einer alten
Villa Objekte des Volksglau-
bens. Südlich davon wurde
ein Sklavengefängnis in das
Museu Cafua das Mercês
*(Rua Jacinto Maia 54, Tel.
98/3218 9920, Sa & So
geschl., $),* ein Museum für
afro-brasilianische Geschichte, umgebaut.

INSIDERTIPP

**In São Luís, Maranhão,
scheint die Zeit still-
zustehen. Im Centro
Histórico mit seinen
perfekt erhaltenen
Straßen und Häusern
läuft man mitten durch
das 17. Jahrhundert.**

ROBERT WALKER
*Professor für Geographie & Experte für
Umweltveränderungen am Amazonas,
Michigan State University, USA*

Die **Fonte das Pedras**
aus dem 17. Jh., einige Blocks
östlich in der Rua de São
João, ist einer der beiden
erhaltenen öffentlichen Brunnen, die einst die Bewohner
mit Trinkwasser versorgten.
Zurück im Centro Histórico,
nehmen Sie an einer Führung
durch das opulente Innere

des **Teatro Arthur Azevedo** *(Rua do Sol, Tel. 98/3218 9900, $)* teil, eines imposanten Theaters aus dem 19. Jh.

Alcântara: Von São Luís aus erreicht man per Fähre in anderthalb Stunden die ehemalige Hauptstadt Alcântara auf dem Festland. Alcântara, 1648 gegründet, versank nach der Abschaffung der Sklaverei im späten 19. Jh. in der Bedeutungslosigkeit. Heute leben seine 22 000 Einwohner weitgehend von Touristen, die die Ruinen besichtigen. Ein paar Gebäude wurden restauriert. In Alcântara befindet sich auch Brasiliens Raketenstartrampe. Das Raumfahrtzentrum ist nicht zugänglich, aber Sie können die Ausstellung in der **Casa da Cultura Aeroespacial** *(Praça Nossa Senhora do Rosário, Tel. 98/3216 9263, $)* anschauen.

Lençóis Maranhenses

Die Lençóis Maranhenses sind ein außergewöhnlicher Ort. In einer ansonsten ausgedörrten Küstenwüste von 1550 km² Größe lassen Niederschläge Süßwasserlagunen in den Tälern zwischen den Sanddünen entstehen. Das gesamte Gebiet steht seit 1981 als **Parque Nacional dos Lençóis Maranhenses** unter Schutz.

Erst in den 1990er Jahren wagten sich ein paar vereinzelte Reisende hierher. Die erste Stadt in der Region, die in ihre Infrastruktur investierte, war **Barreirinhas**, gut 250 km östlich von São Luís. Wer einen Anflug von Komfort braucht, für den bleibt Barreirinhas die beste Übernachtungsoption. Das Dorf **Atins** liegt jedoch näher an den Hauptattraktionen des Parks, den Lagunen **Lagoa Verde** und **Lagoa do Mário**.

Bemalte Fliesen schmücken die Mauern vieler historischer Gebäude in der Altstadt von São Luís, Maranhão

Atins ist nur per Boot oder mit dem Geländewagen erreichbar. Auch die kleinen Dörfer Caburé und Santo Amaro do Maranhão bieten Übernachtungsmöglichkeiten.

Die Seen, die die weiten Sandflächen in den Lençóis Maranhenses auflockern, sind mit Regenwasser gefüllt

Cururupu

Karte S. 199 A4

Besucherinformation

Prefeitura de Cururupu, Av. Getúlio Vargas 20, Centro

98/3391 1518

Sa & So geschl.

Die Sanddünen machen die Fortbewegung schwer. Die meisten Touranbieter verwenden Geländewagen. Trekking ist auch möglich, aber man braucht eine ziemlich gute Kondition, um die Dünen zu erklimmen, und einen Führer. Je nach Route muss man zwei bis vier Tage einplanen. Ab Barreirinhas gibt es ein riesiges Angebot von Tagesausflügen in den Park. Die meisten beinhalten eine Kombination aus Wanderung, Bootstour und Geländewagenfahrt. Die Bootsfahrt findet auf dem Rio Preguiças statt, der sich an Barreirinhas, Atins und Caburé vorbeischlängelt. Beliebt sind auch Panoramaflüge über die Region. Details gibt es bei **Caetés Expedições** (Av. Brasília 40, Centro, Barreirinhas, Tel. 98/3349 0528 oder 9158 3349).

Floresta dos Guarás

Der Westen Maranhãos ist eine Übergangsregion zwischen dem Amazonas-Regenwald und dem Cerrado, der den Großteil des Bundesstaats einnimmt. Die Floresta dos Guarás liegt im Amazonasbereich. Das Gebiet wird durch zahlreiche Flussläufe in Marschen, Sümpfe und Waldflächen sowie Inseln zerteilt. Die Gewässer sind äußerst fischreich, was scharenweise Vögel anlockt, darunter diverse Zugvögel. Der Rote Ibis, portugiesisch *guará*, ist Namensgeber der Region, auch Silberreiher und Rotstirn-Blatthühnchen sind hier zuhause.

Cururupu, gut 450 km westlich von São Luís, ist das Tor zu der Region. Über 1850 km² wurden als *Reserva extrativista* ausgewiesen. Dieser Schutzstatus begrenzt die Erschließung, erlaubt jedoch den Menschen, die das Land traditionell bewohnen, die natürliche Umgebung weiterhin für ihren Lebensunterhalt zu nutzen.

Einige Bootsstunden vom Stadtzentrum entfernt liegt das Highlight der Region, der **Archipel Maiaú**. Die **Ilha dos Lençóis** lockt mit Sanddünen und Süßwasserteichen ähnlich denen der Lençóis Maranhenses (siehe S. 239f). Die Insel wird auch Ilha dos Filhos da Lua (Insel der Kinder des Mondes) genannt, weil hier

Albinismus ungewöhnlich häufig vorkommt.

Chapada das Mesas

Im südlichen Maranhão, den ein halbes Dutzend Flüsse queren, bildet die wasserreiche Chapada das Mesas einen seltsamen Kontrast in der trockenen Landschaft des Cerrado. Der **Parque Nacional da Chapada das Mesas** wurde 2005 ausgewiesen und ist einer der jüngsten Brasiliens. Die steilen Abhänge des Felsplateaus lassen aus Bächen und Flüssen Wasserfälle entstehen, die Hauptattraktion der Region. Viele Ausflüge zu den schönsten Fällen sind nur mit Geländewagen und einheimischen Führern machbar. Weitere Informationen hat **Cia do Cerrado Ecoturismo** (*Praça José Alcides de Carvalho 236, Tel. 99/3531 3222 oder 8122 0017*), ein Touranbieter in der Stadt Carolina, dem Tor zur Chapada das Mesas.

Besonders sehenswert ist der **Santuário Ecológico da Pedra Caída**. Dort stürzt der **Cachoeira da Pedra Caída** 46 m in ein natürliches Becken hinab. Wanderwege führen durch Schluchten und Täler zu weiteren Wasserfällen. Eine weitere beliebte Tour führt zu den Wasserfällen, die sich am Rio Farinha aufreihen: Der 28 m hohe, 33 m breite **Cachoeira de São Romão** lässt große Wasservorhänge entstehen, und

nicht weit vom **Cachoeira do Prata** steht der **Morro das Figuras**, eine Felsformation, die prähistorische Malereien zieren. Ein dritter Trip geht zum **Cachoeira do Itapecuru**, eigentlich zwei Wasserfälle in einem. In der Nähe befindet sich ein stillgelegter Staudamm aus den 1940er Jahren.

Parcel de Manuel Luís

Für Taucher ist die unter Wasser liegende Felsformation Parcel de Manuel Luís, etwa 80 km vor der Küste der Floresta dos Guarás, interessant. Sie erstreckt sich über etwa 450 km² und umfasst das wohl größte Korallenriff Südamerikas mit üppigem marinem Leben, darunter Papageienfische, Barrakudas und Meeresschildkröten. Zudem liegen hier gut 200 Schiffswracks in der Tiefe verstreut. Der Zugang ist schwierig. Weitere Informationen beim örtlichen Touranbieter oder **Secretaria de Turismo Maranhão** (*Rua Portugal 165, São Luís, Tel. 98/3231 0822, www.turismo.ma.gov.br*).

Im nahegelegenen Ort **Riachão** warten im **Parque Balneário Santa Barbara** ein weiterer Wasserfall, der **Cachoeira de Santa Barbara**, und der **Poço Azul**, ein türkisfarbenes Quellbecken.

Carolina liegt am Rio Tocantins an der Grenze zum Bundesstaat Tocantins. Zu Beginn des 20. Jhs. war die Stadt ein regionales Wirtschaftszentrum, bis die Flussschifffahrt in den 1960er Jahren an Bedeutung verlor. Der nächste Flughafen ist Imperatriz, 220 km nördlich. ■

Parque Nacional da Chapada das Mesas

🅰 Karte S. 199 A3

✉ Praça Alípio de Carvalho 50, Carolina

☎ 99/8122 8977

Carolina

🅰 Karte S. 199 A3

Außerordentliche Erlebnisvielfalt: von Flussfahrten und Dschungel-camps bis hin zu indigenen Kulturen und großen Stadtfesten

Amazonien

Victoria regia, eine der schönsten Pflanzen Amazoniens

Amazonien

Der Regenwald Amazoniens birgt rund 10 % der gesamten Artenvielfalt und 20 % allen Süßwassers der Erde. Er erstreckt sich über mehrere Länder, der größte Teil liegt jedoch in Brasilien. Die meisten Besucher kommen wegen der Vögel und der Wildtiere her, landen in den Großstädten Manaus und Belém und ziehen von dort in den Dschungel. Doch es leben auch 25 Millionen Menschen in dieser Region, deren Kultur und Geschichte nicht minder interessant sind.

Amazonas

Amazonas ist der größte Bundesstaat Brasiliens, die Hauptstadt Manaus mit 1,8 Millionen Einwohnern die größte Stadt der Region. Sie liegt am Zusammenfluss von Rio Negro und Rio Solimões zum Amazonas, wurde dank des Kautschukbooms Ende des 19. Jhs. zur Metropole und ist heute Startpunkt für Dschungel- und Flussabenteurer.

Pará

Der Bundesstaat Pará nimmt ein Viertel der Fläche Amazoniens ein. Belém, die Hauptstadt, ist das Tor zur Ilha de Marajó, der größten Flussdelta-Insel der Welt.

Norden & Westen Amazoniens

Der im Norden gelegene Staat Amapá besteht fast nur aus bewaldeten Hochebenen, doch es gibt auch einen für Amazonien untypischen Gebirgszug. Viele der landschaftlichen Attraktionen sind in Reservaten wie dem Parque Nacional do Viruá

NICHT VERSÄUMEN

Dem einstigen Kautschukboom in Manaus nachspüren **246–247**

Das karnevaleske Festival Folclórico do Boi-Bumbá in Parintins **250**

Den Parque Nacional de Anavilhanas per Boot erkunden **253–254**

Eine Mehrtagestour auf dem Rio Negro buchen und tief in den Dschungel eintauchen **255**

An der weltweit größten katholischen Prozession teilnehmen **259**

Alter do Chão, die faszinierendsten Strände Brasiliens **262**

Auf der *pororoca* surfen, der längsten Tidenwelle des Rio Amazonas **265**

Ein paar Tage in einer der besten Öko-Lodges Brasiliens entspannen: der Cristalino Jungle Lodge **271**

Jalapão: Hier treffen Wasserfälle, Flüsse und Seen auf die Sanddünen des Cerrado **272**

4▷

3▷

2▷

1▷

Pico da Neblina
2994 m

R.B.E. DO MORRO
DOS SEIS LAGOS

São Gabriel
da Cachoeira

P.N. DO
PICO DA
NEBLINA

KOLUMBIEN

Japurá

R.D.S.
MAMIRAUÁ

Tabatinga

Yavari

Carauari

Jutaí

AMAZONAS

Içana

Eirunepé

Juruá

Cruzeiro
do Sul

F.N.
PURUS

BR364

P.N. DA
SERRA DO
DIVISOR

ACRE

Acre

Rio Branco

R.E. CHICO
MENDES

Xapuri

Guaja

Caminhos de
Chico Mendes

Mi

PERU

△
A

△
B

geschützt, die Infrastruktur für Touristen ist dort jedoch dürftig. Weiter westlich noch liegt der bevölkerungsärmste Staat Roraima, die Heimat der Yanomami, eine der bekanntesten indigenen Volksgruppen, deren Stammesgebiet bis ins benachbarte Venezuela reicht.

der Kahlschlag im benachbarten Rondônia hält Urlaubsreisende von dieser Gegend ab; beliebter ist der artenreichere Norden von Mato Grosso. Tocantins bietet die größte Flussinsel der Welt und den Park Jalapão mit Wasserfällen, Flüssen, Dünen und Seen. ■

Süden & Osten Amazoniens

Der im westlichsten Zipfel des brasilianischen Amazonien gelegene Bundesstaat Acre ist als Heimat des ermordeten Regenwaldaktivisten Chico Mendes bekannt. Ein Großteil des Urwaldes ist hier zwar unversehrt, doch

Brasília ✱

Zur Orientierung

Amazonas

Das Amazonasgebiet ist nicht nur reich an Naturschätzen, sondern beflügelt die Fantasie mit einer Fülle von Geschichten und Legenden. Hauptattraktion sind Flussbecken und Dschungel, doch kommen immer mehr Touristen auch wegen der Städte und indigenen Völker.

Aus Europa importiert: Das Teatro Amazonas in Manaus steht symbolisch für den Kautschukboom

Manaus

◭ Karte S. 245 C3

Besucherinformation

✉ Centro de Atendimento ao Turista, Av. Eduardo Ribeiro 666, Centro

☎ 92/3182 6250

🕓 Sa nachm. & So geschl.

Teatro Amazonas

✉ Praça do Congresso, Centro

☎ 92/3622 2420

💲 $ (30-min. Führung)

Manaus & Umgebung

Die meisten Regenwald-Urlauber starten im quirligen Manaus, der größten Stadt der Region und während des Kautschukbooms auch einer der reichsten. Zu sehen sind einige imposante Gebäude aus der Wendezeit zum 20. Jh., darunter das spektakuläre **Teatro Amazonas.** Das Belle-Epoque-Theater mit verziertem Interieur und gekachelter Kuppel wurde 1896 eröffnet. Mit dem Niedergang des Kautschukbooms wurde es Anfang

des 20. Jhs. geschlossen und erst 1990 nach diversen Sanierungen wiedereröffnet. Heute werden erstklassige Aufführungen geboten (oft vom hauseigenen Orquestra Amazonas Filarmônica) sowie das jährliche Festival Amazonas de Ópera.

Südlich davon liegt der **Palacete Provincial** *(Praça Heliodoro Balbi, Centro, Tel. 92/3622 8387, Mo geschl.),* eine ehemalige Polizeiwache von 1874, in der heute Münzen und archäologische, Exponate des örtlichen

Gesetzesvollzugs und der Brandbekämpfung sowie auch brasilianische Kunstwerke ausgestellt werden.

Weitere Zeitzeugen am Ufer des Rio Negro sind das Schwimmdock **Porto de Manaus** *(Rua Marquês de Santa Cruz 25, Centro, Tel. 92/2123 4350, www.portodemanaus. com.br)* und die **Alfândega e Guardamoria** *(Rua Marquês de Santa Cruz, Centro, Tel. 92/2125 5577)*, das 1882 eröffnete Zollamt der Stadt. Der **Mercado Municipal Adolfo Lisboa** *(Rua dos Barés 46,)*, lange Zeit Einfuhrhafen für Fisch und Gemüse, erinnert an die Jugendstilbauten der Pariser Markthallen Les Halles.

Mehr Einblick in das Leben zur Zeit des Kautschukbooms vermittelt der 1903 für einen Kautschukbonzen erbaute **Palácio Rio Negro** *(Av. Sete de Setembro 1546, Centro, Tel. 92/3232 4450, Sa & So geschl.)*, der heute als Kulturzentrum genutzt wird, mit zeitgenössischem Inventar, Kunst und Plastiken.

Indigene Kultur: Manaus ist, wie viele Städte Brasiliens, ethnisch vielfältig. Hier allerdings ist der kulturelle Einfluss nicht zu übersehen. Einige Attraktionen, die sich den indigenen Traditionen widmen, vermitteln Wissenswertes über die jeweilige Kultur der Völker.

Das 1952 von Missionaren eingerichtete **Museu do Índio** im Stadtzentrum zeigt Tausende Objekte, von Kunst, ornamentalen Arbeiten und Musikinstrumenten bis zu Waffen und Werkzeug.

Etwa 4 km östlich der Innenstadt befindet sich das **Centro Cultural Povos da Amazônia** (Kulturzentrum der Amazonasvölker), das seine 70 000 m² Ausstellungsfläche den indigenen Völkern der Region widmet, mit Kulturdarbietungen, die nicht nur von brasilianischen, sondern auch anderen Urvölkern des Regenwaldes präsentiert werden: Bolivien, Kolumbien, Ecuador, Französisch-Guayana, Guyana, Peru, Surinam und Venezuela. Dauerausstellungen zeigen nachgebaute traditionelle Wohnsiedlungen der Arawak

Museu do Índio
✉ Av. Duque de Caxias 296, Centro
☎ 92/3635 1922
🕐 So geschl.

Centro Cultural Povos da Amazônia & Museu do Homem do Norte
✉ Praça Francisco Pereira da Silva
☎ 92/2123 5301

HINWEIS: Die meisten Ziele in Manaus lassen sich mit dem **Amazon Bus** (Tel. 92/3633 6708, $$) erreichen, der auch die Ponte Rio Negro überquert, die längste Brücke des Landes. Stationen befinden sich z. B. am Tourismusbüro in der Rua Marquês de Santa Cruz oder neben dem Teatro Amazonas.

Luthiers in Manaus

Luthiers sind Meister im Bau von Saiteninstrumenten, deren Handwerk (das des „Lautenbauers") bis ins Mittelalter zurückreicht. Auch im modernen Manaus floriert diese Tradition. Die **Oficina Escola de Lutheria da Amazônia** (OELA; *Av. do Turismo, DIMPE Rua Angelim Galpão 20, Tarumã, Manaus, Tel. 92/3232 9950, www. oela.org.br*) unterrichtet Jugendliche aus armen Randbezirken der Stadt im Bau von akustischen Gitarren und anderen Instrumenten aus ausgemustertem, FSC-zertifiziertem Holz großer Holzfirmen. Das Projekt ist kein Experiment; drei Gitarren-Unikate werden täglich gefertigt und im In- und Ausland verkauft. Auch brasilianische Top-Musiker wie Milton Nascimento, Gilberto Gil und Lenine benutzen OELA-Gitarren. Besucher sind immer willkommen.

und Yanomami. 2012 zog das seit 1985 im Stadtzentrum befindliche **Museu do Homem do Norte** (Museum der Nordvölker) ebenfalls an diesen Ort und zeigt mehr als 2000 Objekte aus dem Leben der in dieser Region ansässigen Völker, darunter auch Ausgrabungsfunde und altes wie modernes indigenes Kulturgut und Kunst.

Indigenes Kunsthandwerk ist auch käuflich zu erwerben, z. B. in den Läden des **Central de Artesanato Branco & Silva** (Av. Mário Ypiranga Monteiro, Adrianópolis, Tel. 92/ 3236 1241) ca. 4 km nördlich des Stadtzentrums. Im nahen **Arte Indígena** (Av. Mário Ypiranga Monteiro 2305, Adrianópolis, Tel. 92/3236 1229) werden Objekte verkauft, die vom Stamm der Waimiri Atroari hergestellt wurden.

Die stilvolle **Galeria Amazônica** (Rua Costa Azevedo 272, Térreo Largo do Teatro, Centro, Tel. 92/3233 4521, www.galeriamazonica.org.br) und der **Ecoshop** (Rua Dez de Julho 509, Centro, Tel. 92/ 3234 8870) bieten Artikel verschiedener indigener Volksgruppen.

Jeden Sonntag findet auf der Avenida Eduardo Ribeiro der Kunstgewerbemarkt **Feira de Artesanato e Produtos do Amazonas** (Av. Eduardo Ribeiro, Centro) statt.

Encontro das Águas: Manaus liegt dort, wo sich die Flüsse Rio Negro und Rio Solimões zum Rio Amazonas vereinen. Die wirbelnden

ERLEBNIS: Im Dschungel überleben

Der Berufsoffizier Jeffson Araújo dos Santos ist der Ansicht, dass sich ein grundlegendes Dschungel-Überlebenstraining für jeden lohnt, der vorhat, den Amazonas-Regenwald eingehend zu erkunden. Die brasilianische Armee — das kann man sich denken — ist ziemlich geübt darin. Araújo dos Santos diente während seiner Ausbildung in etlichen Grenzposten Amazoniens, meist im Bundesstaat Roraima, und wurde dann Befehlshaber einer Eliteeinheit, zu der auch eine in Manaus stationierte Such- und Bergungstruppe gehört. Zudem hat Araújo dos Santos ein Literaturwissenschaftsdiplom und spricht Englisch und Spanisch.

Seit mehr als zehn Jahren gibt er seine Dschungel-Überlebenstechniken weiter. Sein Unternehmen **Jaguar Jungle Tour** (Rua 17, Quadra A 16, No. 9, Conjunto Jardim de Versalles II, Manaus, Igarapé do Arara, Tel. 92/3651 2003 oder 9128 3852, www. jaguarjungletour.com.br), von Manaus aus 36 km stromaufwärts am linken Ufer des Rio Negro, organisiert ein- und mehrtägige Wildnistouren durch den Dschungel.

Während dieser spannenden Touren lehrt Araújo dos Santos, wie man ein Feuer macht und Salz sowie sauberes Trinkwasser gewinnt. Er erklärt den Nutzen verschiedener Pflanzen, zeigt, wie man Tiere jagt und einen Unterschlupf baut und vieles mehr. Je nach Art der Tour bleibt manchmal sogar Zeit, nach den rosa Flussdelfinen Ausschau zu halten oder den Legenden Amazoniens zu lauschen. Einige Touren führen auch zu Wasserfällen und nahegelegenen Dörfern.

INSIDERTIPP

Bummeln Sie über den Fischmarkt an Manaus' Flussufer! Das ist so spannend wie eine Bootstour, aber kostenlos.

ROBYN BURNHAM
National Geographic-Stipendiat

Wasser inspirierten zum Wogenmuster der Pflastersteine des Opernplatzes, das in Rio de Janeiro kopiert wurde. Ein Bootsausflug zu dieser Stelle lohnt. Infos bei Viverde Turismo *(Rua Guariúbas 47, Tel. 92/3248 9988, www. amazonastravel.com.br)* oder Swallows and Amazons Tours *(Av. Ramos Ferreira 922, Tel. 92/3622 1246, www.swallows andamazonstours.com).*

Das Tor zum Regenwald:
Manaus liegt mitten im Amazonas-Regenwald und ist Hauptstartpunkt für Exkursionen in diese Region. Wer wenig Zeit hat, kann den Regenwald in und außerhalb der Stadt erkunden.

Etwa 6 km nordöstlich des Stadtzentrums befindet sich der **Bosque da Ciência** (Lehrwald), eine Mischung aus Naturkundemuseum im Freien und Zoo. Er wird vom Instituto Nacional de Pesquisas da Amâzonia (Landesforschungsinstitut von Amazonien/INPA) betrieben, einem der führenden Wissenschaftsinstitute

Brasiliens. Die 13 ha Land bieten Lehrpfade, ein Becken mit Amazonas-Manatis, ein Areal für Riesenotter, eines für Kaimane und eine Ausstellungsfläche.

Die 100 ha große Reserva Adolfo Ducke, das **Museu da Amazônia** ca. 7 km östlich des Stadtzentrums, ist ein „lebendiges Museum", durch das geführt wird. Auf dem Areal befindet sich auch der **Jardim Botânico de Manaus** *(Rua Uirapuru, Cidade de Deus, Tel. 92/3582 2929, Mo geschl., www.jardimbotanicodemanaus.org)*, ein Botanischer Garten mit Schmetterlingsfarm, Ausstellungen zu Naturkunde und regionaler Kultur sowie wissenschaftlichen Abendvorträgen.

Weniger als 20 km vom Zentrum befindet sich der 41 ha große **Parque Municipal do Mindu**, ein Naturreservat, das 1993 gegründet wurde, um den Lebensraum der bedrohten Manteläffchen zu schützen. Etliche Wanderwege ziehen sich durch geschützten Wald und Gebiete, die vor Gründung des Parks abgeholzt wurden. Sehen Sie sich die Jaguare im Zoo **Zoológico do CIGS** an!

Verlassen Sie den Großstadtdschungel und erleben Sie den Regenwald per einstündiger Bootstour aus der Stadt hinaus zum **Parque Ecológico do Lago Janauari**. Viele Veranstalter bieten auch Exkursionen mit Kanufahrten auf den Flüssen des

Bosque da Ciência
- ✉ Av. Otávio Cabral s/n
- ☎ 92/3643 3192
- 💲 $
- www.inpa.gov.br/bosque

Museu da Amazônia
- ✉ Rua Uirapuru, Cidade de Deus
- ☎ 92/3236 3079 oder 3236 9197
- www.museuda amazonia.org.br

Parque Municipal do Mindu
- ✉ Av. Grande Circular 600, Cidade Nova
- ☎ 92/3236 7702

Zoológico do CIGS
- ✉ Estr. Ponta Negra 750, São Jorge
- ☎ 92/3625 2044
- 🕐 Mo geschl.

Parque Ecológico do Lago Janauari
- 🗺 Karte S. 245 C3
- ✉ Av. Brasil 2971, Novo Airão

Parintins

⚑ Karte S. 245 D3

Besucherinformation

✉ Secretaria Municipal de Turismo, Av. Nações Unidas, Sala 2, Centro

☎ 92/3533 3109

Presidente Figueiredo

⚑ Karte S. 245 C3

Besucherinformation

✉ Centro de Atendimento ao Turista, BR-174, Km 107 (hinter der Igreja Municipal)

☎ 92/9144 1158

Parks an. Sehenswert sind die bis zu 2 m großen Blätter der *Victoria*-Seerosen. Auch über Wildtiere erfahren Sie viel. Informationen sind bei Swallows and Amazons Tours oder Viverde Turismo (siehe S. 249) zu erfragen.

Parintins & Itacoatiara

Parintins befindet sich mehr als 500 km östlich von Manaus auf der **Ilha Tupinambarana**, einer Insel im Rio Amazonas, fast an der Grenze zu Pará. Je nach Schiffstyp und Reiseroute kann die Fahrt dorthin bis zu 24 Stunden dauern.

Parintins veranstaltet jährlich im Juni das **Festival Folclórico do Boi-Bumbá** (Ochsenvolksfest). Die gegnerischen „Garantido" in Rot und „Caprichoso" in Blau führen dabei zu typischer Musik eine tänzerische Umsetzung der Legende auf, nach der ein junger Ehemann (Francisco) einen Ochsen schlachtet, der seinem Arbeitgeber gehört, um den Hunger seiner schwangeren Frau zu stillen. Der Chef droht, Francisco zu töten, doch dieser erweckt den Ochsen mit Hilfe eines Medizinmannes wieder zum Leben. Dargeboten wird das Spektakel im **Bumbódromo** (Centro Cultural e Esportivo Amazonino Mendes; *Praça Eduardo Ribeiro 2052, Parintins*). Schon Ende April beginnen beide Gruppen mit öffentlichen *ensaios* (Proben) im Curral do Garantido *(Rua Gomes de Castro 685, Parintins)* und im Curral Zeca Xibelão der Caprichosos *(Rua Gomes de Castro 685, Centro, Parintins, Tel. 92/3533 4676)*.

Außerhalb der Festaktivitäten entspannen viele Parintins-Besucher an den nahen Stränden oder unternehmen eine Bootstour auf dem See **Lago Macurany**. Sehenswert ist auch das von japanischen Einwanderern gegründete Viertel **Vila Amazônica**.

Itacoatiara liegt 270 km östlich von Manaus am Ufer des Amazonas und ist per Auto oder Schiff erreichbar.

Amazoniens Wasserfälle

Ganz Brasilien ist mit Wasserfällen gesegnet, nur Amazonien nicht. Wer dennoch welche sehen möchte, sollte **Presidente Figueiredo** ansteuern. Diese Region 125 km nördlich von Manaus besitzt an die 150 Wasserfälle, meist in privaten oder öffentlichen Naturparks. Zu den beliebtesten gehören: der **Complexo Turístico Iracema Falls** *(BR-174, Km 115, Presidente Figueiredo, Tel. 92/9250 4370)* mit einem der größten Wasserfälle der Region; die **Reserva Ecológica Cachoeira Santuário** *(AM-240, Km 12, Presidente Figueiredo, Tel. 92/3324 1741 oder 8855 5826)* mit einladendem Gasthaus; und der **Parque Urubuí** *(Estr. Municipal da Choeira Parque Urubuí, Centro, Presidente Figueiredo)* mit einem natürlichen Wasserbecken zum Baden.

Wer sich abgekühlt hat, kann die **Etnotrilha do Selvagem** *(AM-010, Aldeia Beija-Flor, Rio Preto da Eva, Tel. 92/9382 8759 oder 9297 2982, www.beijaflorrpe.blogspot.fr)* 80 km nordöstlich von Manaus in Angriff nehmen, eine geführte Wanderung zu den indigenen Völkern des Regenwaldes.

Testen Sie den Veranstalter **Pep & Jo's Amazon Adventure** (*Tel. 92/9136 2204, www.pepjoamazon.net*), der ein eigenes schlichtes Gästehaus und individuell gestaltete Touren bietet. Die Angeltouren muten eher an wie Sonntagsausflüge mit Freunden: mit kleinem Boot auf einem stillen See, begleitet von einem ansässigen Fischer, der die besten Plätze kennt. Auch Ein- oder Mehrtagesfahrten werden geboten.

Mamirauá ist ein Schutzgebiet des gemeinnützigen Instituto Mamirauá und 1,5 Schiffsstunden von Tefé entfernt. Dieses überflutete Stück Regenwald zieht vergleichsweise viele Wildtiere an; saisonale Hochwasser, die einen Pegel von bis zu 10 m erreichen können, tragen ebenfalls zur Artenvielfalt bei.

Mamirauá ist jedoch weniger für diese Vielfalt denn für die endemischen Tiere (nur hier vorkommende Arten)

Itacoatiara

📍 Karte S. 245 D3

Besucherinformation

✉ Prefeitura Itacoatiara, Av. Parque 1452

☎ 92/3521 1576

Reserva de Desenvolvimento Sustentável Mamirauá

📍 Karte S. 244 B3

Besucherinformation

✉ Instituto Mamirauá, Estr. do Bexiga 1584, Fonte Boa, Tefé

☎ 97/3343 9700 oder 92/3584 4475 (in Tefé)

www.mamiraua. org.br

Vogelbeobachter in den Wäldern des Presidente Figueiredo

Die Region um Itacoatiara hat eine lange Geschichte, wie prähistorische Felszeichnungen belegen. Doch touristisch ist sie wenig erschlossen, entsprechend einfach und regionaltypisch sind die Bars und Restaurants.

Reserva Mamirauá

Das Reservat für nachhaltige Entwicklung **Reserva de Desenvolvimento Sustentável**

bekannt. Tiere wie der weiße Uakari sind kaum oder nie woanders gesichtet worden. Allein die Vielzahl der Tiere ist faszinierend. Kaimane lümmeln regungslos an den Ufern der langen, flussähnlichen Lagunen; rosa Flussdelfine springen übermütig aus dem Wasser; und tief im Waldesinnern melden sich Brüllaffen mit lauten Schreien zu Wort.

Scharen von Vögeln bevölkern den Himmel, vor allem Silberreiher und Kormorane. Letztere hocken oft auf Ästen umgestürzter Bäume, die aus dem Wasser ragen. Reiher lauern in Ufernähe, legen ihre langen Hälse schief und schnappen nach Fischen. Hoatzine lassen sich zuweilen erspähen, zur passenden Jahreszeit manchmal auch Fischadler, die von New Jersey hierherkommen.

ERLEBNIS:
Kostprobe *guaraná*

Die vor Jahrhunderten von indigenen Völkern Amazoniens entdeckten roten *guaraná*-Früchte enthalten mehr als doppelt so viel Koffein wie Kaffeebohnen. Heute wird daraus ein beliebtes Erfrischungsgetränk bereitet. Wer richtig wach werden will, besuche die **Casa do Guaraná Saterê** *(Rua Marcílio Dias 257, Centro, Manaus, Tel. 92/3233 8113, So geschl.)* und lasse sich ein süßes, kräftiges Gebräu aus Guaranápulver, Früchten und Guaranásirup servieren.

Die Vielfalt der Vögel wird durch ein üppiges Wasserleben ergänzt; die mehr als 300 hier lebenden Fischarten sind wiederum Hauptnahrungsquelle der Vögel. Der *aruanã* („Wasseraffe") mit seinen Sprungkünsten kann nach Insekten über der Wasseroberfläche schnappen. Eine andere Spezies, der Pirarucu, gilt als größter Süßwasserfisch und erreicht ein Gewicht von bis zu 133 kg. Außerhalb des Wassers kann der an der Wasseroberfläche lebende Fisch bis zu 24 Stunden überleben, im Wasser stirbt er innerhalb von Minuten, wenn er nicht Luft holen kann. Seine Kiemen sind praktisch überflüssig. Heute kümmert sich die Fischereiwirtschaft um den Schutz dieser bedrohten Art.

Pousada Uacari: Wer die Vielfalt des Reservats Mamirauá erleben will, besuche die renommierte Pousada Uacarí (siehe Reiseinformationen S. 305), eine vom Instituto Mamirauá betriebene Öko-Lodge, die mitten im Reservat auf einer Lagune schwimmt, auf einem Zufluss des Rio Solimões. Per Schnellboot ist sie ca. eine Stunde von der Stadt Tefé (700 km westl. von Manaus) entfernt.

Die Lodge bietet fünf schwimmende Hütten und viele Exkursionen, die zum Teil von ansässigen Uferbewohnern organisiert werden, den *caboclos*. Viele sind Nachfahren der einst aus dem Nordosten zugewanderten Kautschukzapfer, die heute vom Fischfang und als Kleinbauern leben.

Im Programm stehen von Einwohnern geführte Besuche von Dörfern und Kontakte zu hier arbeitenden Forschern. Kommen Sie zum passenden Zeitpunkt, dann sehen Sie Biologen beim Fangen, Wiegen und Identifizieren von Flussdelfinen!

Die ausgedehnten Überflutungsgebiete Amazoniens sind ein Magnet für Vögel wie den Hoatzin

In direkter Umgebung der Lodge gibt es 14 Wanderwege (im Schnitt 3 km lang), die man bei hohen Wasserständen (*Mai–Juli*) auch per Kanu abfahren kann. Wanderer werden hier u. a. Brüllaffen, Totenkopfäffchen und Faultiere erspähen können. Auch Ausflüge zum **Lago Mamirauá** werden geboten, einem See, in dem Pirarucus und Flussdelfine leben. Auf Nachtwanderungen sind Kaimane und Fledermäuse zu beobachten; mit viel Glück lässt sich ein Jaguar blicken.

Parque Nacional de Anavilhanas

Der sehenswerte Parque Nacional de Anavilhanas besteht aus ca. 400 Inseln und Hunderten von Seen und Flüssen, befindet sich stromaufwärts von Manaus am Rio Negro und bietet einen guten Zugang zum Regenwald. Der seit 1981 geschützte Park ist einer der größten Flussinsel-Archipele der Erde und seit 2008 ein Nationalpark.

Per Schiff lässt er sich am besten erkunden. In Niedrigwasserperioden (*Sept. bis Jan.*) sind die Sandstrände um die Inseln herum zugänglich. Diese Zeit eignet sich auch, um in kleineren Booten die Kanäle zu erkunden und Wildtiere zu beobachten. Zu den hier lebenden Säugern gehören das Riesengürteltier und der Riesenotter. Jaguare leben ebenfalls hier, lassen sich aber kaum blicken. Anders die Amazonas-Manatis und die Flussdelfine. Die Landschaft variiert von dicht bewachsenen Wäldern bis zu Weideland. Bei Hochwasser scheinen die Baumstämme dem Wasser zu entwachsen. Die Höhlen, die **Grutas do Madadá**, sind begehbar.

Anfahrt zum Anavilhanas:

Tor zum Park ist die Stadt **Novo Arião** ca. 180 km nordwestlich von Manaus und über eine befestigte

Parque Nacional de Anavilhanas

🅰 Karte S. 245 C3
✉ Rua Antenor Carlos Frederico 69, Novo Arião
☎ 92/3365 1345 oder 3365 1197

Novo Arião

🅰 Karte S. 245 C3

Besucherinformation

✉ Centro Atendimento ao Turista, Av. Ajuricaba s/n (neben der Polizeiwache)
☎ 92/3365 1391

Museu do Seringal Vila Paraíso

✉ Igarapé São João (Zugang nur per Boot)

☎ 92/3234 8755

🕐 Mo & Di geschl.

demus@cultur-amazonas.am.gov.br

Parque Nacional do Jaú

🗺 Karte S. 245 C3

☎ 92/3365 1345

Straße zu erreichen (ca. 2,5 Std.). Der Archipel ist von Novo Arião auch per Schnellboot oder Schiff befahrbar.

Von Manaus aus fahren auch Schiffe (je nach Typ zwischen 3 und 9 Std.). Eintägige Bootsfahrten bieten oft einen Zwischenstopp am **Museu do Seringal Vila Paraíso**, einer Art Mini-Themenpark zur Geschichte der Kautschukgewinnung in Amazonien mit einer kulissenartigen Nachbildung eines Dorfes, um Techniken und Leben der Kautschukzapfer zu illustrieren. Genauere Infos bei Swallows und Amazons Tours (siehe S. 249).

Novo Arião wurde in den 1940er Jahren gegründet, als der Kautschukexport zurückging und die meisten Einwohner Ariãos den Ort verließen. Die **Anavilhanas Jungle Lodge** (siehe Reiseinformationen S. 304) mit Luxushütten und Bungalows liegt direkt am Park.

Parque Nacional do Jaú

Mit fast 2,4 Millionen ha ist der Parque Nacional do Jaú eine der weltweit größten offiziell geschützten Flächen des Regenwaldes. Er befindet sich zwischen Novo Arião und Barcelos (siehe S. 255), die Unterkünfte und städtischen Komfort bieten und beide gute Basislager sind. Der Park ist von Manaus aus per Schiff in sechs Stunden, per Flugzeug oder Helikopter in einer Stunde zu erreichen.

Am besten erkunden Sie den Park per Motorboot. Vom Fluss aus lassen sich Aras und Papageien erspähen und Tiere, die an den Ufern leben. In ruhigen Gewässern spiegeln sich ufernahe Orchideen und andere Pflanzen im Wasser. Es gibt Wasserfälle, Wanderwege und Seen, von denen einige bei Hoch- oder Niedrigwasser aber nicht zugänglich sind. Bei einer Grabung vor Ort wurden prähistorische Felszeichnungen gefunden.

Der Parque Nacional do Jaú ist u. a. Ziel der Mehrtagestouren von Manaus aus (siehe Kasten gegenüber).

INSIDERTIPP

Das werden Sie nie vergessen: Schwimmen Sie mit den im Anavilhanas-Archipel frei lebenden Flussdelfinen im Rio Negro!

NIVEA ATALLAH
Terra Brazil

Mehr Infos (auch Paschalreisen mit Verpflegung) bei Swallows and Amazons Tours (siehe S. 249) oder Maia Expeditions *(Rua Badajo 62, Parque Shangrilá 1, Bairro de Flores, Manaus, Tel. 92/9983 7141 oder 3613 4683, www.maiaexpeditions.com)*.

Arião Velho: Auf dem Weg zum Park wird oft in Arião

ERLEBNIS: Den Regenwald erkunden

Es gibt im Grunde drei Arten, den Regenwald hautnah zu erleben. Die erste ist, sich die Wanderschuhe anzuziehen, den Rucksack zu schnüren und den Fußstapfen der ersten Forscher in den moskitoverseuchten Dschungel zu folgen. Das kann ein Erlebnis sein, ist aber mit Strapazen verbunden. Die zweite ist, sein Lager in Öko-Lodges wie der Pousada Uacari in der Reserva de Desenvolvimento Sustentável Mamirauá (siehe S. 251–252) aufzuschlagen und von dort Tagesausflüge zu unternehmen.

Die dritte und vielleicht interessanteste ist eine sogenannte Expeditionsreise den Rio Negro hinauf. Die von Manaus startenden Schiffe sind modern mittelgroße Flussschiffe, wie man sie im überschwemmten Amazonien für Transporte benutzte. Sie fassen bis zu 18 Passagiere und sind erstaunlich komfortabel. Während der einwöchigen Reise wird dreimal täglich an Land gegangen. Nichts, was den Dschungel ausmacht, bleibt den Reisenden verborgen. Man wird Affen, Kaimane und Vögel beobachten, die Sonne über dem Bug des eigenen Schiffes auf- und untergehen sehen und – das ist das Beste – allen Stress im Regenwald lassen.

Reiserouten und Preise sind bei **Amazon Nature Tours** (*Av. Sete de Setembro 188, Centro Antigo, Manaus, Tel. 401/423 3377 in den USA, www.amazon-nature-tours. com*) zu erfragen.

Velho gehalten, dem ersten Dorf am Rio Negro. Es wurde im 17. Jh. von christlichen Missionaren errichtet, ist in den 1940er Jahren aber verlassen worden. Das Dorf hieß erst Santo Elias do Jaú, später Arião. „Velho" (Alt) wurde hinzugefügt, als die Einwohner das Dorf verließen und das (neue) Novo Arião gründeten. Der Legende nach wurden die Einwohner von einer Ameiseninvasion vertrieben, doch fällt die Zeit des Fortgangs genau auf den Niedergang des Kautschukexports. Die Einwohner mussten sich anderswo nach Lohn und Brot umsehen. Ameisen sind jedenfalls nicht zu sehen, wohl aber ein paar Gebäude und Anlagen aus dem 18. Jh., darunter auch ein Friedhof, eine Kirche und eine Schule.

Barcelos

Diese malerische Stadt am Fluss rühmt sich damit, ein führender Lieferant für Zierfische zu sein. Außerdem wird jedes Jahr Ende Januar, Anfang Februar ein **Festival do Peixe Ornamental** (Zierfischfestival) veranstaltet. Das ist keineswegs nur eine Aquarienschau, sondern ein dreitägiges Spektakel ähnlich dem deutlich bekannteren in Parintins (siehe S. 250) mit Musik, Tanz und Theater.

Auch Sportangeln wird geboten. Das **Projeto Piaba** (*www.opefe.com/piaba.html*) ist seit 1989 um die Förderung von nachhaltigem Fischfang bemüht, um den Amazonas-Regenwald und die darin lebenden Völker zu schützen. Individuelle Touren dauern zwei bis acht Tage, Dschungelcamp inbegriffen.

Barcelos

 Karte S. 245 C3

Besucherinformation

✉ Prefeitura Municipal, Rua Tenreiro Aranha 204, Centro

☎ 92/3321 1796

ERLEBNIS: Sportangeln im Rio Negro

Bergsteiger sind auf der Jagd nach Gipfeln, Surfer auf der Jagd nach Wellen und Sportangler auf der Jagd nach rekordverdächtigen Grünen Augenfleck-Kammbarschen. Zumindest an den Ufern des Rio Negro — dieser Fluss lockt ambitionierte Angler aus aller Welt.

Sportangler im Amazonas zeigt seinen Riesenfang: einen Grünen Augenfleck-Kammbarsch

Mehr als 2000 Fischarten leben in den tiefschwarzen Wassern des Rio Negro; ein guter Ort, um Cichla (Augenbarsche) zu angeln. Drei Arten dieses Riesenfisches leben hier und erreichen zuweilen beachtliche Größen. Drei Rekordfänge des Grünen Augenfleck-Kammbarsches wurden bisher im Rio Negro gemacht. Außerdem wimmelt es von Welsen, Piranhas und tropischen Süßwasserfischen wie Salmlern und Wolfsbarschen.

Geschichte des Angelns an den Ufern des Rio Negro

Sportangler gibt es hier schon seit langer Zeit, darunter solch berühmte Persönlichkeiten wie Theodore Roosevelt, der Amazonien 1914 bereiste und auch am Rio Negro angelte. Doch die Angeltradition reicht sehr viel weiter zurück.

Jahrhundertelang ernährten sich die indigenen Völker der Region von Fisch. Ihre Ausrüstung bestand aus speziellen (je nach Fischart gefertigten) Pfeilen und Bogen, Speeren und einer Vielzahl an raffinierten Netzen, Körben und skurrilen Fallen. Erst die Europäer führten Angelhaken ein, welche die Eingeborenen bald souverän zu nutzen wussten.

Heutzutage wird meist mit Ködern und Spinnruten geangelt; auch Fliegenruten werden zunehmend beliebter.

Sportangeltouren

Ob Cichla temensis, ocellaris oder intermedia — wer ernsthaft auf Augenbarsche aus ist, verliert wenig Zeit mit anderen Dingen, sondern fährt mit Einheimischen im Morgengrauen hinaus, um nach zwölf Stunden auf dem Wasser zum Mutterschiff zurückzukehren, Schlaf zu finden und das Prozedere am nächsten Morgen zu wiederholen. Das Schiff fährt die vielversprechendsten Angelplätze ab, meist versteckte Lagunen.

Capt. Peacock Yachts & Expeditions (Tel. 817/471 2716 in den USA, $$$$$, www.captpeacock.com) bietet von September bis März einwöchige Angeltouren auf dem Rio Negro. Von Manaus geht es per Charterflug nach Barcelos (siehe S. 255) oder einer anderen Stadt am Fluss. Übernachtet wird während der Tour auf der 38-m-Luxusjacht, die 14–22 Angler aufnehmen kann. Die Anzahl der gefangenen Buntbarsche pro Tag variiert, liegt aber im Durchschnitt bei 30. Zudem können Abstecher zu nahegelegenen indigenen Dörfern oder Wanderungen durch den Amazonas-Regenwald gebucht werden. Die Angelausrüstung wird gestellt; der Rückflug nach Manaus ist im Preis enthalten.

Auch andere Reiseveranstalter bieten Angeltouren an, so **Acute Angling** (Tel. 866/832 2987, www.acute angling.com) und **Pescamazon** (www.pescamazon.com).

West-Amazonas

São Gabriel da Cachoeira

liegt ca. 850 km nordwestlich von Manaus stromaufwärts am Rio Negro. Etwa 90 % der Einwohner sind Stammesangehörige; der Ort gilt daher als indigenste Stadt Brasiliens. Neben Portugiesisch sind in dieser Gemeinde drei weitere Sprachen als Amtssprachen zugelassen.

INSIDERTIPP

Besuchen Sie die indigene Bevölkerung von São Gabriel de Cachoeira im Oktober, wenn sie mit traditionellem Tanz und Musik ihr Festibral feiert.

ROSE DAVIDSON
National Geographic-Redakteurin

Die Federação das Organizações Indígenas do Rio Negro, besser bekannt unter der Abkürzung FOIRN, hat ihren Hauptsitz im Stadtzentrum, betreibt die **Wariró Casa de Produtos Indígenas do Rio Negro** (Wariró Haus indigener Produkte vom Rio Negro; *Av. 31 de Março, Centro, Tel. 97/3471 1450*) und vertreibt von Indigenen gefertigte Artikel.

Die Flussstrände, besonders **Ilha do Sol** und **Ilha da Brigada**, sind bei Einheimischen beliebt. Wanderwege führen zur **Serra da Bela Adormecida**, einem Berggipfel mit großartigem Sonnenuntergangspanorama.

Nur 55 km nordöstlich von São Gabriel da Cachoeira liegt der **Parque Nacional do Pico da Neblina** (Nationalpark des Nebelgipfels), mit 22 000 km² einer der größten Nationalparks Brasiliens und mit dem im Norden angrenzenden Nationalpark in Venezuela das größte zusammenhängende Stück geschützten Amazonas-Regenwaldes. Dominiert wird der Park vom Gebirgszug der Serra do Imeri mit den zwei höchsten Gipfeln des Landes (**Pico da Neblina**, 2994 m, und **Pico 31 de Março**, 2972 m) und sehr dichter Vegetation.

Naturliebhabern, Abenteurern und Wanderern steht der Park offen, jedoch nur in Begleitung eines zugelassenen Führers. Der Aufstieg zum Pico-da-Neblina-Gipfel erfordert keine speziellen Bergsteiger- oder Felskletterfertigkeiten, wohl aber eine gute körperliche Verfassung.

Im Parque Nacional do Pico da Neblina befindet sich das **Reserva Biológica Estadual do Morro dos Seis Lagos**, ein Naturschutzreservat, das gleichzeitig Indigenenreservat und eines der schönsten Gebiete der Region ist, mit sechs (aufgrund der Mineralienvorkommen) unterschiedlich blaugrünen Seen. Gefunden wurden hier große Mengen wertvollen Niobs. ∎

São Gabriel da Cachoeira

🅰 Karte S. 244 B3

Besucherinformation

✉ Prefeitura São Gabriel da Cachoeira, Av. Dom Pedro Massa s/n, Centro, São Gabriel da Cachoeira

☎ 97/3471 1769 oder 3471 1460

Parque Nacional do Pico da Neblina

🅰 Karte S. 244 B3

Besucherinformation

✉ Rua Dom José 51, Centro, São Gabriel da Cachoeira

☎ 97/3471 1617 oder 3638 3495

Pará

Auch Brasiliens zweitgrößter Bundesstaat Pará ist ein Tor nach Amazonien. Er bietet Parks und Naturschutzgebiete, und auch die Keramiken und Tänze der präkolumbianischen Marajoara-Kultur. Im Oktober strömen viele Brasilianer in die Hauptstadt Belém zur wohl größten katholischen Prozession der Welt.

Vertäute Schiffe in Belém: Die meisten Langstrecken werden in Amazonien per Schiff bewältigt

Belém

🗺 Karte S. 245 E3

Besucherinformation

✉ Praça Maestro Waldemar Henrique s/n, Reduto

☎ 91/3212 0575

Complexo Ver-o-Peso & Mercado Municipal de Carnes Francisco Bolonha

✉ Blvd. Castilhos França, Cidade Velha

Belém

Belém liegt am Rio Guamá und bietet einige Attraktionen. Highlight ist der **Complexo Ver-o-Peso** („Schau auf das Gewicht"), ein ufernaher Fisch- und Erzeugermarkt mit Hunderten von Ständen, an denen alles verkauft wird, was im Amazonasbecken gefangen, gewonnen oder gepflückt werden kann. Beeindruckend ist die Vielfalt an Fisch, der frühmorgens geliefert wird. Die Architektur des Gebäudes lässt einige Anbauten aus dem 18. Jh. erkennen. Unweit davon befindet sich

der stählerne Fleischmarkt **Mercado Municipal de Carnes Francisco Bolonha**.

Der Hafen **Estação das Docas** (*Blvd. Castilhos França, Tel. 91/3212 5525*) wurde im Zuge der Stadtsanierung erneuert und bietet heute eine Reihe schicker Restaurants. Auch das traditionelle **Lá em Casa** (siehe Reiseinformationen S. 306) mit der angeblich besten Küche Amazoniens hat eine Filiale hier, ebenso die Eisdiele **Cairu** (siehe Reiseinformationen S. 306). Die Nächte verbringt man am besten in den Bars der Avenida Doca.

Von Markt und Hafen ist es zur historischen Altstadt nicht weit. Die meisten Sehenswürdigkeiten liegen nur ein paar Straßen voneinander entfernt. Die **Casa das Onze Janelas** ist ein Kulturzentrum und Museum für moderne Kunst (mit Arbeiten von Tarsila do Amaral und Lasar Segall). Von dem **Forte do Presépio** (Festung) aus dem 17. Jh. hat man eine gute Sicht auf Fluss und Ver-o-Peso; das Museum dort zeigt regionale und historische Objekte. Das **Corveta Museu Solimões** (*Praça Dom Frei Caetano Brandão, Cidade Velha*) ist ein altes Militärschiff. Unweit davon, im Palácio Antonio Lemos (Palacete Azul), befindet sich das **Museu de Arte de Belém** mit Kunst und Objekten aus dem 18. und 19. Jh.

Der **Bondinho da Cidade Velha**, eine alte Straßenbahn, fährt sonntags durch die Altstadt, wie einst auf Schienen, wird aber heute mit Biodiesel betrieben. Abfahrt vom **Museu de Arte Sacra**.

Amazonien entdecken:
Einige Attraktionen der Stadt machen die Nähe zum Regenwald deutlich. Wenige Straßen vom Stadtzentrum entfernt am Flussufer liegt der 2005 eröffnete, 4 ha große Ökopark **Mangal das Garças** (Reiher-Mangrove) mit dem Viveiro das Aningas, einem Gebiet mit Dutzenden Vogelarten, der Reserva José Márcio Ayres, der nach dortigen Aussagen größten Schmetterlingsfarm der Welt, dem Aussichtsturm Farol do Belém, einer Orchideengärtnerei und einer Baumschule

Casa das Onze Janelas
- ✉ Rua Siqueira Mendes, Cidade Velha
- ☎ 91/4009 8823

Forte do Presépio
- ✉ Praça Dom Frei Caetano Brandão, Cidade Velha
- ☎ 91/4009 8828

Museu de Arte de Belém
- ✉ Praça Dom Pedro, Cidade Velha
- ☎ 91/3114 1028

Mangal das Garças
- ✉ Passagem Carneiro da Rocha, Cidade Velha
- ☎ 91/3242 5052
- **www.mangalpa. com.br**

Círio de Nazaré & Beléms religiöse Attraktionen

Brasilien ist eines der größten katholischen Länder der Welt und Círio de Nazaré am zweiten Oktobersonntag das wohl größte katholische Fest der Welt. Mehr als zwei Millionen Menschen bevölkern die Straßen Beléms und nehmen an der Prozession zu Ehren der wundertätigen Jungfrau Maria teil. Viele kommen, um ihr jene Wunder „zurückzuzahlen", die diese für sie vollbracht haben soll.

Die Prozession beginnt in der historischen Altstadt, an der **Cathedral da Sé** (*Praça Frei Caetano Brandão, Cidade Velha, Tel. 91/3223 2362*) aus dem 18. Jh., und nimmt ihren Verlauf über eine Strecke von ca. 4 km gen Osten zur **Basílica de Nazaré** (*Av. Nazaré 1300, Praça Justo Chermont,*

Tel. 91/4009 8400). Beide sind ganzjährig geöffnet. Letzteres stammt von 1909 und wurde an der Stelle errichtet — so geht die Sage —, wo ein armer *Caboclo* (Mischling aus Indios und Europäern) 1700 ein Bildnis der Jungfrau Maria fand.

Wer mehr über die Geschichte der Prozession des Círio de Nazaré in Beléms Altstadt erfahren will, besuche das **Museu do Círio** (*Al Quartel Nazaré, Tel. 91/3224 9614*). Ein weiteres Highlight ist das **Museu de Arte Sacra** (*Praça Frei Caetano Brandão, Cidade Velha*) mit seiner Sammlung religiöser Kunst. Es befindet sich gleich neben der **Igreja de São Francisco Xavier** (*Passagem Hortinha 207, Marco, Tel. 91/3283 3052*), einer Kirche aus dem 17. Jh.

**Parque Ecológico
Zoobotânico do
Museu Paraense
Emílio Goeldi**
- ✉ Av. Magalhães
  Barata 376, São
  Braz
- ☎ 91 / 3219 3358
- ⏰ Mo geschl.

**Jardim
Botânico Bosque
Rodrigues Alves**
- ✉ Av. Almirante
  Barroso 2305,
  Marco
- ☎ 91 / 3276 2308

**Parque
Ambiental do
Utinga**
- ✉ Av. João Paulo II,
  Utinga

**Parque Ecológico
de Gunma**
- ✉ Rod. Augusto
  Meira Filho,
  Km 18, Santa
  Bárbara do Pará

Ilha de Marajó
- ▲ Karte S. 245 E3

Salvaterra
- ▲ Karte S. 245 E3

Soure
- ▲ Karte S. 245 E3
- Besucherinformation
- ✉ Prefeitura de
  Soure, Travessa
  16 s/n, Centro
- ☎ 91 / 3741 1275

sowie dem Museu Amazô-
nico da Navegação (Schiff-
fahrtsmuseum).

Etwa 1,6 km vom Stadt-
zentrum entfernt liegt das
2012 eröffnete **Portal da
Amazônia** *(Zugang über Rua
Doutor Assis & Rua do Arsenal)*,
das 2 km Strand, Erfri-
schungsstände und anderen
Komfort bietet. Die einst in
Pfahlhäusern hier lebenden
Slumbewohner waren zuvor
vertrieben worden; ihre Pro-
teste blieben erfolglos.

Keine 5 km östlich der
Stadt befindet sich der
**Parque Ecológico Zoobotâ-
nico do Museu Paraense
Emílio Goeldi**, der von
einem Forschungsinstitut
betrieben wird und Wissen
zur hiesigen Flora und Fauna
vermittelt. Der zugängliche
Bereich besteht zur Hälfte
aus einem Park, zur anderen
Hälfte aus einem Zoo.

7 km nordöstlich der
Innenstadt liegt der **Jardim
Botânico Bosque Rodrigues
Alves** aus dem 17. Jh. mit gut
2000 heimischen Pflanzen-
arten. Hier kann man
spazieren oder auf einem
angelegten See Kanu fahren.

Etwas weiter entfernt, im
Stadtteil Utinga östlich des
Zentrums, befindet sich der
über 1300 ha große **Parque
Ambiental do Utinga**. Ein
weiterer Naturpark, der
**Parque Municipal da Ilha
do Mosqueiro** *(70 km nördl.
von Belém)*, umfasst drei der
fünf Dutzend Inseln, von denen Belém umgeben ist. Im

benachbarten **Santa Bárbara
do Pará** ca. 50 km nordöstlich von Belém befindet sich
der 540 ha große **Parque
Ecológico de Gunma**, der
zu großen Teilen noch mit
Primärwald bewachsen ist.
Wanderwege gibt es in allen
diesen Parks.

Ilha de Marajó

Mit ihren 40 100 km² ist die
Ilha de Marajó die größte
Flussinsel der Welt im größ-
ten Flussarchipel der Erde mit
einem Dutzend Kleinstädte,
viele noch im Kolonialstil. Die
Hafenstadt **Salvaterra** (drei
Schiffsstunden nördl. von Be-
lém) und **Soure** (im Norden
auf der anderen Seite des Rio
Paracauari) bieten die beste
Infrastruktur.

Die meisten Besucher rei-
sen per Schiff oder Autofähre
nach Majaró, die Insel kann
aber auch angeflogen wer-
den. In der Hochwasserzeit
(Jan.–Juni) sind viele Flächen
überflutet, die Landschaft

gewinnt an malerischer Weite. Für Wildtierbeobachtung und Outdoor-Aktivitäten ist die zweite Jahreshälfte besser geeignet.

Kleine Flüsse mit lustigen Vieraugen-Fischen, den *tralhoto*, durchziehen die Insel, die für ihre ruhigen Sanddünen-Strände bekannt ist. Tierliebhaber sind von den roten Sichlern begeistert, andere von der heimischen Keramik, die ihre Wurzeln in der prähistorischen Marajoara-Kultur hat. Sandstrände existieren hier sowohl an Flüssen als auch am Meer. Einer der beliebtesten ist die **Praia do Pesqueiro** in Soure.

Auch gibt es hier viele domestizierte Wasserbüffel, die Fleisch und Käse liefern oder zum Transport genutzt werden. Viele der Büffelfarmen bieten Unterkünfte und Aktivitäten wie Naturwanderungen, „Büffel-Reiten", Büffel-Kutschfahrten, Kanufahrten, Vogel- und Wildtierbeobachtung, Boots- und Radtouren. Die schlichten Lokale sind für ihre Fisch- und Büffelgerichte berühmt. Farmen und ihre Angebote finden sich unter Hidden Pousadas Brazil *(www. hiddenpousadasbrazil.com).*

Ebenso bekannt ist Majaró für seine traditionellen Tänze wie den *dança do vaqueiro de Marajó* (Marajó-Hirtentanz), den *carimbó* (einen Brautwerbetanz), den *siriá* und den sinnlichen *lundu.* Einige der Farmen haben auch Tanzdarbietungen im

Die Region um die Ilha de Marajó ist für hochwertige Keramik bekannt

Programm oder zeigen sie auf Wunsch.

Ilha Caviana, eine weitere Insel des Archipels, bietet die beste Sicht auf die *pororoca,* eine Tidenwelle, die auch in anderen Abschnitten des Amazonas vorkommt, wie in Amapá (siehe Kasten S. 265).

Santarém & Alter do Chão

Santarém steht wirtschaftlich gesehen an zweiter Stelle in Pará, laut Einwohnerzahlen an dritter, doch es gibt keine direkte Straßenzufahrt. Die Stadt liegt mehr als 800 km per Schiff (drei Tage) und 1500 km per Auto von Belém entfernt. Doch die Tour lohnt sich: Hier gibt es einen der faszinierendsten Flussstrände der Welt, einen Nationalpark und wunderbares traditionelles Kunsthandwerk.

Das **Museu Dica Frazão** im Stadtzentrum zeigt mehr als hundert Objekte der bekanntesten Künstlerin von

Santarém

Karte S. 245 D3

Besucherinformation

Prefeitura de Santarém, Av. Doutor Anysio Chaves 853, Aeroporto Velho

93/2101 5100

Museu Dica Frazão

Rua Floriano Peixoto 281, Santarém

93/3522 1026

**Floresta
Nacional de
Tapajós**
- Karte S. 245 D3
- Av. Tapajós
  2267, Santarém
  (Zufahrt
  beschwerlich)
- 93/3523 2815

Belterra
- Karte S. 245 D3

Im Hinterland Amazoniens ernähren sich noch viele Menschen vorrangig von der Kleinfischerei

Fordlândia
- Karte S. 245 D3

Salinópolis
- Karte S. 245 E3

Besucherinformation
- Prefeitura
  Salinópolis, Rua
  João Pessoa
  406, Centro,
  Salinópolis
- 91/3423 5333

Santarém, Dica Frazão, die aus heimischen Fasern der *buriti*-Palme und der Açai-frucht Kleidung und Deko herstellt. Das **Centro Cultural João Fona** (*Rua Adriano Pimentel*) ist dem keramischen Erbe des einst an der Tapajós-Mündung lebenden indigenen Volkes gewidmet. Ein Besuchermagnet ist auch der **Encontro das Águas**, ein Phänomen ähnlich dem in Manaus (siehe S. 248–249): Hier fließen der Tapajós und der Amazonas zusammen, ohne sich zu mischen. Boote findet man am Terminal Fluvial Turístico (*Strand; nähe Praça do Pescador*).

35 km westlich von Santarém liegt **Alter do Chão**, das bekannt wurde, nachdem die britische Zeitung *The Guardian* die Flussstrände am Rio Tapajós als die schönsten des Landes einstufte. Die beste Zeit für Strandgänge, Windsurfen und Kajakfahren ist die Niedrigwasserperiode (*Aug. bis Feb.*).

Von Alter de Chão starten auch Mehrtagesausflüge in die **Floresta Nacional de Tapajós**. Weitere Informationen über Kosten und Routen erhält man bei Rumo Norte Expedições (*Av. Serzedêlo Corrêa 895, casa 59, 2 piso, Belém, Tel. 91/3225 5915*).

Im September strömen Tausende Brasilianer zur **Festa do Çairé** nach Alter do Chão, einer religiösen und weltlichen Feier mit Tänzen und Prozessionen, die portugiesische und indigene Einflüsse vermischen.

48 km südwestlich von Santarém liegt **Belterra**, einer der Orte, in denen Henry Ford seine Kautschukplantagen errichten wollte. Der andere ist einige Schiffsstunden entfernt und passend benannt: **Fordlândia**. Beide Orte können heute besichtigt werden; die Infrastruktur ist jedoch dürftig.

Atlantisches Amazonien

Der lange Küstenstreifen von Amapá bis nach Maranhão markiert die Stelle, wo der Amazonas-Regenwald und die Mata Atlântica aufeinandertreffen. Weite Teile der 562 km langen Küste Parás zählen zur Amazonasmündung, die Region ist ein Potpourri aus Inseln, Kanälen, Buchten, Flüssen und Sumpfgebieten. Tatsächlich erstrecken sich die Sümpfe über ca. 100 km bis zu 20 km ins Landesinnere. Die organischen Stoffe, die vom Fluss ins Meer gespült werden, ernähren Fische und andere Meerestiere, die wiederum Vögel anlocken, vor allem Scharlachsichler. Rumo Norte Expedições (s. S. 262) bietet dreitägige geführte Kajaktouren durch die Region.

Algodoal ist das größte Fischerdorf auf einer großteils wilden Insel, die offiziell Ilha de Maiandeua heißt, aber Algodoal genannt wird. Strom gibt es erst seit 2005, das Trinkwasser wird Brunnen entnommen, die die Einheimischen selbst gebohrt haben. Fahrräder, Boote und Fuhrwerke dienen als Transportmittel, Autos gibt nicht. Die Insel ist nur per Schiff von Marudá (160 km nordöstlich von Belém) zu erreichen.

Wer in Belém und anderen größeren Städten wohnt, den zieht es zu Stränden wie jenen in **Salinópolis**. Auf der **Ilha Itaranajá** direkt vor der Küste nisten Reiher, Scharlachsichler, Spechte, Glanzvögel und Knäkenten.

Ca. 210 km östlich von Belém liegt **Bragança**, eine der ältesten Städte von Pará. Vor der Stadt stehen Ruinen der **Belém-Bragança-Eisenbahn**, die 1908 fertiggestellt und bis 1965 betrieben wurde. Sportangler und Sporttaucher kommen gern nach Bragança. Auch vor

dieser Stadt liegt eine Insel, die **Ilha das Canelas**, auf der Scharlachsichler nisten. Zugvögel nutzen die Insel als Zwischenstopp.

Urumajó ist ein Schutzgebiet in **Augusto Corrêa**, einer Stadt 225 km östlich von Belém. Es hat eine reiche Flora und Fauna und wird als Nitzplatz von Meeresschildkröten genutzt. Die gesamte Küstenregion bis hinauf nach Französisch-Guayana und Surinam ist auch ein wichtiges Habitat für Manatis. ■

Bragança
🗺 Karte S. 245 E3
Besucherinformation
✉ Prefeitura Bragança, Rua 09 de Setembrom
☎ 91 / 3425 3020

Augusto Corrêa
🗺 Karte S. 245 E3
Besucherinformation
✉ Augusto Corrêa Prefeitura, Praça São Miguel 30
☎ 91 / 3482 1215

Hilfsprojekt: Gesundheit und Spiele

Das **Projeto Saúde e Alegria** (Projekt Gesundheit und Spaß; *Av. Mendonça Furtado 3979, Liberdade, Santarém, Tel. 93/3067 8000, www.saudeealegria.org.br*) ist ein von einer gemeinnützigen Gruppe organisiertes Gesundheitsprogramm, das um ein spielerisches Element ergänzt wurde.

Seit 1987 besucht die in Santarém ansässige Gruppe entlegene Gemeinden im Westen von Pará, versorgt sie medizinisch mit dem Nötigsten und darüber hinaus mit Gruppenspielen und Aktivitäten wie dem Circo Mocorongo, dem Aufbau eines gemeindeeigenen Zirkus.

Die Gruppe bietet Reisenden eine drei- bis fünftägige Begleitung in die an den Flüssen Tapajós, Arapiuns und Amazonas gelegenen Dörfer. Außerdem ist in einigen Dörfern die Eröffnung von Gemeindeherbergen geplant. Die erste dieser Art, die **Pousada Encanto do Arapiuns**, eröffnete 2012 im Dorf Atodi. Luxus gibt es hier keinen. Die ersten Gäste schliefen in Hängematten. Sechs weitere Räume mit Betten sind in Planung. Zukünftig sollen den Gästen voll funktionsfähige Herbergen zur Verfügung stehen.

Norden & Westen Amazoniens

Der im äußersten Norden gelegene Bundesstaat Amapá besteht fast nur aus von Regenwald bedeckten Hochebenen, doch es gibt auch einen für Amazonien untypischen Gebirgszug. Die Hauptstadt Macapá ist ein guter Ausgangspunkt für Outdoor-Aktivitäten: von Dschungelwanderungen bis hin zu Kanufahrten.

Zu den Hauptattraktionen von Macapá zählt die restaurierte Festung aus dem 18. Jahrhundert

Macapá

🅰 Karte S. 245 E3

Besucherinformation

✉ Macapá
Prefeitura,
Av. Fab 840

☎ 96/8136 9325

Fortaleza de São José do Macapá

✉ Av. Cândido
Mendes, Centro

☎ 96/3212 5118

Macapá & Umgebung

Die Hauptstadt Macapá befindet sich nicht nur auf dem Äquator, sondern auch am erhabenen Rio Amazonas. Die Stadt ist 2200 km von Brasília entfernt und von anderen Teilen des Landes nicht erreichbar. Die nächstgelegene Stadt ist Belém (siehe S. 258–260): Von dort sind es zwei Stunden Flug oder 24 Stunden mit dem Schiff.

Die Stadt hat einige Attraktionen zu bieten, darunter die **Fortaleza de São José do Macapá** aus dem

18. Jh. Zweimal im Jahr (zur Tagundnachtgleiche) strömen die Menschen zum **Marco Zero do Equador** *(Rod. Juscelino Kubitschek, Km 2)*, an dem der Äquator durch die Stadt verläuft. Vom 1945 eröffneten **Trapiche Eliezer Levy** *(Av. Beira-Rio)*, einem 360 m in den Amazonas führenden Steg, hat man eine gute Sicht auf den Fluss.

Mehr über Region und Bräuche erfährt man im **Museu Sacaca** *(Av. Feliciano Coelho 1509)*, einem Museum für Naturkunde und Kultur, das sich auf Land und Leute spezialisiert hat. Sehenswert ist auch das archäologische **Museu Histórico do Amapá Joaquim Caetano da Silva** und das **Centro de Cultura Negra** (Rua General Rondon, Laguinho), das sich der afrobrasilianischen Tradition widmet und auch ein Theater und ein Museum beherbergt. Die **Casa do Artesão** zeigt und verkauft Kunsthandwerk.

Ca. 10 km nördlich von Macapá liegt der vom Reservat **Área de Proteção Ambiental Curiaú** umgebene Ort **Curiaú**, der u. a. ein *quilombo* beherbergt, eine von geflohenen Sklaven errichtete Gemeinde. Hier entstanden zwei typische Traditionen: Marabaixo und Batuque – zwei afrobrasilianische Musik- und Tanzstile.

Südwestlich von Macapá liegt Santana und das **RPPN Revecom** (Rua D28 422, Vila Amazonas, Tel. 96/3281 3849), ein Naturreservat von 17 ha ufernahem Regenwald. Achten Sie auf Fauna und Flora, vor allem auf die Harpyien. Ein Freilichtmuseum zeigt eine schwimmende Hütte, eine Kautschukzapferhütte und eine *maloca* (Stammhaus der Indios).

Parque Nacional do Viruá

1998 wurde der Parque Nacional do Viruá (150 km

Museu Histórico do Amapá Joaquim Caetano da Silva
- ✉ Rua Cândido Mendes Perpétuo Socorro
- ☎ 96/3212 5120

Casa do Artesão
- ✉ Rua Francisco Furtado Central
- ☎ 96/3223 5444

Parque Nacional do Viruá
- 🅰 Karte S. 245 C3
- ✉ Mit dem Boot via Rivo Branco
- ☎ 95/3624 3712

Boa Vista
- 🅰 Karte S. 245 C4

ERLEBNIS: Surfen auf dem Amazonas

Der Traum eines jeden Surfers ist eine endlos lange Welle. Solch ein Phänomen gibt es zwar nicht, aber die *pororoca* kommt dem ziemlich nahe. Sie gilt als die „längste Welle, die es gibt" und ist eine riesige Amazonaswelle, die einmalige Surferlebnisse bietet. Doch sei man auf der Hut: Die Pororoca ist auch rasant und gefährlich und sollte nur von erfahrenen Surfern in Angriff genommen werden.

„Pororoca" bedeutet in der Tupi-Sprache so etwas wie „Donnerlärm" und beschreibt das Geräusch, das beim Anrollen dieser Gezeitenwelle entsteht und weithin hörbar ist. Die durch den Tidenhub des Meeres entstehenden Wellen können von brutaler Kraft sein. Sie reißen alles mit, was ihnen im Weg ist, und lagern es flussaufwärts in Nebenflüssen wieder ab. Normalerweise reicht die Kraft der Flussströmung aus, um das Meer in der Bucht zu halten. Bei Flut und Voll- oder Neumond jedoch werden Springfluten begünstigt, die die Strömungsrichtung des Flusses umkehren und riesige Wassermassen landeinwärts drücken.

Wer die Pororoca sehen oder auf ihr surfen will, kann über Land anreisen; über eine Zufahrtsstraße von der Stadt **Ferreira Gomes** (Besucherinformation, Prefeitura Ferreira Gomes, Av. Costa e Silva 158, Tel. 96/3326 1228), 140 km nördlich von Macapá. Die Flusstour dorthin dauert bis zu 15 Stunden. Kleine Flussboote, wie sie hier in der Region für den Transport genutzt werden, befahren den Strom.

Die größten Pororocas entstehen von Januar bis Mai und dann wieder im September. Sie können bis zu 5 m Höhe erreichen und sich mit bis zu 65 km/h ca. 40 Minuten lang ins Landesinnere wälzen. In diesen Zeiten entstehen zweimal am Tag die Springfluten. **Rio Surf n Stay** (www.riosurfnstay.com) bietet Touren.

Caracaraí

⚐ Karte S. 245 C3

Besucherinformation

✉ Prefeitura Caracaraí, Av. Dr. Zany 100

☎ 95/3532 1225

südlich von **Boa Vista**) gegründet, um eine Fläche von 225 000 km² Habitat zu schützen. 25 km² sind von Wanderwegen durchzogen, der Großteil des Parks muss jedoch selbst von Waldhütern noch erkundet werden. Doch es kommen immer mehr Touristen. Fast 500 Vogelarten wurden bisher erfasst, ein Paradies für jeden Beobachter. Als man 2001 mit dieser Erfassung begann, waren es nur ca. hundert Arten. Doch dann setzte ein Ornithologenteam einen Weltrekord und identifizierte in nur 24 Stunden 225 Vogelarten. Auch 400 Fischarten wurden erfasst (darunter auch neue), mehr

als hundert Säuger und Dutzende Reptilien- und Amphibienarten.

Der Park ist gut zugänglich; Herbergen gibt es allerdings bis auf zwei Gebäude mit Kapazitäten für ca. 30 Personen keine. Anfang 2013 war der Zugang nur wenigen Reiseveranstaltern erlaubt; informieren Sie sich vorher!

Tor zum Park ist **Caracaraí**, das touristisch wenig bietet. Es gibt ein Indioreservat und eine Estação Ecológica de Caracaraí, die Forschern offensteht. Die Stromschnellen der **Corredeiras do Bem Querer** *(BR-174, Km 136, Caracaraí)* auf dem Rio Branco sind bei Kanuten und Kajakfahrern beliebt. ∎

ERLEBNIS: Besuch bei indigenen Gemeinden

Verbringen Sie einen Tag im Dschungel, die müden Beine hochgelegt in einer sanft schwingenden Hängematte. Dieses Erlebnis wird für den Mangel an Komfort entschädigen. Wer unter den indigenen Völkern gelebt und gesehen hat, wie sie mit der Natur umgehen, wer ihren Festen beigewohnt hat, der wird die traditionelle Lebensweise der Amazonasvölker besser verstehen und schätzen.

Indigene Gemeinden zu besuchen, ist in Brasilien nicht einfach. Zum einen sind die Reservate weit von den Ballungszentren entfernt, zum anderen schieben Gesetze einen Riegel vor. Für den Durchschnittsreisenden ist es nahezu unmöglich, eine Erlaubnis der FUNAI zu bekommen, der Behörde für indigene Völker. Ein paar wenige Reiseveranstalter arbeiten jedoch mit den indigenen Gemeinden zusammen und helfen ggf. bei dem Prozedere.

Die Agentur **Roraima Adventures** *(Rua Coronel Pinto 86, Sala 106, Edificio Manoel Nabuco, Centro, Boa Vista, Tel. 95/ 3624 9611, E-Mail: adventures@roraimabrasil.com.br, www.roraima-brasil.com.br)* in Boa Vista bietet Zugang zu verschiedenen Gemeinden, darunter ein Ingarikó-Dorf im Norden Roraimas, eine MaruwaiGemeinde (140 km von Boa Vista) und eine Yanomami-Gemeinde hinter der Grenze in Venezuela. Exkursionen dauern zwischen zwei und neun Tage, je nach Entfernung und Schwierigkeitsgrad der Strecke. Die neuntägige Yanomami-Expedition ist zwei Monate im Voraus zu buchen.

Geeignet sind diese Ausflüge für jene, die den Dschungel eingehend erfahren wollen und Unbequemlichkeiten in Kauf nehmen. Sonnen- und Insektenschutz, Badesachen, ein Hut, eine Taschenlampe und gute Wanderschuhe sind unabdingbar.

Süden & Osten Amazoniens

Diese Region liegt abseits vom Touristentrubel, bietet viele Naturattraktionen und war auch die Heimat des bekannten Regenwaldaktivisten Chico Mendes.

Ein einheimischer Fischer demonstriert die Wurfnetzfischerei am Río Purus in der Nähe von Acre

Acre

Ganz im Westen des brasilianischen Teils von Amazonien liegt der Bundesstaat Acre, die Heimat des 1988 ermordeten Regenwaldaktivisten Chico Mendes (s. Kasten S. 269) und seiner Mitstreiterin Marina Silva, der späteren Senatorin, Umweltministerin und Präsidentschaftskandidatin. Acre ist gut per Flugzeug oder Schiff zu erreichen; zu Land gibt es nur eine Verbindungsstraße, die BR-364.

Rio Branco: Die Hauptstadt Rio Branco wurde 1882 von Kautschukzapfern gegründet und liegt 500 km östlich von Porto Velho, der Hauptstadt des benachbarten Bundesstaats Rondônia (siehe S. 270). Die **Rua da Gameleira** (Straße des Feigenbaums), die am Ufer des Rio Acre entlang verläuft, markiert den Ort der ersten Siedlung. Der Feigenbaum steht noch und ist heute 20 m hoch, der Stamm 2,5 m dick. Bars, Restaurants und Kulturzentren machen die Straße zur Ausgehmeile.

Am Tage lohnt sich ein Besuch des Stadtparks **Parque da Maternidade** mit seinen Freizeitflächen und Kulturinstitutionen wie der im Stil einer *maloca*

Rio Branco

🅰 Karte S. 244 B1

Besucherinformation

✉ Centro de Atendimento ao Turista, Praça Povos da Floresta

☎ 68/3223 3998

errichteten **Casa dos Povos da Floresta** *(Via Parque Setor B, Aviário, Tel. 68/3227 6584)*, in der indigene Handwerkskunst zu sehen ist. Die **Biblioteca da Floresta** ist zugleich ein naturkundliches, archäologisches und anthropologisches Amazonien-Museum mit Gedenkecke für Chico Mendes. Auch die **Casa do Artesão** *(Rua Coronel João Donato, Parque da Maternidade, Tel. 68/3223 0010)* zeigt regionale Handwerkskunst.

Unweit vom Park entfernt steht das **Museu da Borracha Governador Geraldo Mesquita** *(Av. Ceará 41, Cadeia Velha)*. Dem Namen nach ein „Kautschuk-Museum", doch bietet es auch prähistorische Fossilien, indigene und archäologische Artefakte sowie Objekte, die mit den Siedlern während des Kautschukbooms in Zusammenhang stehen. Etwas weiter entfernt steht das **Memorial dos Autonomistas** *(Praça Eurico Dutra, Tel. 68/3224 2133)*, ein Museum für die politischen Helden der „Autonomie" von Acre. Hier ruhen die sterblichen Überreste von Senator Guiomar Santos und seiner Frau.

Die **Fundação de Cultura Elias Mansur e Galeria de Arte Juvenal** *(Rua Eduardo Assmar 1291, Centro Histórico, Tel. 68/3223 9688)* zeigt Sonderausstellungen von Arbeiten regionaler und anderer brasilianischer Künstler.

Die aus den 1920er Jahren stammende Markthalle **Novo Mercado Velho** *(Av. Epaminondas Jacome)* steht am linken Ufer des Rio Acre und dient heute als Handwerks-, Gemüse- und Kräutermarkt. Ein hübscher Ort, um am späten Nachmittag ein Bier zu trinken.

Mehr als ein Jahrhundert zapfte man Kautschuk von den Bäumen Amazoniens

Die Bewegung der Kautschukzapfer

Die neue Geschichtsschreibung von Acre begann 1882, als brasilianische Kautschukzapfer Seringal Empresa (die spätere Hauptstadt Rio Branco gründeten). Ende des 19. und Anfang des 20. Jhs. zogen viele Menschen her, die am Kautschukboom teilhaben wollten. Acre gehörte damals noch zu Bolivien, doch die hier lebenden Brasilianer führten ab 1893 bewaffnete Kämpfe gegen die bolivianische Herrschaft. Schließlich wurde das Gebiet in einem Abkommen von 1903 gegen Bargeld und das Versprechen des Baus einer für den Transport notwendigen Eisenbahnstrecke an Brasilien abgetreten.

Der Kautschukboom ging bereits Anfang des 20. Jhs. aufgrund der Konkurrenz aus Asien zurück. Die USA und Brasilien kurbelten die Produktion im Zweiten Weltkrieg noch einmal an, und eine neue Welle von Einwanderern aus dem Nordosten Brasiliens strömte nach Acre, das 1962 zum Bundesstaat ernannt wurde.

In den 1970er Jahren unterstützte die Regierung Holzfäller, Rinderfarmer und weitere Großunternehmer bei ihren Geschäften in Amazonien, die jedoch die Lebensgrundlage der Kautschukzapfer zerstörten. In Acre schlug man unter der Führung von Chico Mendes zurück. Man benutzte eine Taktik namens *empate* und besetzte die zur Abholzung vorgesehenen Gebiete. 1988 wurde Mendes von einem Großgrundbesitzer erschossen, seine Mitstreiterin Marina Silva jedoch wurde Senatorin, Umweltministerin und Präsidentschaftskandidatin.

Die Bewegung der Kautschukzapfer konnte die Regierung von Acre und später die Landesregierung schließlich zur Gründung von „Extraktivismusreservaten" bewegen, in denen ausschließlich nachhaltige Wirtschaft betrieben werden darf. Andrew Revkins Sachbuch „Chico Mendes: Tod im Regenwald" (Rowohlt, 1991) ist eine unerlässliche Lektüre.

In einer alten Paranussverarbeitungsfabrik auf dem Weg zum Flughafen befindet sich die Kunstschule **Usina de Arte João Donato** *(Av. das Acacias 1, Distrito Industrial, Tel. 68/3229 6892),* die auch für Ausstellungen und Aufführungen genutzt wird.

Jenseits der Stadt: Tourismusamt und Reiseveranstalter initiierten die **Caminhos de Chico Mendes** (Chico-Mendes-Rundwege), die den Spuren des Umweltaktivisten folgen. Der erste Halt ist **Xapuri**, die Heimatstadt von Mendes, 190 km südwestlich von Rio Branco. Mendes' Haus, die **Casa**

Chico Mendes *(Rua Batista de Moraes 10, Setor 1, Distrito 1, Lote 290, Centro),* in dem er auch erschossen wurde, ist ein typisches, schlichtes Holzhaus. Heute ist es Nationaldenkmal und Museum zugleich.

Etwas außerhalb der Stadt markiert der **Assentamento Agroextrativista Chico Mendes** *(Ramal Cachoeira, Km 15, die BR-317 gen Rio Branco nehmen, bei Km 143 links abbiegen und 17 km folgen, Tel. 68/3901 3023)* das Gebiet, in dem sich die dramatischsten Episoden der von Mendes geführten Anti-Abholzungsbewegung abspielten. Heute ist es ein „Extraktivismusreservat", in welchem nur

Xapuri

🅐 Karte S. 244 B1

Besucherinformation

✉ Prefeitura Xapuri, Coronel Brandão 156

☎ 68/3542 2272

Porto Velho
🅰 Karte S. 245 C2

Besucherinformation

✉ Centro de Atendimento ao Turista, Aeroporto Internacional Jorge Teixeira, Av. Jorge Teixeira s/n, Nova Esperança

☎ 69/3219 7450

nachhaltig gewirtschaftet werden darf. Weitere Informationen bei Morais'Tur *(Rua Marechal Deodoro 825, Centro Histórico, Rio Branco, Tel. 68 3223 6161).*

In Xapuri gibt es auch ein **Museu da Casa Branca** *(Rua 17 de Novembro 287, Centro),* das in einem Bau von 1910 untergebracht und ein Meilenstein in der Geschichte der brasilianischen Unabhängigkeit ist. Objekte aus jener Zeit sind heute dort ausgestellt.

INSIDERTIPP

Wer Wölfe, Oasen und riesige Sanddünen im Amazonasbecken sehen will, sollte Jalapão besuchen. Eulen leben hier in Erdhöhlen, und Nandu-Horden machen jedem Jeep Beine.

ROBERT WALKER

Professor für Geographie & Experte für Umweltveränderungen am Amazonas, Michigan State University, USA

Ein Großteil des Primärwaldes ist hier noch intakt. Ganz im Nordwesten des Bundesstaates liegt der **Parque Nacional da Serra do Divisor** *(600 km von Rio Branco über die unbefestigte BR-364; Verwaltung: Rua Jamináuas Cruzeirão, Cruzeiro do Sul, Tel. 68/3322 7851*

oder 3322 1203), der 1989 gegründet wurde und die Artenvielfalt der Anden und Amazoniens vereint.

Acre ist auch bekannt für seine jahrhundertealten Geoglyphen: riesige geometrische oder figürliche Muster, die aus der Luft sichtbar sind. Wer die Gegend überfliegt, halte bei Porto Velho nach ihnen Ausschau (s. unten).

Rondônia

Der Bundesstaat Rondônia liegt mitten im südamerikanischen Kontinent und doch ab vom Schuss. Für Urlaubsreisende ist diese Region Brasiliens die vermutlich am wenigsten attraktive. Vom Regenwald ist hier nur noch wenig übrig; die Rodungen hinterließen riesige kahle Flächen, die sogar auf Satellitenbildern zu sehen sind.

Die Wahrzeichen der Hauptstadt **Porto Velho** sind die **Três Caixas d'Água** *(zwischen Av. Carlos Gomes & Rua Euclides da Cunha),* drei Wassertürme, die in den USA vorgefertigt wurden und Wasser für die Eisenbahnbauer bereitstellen sollten. Das 1950 eingeweihte Gebäude der einstigen Bauleitung ist eine architektonische Rarität und sollte formal an eine Lokomotive erinnern. Heute wird es von den Einheimischen **Prédio do Relógio** *(Uhrengebäude; Av. Sete de Setembro 237)* genannt, nach der Uhr oben am „Schornstein"-Turm.

Sehenswert ist die alte **Ponte de Jaci-Paraná** in Jaci-Paraná, 80 km südwestlich von Porto Velho, eine eiserne Eisenbahnbrücke.

Nördliches Mato Grosso

Amazonien erstreckt sich gen Süden bis in den Norden des Bundesstaates Mato Grosso hinein. Diese Region mit ihrer großen Artenvielfalt lockt Vogel- und Wildtierbeobachter sowie Angler an.

Die Stadt **Alta Floresta** liegt 800 km nördlich von Cuiabá und ist das Tor zur **Cristalino Jungle Lodge** (siehe Reiseinformationen S. 305), die sich mitten in einem 12 ha großen Naturreservat befindet. Das Reservat bietet die einzige Möglichkeit, diese Region eingehend zu erkunden. 35 km Wanderwege führen hindurch, zudem werden Kanufahrten, Schwimmen, Schmetterlingsbeobachtungen und Bootstouren (u. a. zu den Nistplätzen des prähistorisch anmutenden Hoatzin), mehrtägige Waldwanderungen und Dschungel-Überlebenscamps geboten. Von einem Baumhaus lassen sich Waldtiere beobachten; ein Baumkronenturm bietet eine gute Sicht auf Sonnenauf- und -untergänge sowie auf die Bewohner der oberen Baumetagen, darunter Affen und Tukane.

Etwa 50 km nordwestlich von Alta Floresta liegt die Kleinstadt **Paranaíta** mit der

---

Die Madeira-Mamoré-Bahn

Am bekanntesten wurde Rondônia vermutlich durch das unsägliche Vorhaben Ende des 19. Jhs., die Madeira-Mamoré-Eisenbahn zu bauen, um den Kautschuk aus dem Binnenland Bolivien zum Atlantik zu transportieren. Doch die Arbeiten forderten viele Todesopfer durch tropische Krankheiten und Auseinandersetzungen mit indigenen Stämmen. Schließlich wurde die 360 km lange Strecke zwischen Porto Velho und Guajará-Mirim 1912 eröffnet und bis 1972 betrieben. 8 km dieser Strecke bei Porto Velho sind heute Weltkulturerbe. Das **Museu da Estrada de Ferro Madeira-Mamoré** *(Av. Sete de Setembro & Av. Farquar, bei der Praça Madeira-Mamoré, Rondônia, Tel. 69/3901 3651)* stellt Objekte rund um den Bau dieser Bahn zur Schau.

Pedra Preta, einer mehrere Hektar großen archäologischen Fundstätte prähistorischer Felsritzungen von Tierfiguren und Symbolen.

Durch die Stadt verläuft der Rio Teles Pires, dessen reiche Fischvorkommen Sportangler nach Paranaíta und ins benachbarte Alta Floresta ziehen. Der eindrucksvolle Wasserfall **Cachoeira Sete Quedas** droht jedoch, vom Staudamm des Teles Pires geschluckt zu werden. Ansässige indigene Gemeinden hatten gegen den Bau des Damms geklagt, weil er ein Eingriff in heiliges Land sei. Wassersportler sollten weder den von Dschungel umgebenen **Lagoa Azul** verpassen noch die **Andradas**-Stromschnellen zum Raften und Kanufahren.

Alta Floresta
🗺 Karte S. 245 D2
Besucherinformation
✉ Prefeitura Alta Floresta, Av. Ariosto da Riva 3391
☎ 66/3903 1000

Paranaíta
🗺 Karte S. 245 D2
Besucherinformation
✉ Prefeitura Paranaíta, Via L 12
☎ 66/3563 1166

**Parque Estadual
do Jalapão**

🅰 Karte S. 245 E1

✉ TO-255, Km 14,
Mateiros

☎ 63/3534 1072

Tocantins

Der Bundesstaat Tocantins
liegt in einer Übergangsregion zwischen Amazonas-Re-
genwald und dem savannen-
ähnlichen Cerrado und birgt
einzigartige Wasserfälle,
Flüsse, Seen und Sanddünen.
Sogar per mehrtägiger Wild-
wasser-Raftingtour lässt sich
die Landschaft erschließen.

Jalapão: Auf der Cerrado-
Seite befindet sich die Region
Jalapão, die man über Ponte
Alta do Tocantins (200 km
südöstlich der Hauptstadt
Palmas) erreicht. Sie ist
bekannt für ihre Wasserfälle,
Flüsse, Seen, Sanddünen –
und Erlebnisurlauber.

Der Jalapão erstreckt sich
jenseits des riesigen Nationalparks **Parque Estadual
do Jalapão**. Das Gebiet ist

kaum bewohnt; in den vier
Städten Mateiros, Ponte Alta
do Tocantins, Novo Acordo
und São Félix wohnen kaum
15 000 Einwohner.

Die Sanddünen lassen Tei-
le der Landschaft wie Wüs-
ten aussehen. An den Flüssen
aber wird man sehen, dass
es einerseits Dünen, aber
andererseits weite, üppig be-
wachsene Vegetationsflächen
gibt. Der eindrucksvollste
Wasserfall ist der **Cachoeira da Velha**, der seinen
Spitznamen „kleiner Iguaçu"
verdient. Eine weitere Attraktion ist das Wasserbecken
der Quelle **Fervedouro**.
Die Kraft des aufsteigenden
Wassers hält Schwimmer an
der Oberfläche.

Die Kunde von der natür-
lichen Schönheit des Jalapão
hat sich jedoch schneller
verbreitet, als Infrastrukturen
geschaffen werden konnten.
Erwarten Sie keine komfor-
tablen Unterkünfte, manch
einer wird sogar zelten
müssen. Trotz des Ruhms ist
dieses Areal nicht überlaufen;
auch Palmas, die Hauptstadt
des Bundesstaates, ist keineswegs erschlossen. Logistische
Hindernisse gibt es einige;
daher entscheiden sich viele
Urlauber für ein Pauschalan-
gebot. Gute Reiseveranstalter
organisieren Rundfahrten
durch die Region oder
Aktivitäten wie mehrtägige
Wildwasser-Exkursionen.
(Mehr Informationen über
Ausrüster siehe Reiseinformationen S. 312.)

Einzigartiges Farmerlebnis

**200 km südwestlich von Palmas, in
der Nähe des Lagoa da Confusão, liegt
die Fazenda Praia Alta** (siehe Reiseinformationen S. 307), eine Farm, die
auch Ökotourismus anbietet. Willkommen sind Alleinreisende sowie Familien.
Die einfachen Herbergen bieten saubere
Bäder, komfortable Betten und eine
Klimaanlage. Regelmäßig werden Aktivitäten wie Vogel- und Wildtierbeobach-
tungen, Naturwanderungen zu Stauseen,
Ausritte, Ausflüge zur Ilha do Bananal
und zu nahen indigenen Gemeinden
sowie Sportangeln geboten. Die meisten
Reisenden bleiben drei Tage bzw. zwei
Nächte. Außerdem betreibt die Pousada
Fazenda Praia Alta das Projeto Quelônio,
ein Schildkrötenschutzprojekt.

Ilha do Bananal & der Westen Tocantins: Die zwei Millionen ha große Ilha do Bananal birgt zwei Reservate: den **Parque Indígena do Araguaia**, ein Indioreservat, und den Nationalpark **Parque Nacional do Araguaia** (Santa Terezinha, Mato Grosso, Tel. 63/3219 8437).

Die Ilha do Bananal grenzt an den Nordosten von Mato Grosso und vereint die Vegetationen dreier Ökoregionen: des Amazonas-Regenwaldes, des Cerrado und des Pantal. Zu den hier lebenden Tieren gehört der bedrohte Sumpfhirsch. Am besten erkunden Sie die Region von Lagoa da Confusão (60 km östl. des Parks), Pium (130 km östl.) oder Paraíso do Tocantins (205 km östl.).

Auf der anderen Seite des Grenzflusses **Rio Araguaia** liegt die Stadt **Santa Terezinha**. Parkbesuche von dort aus sind gestattet, erfordern aber eine Erlaubnis der Parkaufsicht. Wer drin ist, kann wandern oder Kanu fahren.

Nördlich der Ilha do Bananal liegt der **Parque Estadual do Cantão** (Tel. 63/3379 1438), der als Touristenziel vermarktet werden soll. Auch hier mischt sich die Vegetation Amazoniens mit der des Cerrado. Hier leben Dutzende Säuger, mehr als 300 Vogelarten, viele Reptilien, Amphibien und Fischarten. Hier laichen mannsgroße Arapaima und Barsche. Die Stadt **Caseara** ist ein gutes

Handwebearbeiten aus heimischem *capim dourado* (Goldgras) ist typisch für Jalapão, Tocantins

Basislager, um Park und Umgebung zu erkunden.

Im Park ist das Angeln untersagt, doch der **Rio Araguaia** und der nahezu parallel laufende **Rio Formoso** sind beliebte Plätze für Sportangler, besonders für jene, die auf Augenbarsche aus sind (siehe Kasten S. 256). Während der Niedrigwasserperiode (Juni–Sept.) sind die Flussufer besonders beliebt.

Der See **Lagoa da Confusão** (TO-230), Namensgeber der benachbarten Stadt, hat einen Durchmesser von mehr als 4 km und eine spiegelglatte Oberfläche. In der Mitte ragt ein Felsen heraus, der seine Lage je nach Perspektive zu ändern scheint. Ganz in der Nähe liegt der nach seinem Vogelreichtum benannte **Lagoa dos Pássaros** (See der Vögel), in welchem auch Kaimane, Wasserschweine und andere Tiere leben. ■

Santa Terezinha

▲ Karte S. 245 E1

Besucherinformation

✉ Prefeitura Santa Terezinha, Rua 25, Centro

☎ 66/3558 1119

Caseara

▲ Karte S. 245 E2

Besucherinformation

✉ Prefeitura Municipal de Caseara, Av. Trajano Almeida 264, S Central

☎ 63/3379 1376

Lagoa da Confusão

▲ Karte S. 245 E1

Besucherinformation

✉ Prefeitura Lagoa da Confusão, Av. Vitorino Panta Q Área, S Central

☎ 63/3364 1228

REISEINFORMATIONEN

Der Bahnhof Estação da Luz im Stadtteil Luz in São Paulo

REISEPLANUNG

Reisezeit

Welche Monate sich am besten
für eine Brasilienreise eignen,
hängt davon ab, was man im
Land unternehmen möchte.
Brasilien bietet zahllose Attraktionen, die das ganze Jahr über
angesteuert werden können; das
zumeist tropische Klima macht
das Land ohnehin zu einem ganz-
jährigen Reiseziel. Wer jedoch an
den Amazonas oder ins Pantanal
fahren möchte, sollte sich die
saisonalen Wetterbedingungen
anschauen, da Regen und Überschwemmungen das Reisen stark
beeinträchtigen können.

Der Karneval Brasiliens zählt
zu den schönsten Festen weltweit.

Am berühmtesten ist der Karneval
von Rio, Salvador und Olinda, aber
überall im Land wird zu dieser
Zeit gefeiert. Andere wichtige
Events sind die São-João-Feste des
Nordostens im Juni, das Festival
Folclórico de Parintins am Amazo-
nas Ende Juni und das Bumba-
Meu-Boi-Fest in São Luís.

An Feiertagen und während der
Schulferien wird es auf den Straßen,
an den Flughäfen und in den
Urlaubsorten gewöhnlich voll.

Klima

Brasilien ist ein großes Land mit
verschiedenen Wetterzonen. Etwa
90 % liegt in den Tropen, sodass
fast alle Orte des Landes das ganze
Jahr über gut zu bereisen sind, mit

Ausnahme des brütend heißen
Sommers. Nur im Süden des Landes ist es manchmal so kalt, dass
man einen Wintermantel braucht.

Die Jahreszeiten auf der
Südhalbkugel sind den unseren
entgegengesetzt, jedoch besteht
der Gegensatz nicht so sehr zwischen warm und kalt, als vielmehr
zwischen feucht und trocken. Vielerorts dauern die Niederschläge
der Regenzeit nur ein paar Stunden
und machen dann wieder der
Sonne Platz. Am Amazonas und
im Pantanal erfordert das Wetter
jedoch mehr Planung.

Nicht vergessen

Nicht vergessen sollte man natürlich seinen Reisepass – ansonsten

kann man das meiste auch in Brasilien kaufen. Es empfiehlt sich, eine Jacke einzupacken, denn im Süden kann es kühl werden.

Versicherung

Vor der Reise sollte man sich auf jeden Fall um eine adäquate Reisekrankenversicherung kümmern.

Einreise

EU-Bürger und Schweizer benötigen für die Einreise kein Visum, sondern nur einen noch mindestens sechs Monate gültigen Pass.

ANREISE
Mit dem Flugzeug

Zwei Drittel aller Besucher aus dem Ausland landen in São Paulo, die anderen zumeist in Rio.

Der **Aeroporto Internacional de São Paulo** (GRU), gewöhnlich Guarulhos oder Cumbica genannt, liegt 30 km nordöstlich von São Paulo. An einem Kiosk vor der Ankunftshalle zahlt man im Voraus den Preis für die Taxifahrt in die Stadt – je nach Ziel rund 35–40 €. Vom Flughafen fahren zu sechs Stellen in São Paulo Shuttlebusse, u.a. zum Inlandsflughafen. Für die meisten Ziele beträgt der Fahrpreis 35 BRL (12 €, www.airportbusservice.com.br). Fahrkarten für die Shuttles sind draußen vor der Ankunftshalle erhältlich; die Fahrzeit beträgt ungefähr eine Stunde. Anschlussflüge ab São Paulo können vom Flughafen Congonhas (CGH) oder sogar von Viracopos im 60 km entfernten Campinas starten. Die meisten Flüge von Viracopos betreibt die Inlandsfluglinie Azul, die von Congonhas Shuttlebusse bietet.

Der **Aeroporto Internacional do Rio de Janeiro** (GIG), gewöhnlich Galeão genannt, liegt etwa 15 km außerhalb von Rio. Real Auto Ônibus bietet für 12 BRL

(4 €) Shuttles in die Stadt. Taxis kosten je nach Ziel 45–80 BRL (15–25 €). Bis zu den Strandvororten braucht man rund 45 Minuten. Der Inlandsflughafen Santos-Dumont (SDU) liegt im Stadtzentrum.

Rund drei Dutzend Fluggesellschaften bieten internationale Flüge nach Brasilien, darunter:

Air Canada–www.aircanada.com
Air France–www.airfrance.com
American–www.aa.com
Avianca–www.avianca.com.br
Azul–www.voeazul.com.br
Copa Airlines–www.copaair.com
Delta Airlines–www.delta.com
Gol–www.voegol.com.br
KLM–www.klm.com
Lufthansa–www.lufthansa.com
TAM–www.tam.com.br
United–www.united.com

Mit dem Bus

Mehrere Busunternehmen bieten Verbindungen von Chile, Argentinien und Uruguay nach Brasilien. Angesichts der riesigen Entfernungen kann man jedoch lange unterwegs sein.

UNTERWEGS IN BRASILIEN
Mit Flugzeug & Bus

Drei größere Fluglinien bedienen die wichtigsten Flughäfen des Landes: Azul, Gol und TAM. Die kolumbianische Avianca fliegt etwa zwei Dutzend Ziele an. Kleinere Inlandslinien wie Pantanal (*www.voepantanal.com.br*) und Passaredo (*www.voepassaredo.com. br*) haben 15 bis 20 Ziele im Angebot. Bis vor Kurzem konnte man ohne brasilianische Steuernummer (CPF) keine Tickets im Internet buchen, jedoch ändert sich das jetzt. Trotzdem ist es einfacher, ein Reisebüro zu beauftragen.

Itapemirim (*www.itapemirim.com. br*) deckt mit dem umfassendsten Busnetz Brasiliens rund zwei Drittel des Landes ab. Cometa (*www.via*

caocometa.com.br) bietet gute Verbindungen in den Bundesstaaten Minas Gerais, Rio de Janeiro und São Paulo sowie Verbindungen Richtung Süden nach Florianópolis und Curitiba. Für kürzere Strecken gibt es unzählige kleinere Busunternehmen. Fahrkarten werden direkt am Busbahnhof gekauft.

Mit U-Bahnen, Vorortzügen & Stadtbussen

U-Bahnen gibt es in São Paulo, Rio de Janeiro, Brasília, Recife, Porto Alegre und Belo Horizonte. In vielen Städten verkehren außerdem Vorortzüge. Diese Bahnen richten sich an Berufspendler, können aber auch für Besucher interessant sein, auch wenn sie nicht unbedingt die wichtigen Sehenswürdigkeiten ansteuern. Näheres zur U-Bahn von São Paulo siehe S. 104f.

In einigen Städten gibt es Expressbuslinien mit U-Bahn-artigen Haltestellen. Die Nutzung der Pendlerzüge empfiehlt sich mancherorts nur, wenn man fließend Portugiesisch spricht.

Taxis & Wagen mit Chauffeur

Für viele Besucher sind Taxis die erste Wahl. Jedoch sprechen die Fahrer nur selten Englisch oder auch Spanisch. Eine Möglichkeit ist, einen englischsprachigen Führer anzuheuern und ihm die Taxi-Arrangements zu überlassen.

Das Taxiwesen unterliegt städtischen Bestimmungen und variiert daher von Ort zu Ort. Am besten sucht man einen Taxistand. In den meisten Orten gilt abends, am Wochenende und an Feiertagen ein höherer Tarif, die *Bandeira 2*.

Fahrpreise in Rio de Janeiro:
Für gewöhnliche Taxis mit einem portugiesischsprachigen Fahrer gilt ein Grundpreis von 4,70 BRL (1,57 €) sowie ein Kilometerpreis von 1,70 BRL (0,57 €). Wartezeit

(tempo parado) kostet 20,42 BRL (6,83 €) pro Stunde. An Sonn- und Feiertagen gelten zwischen 21 und 6 Uhr um rund 20 % höhere Tarife.

Bei besonderen Taxis liegen die Fahrpreise rund 80 % höher als bei normalen. **Rádio-Táxi Coopertramo** *(www.radio-taxi.com.br)* ist eine Kooperative mit Fahrern, die Englisch sprechen.

Wagen mit Chauffeur sind gewöhnlich über den Concierge der 5-Sterne-Hotels erhältlich. In Rio liegen die Preise bei ab etwa 80 BRL (27 €) pro Stunde.

Autofahren in Brasilien

Der chaotische Verkehr und die vollen Straßen sind für viele Besucher abschreckend. Wer trotzdem fahren möchte, benötigt nur seinen Führerschein und Pass. Sofern man keinen Internationalen Führerschein besitzt, muss der Führerschein von einem beglaubigten Übersetzer *(tradutor juramentado)* übersetzt sein.

Natürlich sollte man auch in Brasilien nicht unter Alkoholeinfluss fahren. Oft werden unangekündigt Alkoholkontrollen durchgeführt.

Mietwagen

Mietwagen leiht man am besten an den Flughäfen. In Brasilien sind viele der großen internationalen Autovermietungen wie Alamo, Avis, Budget, Hertz und Thrifty vertreten, außerdem gibt es noch brasilianische Firmen wie Localiza und Unidas. Um ein Fahrzeug zu leihen, braucht man auf jeden Fall eine Kreditkarte. Mietwagen sind teuer in Brasilien und liegen bei etwa 150 € pro Tag für ein kleines Fahrzeug.

PRAKTISCHE TIPPS
Alkohol, Drogen & Rauchen

Das Mindestalter für Alkoholkonsum liegt bei 18 Jahren. Ansonsten gibt es aber kaum Beschränkungen. Rauchen ist in geschlossenen öffentlichen Räumen verboten. Marihuana und andere Drogen sind zwar erhältlich, zumeist aber illegal.

Einrichtungen für Behinderte

Obwohl sich die Lage langsam bessert, ist Brasilien kein besonders behindertenfreundliches Reiseland und wartet mit zahlreichen Einschränkungen auf. Ein Lichtblick: Die Stadt Socorro *(www.socorro.tur.br)* im Bundesstaat São Paulo ist auf dem Gebiet des behindertengerechten Abenteuertourismus ein echter Vorreiter.

Besucherinformationen im Ausland

Reiseinformationen über Brasilien erhält man bei den brasilianischen Botschaften und auf www.visitbrasil.com.

Etikette & Bräuche

Bei der Begrüßung sind zwar die diesbezüglichen Bräuche von Region zu Region unterschiedlich, aber generell grüßen Frauen einander und Männer mit zwei Wangenküssen, und Männer begrüßen sich untereinander mit einem Handschlag und/oder vielleicht einer kurzen Umarmung.

Pünktlichkeit kann ein Problem darstellen. Wer pünktlich kommt, ist meistens zu früh. Bei geschäftlichen Treffen sollte man allerdings pünktlich erscheinen, da die Brasilianer sich dann an den ausländischen Gewohnheiten orientieren. Auf Partys taucht man am besten mindestens eine Stunde zu spät auf.

Events und Festivals

Siehe Kasten S. 52.

Frauen

Viele Frauen haben Bedenken, allein durch Brasilien zu reisen. Natürlich ist das Land nicht frei von Sexismus, doch es gehört nicht zu den Ländern, in denen Frauen übermäßig belästigt werden, auch wenn es schon Übergriffe gegeben hat. In vielen Bundesstaaten und Städten gibt es gesonderte Polizeistationen für Frauen, Delegacia da Mulher, die nur mit Beamtinnen besetzt sind.

Geld

Siehe Kasten S. 11.

Gesundheit

Im Allgemeinen sind keine besonderen Vorkehrungen erforderlich – man sollte allerdings ausreichend Sonnencreme einpacken. Wer den Regenwald des Amazonas ansteuert, sollte sich zudem gegen Gelbfieber impfen lassen. Manche Reisende nehmen auch Malariamittel mit ins Amazonasgebiet. Für andere Ziele in Brasilien ist das jedoch nicht nötig.

Außer in abgeschiedenen Gegenden kann das Leitungswasser problemlos getrunken werden. Die hygienischen Bedingungen in den Restaurants in den größeren Städten des Landes sind nicht schlechter als anderswo auf der Welt. In São Paulo schreibt eine städtische Verordnung vor, dass Restaurants Gästen erlauben müssen, sich die Küche anzuschauen.

Vor der Reise sollte man sich vergewissern, dass der Krankenversicherungsschutz ausreichend ist. Unter www.brasil.diplo.de findet man eine Liste deutschsprachiger Ärzte in Brasilien. Die American Society of São Paulo *(www.americansociety.com.br)* hält Listen mit englischsprechenden Ärzten bereit.

Kommunikation

Internet: Viele Bars und Cafés bieten kostenloses WLAN. Die brasilianische Cafékette Fran's Café hat im ganzen Land Filialen mit WLAN, ebenso McDonald's.

Postämter: Postämter findet man überall, die Öffnungszeiten schwanken jedoch. Genauere Informationen darüber, wo es Postämter gibt und welche Dienste sie anbieten, findet man auf Englisch auf der offiziellen Website der Post: www.correios.com.br. Zwar stehen an den Straßen gelbe Briefkästen, jedoch ist es vielleicht besser, seine Post in einem Postamt abzugeben.

Telefon: In Brasilien zu telefonieren, kann verwirrend sein.

Ortsgespräche: Für Telefonate im selben Vorwahlbezirk wählt man nur die achtstellige Anschlussnummer.

Ferngespräche: Bei innerbrasilianischen Ferngesprächen wählt man 0 + Providercode + Vorwahl + Anschlussnummer.

Providercodes: Brasil Telecom 14, Claro 36, Embratel 21, Intelig Telecom 23, Sercomtel 43, Telefónica 15, Telemar 31, Claro 36, TIM 41.

Auslandsgespräche: 00 + Providercode + Ländervorwahl + Gebietsvorwahl + Anschlussnummer. Die Ländervorwahl von Brasilien ist 55.

Gebietsvorwahlen: Die Gebietsvorwahlen (DDD) findet man über www.embratel.com.br. Die Website ist zwar auf Portugiesisch, aber man findet sich intuitiv zurecht.

R-Gespräche: Wer ein R-Gespräch führen möchte, wählt 9090 + Anschlussnummer, für R-Ferngespräche 90 + Providercode + Vorwahl + Anschlussnummer.

Ausnahme: Wer eine Handynummer in São Paulo (Vorwahl 11) anrufen möchte, muss vor der Handynummer eine 9 wählen. Wer von außerhalb São Paulos anruft, wählt die 9 zwischen der Gebietsvorwahl und der Handynummer.

Handys: In allen Läden der brasilianischen Telefongesellschaften wie etwa am TIM-Kiosk im Terminal 1 des Flughafens von Rio sind Prepaid-SIM-Karten erhältlich. An Zeitungs- und anderen Kiosken kann man dann Minuten dazukaufen. Eine SIM-Karte kostet gewöhnlich rund 15 BRL (5 €), zusätzliches Guthaben gibt es für 13–100 BRL (4,20–33 €).

Von Brasilien aus ins Ausland zu telefonieren oder Textnachrichten zu versenden, kann teuer sein, jedoch bietet der eigene Handyprovider vielleicht Urlaubspakete, die auch Brasilien einschließen. Das Versenden von SMS innerhalb des Landes kostet 0,50 BRL (0,17 €), ins Ausland 9 BRL (3 €).

Öffentliche Telefone: Öffentliche Telefone (*orelhão*, „großes Ohr") gibt es kaum noch. Wer eins nutzen möchte, muss an einem Zeitungsstand eine Telefonkarte kaufen.

Korruption
Über die brasilianische Verkehrspolizei kursieren zahllose Geschichten. Oft hält sie Autofahrer ohne Grund an, und wenn sie lange genug sucht, findet sie sicher irgendeine kleine Regelwidrigkeit. Für ausländische Besucher ist das Ganze schwer zu durchschauen; wer mit Brasilianern unterwegs ist, überlässt diesen am besten das Ganze. Ansonsten gibt es vielleicht die Möglichkeit, jemanden anzurufen, z.B. einen Touranbieter, um Rat einzuholen. Auf jeden Fall sollte man sicherstellen, dass alle Reisedokumente inklusive Führerschein in Ordnung sind und auch die Sicherheitsausstattung des Fahrzeugs, wie z.B. das Mini-Feuerlöscher, vorhanden ist. Keinesfalls sollte man davon ausgehen, dass man sich durch ein Schmiergeld problemlos aus einer misslichen Lage befreien kann.

Medien
Abgesehen vom monatlichen *Time Out São Paulo* gibt es in Brasilien keine weitverbreiteten englischsprachigen Medien. In den Hotels der gehobenen Kategorie kann man gewöhnlich auch ausländische Fernsehsender empfangen.

Interessante englischsprachige Blogs mit allgemeinen Informationen über Brasilien sind z. B.

Auslandskorrespondent Andrew Downie: www.andrewdownie.wordpress.com

Deep Brazil der brasilianischen Journalistin Regina Scharf: www.deepbrazil.com

Time Out São Paulo und Time Out Rio de Janeiro: www.timeout.com

Für Rio de Janeiro: RioReal der ehemaligen Auslandskorrespondentin Julia Michaels: www.riorealblog.com.

Öffnungszeiten
Banken sind gewöhnlich von 10 bis 16 Uhr geöffnet, Einkaufszentren von 10 bis 22 Uhr, Geschäftsbüros von 9 bis 18 Uhr. Einige Restaurants schließen zwischen Mittag- und Abendessen. Sehenswürdigkeiten wie etwa Museen sind montags oft geschlossen.

Religion
Die Brasilianer sind religiös – so besitzt das Land z. B. eine der weltweit größten katholischen Gemeinden. Die besten Informationsquellen sind die Vertretungen der verschiedenen Glaubensgemeinschaften. Wer sich für den afrobrasilianischen Candomblé interessiert, fährt am besten nach Salvador, für den positivistischen Glauben nach Rio.

Schwule & Lesben
Im Vergleich zu vielen anderen Ländern ist Brasilien recht tolerant. In São Paulo findet die vielleicht weltweit größte Gay-Pride-Parade statt. (Das Datum ist von Jahr zu Jahr unterschiedlich, aber in der Regel findet

die Veranstaltung Anfang Juni statt.) Jedoch gibt es auch hier Übergriffe auf Schwule und Lesben. Außerdem sind in Brasilien fundamentalistische christliche Einstellungen auf dem Vormarsch. Die Grupo Gay da Bahia in Salvador nimmt für sich in Anspruch, die älteste Schwulenorganisation des Landes zu sein.

Sicherheit

Fragen der Sicherheit bereiten Brasilien-Urlaubern gewöhnlich das meiste Kopfzerbrechen, besonders, wenn man zum ersten Mal im Land ist. Im Allgemeinen sollte man sich in Städten wie Rio de Janeiro und São Paulo wie überall in Metropolen verhalten, in denen viel Kriminalität herrscht.

Jim Wygand, ein amerikanischer Security-Experte, der seit über 40 Jahren in Brasilien lebt, hat über persönliche Sicherheit in Städten das Buch „The Secure Urbanite: Personal Security in the Asphalt & Concrete Jungle" verfasst. Er schreibt:»Für Individuen geht die größte Bedrohung von Drogenabhängigen aus, die sich in den Staus feststeckenden Autos oder auf der Straße ahnungslosen Fußgängern nähern.« Auf jeden Fall sollte man sein Umfeld im Auge behalten und sich nicht wie ein Tourist benehmen.

Vorsicht sollte man beim Benutzen von Geldautomaten walten lassen. Am besten hebt man Geld nur tagsüber und in sicheren Gegenden ab, wo auch andere Leute zugegen sind, in Bankfilialen, Supermärkten oder Einkaufszentren.

Strom & Steckdosen

Je nach Ort beträgt die Stromspannung in Brasilien 110 oder 220 Volt – oder beides. Da es verschiedene Steckdosen gibt, besorgt man sich am besten einen Adapter.

Toiletten

Öffentliche Toiletten gibt es in Brasilien so gut wie nicht. Normalerweise kann man in einer Bar oder einem *boteco* die Toilette benutzen. Wer möchte, kann sich dafür revanchieren, indem er etwas zu trinken bestellt, aber gewöhnlich ist die Benutzung des WCs auch so kein Problem, wenn man vorher fragt. Die einzige Ausnahme bilden Lokale an Märkten, auf denen viele Leute unterwegs sind. Mitunter sind die Toiletten aber recht unsauber.

Trinkgeld

In Restaurants und Bars enthält die Rechnung in der Regel ein Bedienungsentgelt von 10 %. Für kleinere Dienstleistungen gibt man gewöhnlich ein Trinkgeld in der Höhe des Preises für ein normales Bier, also etwa 7 BRL (2,30 €).

Verlorene Gegenstände

Eine Verlustmeldung ist ein Boletim de Ocorrência (B.O.). Um eine solche zu erstatten, geht man zur nächsten Polizeistation, einer Delegacia de Polícia.

Zeit

In Brasilien gibt es drei Zeitzonen; am wichtigsten ist die Zeitzone Brasílias, die vier Stunden hinter der MEZ zurückliegt. Die brasilianische Sommerzeit dauert von Mitte Oktober bis Mitte Februar. Grundsätzlich gilt die Sommerzeit in den Bundesstaaten des Südens und Südostens, in denen des Nordostens und Nordens jedoch nicht.

IM NOTFALL

102 Vermittlung
190 Polizei
192 Krankenwagen

Man sollte nicht davon ausgehen, dass unter diesen Rufnummern

am anderen Ende jemand Englisch spricht. In vielen Orten gibt es spezielle Polizeistationen für Touristen, die Delegacias do Turista.

Botschaften & Konsulate

Deutschland
www.brasilia.diplo.de
Brasília: Av. das Nações, Quadra 807, Lote 25, Tel. 61 / 3442 7000
Rio de Janeiro: Av. Presidente Antônio Carlos 58, Centro, Tel. 21 / 2554 0004

Österreich
www.bmeia.gv.at
Brasília: Av. das Nações, Quadra 811, Lote 40, Tel. 61 / 3443 3111

Schweiz
www.eda.admin.ch / brasilia.ch
Brasília: Av. das Nações, Quadra 811, Lote 41, Tel. 61 / 3443 5500
Rio de Janeiro: Rua Cândido Mendes 157, Glória, Tel. Tel. 21 / 3806 2100 oder 2221 1867

Was tun bei einem Autounfall?

Wenn es keine ernsthaft Verletzten gibt, sollte man die Verkehrspolizei zum Unfallort gerufen werden, damit ein Unfallbericht *(ocorrência)* ausgefüllt wird. Dabei sollte man seine Version des Unfallhergangs klar zu Protokoll geben. Wenn es Schwerverletzte oder gar Todesopfer gibt, muss die Polícia Militar (Militärpolizei) gerufen werden. Auch hier ist es wichtig, dass der Unfallhergang richtig aufgenommen wird. Außerdem sollte man versuchen, Adressen und Telefonnummern von eventuellen Zeugen zu notieren.

Hotels & Restaurants

Die Unterkünfte in Brasilien sind bei Weitem nicht so überwältigend wie die Landschaft. Oft sind die Hotels überteuert und enttäuschend, selbst auf 4-Sterne-Niveau. Jedoch versprechen neue kleine Boutique-Hotels und Pensionen Besserung. Die Restaurants des Landes bieten sowohl traditionelle als auch innovative Küche, wobei die Spezialitäten die ethnische Vielfalt des Landes widerspiegeln, von den indigenen Völkern bis zu den Einwanderern aus Europa, Afrika und Asien.

HOTELS

Die Dinge bessern sich langsam, und in Städten wie Olinda, Rio de Janeiro, Salvador und São Paulo findet man mittlerweile gute Unterkünfte mit Flair. Dazu gibt es übers ganze Land verteilt interessante Übernachtungsmöglichkeiten, darunter wunderbare Pensionen. Jedoch längst nicht überall wird Englisch gesprochen.

Neben den internationalen Buchungsportalen sind auch zwei brasilianische Quellen nützlich. Roteiros de Charme (*www.roteiros decharme.com.br*) ist eine Vereinigung außergewöhnlicherer Unterkünfte. 2013 gehörten ihr 59 Mitglieder in 16 Bundesstaaten an 51 Zielorten an. Gut ist auch die Website Hidden Pousadas (*www.hiddenpousadasbrazil. com*), ein englischsprachiges Unterkunftsportal, das von Ausländern geführt wird.

Viele brasilianische Unterkünfte nennen sich *pousada*. Dieser Begriff bezeichnet Unterkünfte, die kleiner sind als Hotels. Dabei gibt es hinsichtlich Qualität, Komfort und Preis eine große Bandbreite.

Im September 2012 wurde in Brasilien ein neues Klassifizierungssystem nach Sternen eingeführt. Nach einem halben Jahr hatten sich jedoch nur 33 der über 6000 Unterkünfte des Landes dafür angemeldet. Im Allgemeinen sollte man sich also bei der Buchung einer Unterkunft nicht nach den Sternen richten.

RESTAURANTS

Ein *boteco* oder *botequim* ist eine einfache Viertelkneipe, die in der Regel auch Essen anbietet. Sie sind im ganzen Land beliebt und können ebenso edel wie sehr einfach daherkommen. Gewöhnlich dienen sie als Nachbarschaftstreff vor allem für Männer.

Schnelles, einfaches und relativ günstiges Mittagessen bieten die Buffet-Restaurants, in denen man nach Gewicht bezahlt. Man füllt sich einfach einen Teller und wiegt ihn dann. Zur Mittagszeit sind diese „Kilo"-Restaurants, in denen viele Angestellte ihr Mittagessen zu sich nehmen, überall zu finden, abends sind sie jedoch meist nicht geöffnet.

In der Regel schlagen Restaurants automatisch ein Bedienungsentgelt von 10 % auf die Rechnung auf. Das soll den Kellnern zugutekommen, was auch meist passiert. Dieser Aufpreis sollte separat auf der Rechnung erscheinen; dann ist auch kein weiteres Trinkgeld nötig.

Immer häufiger kann man in Brasilien am Tisch per Kreditkarte zahlen. Jedoch gibt es in vielen Lokalen noch das alte System, bei dem der Kellner mit der Karte zur Kasse gehen muss. Es kann passieren, dass skrupellose Kellner dabei Karten kopieren. Daher sollte man seine Kreditkartenabrechnung immer sorgfältig prüfen.

Die folgenden Einträge sind nach den Kapiteln des Buchs, Bundesstaaten und alphabetisch nach Stadtvierteln oder Städten und schließlich nach Preiskategorie geordnet.

Folgende Abkürzungen werden verwendet: AE (American Express), DC (Diners Club), MC (Master-Card) und V (Visa).

PREISE

HOTELS
Die Preise beziehen sich auf ein Doppelzimmer in der Hochsaison.

$$$$$	über 290 €
$$$$	220–290 €
$$$	145–220 €
$$	75–145 €
$	unter 75 €

RESTAURANTS
Die Preise beziehen sich auf eine Mahlzeit mit drei Gängen ohne Getränke.

$$$$$	über 45 €
$$$$	33–45 €
$$$	22–33 €
$$	10–22 €
$	unter 10 €

■ RIO DE JANEIRO

BARRA

⊞ TUAKAZA
$$$–$$$$
ESTR. DA CANOA 2600,
SÃO CONRADO
TEL. 21/3322 6715
www.tuakaza.com
Naturnäher geht es kaum: Die hübschen rustikalen Stelzen Chalets stehen inmitten eines üppigen Dschungels. Wer hier nächtigt, benötigt ein Fahrzeug oder Taxi.
🛈 6 🅿 ⬛ ⬛ ⬛ ⬛ Alle gängigen Karten

🚭 Nichtraucher ❄ Klimaanlage 🏊 Hallenbad 🏊 Swimmingpool 🏋 Fitnessclub 💳 Kreditkarten

BÚZIOS

🏨 CACHOEIRA INN
$$$$–$$$$$
RUA E-1, LOTE 18,
PRAIA DA FERRADURA,
ARMAÇAO DOS BÚZIOS
TEL. 22/2623 2118
www.cachoeirainnbuzios.com
Diese interessante, von Amerikanern geführte Pension bietet sieben Wasserfälle.
ⓘ 4 🅿 ▥ ▥ ▦ ▦
▥ MC, V

🏨 POUSADA CASA BÚZIOS
$$–$$$
RUA MORRO DA HUMAITÁ,
CASA 1, ORLA BARDOT,
ARMAÇAO DE BÚZIOS
TEL. 22/2623 7002
www.pousadacasabuzios.com
Die von Franzosen geführte *pousada* verströmt ein wunderbar relaxtes Flair. Sehr gutes Preis-Leistungs-Verhältnis.
ⓘ 6 🅿 ▥ ▥ ▦ ▦ AE,
MC, V

CENTRO

🏨 HOTEL OK
$$$
RUA SENADOR DANTAS 24
TEL. 21/3479 4500
www.hotelok.com.br
Dieses Hotel an einer lauten kleinen Straße hinter Cinelândia, einen Katzensprung entfernt von Lapa, ist eines der preisgünstigsten im Zentrum.
ⓘ 155 ▤ ▥ ▦ ▦ ▥ Alle gängigen Karten

🏨 HOTEL BELAS ARTES
$$
AV. VISCONDE DO RIO BRANCO 52
TEL. 21/2252 6336
www.hotelbelasartes.com.br
Die Zimmer in diesem anmutigen historischen Gebäude im Herzen des Zentrums sind sehr reizend, aber pieksauber.
ⓘ 65 🅿 ▥ ▥ Alle gängigen Karten

🍴 RIO MINHO
$$$$
RUA DO OUVIDOR 10
TEL. 21/2509 2338
Als dieses älteste Restaurant der Stadt 1884 eröffnete, war Brasilien noch ein Kaiserreich.
▦ 108 ⏱ Sa & So geschl.
▥ ▥ ▥ Alle gängigen Karten

🍴 CONFEITARIA COLOMBO
$–$$
RUA GONÇALVES DIAS 32
TEL. 21/2505 1500
Die Cariocas bestellen sich hier zum *cafezinho* gern portugiesische Backwaren. Dann kann man sich zurücklehnen und sich vorstellen, ein brasilianischer Aristokrat des 19. Jhs. zu sein.
▦ 400 ⏱ So geschl. ▥ ▥
▥ Alle gängigen Karten

CORCOVADO & ZUCKERHUT

🏨 CASA 32
$$$$
LARGO DO BOTICÁRIO 32,
COSME VELHO
TEL. 21/3289 9999
www.casa32.com
Das Haus von der Mitte des 19. Jhs. wurde in ein exklusives B&B mit drei wunderbar eingerichteten Apartments verwandelt, in denen antike Möbel mit moderner Ausstattungen kombiniert werden.
ⓘ 2 ▥ ▥ ▦ ▦ AE, MC, V

🏨 O VELEIRO
$$
RUA MUNDO NOVO 1440,
BOTAFOGO
TEL. 21/2554 8980
Das ruhige Haus, eines der ersten B&Bs Rios, liegt an einer Wohnstraße auf halber Strecke den Corcovado hinauf inmitten üppiger tropischer Vegetation. Die sehr herzlichen kanadisch-brasilianischen Gastgeber kennen sich bestens aus.

ⓘ 3 🅿 ▥ ▥ ▦ ▥ Alle gängigen Karten

ILHA GRANDE

🏨 POUSADA ASALEM
$$$
PRAIA DA CRENA
TEL. 24/3361 5602
www.asalem.com.br
Die geräumigen Gästezimmer an einem Dschungelhang oberhalb des Meers sind nicht nur komfortabel, sondern auch wunderbar abgeschieden und doch nur 25 Minuten zu Fuß oder 15 Minuten per Boot von Vila Abraão entfernt.
ⓘ 8 ▥ ▥ ▥ AE, MC, V

🏨 POUSADA NATURÁLIA
$$
RUA DA PRAIA 149
TEL. 24/3361 9583
www.pousadanaturalia.net
Mit ihren rustikalen, aber liebevoll eingerichteten Suiten, alle mit Veranda mit Blick aufs Meer, ist die sehr gut geführte *pousada* eine der preiswertesten Unterkünfte der Insel.
ⓘ 12 ▥ ▥ ▥ MC, V

RUND UM DIE LAGOA

🏨 LA MAISON
$$$
RUA SÉRGIO PORTO 58,
GÁVEA
TEL. 21/3205 3585
www.lamaisonario.com
Diese Villa auf einem üppigen Hügel bietet stilvolle Unterkunft in nach Themen eingerichteten Suiten. Sie liegt so abgeschieden, dass man für die Anfahrt ein Taxi benötigt.
ⓘ 5 ▥ ▥ ▦ ▦ ▥ Alle gängigen Karten

🍴 ROBERTA SUDBRACK
$$$$$
AV. LINEU DE PAULA MACHADO 916, JARDIM BOTÂNICO
TEL. 21/3874 0139
Eine der innovativsten modernen brasilianischen

Köchinnen, Roberta Sudbrack, begann ihre Karriere als Köchin von Präsident Cardoso. Die Probiermenüs werden täglich neu zusammengestellt und sind dienstags zu erheblich günstigeren Preisen erhältlich.
🛏 62 🕐 So & Mo geschl.
🚭 🦽 🏧 MC

🍴 BRASEIRO DA GÁVEA
$$
PRAÇA SANTOS DUMONT 116, GÁVEA
TEL. 21/2239 7494
Hier treffen sich besonders am Wochenende und montagabends die jungen Schönen der Zona Sul.
🛏 120 🚭 🦽 🏧 Alle gängigen Karten

🍴 DRI CAFÉ
$
RUA JARDIM BOTÂNICO 414, PARQUE LAGE, JARDIM BOTÂNICO
TEL. 21/ 2226 8125
Dieses Café liegt im Schatten der Christus-Statue an einem türkisfarbenen Pool.
🛏 40 🚭 🏧 Alle gängigen Karten

LAPA & UMGEBUNG

🏨 HOTEL SANTA TERESA
🍴 $$$$$
RUA ALMIRANTE ALEXANDRINO 660, SANTA TERESA
TEL. 21/3380 0200
Dieses Luxushotel befindet sich auf einer 200 Jahre alten Kaffeeplantage. Das Restaurant **Térèze** kocht mit tropischen Zutaten.
ⓘ 44 🛏 80 🚭 🦽 🏊
🏧 Alle gängigen Karten

🏨 CASA COOL BEANS
$$
RUA LAURINDA SANTOS LOBO 136, SANTA TERESA
TEL. 21/2262 0552
www.casacoolbeans.com
Die hellen, fröhlichen Chalets

und Zimmer in dem einladenden B&B sind alle von einem örtlichen Künstler gestaltet.
ⓘ 10 🚭 🦽 🏊 🏧 Keine

🏨 HOTEL REGINA
$$
RUA FERREIRA VIANA 29, FLAMENGO
TEL. 21/3289 9999
www.hotelregina.com.br
Vom früheren Glanz des stattlichen Hauses aus den 1920er Jahren sind nur noch wenige Spuren erhalten, doch die Zimmer sind gemütlich und preisgünstig.
ⓘ 117 🅿 🛏 🚭 🦽 🎾
🏧 Alle gängigen Karten

🏨 RIAZOR
$
RUA DO CATETE 160 , CATETE
TEL. 21/2225 0121
www.hotelriazor.com.br
Die eindrucksvolle Fassade von 1890 täuscht: Die Zimmer sind sauber, aber verwohnt. Die größten Pluspunkte sind die Lage gegenüber vom Parque do Catete und an der Metrô und der günstige Preis.
ⓘ 50 🅿 🚭 🦽 🏧 V

🍴 ESPÍRITO SANTA
$$$$
RUA ALMIRANTE ALEXANDRINO 264, SANTA TERESA
TEL. 21/2507 4840
Küchenchefin Natacha Fink verarbeitet die exotischen Produkte ihrer Heimat am Amazonas in überraschender und verführerischer Weise. Reservierung empfohlen.
🛏 70 🕐 Di geschl. 🚭 🦽
🏧 AE, MC, V

🍴 PORÇÃO RIO'S
$$$$
AV. INFANTE DOM HENRIQUE, PARQUE DO FLAMENGÔ, FLAMENGO
TEL. 21/3461 9020
Das Hauptevent in dieser beliebten Kette von *churrascarias* (Grillhäusern) ist der

rodízio, bei dem ein Kellner alle zwei Minuten mit saftigem Fleisch am Tisch erscheint.
🛏 800 🅿 🚭 🦽 🏧 Alle gängigen Karten

🍴 COSMOPOLITA
$$
TRAVESSA DO MOSQUEIRA 4, LAPA
TEL. 21/2224 7820
Das Retro-Restaurant aus den 1920er Jahren ist die Geburtsstätte eines der klassischsten Carioca-Gerichte, des Filé á Oswaldo Aranha.
🛏 90 🕐 So geschl. 🚭 🦽
🏧 Alle gängigen Karten

PARATY

🏨 VIVENDA
$$
RUA BEIJA FLOR 9, CABORÉ
TEL. 24/3371 4272
www.vivendaparaty.com
Die nur zehn Fußminuten vom Centro Histórico von Paraty entfernten, geschmackvoll eingerichteten modernen Bungalows sind in puncto Verwöhnkomfort unschlagbar.
ⓘ 3 🅿 🚭 🦽 🏊 🏧 Keine

🏨 SOLAR DOS GERÂNIOS
$
PRAÇA DA MATRIZ, CENTRO
TEL. 24/3371 1550
www.paraty.com.br/geranio
Eine der erschwinglichsten Optionen im Zentrum: Das wunderbar stimmungsvolle alte Herrenhaus bietet kleine, aber heimelige Zimmer.
ⓘ 12 🚭 🏧 Alle gängigen Karten

🍴 CASA DO FOGO
$$$
RUA COMENDADOR JOSÉ LUIZ 390
TEL. 24/3371 3162
Die Casa do Fogo nimmt ihren Namen („Haus des Feuers") ernst: Viele der Hauptgerichte werden mit regional produzierten Cachaças flambiert.

🚭 Nichtraucher 🦽 Klimaanlage 🏊 Hallenbad 🏊 Swimmingpool 🎾 Fitnessclub 🏧 Kreditkarten

🔲 50 🕐 Mi geschl. ⬛ ⬛
🔳 Alle gängigen Karten

🍴 SABOR DA TERRA
$

AV. ROBERTO SILVEIRA 180,
PATATIBA
TEL. 24/3371 2384
Das kleine „Kilo"-Restaurant
ein paar Schritte vom Zentrum macht den Mangel an
Einrichtung durch ein großes
Angebot an frischen Salaten,
gegrilltem Fisch und Fleisch
sowie Meeresfrüchten wett.
🔲 40 🔳 Keine

PETRÓPOLIS

🏨 HOTEL SOLAR DO
🍴 IMPÉRIO
$$$

AV. KOELER 376, CENTRO
TEL. 24/2103 3000
www.solardoimperio.com.br
Das Herrenhaus von 1875
ist nur eines von vielen opul-
enten Sommerhäusern der
Adligen. Der im feinen Rest-
aurant Leopoldina gereichte
Nachmittagstee ist im Preis
inbegriffen.
🚪 24 🅿 ⬛ 🔳 ⬛ ⬛ 🔳
🔳 Alle gängigen Karten

🏨 POUSADA 14 BIS
$

RUA BUENOS AIRES 192, CENTRO
TEL. 24/2231 0946
www.pousada14bis.com.br
Die erschwingliche und zent-
ral gelegene Pension bietet
warme, gemütliche Zimmer.
🚪 16 🅿 🔳 ⬛ 🔳 DC, MC

🍴 BORDEAUX
$$

RUA IPIRANGA 716, CENTRO
TEL. 24/2242 5711
Die stimmungsvolle Weinbar
befindet sich im Kutschenhaus
der Casa de Petrópolis. Hier
sind neben 1200 Weinen auch
köstliche Sandwiches und
kleine Speisen erhältlich.
🔲 180 🅿 🔳 🔳 DC, MC

STRÄNDE DER ZONA SUL

HOTELS

🏨 COPACABANA PALACE
$$$$$

AV. ATLÂNTICA 1702,
COPACABANA
TEL. 21/2548 7070
www.copacabanapalace.com
Wahrzeichen und Legende.
🚪 243 🅿 ⬛ 🔳 ⬛ ⬛ 🔳
🔳 Alle gängigen Karten

🏨 ARPOADOR INN
$$

RUA FRANCISCO OTAVIANO 177,
ARPOADOR
TEL. 21/2523 0060
www.arpoadorinn.com.br
Nur Schritte entfernt vom
Surfermekka Praia do
Arpoador, ist dies das einzige
Hotel Rios, das direkt am
Strand liegt.
🚪 50 ⬛ 🔳 ⬛
🔳 Alle gängigen Karten

🏨 HOTEL SANTA CLARA
$$

RUA DÉCIO VILLARES 316,
COPACABANA
TEL. 21/2256 2650
www.hotelsantaclara.com.br
Dieses bescheidene, gemütliche Hotel fünf Straßen vom
Strand entfernt – aber nahe
der Metrô – befindet sich im
traditionellen Bairro Peixoto in
Copacabana.
🚪 25 🔳 ⬛ 🔳 Alle gängi-
gen Karten

🏨 IPANEMA INN
$$

RUA MARIA QUITÉRIA 27,
IPANEMA
TEL. 21/2523 6092
www.ipanemainn.com.br
Das Hotel ist vom Strand von
Ipanema zwar einen halben
Block entfernt und bietet
daher keine besonderen
Ausblicke, dafür sind aber
die Preise günstiger. Die
Zimmer sind durchweg eher

klein und gewöhnlich, aber
sehr sauber.
🚪 56 ⬛ 🔳 ⬛ 🔳 🔳 Alle
gängigen Karten

🏨 SESC COPACABANA
$$

RUA DOMINGOS FERREIRA 160,
COPACABANA
TEL. 21/2548 1088
www.sescrio.org.br
Das modernistische Gebäude
stammt von Oscar Niemeyer
und liegt nur eine Straße vom
Strand entfernt. Die preisgüns-
tigen Zimmer sind luftig und
minimalistisch.
🚪 120 ⬛ 🔳 ⬛ 🔳 Alle
gängigen Karten

RESTAURANTS

🍴 BRASILEIRINHO
$$

RUA JANGADEIROS 10, LOJA A,
IPANEMA
TEL. 21/2513 5184
Das ländlich-rustikale Brasilei-
rinho serviert große Portionen
Landküche mit einer Vorliebe
für die deftige Küche von
Minas Gerais.
🔲 54 🔳 ⬛ 🔳 Alle gängi-
gen Karten

🍴 FELLINI
$$

RUA GEN. URQUIZA 104, LEBLON
TEL. 21/2511 3600
Im Fellini, einem der besten
„Kilo"-Restaurants Rios, gibt
es auch Speisen für Vegetarier
und Diabetiker.
🔲 140 🔳 ⬛ 🔳 DC, MC, V

🍴 MARKET IPANEMA
$$

RUA VISCONDE DE PIRAJÁ 499,
IPANEMA
TEL. 21/3283 1438
Das Market an einer engen
Gasse abseits der Haupt-
straße von Ipanema ist eine
entspannte Oase mit frischen,
schmackhaften Speisen auch
für Vegetarier.

🏨 Hotel 🍴 Restaurant 🚪 Zimmer 🔲 Plätze 🅿 Parkplatz 🕐 Öffnungszeiten ⬛ Aufzug

🔲 80 🚭 🏦 Alle gängigen Karten

🍴 BRACARENSE
$-$$
RUA JOSÉ LINHARES 85-B,
LEBLON
TEL. 21/2294 3549
Dieser wunderbar unprätenziöse Nachbarschafts-*boteco* ist eine beliebte Adresse nach einem Tag am Strand.
🔲 88 🚭 🏦 Keine

🍴 BIBI SUCOS
$
AV. ATAULFO DE PAIVA 591-A,
LEBLON
TEL. 21/2259 4298
Diese Saftbar wird von den körperbewussten Bewohnern von Leblon angesteuert sowie von den Jujitsu-Kämpen, die sich hier die Proteine reinpfeifen.
🔲 25 🚭 🏦 Alle gängigen Karten

◼ DER SÜDOSTEN

ESPÍRITO SANTO

DOMINGOS MARTINS

🏨 POUSADA RABO DO
🍴 LAGARTO
$$$
ES-164 KM 70, SÃO PAULO
DO ARACÊ
TEL. 27/3248 2383 ODER 9942 6121
www.rabodolagarto.com.br
Schöne, umweltfreundliche Öko-Lodge am Rand des Pedra-Azul-Nationalparks mit Blick auf den Granitfelsen.
🛏 17 🔲 30 🅿 🏦 Keine

LINHARES

🏨 HOTEL DA RESERVA
🍴 NATURAL VALE
$$
BR-101 KM 120
TEL. 27/3371 9797
Die Pension, die sich im

Besitz eines der weltgrößten Bergbauunternehmen befindet, liegt in einem wichtigen Schutzgebiet mit Atlantischem Regenwald.
🛏 35 🔲 58 🅿 🚭 🏊
🏦 AE, MC, V

MINAS GERAIS

BELO HORIZONTE

🏨 IBIS BH LIBERDADE
$$
AV. JOÃO PINHEIRO 602,
LOURDES
TEL. 31/2111 1500
www.accorhotels.com
Eine Filiale der internationalen Kette mit günstigen Hotels.
🛏 30 🅿 🚭 🚭 🏊 🏦 Alle gängigen Karten

🏨 MY PLACE SAVASSI
$$
RUA PROFESSOR MORAES 674,
SAVASSI
TEL. 31/3311 2191
Gutes Business-Hotel.
🛏 42 🅿 🚭 🏊 🏦 Alle gängigen Karten

🏨 OURO MINAS
🍴 PALACE
$$
AV. CRISTIANO MACHADO 4001,
PALMARES
TEL. 31/3429 4001
www.ourominas.com.br
Vermarktet sich als einziges 5-Sterne-Hotel von Belo Horizonte. Mit Einrichtungen für Behinderte.
🛏 346 🔲 250 🅿 🚭 🚭 🏊 🏊 🛗 🏦 Alle gängige Karten

🍴 FOGO DE CHÃO
$$$$
RUA SERGIPE 1208, SAVASSI
TEL. 31/3227 2730
Örtliche Filiale einer der besten *rodízio*-Steakhausketten Brasiliens.
🔲 280 🚭 🚭 🏦 Alle gängigen Karten

🍴 HERMENGARDA
$$$
RUA OUTONO 314, CARMO
TEL. 31/3225 3268
Moderne brasilianische Küche mit großmütterlichem Minas-Gerais-Flair.
🔲 70 🕐 Mo geschl. 🚭
🏦 AE, MC, V

🍴 DONA LUCINHA
$$
RUA PADRE ODORICO 38,
SÃO PEDRO
TEL. 31/3227 0562
Traditionelle Minas-Gerais-Küche, vom Buffet oder à la carte.
🔲 100 🕐 So geschl. 🚭
🚭 🏦 Alle gängigen Karten

🍴 XAPURI
$$
RUA MANDACARU 260,
BRAÚNAS
TEL. 31/3496 6198
Das Xapuri im Bezirk Pampulha, nicht weit vom Zentrum, bietet Minas-Gerais-Küche in einem Ambiente, das an einen Bauernhof erinnern soll.
🔲 480 🚭 🚭 🏦 AE, MC, V

DIAMANTINA

🏨 POUSADA DO
🍴 GARIMPO &
RESTAURANTE O
GARIMPEIRO
$
AV. DA SAUDADE 265
TEL. 38/3532 1040
Kleines Hotel beim Markt mit nettem Restaurant. Der Küchenchef, Vandeca, gilt als einer der besten Köche im Bundesstaat. Der Sohn eines Diamantenminenarbeiters ist ein glühender Verfechter der schnörkellosen *comida mineira*, der Küche des Bundesstaats.
🛏 57 🔲 10 🅿 🕐 Mo–Fr abends, Sa & So mittags & abends 🚭 🚭 🏊 🚭 🏦 Alle gängigen Karten

---

MARIANA

🏨 POUSADA DA
🍴 SERRINHA
$

RUA DONA YOLANDA
GUIMARÃES 370
TEL. 31/3557 5071
www.pousadaserrinha.com.br
Ruhige Lage inmitten von
Obst- und Gemüsegärten.
ⓘ 13 🔲 20 🅿 🐾 Keine

🍴 RANCHO DA PRAÇA
$

PRAÇA GOMES FREIRE 108
TEL. 31/3558 1060
Selbstbedienungsbuffet mit
guten Suppen.
🔲 110 🐾 Alle gängigen
Karten

MONTES CLAROS

🏨 POUSADA DO SESC
🍴 $

AV. DEPUTADO ESTEVES
RODRIGUES 1124
TEL. 38/3221 1018
Renommierte Unterkunft im
nördlichen Minas Gerais und
gute Basis für die Erkundung
der Region.
ⓘ 58 🔲 100 🅿 🔁 🎛 🏊
🐾 MC, V

OURO PRETO

🏨 POUSADA DO
MONDEGO
$$–$$$

LARGO DE COIMBRA 38,
CENTRO HISTÓRICO
TEL. 31/3551 2040
Renoviertes Gebäude von
1747 bei der Igreja de São
Francisco de Assis im Zentrum.
Moderner Komfort mit histo-
rischem Charme.
ⓘ 24 🅿 🐾 DC, MC, V

🏨 SOLAR DA ÓPERA
🍴 $–$$

RUA CONDE DE BOBADELA 75,
CENTRO HISTÓRICO

www.hotelsolardaopera.
com.br
TEL. 31/3551 6844
In einem renovierten Herrenhaus des 18. Jhs., nur 100 m
von der Praça Tiradentes
entfernt. Mit Einrichtungen für
Behinderte.
ⓘ 16 🔲 40 🅿 🎛 🐾 DC,
MC, V

🍴 RESTAURANTE CONTOS
DE RÉIS
$$

RUA CAMILO DE BRITO 21,
CENTRO HISTÓRICO
TEL. 31/3551 5359
Buffet mit traditionellen
Minas-Gerais-Speisen in
Herrenhaus des 18. Jhs.
🔲 220 🐾 DC, MC, V

SANTA BÁRBARA

🏨 FAZENDA DO
ENGENHO & POUSADA
DO CARAÇA PBCM
FAZENDA DO ENGENHO
$

ESTRADA DO CARAÇA, KM 9,
BARÃO DE COCAIS
TEL. 31/3809 4004
www.santuariodocaraca.
com.br
In einem alten Herrenhaus
inmitten von Farmland. Perfekt
für Wanderer.
ⓘ 50 in der *pousada* & 27 in
der *fazenda* 🎛 🐾 Keine

SERRA DA CANASTRA
(SÃO ROQUE DE MINAS)

🏨 HOTEL CHAPADÃO
🍴 DA CANASTRA
$

RUA BEIJAMIN CONSTANT 10,
SÃO ROQUE DE MINAS
TEL. 37/3433 1267 ODER 3433
1440
An einem Fluss in einem
Gebiet mit wenig Unterkünf-
ten. Jede Menge Vögel, Affen
und andere Tiere.
ⓘ 24 🔲 120 🅿 🏊 🐾 Alle
gängigen Karten

TIRADENTES

🏨 POUSADA SOLAR
🍴 DA PONTE
$$$$

PRAÇA DAS MERCÊS
TEL. 32/3355 1255
Die Pousada wurde 1974 als
erste Pension in Tiradentes
von einem Engländer und
seiner Frau eröffnet. Kinder
unter 12 Jahren sind nicht
zugelassen.
ⓘ 18 🔲 40 🅿 🔁 🎛
🎛 🏊 🐾 Alle gängigen
Karten

SÃO PAULO

ÁGUAS DE SÃO PEDRO

🏨 BALNEÁRIO DO
🍴 GRANDE HOTEL SÃO
PEDRO
$$$$$

PARQUE DOUTOR OTÁVIO DE
MOURA ANDRADE, ÁGUAS DE

🏨 Hotel 🍴 Restaurant ⓘ Zimmer 🔲 Plätze 🅿 Parkplatz 🕐 Öffnungszeiten 🔁 Aufzug

SÃO PEDRO

TEL. 19/3482 7600

Das Grande Hotel hat sich etwas von seinem Glanz als Thermalbad aus der Mitte des 20. Jhs. bewahrt. Die Einrichtungen umfassen Thermalbäder und Massagen, Golfplatz.

🛈 112 🅿 ⬔ 🚫 🔧 🏊 ☰
🏋 🏧 Alle gängigen Karten

BARRETOS

🏨 **BARRETOS**
🍴 **COUNTRY HOTEL**
$$$–$$$$

VIA PEDRO VICENTINI 111, JARDIM AEROPORTO

TEL. 17/3321 2323

www.barretoscountryhotel. com.br

Familienorientierte Unterkunft in einem Erholungsgebiet mit Wasserpark, Restaurant und Bar. Es werden Ausritte angeboten.

🛈 72 ⬔ 100 🅿 ⬔ 🚫 ☰
🏧 AE, MC, V

BRAGANÇA

🍴 **BAR DO ROSÁRIO**
$

RUA BARÃO DE JUQUERI 6, BRAGANÇA PAULISTA

TEL. 11/4032 8579

Bragança vermarktet sich als Wurst-Hauptstadt: Hier kann man nachprüfen, ob das zu Recht geschieht.

⬔ 40 🏧 MC, V

CUNHA

🏨 **POUSADA DOS**
🍴 **ANJOS**
$$

SP-171, KM 57,8, APARIÇÃO

TEL. 12/3111 5115

www.pousadadosanjos.com.br

Drei Chalets, drei Suiten und ein historisches Haupthaus in ländlicher Lage am Ufer des Rio Paraibuna. Es werden Ausritte angeboten.

🛈 9 ⬔ 20 🅿 ⬔ ☰
🏧 MC, V

ILHABELA

🏨 **POUSO SAMBAQUIS**
$$

RUA POSSIDÔNIO GOMES DA SILVA 111, PEREQUÊ

TEL. 12/3896 5202 ODER 9193 9741

www.sambaquis.com.br

Informelle, bei Outdoor- und Abenteuersportlern beliebte *pousada* mit Suiten in einem Garten.

🛈 7 🅿 🚫 🔧 ☰ 🏧 DC, MC, V

MARESIAS (SÃO SEBASTIÃO)

🏨 **POUSADA DOS CONDES**
$$$

RUA DAS MARITACAS 4

TEL. 12/3865 6322

www.pousadadoscondes. com.br

Entspannende Unterkunft im Bali-Stil und mit Spa-Anwendungen, schön nach einem Tag, den man mit sportlichen Aktivitäten oder ganz entspannt am Strand zugebracht hat.

🛈 30 🅿 🚫 🔧 ☰
🏧 Alle gängigen Karten

SÃO LUIZ DO PARAITINGA

🏨 **FAZENDA CATUÇABA**
🍴 **$$$$$**

FAZENDA SANTA HELENA, CATUÇABA

TEL. 12/3671 6158 ODER 11/2495 1586

www.catucaba.com

Auf einer 400 ha großen Biofarm mit Kirche und Schule für die Bediensteten. 2013 wurde ein neues Spa eröffnet. Frühstück und Abendessen inklusive.

🛈 10 ⬔ 50 🅿 🚫 ☰
🏧 Alle gängigen Karten

SÃO PAULO-STADT

HOTELS

🏨 **EMILIANO**
🍴 **$$$$$**

RUA OSCAR FREIRE 384, JARDIM PAULISTA

TEL. 11/3069 4369

www.emiliano.com.br

Luxushotel mit Spa, allen entsprechenden Einrichtungen und viel Personal. Aktivitäten für Kinder.

🛈 57 ⬔ 46 🅿 ⬔ 🔧
🏧 Alle gängigen Karten

🏨 **FASANO**
$$$$$

RUA VITORIO FASANO 88, JARDIM PAULISTA

TEL. 11/3896 4000

www.fasano.com.br

Luxushotel mit Spa und Panoramablick. Mit einem der eindrucksvollsten Restaurants der Stadt (siehe S. 287) und Einrichtungen für Behinderte.

🛈 60 🅿 ⬔ 🔧 ☰ 🏋
🏧 Alle gängigen Karten

🏨 **HILTON MORUMBI**
🍴 **$$$$$**

AV. DAS NAÇÕES UNIDAS 12901, BROOKLIN NOVO

TEL. 11/2845 0000

Ableger der internationalen Kette im Bezirk Berrini mit gutem Service. Behindertengerecht.

🛈 487 ⬔ 120 🅿 ⬔ 🔧 ☰
🏋 🏧 Alle gängigen Karten

🏨 **TIVOLI SÃO PAULO**
🍴 **MOFARREJ**
$$$$$

ALAMEDA SANTOS 1437, JARDIM PAULISTA

TEL. 11/3146 5900

www.tivolihotels.com

Der 1988 eröffnete 23-stöckige Turm beim Trianon-Park wurde kürzlich renoviert. Spa-Anwendungen, Einrichtungen für Behinderte.

 Nichtraucher   Klimaanlage   Hallenbad   Swimmingpool 🏋 Fitnessclub 🏧 Kreditkarten

🛏 220 ✛ 90 🅿 🔄 🌀 🏊
📺 💳 Alle gängigen Karten

DER BESONDERE TIPP

🏨 **UNIQUE**

🍴 **$$$$$**

AV. BRIGADEIRO LUIS ANTÔNIO
4700, JARDIM PAULISTA
TEL. 11/3055 4700
www.hotelunique.com
Das noble Hotel beim Ibira-
puera-Park hat sich mit seiner
Wassermelonenform zu einem
Wahrzeichen entwickelt. (Restaurant **Skye** siehe S. 287.)
🛏 95 🅿 🔄 🌀 🏊 💳 Alle
gängigen Karten

🏨 **TRANSAMÉRICA**

🍴 **$$$$–$$$$$**

AV. DAS NAÇÕES UNIDAS 18591,
SANTO AMARO
TEL. 11/5693 4511
Gut für Besucher, die geschäft-
lich im südlichen Bezirk Santo
Amaro zu tun haben oder ein
Formel-1-Rennen besuchen
wollen.
🛏 396 ✛ 90 🅿 🌀 🏊
💳 Alle gängigen Karten

🏨 **L'HOTEL PORTO BAY**

🍴 **$$$–$$$$**

ALAMEDA CAMPINAS 266,
BELA VISTA
TEL. 11/2183 0500
www.portobay.com.br
Edles Boutique-Hotel im
europäischen Stil mit Spa.
🛏 83 ✛ 48 🅿 🌀 🈸
💳 Alle gängigen Karten

🏨 **BLUE TREE PREMIUM**

🍴 **MORUMBI CONVENTI-**
ON CENTER
$$$

AV. ROQUE PETRONI JÚNIOR
1000, BROOKLIN NOVO
TEL. 11/5187 1200
www.bluetree.com.br
Die brasilianische Kette Blue
Tree wendet sich vor allem an
Geschäftsreisende, insbeson-
dere Frauen. Mit Einrichtungen

für Behinderte und Spa.
🛏 398 ✛ 100 🅿 🔄 🌀 🏊
💳 Alle gängigen Karten

🏨 **MARRIOTT AIRPORT**

🍴 **$$$**

AV. MONTEIRO LOBATO,
GUARULHOS
TEL. 11/2468 6999
www.marriott.com.br
Gute Unterkunft für Tran-
sitreisende und andere, die
am Flughafen in Guarulhos
hängen bleiben. Mit Shuttle-
Service.
🛏 314 ✛ 150 🅿 🔄 🌀 🏊
📺 💳 Alle gängigen Karten

🏨 **CAESAR PARK &**

🍴 **CAESAR BUSINESS**
$$–$$$

ROD. HÉLIO SMIDT, GUARULHOS
(FLUGHAFENSTRASSE)
TEL. 11/2124 5800
www.accorhotels.com
Gute, behindertengerechte
Unterkunft beim internationa-
len Flughafen in Guarulhos.
🛏 385 ✛ 82 🅿 🌀 🏊
💳 Alle gängigen Karten

🏨 **CAESAR PARK**

🍴 **FARIA LIMA**
$$–$$$

RUA OLIMPÍADAS 205,
VILA OLÍMPIA
TEL. 11/3049 6622
www.accorhotels.com
Eine der besten Unterkünfte
im Stadtteil Vila Olímpia.
Gehört zwar zu einer Kette,
bemüht sich aber um einen
Service im Stil eines Bou-
tique-Hotels.
🛏 129 ✛ 90 🔄 🌀 📺
💳 Alle gängigen Karten

🏨 **ESTANPLAZA BERRINI**

🍴 **$$–$$$**

AV. ENGENHEIRO LUIS CARLOS
BERRINI 853
TEL. 11/5509 8900
www.estanplaza.com.br
Ableger einer gehobenen
brasilianischen Kette mitten
in São Paulos florierendem

Geschäftsviertel Berrini.
🛏 130 ✛ 120 🅿 🔄 🌀 🌀
🏊 💳 Alle gängigen Karten

🏨 **COMFORT SUITES**

🍴 **OSCAR FREIRE**
$$

RUA OSCAR FREIRE 1948, JARDIM
PAULISTA
TEL. 11/2137 4700
www.comfortsuites.com
Gute Unterkunft im Bezirk
Pinheiros. Mit Einrichtungen für
Behinderte.
🛏 150 ✛ 100 🅿 🔄 🌀 🏊
📺 💳 Alle gängigen Karten

🏨 **GOLDEN TULIP**

🍴 **PAULISTA PLAZA**
$$

ALAMEDA SANTOS 85, PARAÍSO
TEL. 11/2627 1000
www.paulistaplaza.com.br
Standard-Unterkunft nicht
weit von der Paulista Avenue
und dem Ibirapuera-Park. Spa,
Restaurant mit Sushi-Bar.
🛏 368 ✛ 120 🅿 🔄 🌀 🏊
📺 💳 Alle gängigen Karten

🏨 **CITYLIGHTS HOSTEL**

$

RUA PADRE GARCIA VELHO 44,
PINHEIROS
TEL. 11/2364 4231
www.citylightshostel.com
Eine der besten der wachsen-
den Zahl an erschwinglichen
Pensionen der Stadt. Mit
Gästeküche.
🛏 7 🌀 💳 Alle gängigen
Karten

🏨 **NIKKEY PALACE**

🍴 **$**

RUA GALVÃO BUENO 425,
LIBERDADE
TEL. 11/3207 8511
www.nikkeyhotel.com.br
Richtet sich vor allem an
japanische Reisende; die
beste Unterkunft im Viertel
Liberdade.
🛏 96 ✛ 60 🅿 🔄 🌀
💳 Alle gängigen Karten

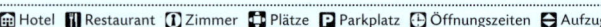

🏠 POUSADA ZILÁH
🍴 $
ALAMEDA FRANCA 1621,
JARDIM PAULISTA
TEL. 11/3062 1444
www.zilah.com
Charmante Penison nicht weit
von der Avenida Paulista, mit
dem Restaurant Ziláh Gourmet.
🛏 14 🍴 28 🅿 🧖 AE, MC, V

RESTAURANTS

🍴 A FIGUEIRA RUBAIYAT
$$$$$
RUA HADDOCK LOBO 1738,
JARDIM PAULISTA
TEL. 11/3087 1399
Erstklassiges Steakhaus mit
Tischen unter einem riesigen
Feigenbaum.
🍴 350 🅿 🚭 🧖 Alle gängi-
gen Karten

🍴 BARBACOA
$$$$$
RUA DOUTOR RENATO PAES DE
BARROS 65, ITAIM BIBI
TEL. 11/3168 5522
Eines der besten *rodízio*-Res-
taurants der Stadt.
🍴 220 🅿 🚭 🚭 🧖 Alle
gängigen Karten

🍴 D.O.M
$$$$$
RUA BARÃO DE CAPANEMA 549,
JARDIM PAULISTA
TEL. 11/3088 0761
Die moderne brasilianische
Küche von Alex Atala taucht
regelmäßig auf Bestenlisten auf.
🍴 350 🅿 🕐 So abends
geschl. 🚭 🧖 Alle gängigen
Karten

🍴 DON CURRO
$$$$$
RUA ALVES GUIMARÃES 230,
JARDIM PAULISTA
TEL. 11/3062 4712
Das beste spanische Restaurant
der Stadt.
🍴 150 🅿 🕐 Mo abends
geschl. 🚭 🧖 AE, DC, MC

🍴 FASANO
$$$$$
RUA VITORIO FASANO 88,
JARDIM PAULISTA
TEL. 11/3062 4000
Nobles italienisches Restaurant
mit Panoramablick.
🍴 90 🅿 🚭 🧖 Alle gängigen
Karten

🍴 KINOSHITA
$$$$$
RUA JACQUES FÉLIX 405, VILA
NOVA CONCEIÇÃO
www.restaurantekinoshita.
com.br
São Paulo ist für seine
ausgezeichneten japanischen
Restaurants bekannt, und dies
ist eines der besten.
🍴 72 🅿 🕐 So geschl. 🚭 🚭
🧖 Alle gängigen Karten

🍴 SKYE
$$$$$
AV. BRIGADEIRO LUÍS ANTÔNIO
4700, JARDIM PAULISTA
TEL. 11/3055 4702
Das Skye auf dem Dach des
edlen Hotels Unique (siehe
S. 286) ist eine luxuriöse Bar mit
tollem Ausblick.
🍴 150 🚭 🚭 🧖 Alle gängigen
Karten

🍴 ACRÓPOLES
$$$
RUA DA GRAÇA 364, BOM RETIRO
TEL. 11/3223 4386
Gute herzhafte griechische
Küche mittags und abends, und
das seit 1959.
🍴 72 🚭 🧖 Alle gängigen
Karten

🍴 ANDRADE
$$$
RUA ARTUR DE AZEVEDO 874,
PINHEIROS
TEL. 11/3085 0589
Das beste Restaurant São Paulos
mit Speisen des Nordostens und
Live-*forró*-Musik nach 19 Uhr.
🍴 180 🕐 Mo geschl. 🚭 🚭
🧖 Alle gängigen Karten

🍴 ARABIA
$$$
RUA HADDOCK LOBO 1397,
JARDIM PAULISTA
TEL. 11/3061 2203
Das beste libanesische Essen
der Stadt.
🍴 120 🅿 🚭 🚭 🧖 Alle
gängigen Karten

🍴 CANTINA CAPUANO
$$$
RUA CONSELHEIRO CARRÃO 416,
BELA VISTA
TEL. 11/3288 1460
Das 1907 gegründete italieni-
sche Lokal ist eine Institution
im Viertel Bexiga.
🍴 68 🕐 Mo geschl. 🚭
🧖 Alle gängigen Karten

🍴 DIE MEISTER STUBE
$$$
RUA BARÃO DO TRIUNFO 1213,
CAMPO BELO
TEL. 11/5536 4982
Das beste deutsche Restaurant
der Stadt in einem Viertel mit
einer ausgeprägten deutschen
Zuwanderungsgeschichte.
🍴 809 🅿 🕐 Sa & So ge-
schl. 🚭 🚭 🧖 Alle gängigen
Karten

🍴 RESTAURANTE
CORRIENTES 348
$$$
RUA COMENDADOR MIGUEL
CALFAT 348, ITAIM BIBI
TEL. 11/3849 0348
Authentische argentinische
parrilla (Grillhaus).
🍴 120 🅿 🕐 Mo abends
geschl. 🚭 🧖 Alle gängigen
Karten

🍴 RESTAURANTE GIGETTO
$$$
RUA AVANHANDAVA 63,
CENTRO
TEL. 11/3256 6530
Der 1938 gegründete einstige
Intellektuellen- und Künstler-
treff genießt ein Comeback.
🍴 180 🅿 🕐 Mo geschl. 🚭
🕐 Alle gängigen Karten

🚭 Nichtraucher 🚭 Klimaanlage 🏊 Hallenbad 🏊 Swimmingpool 🏋 Fitnessclub 🧖 Kreditkarten

🍴 ASTOR
$$
RUA DELFINA 163,
VILA MADALENA
TEL. 11/3815 1364
Der gehobene *boteco* erinnert
an die Boheme-Tage der
1950er Jahre.
🔼 150 🅿 ◎ 🔗 ◈ Alle
gängigen Karten

🍴 BAR BRAHMA
$$
AV. SÃO JOÃO 677, CENTRO
TEL. 11/3367 3601
Eines von São Paulos traditionellen Lokalen, mit einer Karte,
die an das goldene Zeitalter
der Stadt erinnert.
🔼 490 ◎ 🔗 ◈ Alle gängi-
gen Karten

🍴 BAR DO BIU
$$
RUA CARDEAL ARCOVERDE 776,
PINHEIROS
TEL. 11/3081 6739
Hausmannskost aus dem
Nordosten in einfachem
Ambiente, beliebt bei
Künstlern, Intellektuellen und
Promis.
🔼 60 ◎ ◈ Alle gängigen
Karten

🍴 CERVEJARIA NACIONAL
$$
AV. PEDROSO DE MORAIS 604
PINHEIROS
TEL. 11/3628 5000
Das einzige Brauereilokal São
Paulos bietet auf drei Etagen
verschiedene Biere vom Fass.
🔼 160 ⊕ So geschl. ◎ 🔗
◈ Alle gängigen Karten

🍴 CONSULADO MINEIRO
$$
PRAÇA BENEDITO CALIXTO 74,
PINHEIROS
TEL. 11/3088 6055
Gutes Restaurant für Speisen
aus Minas Gerais. Große
Auswahl an Cachaças.
🔼 130 ⊕ Mo geschl. ◎ 🔗
◈ Alle gängigen Karten

🍴 FILIAL
$$
RUA FIDALGA 254,
VILA MADALENA
TEL. 11/3813 9226
Die Einrichtung des Filial
erinnert an einen einfachen
botequim, wie er von alten
Samba-Komponisten wie Zé
Keti und Noel Rosa gefeiert
wird. Besonders für Leute über
30 Jahre. Bis 3 Uhr geöffnet.
🔼 150 ◎ ◈ Alle gängigen
Karten

🍴 MONTECHIARO
$$
RUA SANTO ANTÔNIO 844,
BELA VISTA
TEL. 11/3257 4032
Immer noch eines der besten
italienischen Lokale in Bexiga.
🔼 150 ⊕ Mo geschl. ◈ Al-
le gängigen Karten

🍴 PIZZARIA A ESPERANÇA
$$
AV. MORUMBI 8185, BROOKLIN
TEL. 11/5533 5743
Serviert seit 1957 mit die beste
Pizza in São Paulo.
🔼 96 ◎ 🔗 ◈ Alle gängi-
gen Karten

🍴 ROPERTO
$$
RUA TREZE DE MAIO 634,
BELA VISTA
TEL. 11/3288 2573
Das italienische Lokal ist seit
1942 eine Institution in Bexiga.
🔼 340 🅿 ◎ ◈ Alle gängi-
gen Karten

🍴 TUBAÍNA
$$
RUA HADDOCK LOBO 74,
CONSOLAÇÃO
TEL. 11/3129 4930
Das Tubaína im Herzen von
Baixo Augusta verdankt seinen
Namen einem billigen, belieb-
ten Erfrischungsgetränk.
🔼 80 ⊕ So geschl. ◈ DC,
MC, V

🍴 VELOSO
$$
RUA CONCEIÇÃO VELOSO 56,
VILA MARIANA
TEL. 11/5572 0254
Neuer *boteco* im alten Stil mit
ausgezeichneter Küche und
legendären Caipirinhas.
🔼 180 ⊕ Mo geschl. ◎
◈ Alle gängigen Karten

UBATUBA

🏨 HOTEL RECANTO
🍴 DAS TONINHAS
$$$$$
ESTR. RIO-SANTOS, KM 55,5,
PRAIA DAS TONINHAS UBATUBA
TEL. 11/3288 2022
www.recantodastoninhas.
com.br
Gehobenes Strandhotel mit
gutem Fitnesscenter.
🛏 54 🔼 100 🅿 ◎ 🔗 🏊 🎾
◈ Alle gängigen Karten

🏨 POUSADA
🍴 PICINGUABA
$$$$
RUA G VILA DA PICINGUABA
TEL. 12/3836 9105
www.picinguaba.com
Strandrefugium mit privaten
Balkonen in natürlichem
Ambiente. Frühstück und
Mittagessen sind im Preis
inklusive.
🛏 11 🔼 25 🅿 ◎ 🔗 🏊
◈ Alle gängigen Karten

🟧 DER SÜDEN

PARANÁ

CURITIBA

🏨 LA DOLCE VITA
🍴 $$$
R-376, KM 635, RIO DO UNA,
TIJUCAS DO SUL
TEL. 41/3634 8900
www.hotelladolcevita.com.br
Das an einem See außerhalb
der Stadt gelegene Hotel
bietet Spa-Einrichtungen und
Outdoor-Aktivitäten wie Rad-

🏨 Hotel 🍴 Restaurant 🛏 Zimmer 🔼 Plätze 🅿 Parkplatz ⊕ Öffnungszeiten 🔼 Aufzug

fahren, Angeln und Rudern.
📍 33 🛏 150 🅿 🔁 🖥 🖥
🅂 AE, MC, V

🏨 **FOUR POINTS BY**
🍴 **SHERATON**
$$–$$$
AV. 7 DE SETEMBRO 4211,
ÁGUA VERDE
TEL. 41/3340 4000
www.fourpoints.com/curitiba
Sheraton-Hotel mit Einrichtungen für Behinderte.
📍 165 🛏 102 🅿 🔁 🔁 🖥
🖥 🅂 Alle gängigen Karten

🏨 **BOURBON CURITIBA**
🍴 **$$**
RUA CÂNDIDO LOPES 102,
CENTRO
www.bourbon.com.br
TEL. 41/3221 4600
Zentral gelegene Filiale der
brasilianischen Kette mit drei
Restaurants, darunter eine
Brasserie und eine Sushi-Bar,
sowie dem von internationalen Ketten gewohnten
Service. Mit Einrichtungen für
Behinderte.
📍 174 🛏 40 🅿 🔁 🔁 🖥
🖥 🖥 🅂 Alle gängigen
Karten

🍴 **MADALOSSO**
$$
AV. MANOEL RIBAS 5875,
SANTA FELICIDADE
TEL. 41/3372 2121
Santa Felicidade ist für seine
großen Trattorien bekannt, und
das Madalosso zählt zu den
größten Restaurants weltweit.
🛏 4000 🅿 🖥 🅂 DC,
MC, V

🍴 **RESTAURANTE VENEZA**
$$
AV. MANOEL RIBAS 6860,
SANTA FELICIDADE
TEL. 41/3372 2626
Das Veneza von 1965 ist ein
Rivale des Madalosso und
bietet ebenfalls italienische All-
you-can-eat-Festpreismenüs.
🛏 780 🅿 🔁 Mo abends

geschl. 🖥 🅂 Alle gängigen
Karten

🍴 **COSTELÃO CURITIBANO**
$
RUA CHILE 1746, REBOUÇAS
TEL. 41/3332 3563
Costelões sind preisgünstige
All-you-can-eat-Festpreis-Grillrestaurants, die
auf Rinderrippchen mit z.B.
Kartoffelsalat, grünem Salat,
gebratener Polenta vom Buffet
spezialisiert sind. Rund um die
Uhr geöffnet.
🛏 150 🅿 🔁 🅂 Alle gängigen Karten

🍴 **COSTELÃO DO HAVANA**
$
RUA SILVEIRA NETO 144,
ÁGUA VERDE
TEL. 41/3243 2262
Rund um die Uhr geöffneter
costelão, Samstag- und Sonntagmittag mit acht Sorten Fleisch.
🛏 192 🅿 🅂 DC, MC, V

FOZ DO IGUAÇU

🏨 **HOTEL DAS**
🍴 **CATARATAS**
$$$$$
BR-469 KM 32, PARQUE
NACIONAL DO IGUAÇU
TEL. 45/2102 7000
www.hoteldascataratas.com
Das im Park gelegene Hotel ist
das edelste in Foz. Außerdem
bietet es die einzige Möglichkeit, die Fälle abends oder bei
Sonnenaufgang zu erleben,
wenn die Parktore geschlossen
sind. Gäste können an Abendexkursionen teilnehmen.
Einrichtungen für Behinderte
vorhanden.
📍 180 🛏 280 🅿 🔁 🔁 🖥
🖥 🅂 Alle gängigen Karten

🏨 **HOSTEL PAUDIMAR**
🍴 **CAMPESTRE**
$
ALAMEDA CAIBI 201,
REMANSO GRANDE
TEL. 45/3529 6061

www.paudimar.com.br
Das Hostel gehört zum
internationalen Jugendherbergsnetz und ist mehr oder
weniger die einzige Unterkunft
am Ort mit Flair oder Charme.
📍 27 🛏 50 🅿 🔁 🖥
🅂 MC, V

ILHA DO MEL

🏨 **POUSADA FIM DA**
🍴 **TRILHA**
$$
PRAIA DE ENCANTADAS
TEL. 13/3426 9017
www.fimdatrilha.com.br
Eine der besten Pensionen auf
der Insel, und dazu mit einem
der besten Restaurants.
📍 8 🛏 60 🔁 🖥 🅂 DC,
MC, V

LAGAMAR

🏨 **LAGAMAR ECOHOTEL**
🍴 **& RESTAURANTE**
TEMPERO DE CATAIA
$$
ESTR. MUNICIPAL DO ARIRI,
KM 6
TEL. 11/9 8145 5317
Das neue Gästehaus und
Restaurant wird von einem
ehemaligen Auslandskorrespondenten aus Italien
betrieben. Ein Zimmer ist
behindertengerecht.
📍 13 🛏 40 🅿 🔁 🅂 MC, V

LAPA

🍴 **RESTAURANTE LIPSKI**
$$
AV. DOUTOR MANOEL PEDRO
1855, CENTRO
TEL. 41/3622 1202
Maultierkarawanentreiber
(tropeiros) gründeten die Stadt
um 1730 als Zwischenstation,
und ihren kulinarischen Traditionen huldigt das Restaurante
Lipski. Das Hauptgericht ist
quirera lapeana mit Mais und
Schweinerippchen.
🛏 90 🅂 MC, V

🅂 Nichtraucher 🔁 Klimaanlage 🖥 Hallenbad 🖥 Swimmingpool 🖥 Fitnessclub 🅂 Kreditkarten

MORRETES

🍴 RESTAURANTE MADALOZO
$$

RUA ALMIRANTE FREDERICO DE OLIVEIRA 16, CENTRO
TEL. 41/3462 1410, 994 2192
www.madalozo.com
Morretes vermarktet sich als das Zuhause des *barreado*, des traditionellsten Gerichts des Paraná, eines sämigen Rindfleischeintopfs, begleitet von Reis, Bananen und Bananen-Cachaça. Auf dieses Gericht ist das am Fluss gelegene Restaurante Madalozo spezialisiert.
🔩 600 🅿 🕐 Mo geschl.
🔑 Alle gängigen Karten

RIO GRANDE DO SUL

BENTO GONÇALVES

🏨 SPA DO VINHO
🍴 CAUDALIE
$$–$$$

RS-444, KM 21, VALE DOS VINHEDOS
TEL. 54/2102 7200
www.spadovinho.com.br
Hotel mit ausgesuchten Antiquitäten und auf Vinotherapie spezialisiertem Spa.
🛏 128 🔩 130 🅿 🔗 🔗
🔗 🔗 🔗 🔑 Alle gängigen Karten

🏨 CASA BUCCO
🍴 $$

RSC-470, KM 194,3, TUIUTY, VALE DO RIO DAS ANTAS
TEL. 54/3504 2026
www.casabucco.com.br
Pension und gutes Restaurant bei einer familiengeführten Cachaça-Brennerei.
🛏 4 🔩 50 🅿 🔗 🔑 Keine

🏨 DALL'ONDER
🍴 GRANDE HOTEL
$$

RUA HENRY HUGO DREHER 197
TEL. 54/3455 3555

www.dallondergrandehotel.com.br
In dem Standardhotel sind auch die Büros der Associação Caminhos de Pedra untergebracht, und hier beginnen Ausflüge dorthin.
🛏 264 🔩 70 🅿 🔗 🔗 🔗
🔑 Alle gängigen Karten

🏨 POUSADA DON
🍴 GIOVANNI
$$

LINHA AMADEU, KM 12
TEL. 54/3455 6293
www.dongiovanni.com.br
Sieben Apartments in einem Herrenhaus der 1930er Jahre auf einem Weingut 11 km außerhalb der Stadt.
🛏 7 🔩 60 🅿 🔗 🔗 🔗
🔑 Alle gängigen Karten

🏨 POUSADAS VILLA
🍴 VALDUGA
$$

VIA TRENTO 2355, VALE DOS VINHEDOS
TEL. 54/2105 3154
www.villavalduga.com.br
Separates Gästehaus auf einem Weingut nur 6 km außerhalb der Stadt.
🛏 24 🔩 80 🅿 🔗 🔑 DC, MC, V

🍴 MARIA VALDUGA
$$$

VIA TRENTO,
LINHA LEOPOLDINA,
VALE DOS VINHEDOS
TEL. 54/2105 3154
Italienisches Essen, begleitet von den Erzeugnissen des Weingutes Casa Valduga, auf dem sich das Restaurant auch befindet.
🔩 350 🅿 🔗 🔑 Alle gängigen Karten

🍴 CANTINA SALVATI
& SIRENA
$$

RUA LINHA PALMEIRO,
CAMINHOS DE PEDRA
TEL. 54/3455 6400

In dem achteckigen Gebäude säumen Weinfässer die Wände. Nach Vereinbarung können Gruppen an einem traditionellen italienischen Sonntagsmahl teilnehmen, mit Bohnensuppe, Polenta, Hühncheneintopf und Frittata.
🔩 80 🔑 Keine

🍴 CASA BERTARELLO & RESTAURANTE NONA LUDIA
$$

RUA LINHA PALMEIRO 120,
CAMINHOS DE PEDRA
TEL. 54/3455 0157
Italienisches Restaurant in einem 1880 erbauten Steingebäude.
🔩 180 🕐 Mo & Di geschl.
🔑 MC, V

🍴 CASA VANNI
$

LINHA PALMEIRO 795,
CAMINHOS DE PEDRA
TEL. 54/3455 6383

....

🏨 Hotel 🍴 Restaurant 🛏 Zimmer 🔩 Plätze 🅿 Parkplatz 🕐 Öffnungszeiten 🔗 Aufzug

Traditionelle italienische Küche in einem 1935 erbauten Holzhaus.
🔟 120 🅿 🗖 DC, MC, V

GRAMADO & CANELA

🏨 VARANDA DAS
🍽 BROMÉLIAS
$$$–$$$$$
RUA ALARISCH SCHULZ 158–198,
PLANALTO, GRAMADO
TEL. 54/3286 6653
www.varandadasbromelias.
com.br
Charmantes Etablissement mit Kaminen und Balkonen.
🛈 17 🔟 100 🅿 🗖 🏊
🗖 AE, MC, V

🏨 HOTEL POUSADA
QUINTA DOS MARQUES
$$$
RUA GRAVATAÍ 200, CANELA
TEL. 54/3282 9812
Das einzigartig eingerichtete Hotel in einem renovierten Haus aus den 1930er Jahren ist von einem Hektar Wald umgeben.
🛈 18 🅿 🗖 🗖 🏊 🗖 AE,
MC, V

🍽 CAFÉ COLONIAL BELA
VISTA
$$$
AV. DAS HORTÊNSIAS 4665,
CARNIEL, GRAMADO
TEL. 54/3286 1608
Ein *café colonial* ist eine üppige Spätnachmittags-Mahlzeit mit diversen Kuchen, Pasteten, Süß-speisen, Marmelade, Wurst, Käse und mehr. Und solch einen Schmaus bietet das Café Colonial Bela Vista.
🔟 96 🅿 🗖 🗖 🗖 AE,
MC, V

🍽 GASTHOF EDELWEISS
$$
RUA DA CARRIERI 1119,
PLANALTO, GRAMADO
TEL. 54/3286 1861
Deutsches und Schweizer

Essen, serviert auf einer Veranda.
🔟 100 🗖 🗖 Alle gängigen Karten

PORTO ALEGRE

🏨 SHERATON PORTO
🍽 ALEGRE
$$$$
RUA OLAVO BARRETO VIANA 18,
MOINHOS DE VENTO
TEL. 51/2121 6000
www.sheraton-poa.com.br
Ableger der internationalen Kette, nur Schritte entfernt vom Einkaufszentrum Moinhos.
🛈 169 🔟 370 🅿 🗖 🗖 🏊
🔽 🗖 Alle gängigen Karten

🏨 BLUE TREE PREMIUM
🍽 $$$
AV. CORONEL LUCAS DE
OLIVEIRA 995, BELA VISTA
TEL. 51/3019 8000
www.bluetree.com.br
Haus der brasilianischen Hotelkette, beliebt bei Geschäftsreisenden.
🛈 132 🔟 80 🅿 🗖 🗖 🏊 🗖
Alle gängigen Karten

🏨 PLAZA SÃO RAFAEL
🍽 $$$
AV. ALBERTO BINS 514,
CENTRO
TEL. 51/3220 7000
www.plazahoteis.com.br
Gutes Standardhotel mit Ein-richtungen für Behinderte.
🛈 283 🔟 100 🅿 🗖 🗖 🏊
🏊 🗖 Alle gängigen Karten

🍽 GALPÃO CRIOULO
$$$
PARQUE MAURÍCIO SIROTSKY
SOBRINHO, RUA OTÁVIO
FRANCISCO CARUSO DA ROCHA,
CENTRO
TEL. 51/3226-8194
Typisches All-you-can-eat-*rodízio*-Steakhaus mit traditionellen Musik- und Tanzdarbietungen.
🔟 600 🅿 🗖 🗖 MC, V

🍽 BARRANCO
$$
AV. PROTÁSIO ALVES 1578,
PETRÓPOLIS
TEL. 51/3331 6172
Ein besonders abends und am Wochenende bei den örtlichen Politikern, Künstlern, Intellektuellen und Fußballfans beliebtes Steakhaus. Für Besuche am Sonntagmittag sollten Tische reserviert werden.
🔟 700 🅿 🗖 🗖 DC, MC, V

🍽 SANTO ANTÔNIO
$$
RUA DOUTOR TIMÓTEO 465,
FLORESTA
TEL. 51/3222 3130
Familiengeführtes Steakhaus mit Kinderbereich, hier ansäs-sig seit 1935.
🔟 260 🅿 🗖 Alle gängigen Karten

🍽 STEINHAUS
$$
RUA CORONEL PAULINO
TEIXEIRA 415, RIO BRANCO
TEL. 51/3330 8661
1979 eröffnetes, von einer Familie geführtes deutsches Restaurant.
🔟 50 🕐 So geschl.
🗖 🗖 Alle gängigen Karten

SANTA CATARINA

BALNEÁRIO
CAMBORIÚ

🏨 FELISSIMO
🍽 EXCLUSIVE HOTEL
$$$$$
RUA ALLES BLAU 201,
PRAIA DOS AMORES
TEL. 47/3360 6291
www.felissimoexclusivehotel.
com.br
Bei der Prominenz derzeit angesagte noble Pension mit Blick auf den Amores-Strand.
🛈 10 🔟 30 🅿 🗖 🗖 🗖
🗖 Alle gängigen Karten

🗖 Nichtraucher 🗖 Klimaanlage 🗖 Hallenbad 🏊 Swimmingpool 🔽 Fitnessclub 🗖 Kreditkarten

FLORIANÓPOLIS

🏨 POUSADA COSTÃO DO SANTINHO
$$$$$
ESTR. VEREADOR ONILDO
LEMOS 2505, PRAIA DO
SANTINHO
TEL. 48/3261 1000
www.costao.com.br
Gehobene Strand-Unter-
kunft inmitten von Sand-
dünen mit Wanderwegen
und kleiner archäologischer
Stätte. Tennis, Ausritte und
Kinderspielplatz.
🛏 695 🅿 🍽 📶 📺 📡 📶 🗝 Alle gängigen Karten

🏨 POUSADA DA VIGIA
$$$
RUA CÔNEGO WALMOR CASTRO
291, CACHOEIRA DO BOM JESÚS
TEL. 48/3284 1789
www.pousadavigia.com.br
In der komfortablen Un-
terkunft am Strand können
sich die Gäste wie zu Hause
fühlen.
🛏 10 🅿 🍽 📶 🗝 AE, MC, V

🏨 POUSADA NATUR CAMPECHE
$$
AV. PEQUENO PRÍNCIPE 2196,
CAMPECHE
TEL. 48/3237 4011
www.naturcampeche.com.br
Motto-Suiten und Strandbe-
reich, mit Einrichtungen für
Behinderte und Möglichkeiten
zum Wäschewaschen.
🛏 21 📶 📶 🗝 Alle gängi-
gen Karten

🏨🍴 POUSADA ILHA DO PAPAGAIO
$
ILHA DO PAPAGAIO,
PRAIA DO SONHO
TEL. 48/3286 1242
www.papagaio.com.br
Noblere Unterkunft mit
Bungalows und stillem Strand,
umgeben von einem ursprünglichen Stück Regenwald.
🛏 21 📶 60 📶 📺 🗝 Alle
gängigen Karten

🍴 OSTRADAMUS
$$$
BALDICERO FILOMENO 7640,
ROD. RIBEIRÃO DA ILHA
TEL. 48/3337 5711
Eines der besten Lokale am
Wasser in Floripa für frische
Austern.
📶 140 🅿 🕐 Mo geschl.
🗝 DC, MC, V

DER BESONDERE TIPP

🍴 BOX 32
$$
MERCADO PÚBLICO MUNICIPAL
DE FLORIANÓPOLIS, BOXE 32,
RUA CONSELHEIRO MAFRA,
CENTRO
TEL. 48/3224 5588
Der muntere *boteco* im
Mercado Municipal preist sich
als „demokratischste Kneipe
des Landes" und zählt alle vom
armen Laufburschen bis zum
Spitzenpolitiker und Prominen-
ten zu seinen Gästen.
📶 80 🕐 So geschl. 🗝 Alle
gängigen Karten

🍴 RESTAURANTE BEIRA D'ÁGUA
$$
RUA GILSON DA COSTA XAVIER,
SAMBAQUI
TEL. 48/335 0194
Das auf Austern spezialisierte
Lokal gehört einer Familie,
die zu den Pionieren auf dem
Gebiet der Austernzucht auf
der Insel zählt.
📶 20 🗝 DC, MC, V

LAGES & REGION

🏨 RIO DO RASTRO ECO RESORT
$$–$$$
SC-438, KM 130,
BOM JARDIM DA SERRA
TEL. 48/9931 6100
www.riodorastro.com.br
Chalets mit Kamin, Whirl-
pools und Ausblicken aufs
umliegende Land. Gäste
können Boot fahren, angeln
und reiten.
🛏 18 🅿 📶 📶 📺 📶 🗝 Alle
gängigen Karten

🏨🍴 CASCATA VÉU DA NOIVA & RESTAURAN-TE E POUSADA
$$
ESTR. GERAL MORRO DA IGREJA,
SANTA TEREZINHA, URUBICI
TEL. 49/3223 3409
Bunte Häuschen und ein Restaurant mit heimischer Küche
bei einem Wasserfall.
🛏 1 Hütte, 13 Häuser
📶 160 🅿 📶 🗝 Keine

🏨🍴 FAZENDA DO BARREIRO
$$
SC-438, KM 42, LAGES
TEL. 49/3222 3031
www.fazendadobarreiro.
com.br
Der 1782 gegründete Hof
wird schon in der achten
Generation von derselben
Familie betrieben. Das
steinerne Haupthaus umfasst
eine Küche mit Kamin, die an
kalten Wintertagen ununter-
brochen in Gang ist. Mögliche
Aktivitäten sind Wandern,
Angeln, bei der Hofarbeit
helfen – vom Kühemelken bis
zum Pferdestallausmisten –
und Reiten.
🛏 19 📶 60 🅿 📶 📡
🗝 Keine

🍴 CAFÉ COLONIA SABOR DA ROÇA
$
COMUNIDADE SÃO PEDRO
TEL. 49/3278 2078 EXT. 21
Reichhaltige Nachmit-
tags-Mahlzeiten mit Kuchen,
Marmelade und mehr. Reser-
vierung erforderlich.
📶 100 🗝 Keine

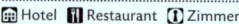

LAGUNA

🏨 LAGUNA TOURIST
🍽 $$
AV. CASTELO BRANCO
PRAIA DO GI
TEL. 48/3647 0022
www.lagunatourist.com.br
In Laguna gibt es nicht viele
Unterkünfte. Diese hier liegt
am Wasser.
ⓘ 92 🛏 220 🅿 🚭 🗦 🏊
🏋 🎦 🗝 Alle gängigen
Karten

🍽 ARRASTÃO
$$$
AV. SENADOR GALOTTI 629,
MAR GROSSO
TEL. 48/3647 1900
Spezialisiert auf Seafood, mit
neuem Weinkeller.
🛏 130 🚭 🗝 Alle gängigen
Karten

PRAIA DO ROSA

🏨 QUINTA DO BUCANERO
$$$–$$$$$
ESTR. GERAL DA PRAIA DO ROSA
TEL. 48/3355 6056
www.bucanero.com.br
Zehn Zimmer mit Panora-
mablick, Einrichtungen wie
Whirlpools und Fitnesscenter
sowie exklusiver Zugang zum
Strand per Bootsfahrt über
einen Salzwassersee.
ⓘ 10 🅿 🚭 🗦 🗝 Alle
gängigen Karten

🏨 POUSADA FAZENDA
🍽 VERDE DO ROSA
$$$
ESTR. GERAL DA PRAIA DO ROSA
TEL. 48/3355 7272
14 exklusive Hütten nur einen
Katzensprung vom Strand.
ⓘ 14 🛏 30 🅿 🚭 🗦 🗝
Alle gängigen Karten

🏨 THE ROSEBUD POUSADA
🍽 & RESTAURANTE
$$
CAMINHO DO REI 515

TEL. 48/3355 6101
Klein, relaxt und komfortabel.
Die Zimmer verfügen über
Balkone mit Hängematten.
ⓘ 6 🛏 18 🅿 🚭 🗦 🎦
🗝 Alle gängigen Karten

🏨 POUSADA VILLA
AGRIFOGLIO
$$
ESTR. GERAL DA PRAIA DO ROSA,
IBIRAQUERA, IMBITUBA
TEL. 48/3354 0299
www.villagrifoglio.com.br
Zimmer nur 250 m vom
Strand entfernt.
ⓘ 18 🅿 🗦 🎦 🗝 AE,
MC, V

■ SÜDWESTEN &
PANTANAL

BUNDESDISTRIKT

BRASÍLIA

Fast alle Unterkünfte befinden
sich in eigenen Hotelsektoren; die
eher gesichtslosen Business-Ho-
tels zählen vor allem Politiker und
Lobbyisten zu ihren Gästen.

🏨 ROYAL TULIP ALVORADA
🍽 $$$$
SHTN, TRECHO I CONJ. 1B,
BLOCO C
TEL. 61/3647 0022
www.royaltulipbrasiliaalvo
rada.com
Kosmopolitische Architektur
von Ruy Ohtake.
ⓘ 395 🛏 350 🅿 🚭 🚭 🚭
🗦 🎦 🗝 Alle gängigen
Karten

🏨 KUBITSCHEK PLAZA
🍽 $$$
SHN, Q2, BLOCO E
TEL. 61/3329 3333
www.kubitschek.com.br
Bei Politikern beliebtes Hotel
nur wenige Minuten entfernt
vom Stadion und von den
Regierungsgebäuden.
ⓘ 250 🛏 40 🅿 🚭 🚭 🗦
🎦 🗝 Alle gängigen Karten

🏨 NOBILE LAKESIDE
🍽 CONVENTION &
RESORT
$$–$$$
SHTN, TRENCHO 1, LOTE 2,
PROJETO ORLA 3
TEL. 61/3035 1100
www.nobilehoteis.com.br
Eine der wenigen Optionen
außerhalb der Hotelbezirke,
am Lago Paranoá. Mit Spa-Einrichtungen.
ⓘ 109 🛏 100 🅿 🚭 🚭 🗦
🎦 🗝 Alle gängigen Karten

🏨 SAINT MORITZ PLUS
EXPRESS
$$
SHN, QUADRA 1, ÁREA
ESPECIAL A BLOCO B
TEL. 61/3433 3888
www.saintmoritzhotel.com.br
Ausblick vom Dach auf die
monumentale Architektur
Brasílias.
ⓘ 436 🅿 🚭 🚭 🗦 🎦
🗝 DC, MC, V

🍽 TREM DA SERRA
$$
NÚCLEO RURAL SOBRADINHO II
CHÁCARA 46
TEL. 61/3387 0304
Das Restaurant 30 km außer-
halb der Stadt verarbeitet regi-
onale Zutaten. Gegründet von
einem Paar, das sich neben der
Schweinezucht nun auch der
Kulinarik verschrieben hat.
🛏 144 🕐 Mo–Do geschl.
🗝 DC, MC, V

🍽 DONA EVILÁSIA AUF
DER FEIRA DE ARTESA-
NATO DA TORRE DE TV
$
EIXO MONUMENTAL NORTE/
SUL R584
TEL. 61/3257 2866
www.feiradatorredf.com.br
Straßenessen aus Evilásias
Heimat Bahia auf dem Markt
am Fernsehturm.
🛏 300 🕐 Mo–Do geschl.
🗝 DC, MC, V

🗝 Nichtraucher 🚭 Klimaanlage 🗦 Hallenbad 🏊 Swimmingpool 🎦 Fitnessclub 🗝 Kreditkarten

FEIRA PERMANENTE DO GUARÁ

$

ÁREA ESPECIAL DO CAVF,
GUARÁ II
TEL. 61/3382 2323
Straßenessen mit Gerichten
aus dem Hinterland des
Nordostens.
🕐 Mo–Mi geschl.
🚫 Keine

FEITIÇO MINEIRO

$

CLN 306, BLOCO B LOJAS
45/51,
ASA NORTE
TEL. 61/3272 3032
Hausmannskost aus Minas
Gerais, teils über Holzfeuer
zubereitet.
🍴 150 🚫 DC, MC, V

SABORELLA

$

SCLN 112, BLOCO C, LOJA 38,
ASA NORTE
TEL. 61/3340 4894
Eiscreme mit brasilianischen
Fruchtaromen.
🍴 65 🚫 DC, MC, V

GOIÁS

CHAPADA DOS VEADEIROS (ALTO PARAÍSO & CAVALCANTE)

POUSADA MAYA

$–$$

RUA DAS CURICACAS, QUA-
DRA 11, LOTE 4/5, ESTÂNCIA
PARAÍSO, ALTO PARAISO
TEL. 62/3446 2062
www.pousadamaya.com.br
Suiten in ruhiger ländlicher
Lage nicht weit vom Nati-
onalpark.
🛏 8 🛥 🚫 MC, V

POUSADA VALE DAS ARARAS

$

ESTRADA CAVALCANTE

COLINAS DO SUL, KM 3, CAVAL-
CANTE
TEL. 62/3459 0007
www.valedasararas.com.br
In privatem Naturschutzgebiet
mit Wanderwegen, auch
beliebt bei Vogelbeobachtern.
🛏 9 🅿 🎛 🛥 🚫 AE, MC

RANCHO DO VALDOMIRO

$

GO-239, KM 18, ALTO PARAÍSO
TEL. 62/9802 4419
Einfache brasilianische Kost.
🍴 200 🚫 Keine

GOIÁS VELHO

CASA DA PONTE

$

RUA MORETTI FOGGIA QUADRA
10 LOTE 1, CENTRO HISTÓRICO
TEL. 62/3371 4467
Am Rio Vermelho, der durch
den Ort fließt, gegenüber der
Casa Cora Coralina.
🛏 38 🅿 🎛 🚫 DC, MC, V

FLOR DE IPÊ

$

RUA BOA VISTA 32A,
CENTRO HISTÓRICO
TEL. 62/3372 1133
Das dank seiner Lage in der
Natur stets kühle Restaurant
bietet örtliche Goiás-Küche,
mittags vom Buffet, abends à
la carte.
🍴 200 🅿 🕐 Mo abends
geschl. 🚫 DC, MC, V

PIRENÓPOLIS

POUSADA VILLA DO COMENDADOR

$$

GO-431, KM 1
TEL. 62/3331 2424
www.villadocomendador.
com.br
Charmante, rustikale Pension
in charmantem, rustikalem
Ort.
🛏 31 🍴 80 🅿 🎛 🛥
🚫 Keine

POUSADA ARVOREDO

$

AV. ABÉRCIO RAMOS, QUADRA 7,
LOTE 15, ALTO DA LAPA
TEL. 62/3331 3479
www.arvoredo.tur.br
Erbaut aus recycelten
Ziegelsteinen und anderen
Materialien. Für das beim Bau
verwendete Holz wurden
in der Umgebung Setzlinge
gepflanzt.
🛏 14 🅿 🎛 🛥 🚫 MC, V

POUSADA O CASARÃO

$

RUA DIREITA 79, CENTRO
HISTÓRICO
TEL. 62/3331 2662
www.ocasaraopirenopolis.
com.br
Pension ist einem renovierten
Kolonialgebäude.
🛏 11 🍴 130 🅿 🎛 🛥
🚫 Alle gängigen Karten

SERRANÓPOLIS

POUSADA DAS ARARAS

$$$

GO-184, KM 70, ZONA RURAL
TEL. 64/9988 8436
www.pousadadasararas.com
In einigen der Chalets wurde
die Natur in die Einrichtung
integriert. Andere haben kleine
Gärten drinnen oder draußen.
🛏 23 🍴 60 🅿 🎛 🚫 V

MATO GROSSO DO SUL

AQUIDAUANA

FAZENDA SAN FRANCISCO

$$$

37 KM VON MIRANDA
TEL. 67/3242 1088 ODER 3242
3333
www.fazendasanfrancisco.
tur.br
In der von Kaliforniern
geführten Öko-Lodge können

Gäste etwas über Naturschutz lernen.

🚭 18 🛏 100 🅿 ≋
🏧 MC, V

🏨 POUSADA AGUAPÉ
$$$
RUA MARECHAL MALLET 588, CENTRO
TEL. 67/3258 1146
www.aguape.com.br
Öko-Lodge auf einer Rinderfarm, die sich seit 150 Jahren im Besitz derselben Familie befindet, knapp 50 km außerhalb der Stadt.
🚭 15 ≋ 🏧 Alle gängigen Karten

BONITO & SERRA DA BODOQUENA

🏨 HOTEL SANTA
🍴 ESMERALDA
$$–$$$
ESTR. BONITO GUIA LOPES, KM 17
TEL. 67/3255 2683
www.hotelsantaesmeralda.com.br
Am Ufer des Rio Formoso, bei natürlichen Becken und Wasserfällen.
🚭 18 🛏 60 (nur für Gäste)
🅿 ❄ ≋ 🏧 AE, MC, V

🏨 HOTEL CABANAS
$$
ESTR. BONITO GUIA LOPES, KM 6
TEL. 67/3255 3013
Normale Hütten und Hütten auf Stelzen.
🚭 17 🅿 ❄ ≋ 🏧 DC, MC, V

🏨 POUSADA GALERIA ARTES
$$
RUA LUIZ DA COSTA LEITE 1053, VILA DONÁRIA
TEL. 67/3255 4843
www.pousadagaleriaartes.com.br
Eine *pousada* mit Flair inmitten üppiger Vegetation.
🚭 5 🅿 ❄ ≋ 🏧 MC, V

🏨 POUSADA OLHO
🍴 D'ÁGUA
$$
ROD. BONITO TRÊS MORROS, KM 1
TEL. 67/3255 1430
www.pousadaolhodaqua.com.br
3 km von Bonito inmitten von 6,5 ha Wald und Natur. Kein Lärm, kein Verkehr, kein Dreck.
🚭 20 🛏 48 🅿 ❄ ≋
🏧 Alle gängigen Karten

🍴 RESTAURANTE SANTA ESMERALDA
$$
RUA CORONEL PILAD REBUA 1838, CENTRO
TEL. 67/3255 1943
Spezialisiert auf Gerichte aus Mato Grosso do Sul.
🛏 60 ❄ 🏧 Alle gängigen Karten

🍴 CASA DO JOÃO
$
RUA CORONEL NELSON FELICIO DOS SANTOS, 664A, CENTRO
TEL. 67/3255 1212
Spezialisiert auf regionale Fischgerichte, vor allem *traíra* und andere Fische der Umgebung.
🛏 180 🕐 Di abends geschl.
🏧 DC, MC, V

CAMPO GRANDE

🏨 GRAND PARK HOTEL
🍴 CAMPO GRANDE
$$
AV AFONSO PENA 5282, CHÁCARA CACHOEIRA
TEL. 67/3044 4444
www.grandparkms.com
Das 2011 eröffnete Hotel liegt zentral und bietet alle Annehmlichkeiten.
🚭 129 🛏 100 ❄ ❄ ≋
🏧 Alle gängigen Karten

🍴 FOGO CAIPIRA
$$
RUA JOSÉ ANTÔNIO 145,

VILA GATÃO
TEL. 67/3324 1641
Ein Renner in diesem Restaurant mit Speisen direkt vom Bauernhof ist sonnengetrocknetes Rindfleisch.
🛏 50 🕐 Mo geschl. ❄
🏧 Alle gängigen Karten

CORUMBÁ

🏨 NACIONAL PALACE HOTEL
$$
RUA AMÉRICA 936, CENTRO
TEL. 67/3234 6000
www.hnacional.com.br
Gilt als eines der besten Hotels in Corumbá.
🚭 134 🅿 ❄ ❄ ≋ 🏋
🏧 Alle gängigen Karten

ESTRADA PARQUE PANTANAL

🏨 POUSADA XARAÉS
$$$
MS 184, ZONA RURAL
TEL. 67/9906 9272
www.xaraes.com.br
Paradies für Vogelfreunde am Ufer des Abobral.
🚭 17 🅿 ❄ ≋ 🏧 MC, V

🏨 PASSO DO LONTRA PARQUE HOTEL & POUSADA SÃO JOÃO
$$
MS-184, KM 8, ZONA RURAL, PASSO DO LONTRA
TEL. 67/3231 6569
www.passodolontra.com.br
Im Pantanal, mit allen Einrichtungen.
🚭 26 🅿 ❄ 🏧 MC, V

MATO GROSSO

BARRA DO GARÇAS & NOVA XAVANTINA

🏨 ESPLANADA PALACE HOTEL
$$
RUA WALDIR RABELO 1009, CENTRO

🚭 Nichtraucher ❄ Klimaanlage 🏊 Hallenbad ≋ Swimmingpool 🏋 Fitnessclub 🏧 Kreditkarten

BARRA DO GARÇAS
TEL. 66/3401 2515
www.esplanadahotel.net
Besteht seit 1977 in einem Ort
mit nur wenigen Unterkünften.
🏨 42 🅿 🔲 🐾 MC, V

HOTEL FAZENDA ENCANTOS DO RONCADOR
$$
ESTRADA DO ARAÉS, KM 10,
NOVA XAVANTINA
TEL. 66/3438 1348
www.hotelroncador.com.br
Am Ufer des Rio Manso, bei
zwei Süßwasserstränden und
einem Mineralwasserbecken.
🏨 7 🅿 🔲 🏊 🐾 Keine

CHURRASCARIA PANELÃO
$$
AV. MINISTRO JOÃO ALBERTO
678, CENTRO
TEL. 66/3401 2273
„Kilo"-Restaurant mit Buffet.
🍽 120 🐾 AE, MC, V

CACERÉS

BARÃO DE MELGAÇO BARCO-HOTEL
$$$
RIO PARAGUAI
TEL. 65/3623 1408
www.barcobarao.com.br
Bootshotel für Angler und
Naturfreunde.
🏨 9 🐾 Alle gängigen Karten

CHAPADA DOS GUIMARÃES

POUSADA DO PARQUE
$$
MT-251, KM 52
TEL. 65/3391 1346
www.pousadadoparque.com.br
Günstige Lage in Parknähe,
gut für Outdoor-Enthusiasten.
🏨 8 🍽 10 🅿 🔲 🏊
🐾 Keine

POUSADA SOLAR DO INGLÊS
$$
RUA CIPRIANO CURVO 142,
CENTRO
TEL. 54/3301 1389
www.solardoingles.com.br
Wie der Name besagt, befindet
sich die Pension im Besitz eines
Engländers. Behaglich mit
heimeliger Atmosphäre.
🏨 8 🅿 🔲 🏊 🐾 DC, MC, V

MORRO DOS VENTOS RESTAURANTE
$$$
AV. RIO CASCA 1
TEL. 65/3301 1030
Regionale Küche mit spektakulärem Ausblick.
🍽 100 🐾 Keine

CUIABÁ

HOLIDAY INN EXPRESS CUIABÁ
$$
AV. MIGUEL SUTIL 2050,
JARDIM LEBLON
TEL. 65/3055 8500
www.holidaycuiaba.com.br
Örtlicher Ableger der internationalen Kette.
🏨 128 🅿 🔲 🔲 🏊 📺
🐾 Alle gängigen Karten

BIBA'S PEIXARIA
$$
RUA GENERAL JOÃO SEVERIANO
DA FONSECA 508, ARAÉS
TEL. 65/3322 3174
Das 1991 von Ademyr Alves
gegründete Restaurant wird
vom Schwiegersohn geführt.
Eines der besten der Stadt.
🍽 80 🐾 Keine

PEIXARIA POPULAR
$$
AV. SÃO SEBASTIÃO 2324,
GOIABEIRAS
TEL. 65/3322 5471
Ein weiteres der besten Fischrestaurants der Stadt.
🍽 100 🅿 🔲 🐾 DC, MC, V

PREISE

HOTELS
Die Preise beziehen sich auf
ein Doppelzimmer in der
Hochsaison.

$$$$$	über 290 €
$$$$	220–290 €
$$$	145–220 €
$$	75–145 €
$	unter 75 €

RESTAURANTS
Die Preise beziehen sich
auf eine Mahlzeit mit drei
Gängen ohne Getränke.

$$$$$	über 45 €
$$$$	33–45 €
$$$	22–33 €
$$	10–22 €
$	unter 10 €

POCONÉ

JAGUAR ECOLOGICAL RESERVE
$$$
ESTR. PARQUE
TRANSPANTANEIRA, KM 110
TEL. 65/3646 9679
www.jaguarreserve.com
Öko-Lodge inmitten der Natur des Pantanal. Veranden
mit Hängematten, Laden
mit regionalem Kunsthandwerk.
🏨 9 🔲 🐾 Alle gängigen
Karten

POUSADA ARARAS ECOLODGE
$$
ESTR. PARQUE TRANSPANTANEIRA, KM 32, ZONA RURAL
TEL. 65/3682 2800
www.araraslodge.com.br
Öko-Lodge in einem
Biosphärenreservat. Vogelbeobachtung, Kanufahren
und Wandern.

🏨 Hotel 🍽 Restaurant 🛏 Zimmer 🍽 Plätze 🅿 Parkplatz 🕐 Öffnungszeiten 🛗 Aufzug

ⓘ 19 ⊞ 40 🅿 🔇 ⊠
🔇 Alle gängigen Karten

🏨 **SESC PANTANAL
ESTÂNCIA ECOLÓGICA**
$$
MT-370, KM 43,
PORTO CERCADO
TEL. 65/3688 2001
www.sescpantanal.com.br
Das Gästehaus am Ufer des
Rio Cuiaba bietet jede Menge
Möglichkeiten zur Erkundung
des Pantanal.
ⓘ 138 🅿 🔇 ⊠ 🔇 DC,
MC, V

■ **DER NORDOSTEN**

ALAGOAS

MACEIÓ

🏨 **KENOA EXCLUSIVE**
🍴 **BEACH SPA & RESORT**
$$$$$
RUA ESCRITOR JORGE DE LIMA
58, BARRAMAR, BARRA DE
SÃO MIGUEL
TEL. 82/3272 1285
www.kenoaresort.com
Designhotel am Strand nur
eine Stunde nördlich von
Maceió.
ⓘ 23 ⊞ 46 🅿 🔇 🔇 ⊠
⊠ 🌀 🔇 Alle gängigen
Karten

🏨 **RADISSON HOTEL**
🍴 **MACEIÓ**
$$
AV. DOUTOR ANTÔNIO
GOUVEIA 925, PAJUÇARA
TEL. 82/3202 4900
www.atlanticahotels.com.br
Örtlicher Ableger der interna-
tionalen Kette.
ⓘ 195 ⊞ 200 🅿 🔇 ⊠
🔇 Alle gängigen Karten

🏨 **RITZ CORALLI**
$$
RUA ENGENHEIRO MÁRIO DE
GUSMÃO 126, PONTA VERDE
TEL. 82/3177 6400

Boutique-Hotel mit minimalis-
tischer moderner Architektur.
ⓘ 62 🅿 🔇 ⊠ 🔇 Alle
gängigen Karten

🍴 **DIVINA GULA**
$$
AV. ENGENHEIRO PAULO
BRANDÃO NOGUEIRA 85,
JATIÚCA
TEL. 82/3235 1016 ODER 3235
1262
Entwickelte sich in den 1980er
Jahren zum beliebtesten
Restaurant in Maceió, mit
brasilianischer Küche, Schwer-
punkt Minas Gerais.
⊞ 400 🕐 Mo geschl.
🔇 DC, MC, V

🍴 **KANOA BEACH BAR**
$$
AV. SÍLVIO CARLOS VIANA 25,
PONTA VERDE
TEL. 82/3235 3943
Populäre Strandkiosk-Bar.
🔇 MC, V

🍴 **RESTAURANTE O
PEIXARÃO**
$$
AV. ALÍPIO BARBOSA DA SILVA
532, PONTAL DA BARRA
TEL. 82/3351 9090
Seafood und Fisch am Strand.
⊞ 350 🅿 🔇 DC, MC, V

PALMEIRA DOS ÍNDIOS

🏨 **VERDE HOTEL**
🍴 **$$**
RUA JOSÉ PINTO DE BARROS 164
TEL. 82/3421 2328
www.verdehotel.com.br
Einfache Unterkunft mit
aufmerksamem Personal.
ⓘ 50 ⊞ 30 🅿 ⊠
🔇 Alle gängigen Karten

PIRANHAS

🏨 **HOTEL PEDRA DO SINO**
🍴 **$**
RUA ALTO DO MIRANTE CENTRO
HISTÓRICO 1600

TEL. 82/3686 1365
www.pedradosino.com.br
Seit 2010 im historischen
Zentrum.
ⓘ 16 ⊞ 80 🅿 🔇
🔇 Alle gängigen Karten

BAHIA

BOIPEBA, ILHA DE
BOIPEBA

🏨 **POUSADA A
MANGUEIRA**
$$
PRAIA DE MORERÉ
TEL. 75/3653 8915
www.pousadamangueira.com
Einzelbungalows in einem
tropischen Garten in einem
Fischerdorf.
ⓘ 4 🔇 Keine

🏨 **POUSADA MANGA-**
🍴 **BEIRAS**
$$
RUA DA PRAIA BOCA DA BARRA
TEL. 75/3653 6153 ODER 3653
6214
www.pousadamangabeiras.
com.br
Komfortable Unterkunft am
Strand, umgeben von 4,5 ha
Regenwald.
ⓘ 9 ⊞ 40 🔇 ⊠ 🔇 AE, V

CACHOEIRA

🏨 **FAZENDA VILLA RIAL**
🍴 **$$**
ESTR. SANTO AMARO, KM 42
TEL. 75/3602 4600
www.villarial.com.br
Einfache, aber gemütliche
Unterkunft auf einem Bauern-
hof. Reiten und Tennis.
ⓘ 41 ⊞ 15 🔇 ⊠ 🔇 MC, V

CARAVELAS

🏨 **MARINA PORTO**
🍴 **ABROLHOS**
$$
RUA DA BALEIA 333,
BARRA DE CARAVELAS
TEL. 73/3674 1060

www.marinaportoabrolhos.
com.br
Bungalows zwischen dem
Strand und einem großen
Swimmingpool.
🛈 32 ➕ 20 🅿 🔆 🌊
🔆 DC, V

CHAPADA DIAMANTINA
& LENÇÓIS

🏨 **HOTEL CANTO**
🍴 **DAS ÁGUAS**
$$

AV. SENHOR DOS PASSOS 1
TEL. 75/3334 1154
www.lencois.com.br
Am Ufer des Rio Lençóis in
Zentrumsnähe, mit einer Ein-
richtung, die dem kolonialen
Ambiente entspricht.
🛈 44 ➕ 112 🔆 🌊 📺
🔆 Alle gängigen Karten

🏨 **POUSO DA TRILHA**
$

RUA DOS MINEIROS 60, CENTRO
TEL. 75/3334 1192
www.pousodatrilha.com.br
In einem alten Kolonialhaus
im Zentrum – eine gute Wahl
für Leute, die sich gerne unter
die Einheimischen mischen
möchten.
🛈 10 🔆 🔆 DC, MC, V

ILHÉUS

🏨 **POUSADA PARAÍSO**
🍴 **VERDE**
$$

BA-001, KM 30
TEL. 73/9971 7371
www.casaparaisoverde.com
Wandern, Reiten, Kajakfah-
ren, Surfen, Spaziergehen,
Wasserfälle, Windsurfen und
Yoga. Rustikale, aber stilvolle
Bungalows am Strand, gestaltet
vom US-Künstler Keith Haring.
🛈 4 ➕ 15 🅿 🌊 🔆 Keine

🍴 **BAR VESÚVIO**
$$

PRAÇA DOM EDUARDO 190,
CENTRO

TEL. 73/3634 2164
Gegründet 1910 und berühmt
geworden durch Jorge
Amados Roman „Gabriela".
➕ 210 🅿 🔆 🔆 Alle gängi-
gen Karten

ITACARÉ

🏨 **ART JUNGLE ECO LODGE**
$$

ROD. ILHÉUS–ITACARÉ, KM 62,
ALTO DA BOA VISTA
TEL. 73/9929 3487
artjungle.com.br
Versteckt in den Bergen nur
fünf Minuten vom Zentrum
an einem Flussufer, mit Blick
aufs Meer und inmitten eines
Skulpturenparks.
🛈 8 🔆 🌊 🔆 Keine

🏨 **POUSADA LAGOA**
🍴 **DO CASSANGE**
$$

LAGOA DO CASSANGE, MARAÚ
TEL. 73/3255 2348
www.lagoadocassange.com.br
Auf einem 10 ha großen
Gelände auf einer Halbinsel
15 km von Itacaré. Die Bunga-
lows bieten Privatsphäre und
Meerblick.
🛈 14 ➕ 40 🅿 🔆 MC, V

MANGUE SECO

🏨 **POUSADA O FORTE**
🍴 **$$**

PRAIA DA COSTA
TEL. 75/3445 9039
pousadaoforte.com
Zwölf Bungalows in natürli-
cher Lage am Strand in der
Nähe des Hauptplatzes.
🛈 12 ➕ 15 🅿 🔆 🌊
🔆 AE, MC, V

MORRO DE SÃO PAULO

🏨 **VILA DOS ORIXÁS**
BOUTIQUE HOTEL
$$

PRAIA DO ENCANTO
TEL. 75/3652 2055

---

www.hotelviladosorixas.com
Diese Unterkunft an der Praia
do Encanto, dem letzten
Strand in Morro de São Paulo,
preist sich als exklusivstes
Hotel der Gegend an.
🛈 10 🔆 🌊 🔆 MC, V

PORTO SEGURO &
REGION

🏨 **POUSADA PITINGA**
🍴 **$$$**

PRAIA DE PITINGA 1633,
ARRAIAL D'AJUDA
TEL. 73/3575 1067
www.pousadapitinga.com.br
Stilvolles Gästehaus auf einem
9000 m² großen Gelände;
eingerichtet mit Werken von
Künstlern aus der Gegend.
🛈 19 ➕ 40 🔆 🌊 🔆 Alle
gängigen Karten

🍴 **CABANA GOIANIA**
RESTAURANTE
$$

BR-367, KM 75,5,
PRAIA DO MUTÁ
TEL. 73/3677 1378
Strandkiosk mit frischen Kreb-
sen und Tintenfisch auf Reis.
🅿 🕐 Mitte Mai–Juni
geschl. 🔆 Alle gängigen
Karten

PRAIA DO FORTE
(MATA DE SÃO JOÃO)

🏨 **TIVOLI ECO RESORT**
🍴 **PRAIA DO FORTE**
$$$$

AV. DO FAROL
TEL. 71/3676 4000
www.tivolihotels.com
Großes, preisgekröntes Resort
der gehobenen Klasse mit
zahlreichen Tennisplätzen und
Pools.
🛈 287 ➕ 500 🅿 🔆 🌊 📺
🔆 Alle gängigen Karten

🏨 **POUSADA REFÚGIO**
🍴 **DA VILA**
$$$–$$$$

LOTE ALDEIA DOS PESCADORES

🏨 Hotel 🍴 Restaurant 🛈 Zimmer ➕ Plätze 🅿 Parkplatz 🕐 Öffnungszeiten 🛗 Aufzug

6–8, QUADRA 39
TEL. 71/3676 0114
www.refugiodavila.com.br
Rustikales, aber gehobenes
Gästehaus 100 m vom Strand.
🛏 30 🍴 50 P 📶 🏊 🏋
📶 Alle gängigen Karten

🍴 RESTAURANTE TERREIRO BAHIA
$$$
AV. ACM
TEL. 71/3676 1754
Das Seafood-Restaurant verar-
beitet nur vor Ort gefangenen
Fisch.
🍴 70 📶 AE, MC, V

SALVADOR

🏨 HOTEL VILLA BAHIA
🍴 $$$
LARGO DO CRUZEIRO DE SÃO
FRANCISCO 16–18, PELOURINHO
TEL. 71/3322 427
In zwei Kolonialhäusern des 17.
und 18. Jhs. im Innenstadtvier-
tel Pelourinho.
🛏 17 🍴 30 📶 🏊 📶 Alle
gängigen Karten

🏨 HOTEL CATHARINA PARAGUAÇÚ
$$
RUA JOÃO GOMES 128,
RIO VERMELHO
TEL. 71/3334 0089
www.hotelcatharinapara
guacu.com.br
Reizende Pension in einer Villa
des 19. Jhs. in Rio Vermelho.
🛏 31 P 📶 📶 📶 📶 Alle
gängigen Karten

🏨 POUSADA CASA DA VITÓRIA
$$
RUA ALOÍSIO DE CARVALHO 95,
VITÓRIA
TEL. 71/3013 2016, 9955 4404
ODER 3015 2017
www.casadavitoria.com
Kleine Pension mit familiärer
Atmosphäre im Viertel Vitória
in der Nähe von Museen.
🛏 7 📶 📶 MC, V

🍴 YEMANJÁ
$$$$
AV. OTÁVIO MANGABEIRA 4665,
JARDIM ARMAÇÃO
TEL. 75/3461 9010
Gutes Restaurant für Küche
aus Bahia.
🍴 520 📶 DC, MC, V

🍴 A PORTEIRA
$$$
AV. DOM EUGÊNIO SALES 96,
BOCA DO RIO
TEL. 71/3461 3328
Gutes Essen aus dem Nord-
osten.
🍴 380 P 📶 Mo abends
geschl. 📶 DC, MC, V

🍴 O PICUÍ
$$
RUA MELVIN JONES 91,
JARDIM ARMAÇÃO
TEL. 75/3461 9000
Erstklassiges Essen aus dem
Nordosten.
🍴 380 P 📶 DC, MC, V

CEARÁ

AQUIRAZ

🏨 POUSADA VILA
🍴 SELVAGEM
$$
RUA ERNESTINA PEREIRA 401,
PONTAL DE MACEIÓ
TEL. 88/3413 2136 ODER
3413 2031
www.vilaselvagem.com
Alle Zimmer haben Veranden
mit Meerblick.
🛏 15 🍴 40 P 📶 🏊
📶 AE, MC, V

FORTALEZA

🏨 GRAN MARQUISE
🍴 HOTEL
$$$
AV. BEIRA MAR 3980, MUCURIPE
TEL. 85/4006 5000
granmarquise.com.br
Das Strandhotel ist sowohl bei
Geschäftsreisenden als auch
bei Touristen beliebt.

🛏 230 🍴 80 P 📶 🏊 🏋
📶 AE, MC, V

🏨 MARINA PARK HOTEL
🍴 $$–$$$
AV. PRESIDENTE CASTELO BRANCO
400, PRAIA DE IRACEMA
TEL. 85/4006 9595
www.marinapark.com.br
Zentraler Lage am Stadtstrand.
🛏 315 🍴 60 P 📶 📶 🏊
🏋 📶 Alle gängigen Karten

🍴 CANTINHO DO FAUSTINO
$$
RUA FREI MANSUETO 1560,
ALDEOTA
TEL. 85/3267 5864
Küche des Nordostens, Grill-
gerichte und Seafood.
🍴 150 P 📶 Alle gängigen
Karten

ICAPUÍ

🏨 HOTEL CASA DO MAR
🍴 $$$
CE-261 3597, PRAIA DE TREMEMBÉ
TEL. 88/3432 4155 ODER 3432 4149
www.hotelcasadomar.com.br
Alle Zimmer mit eigenem
Balkon mit Hängematte.
🛏 19 🍴 50 📶 🏊
📶 MC, V

JERICOACOARA

🏨 MY BLUE HOTEL
🍴 $$
RUA ISMAEL
TEL. 85/3263 4765
www.mybluehotel.com.br
Vermarktet sich als auf einfache
Weise raffiniert.
🛏 80 🍴 150 📶 🏊 🏋
📶 Alle gängigen Karten

PRAINHA DO CANTO VERDE (BEBERIBE)

🏨 POUSADA SOL E MAR
🍴 $
PRAINHA DO CANTO VERDE,
BEBERIBE

📶 Nichtraucher 📶 Klimaanlage 🏊 Hallenbad 🏊 Swimmingpool 🏋 Fitnessclub 📶 Kreditkarten

TEL. 85/3378 2219 ODER
9621 1668
Einfache und zweckmäßige
familiengeführte Unterkunft
30 km nördlich von Beberibe.
🛈 6 🔹 40 🔹 Keine

TRAIRI

🏨 **ORIXAS HOTEL**
🍴 **$$$$$**
AV. BEIRA MAR 574,
PRAIA DE FLECHEIRAS
TEL. 85/3351 3114
www.orixashotel.com.br
Rustikale, aber kultivierte
Unterkunft an der Küste mit
von afrobrasilianischer Kultur
inspirierter Einrichtung.
🛈 20 🔹 60 🅿 🔹 🔹
🔹 Alle gängigen Karten

MARANHÃO

CHAPADA DAS MESAS (CAROLINA)

🏨 **POUSADA DO LAJES**
🍴 **$**
BR-230, KM 2, SUCUPIRA
TEL. 99/3531 3222
www.pousadadolajes.com.br
Die beste Unterkunft bei
Cachoeira do Itapecuru.
🛈 50 🅿 🔹 🔹 DC, MC, V

🍴 **RESTAURANTE K-FUNÉ**
🍴 **$**
RUA JOSÉ AUGUSTO DOS
SANTOS 90, CENTRO, CAROLINA
TEL. 99/3531 2468
Vielleicht das beste Restaurant
in Carolina.
🔹 40 🔹 Keine

CURURUPU

🏨 **POUSADA TRAVÉS'CIA**
🍴 **$**
RUA HERCULANA VIEIRA 29,
CENTRO
TEL. 98/3391 1169
Einfache, saubere Zimmer in
Kolonialhaus mit Pavillon.
🛈 14 🅿 🔹 🔹 🔹 Keine

LENÇÓIS MARANHENSES (BARREIRINHAS)

🏨 **POUSADA DO BURITI**
$$
RUA INÁCIO LINS, CENTRO
TEL. 98/3349 1802
www.pousadadoburiti.com.br
Gemütliche Unterkunft, toll
zum Relaxen nach einem Tag
voller Aktivitäten.
🛈 33 🅿 🔹 🔹 🔹 MC, V

🍴 **A CANOA**
$$
AV. BEIRA RIO 300, CENTRO
TEL. 98/3349 1724
Einfache, aber vielfältige Karte
mit Gerichten wie Lachs und
Parmesan-Steak.
🔹 95 🔹 Alle gängigen
Karten

SÃO LUÍS

🏨 **POUSADA PORTAS**
🍴 **DA AMAZÔNIA**
$$
RUA 28 DE JULHO 129, CENTRO
TEL. 98/3222 9937
www.portasdaamazonia.com.br
Stilvolles Gästehaus in einer
restaurierten Villa des 17. Jhs.
🛈 36 🔹 70 🔹 🔹 Alle
gängigen Karten

🍴 **RESTAURANT BASE DA LENOCA**
$$
AV. LITORÂNEA 9, SÃO LUÍS
TEL. 98/3235 8971
Bases sind Lokale, die früher
den Arbeitern eines Viertels
Mittagessen boten, mit
Schwerpunkt auf regionaler
Küche. Dies ist die beste *base*
von mehreren.
🔹 50 🔹 MC, V

🍴 **RESTAURANT BASE DO RABELO**
$$
RUA PROJETADA 267,
OLHO D'ÁGUA
TEL. 98/3226 7171

Diese *base* ist stolz auf ihre
warmherzige Gastfreundschaft
und serviert regionale Speziali-
täten aus frischen Zutaten.
🔹 98 🔹 DC, MC, V

PARAÍBA

CABACEIRAS (PAI MATEUS)

DER BESONDERE TIPP

🏨 **HOTEL FAZENDA PAI**
🍴 **MATEUS**
$$$
ESTR. BOA VISTA-CABACEIRAS,
LAJEDO DO PAI MATEUS
TEL. 83/3356 1250
www.paimateus.com.br
Rustikal, aber gemütlich, mit
guten regionalen Speisen.
🛈 28 🔹 100 🔹 🔹
🔹 🔹 Keine

CAMPINA GRANDE

🏨 **HOTEL VILLAGE**
🍴 **PREMIUM CAMPINA GRANDE**
$$
RUA OTACÍLIO NEPOMUCENO
1285
TEL. 83/3310 8000
www.hotelisvillage.com.br
Ordentliche Wahl im Herzen
von Catolé.
🛈 86 🔹 100 🔹 🔹 🔹
🔹 MC, V

🏨 **GARDEN HOTEL**
🍴 **$**
RUA ENGENHEIRO JOSÉ
BEZERRA 400, MIRANTE
TEL. 83/3310 4000
www.gardenhotelcampina.com
Hotel neben einem großen
Tagungszentrum, mit beheiz-
tem Hallenpool.
🛈 192 🔹 250 🅿 🔹 🔹 🔹
🔹 🔹 🔹 MC, V

🍴 **CAMPINA GRILL**
$$
TEL. 83/3341 6464

AV. MANOEL TAVARES 1900, ALTO
BRANCO
Gutes Lokal im Stil des Nordostens im Zentrum.
🍴 600 🅿 🕐 Mo abends
geschl. 🚭 🖾 Alle gängigen
Karten

🍴 MANOEL DA CARNE DE SOL

$$
RUA FÉLIX ARAÚJO 263, CENTRO
TEL. 83/3321 2877
Campina Grande ist für
Restaurants bekannt, die
Gerichte mit *carne de sol*,
sonnengetrocknetem Rind-
fleisch, servieren. Dies ist das
traditionellste.
🍴 170 🖾 MC, V

🍴 TÁBUA DE CARNE

$$
AV. MANOEL TAVARES 1040,
ALTO BRANCO
TEL. 83/3341 1008
Serviert seit mehr als 20
Jahren traditionelles Essen des
Nordostens.
🍴 480 🅿 🚭 Alle gängigen
Karten

JOÃO PESSOA

🏨 POUSADA DO CAJÚ PRAIA MAR

$$
AV. ALMIRANTE TAMANDARÉ
864, TAMBAÚ
TEL. 83/2107 8700
www.pousadadocaju.com.br
Komfortable Pension bei einem
beliebten Strand. Besitzt mehr
Flair als die anderen Unter-
künfte des Orts.
🛈 11 🅿 🚭 🏊 🖾 AE, DC, V

🍴 BADIONALDO

$$
RUA VITORINO CARDOSO 196,
PRAIA DO POÇO, CABEDELO
TEL. 83/3250 1299
Beliebtes Fischrestaurant am
Strand seit 1959.
🍴 640 🖾 MC, V

SOUSA

🏨 JARDINS PLAZA
🍴 HOTEL

$
AV. JOÃO BOSCO MARQUES
DE SOUZA
TEL. 83/3522 4212
Älteres Hotel mit großen Zim-
mern beim Busbahnhof.
🛈 50 🍴 60 🅿 🚭 🚭 🏊
🖾 DC, MC, V

PERNAMBUCO

CARUARU

🏨 VILLAGE HOTEL
🍴 CARUARU

$$
BR-232, PETRÓPOLIS
TEL. 81/3722 5544
www.hotelvillagecaruaru.com.br
Dieses Hotel in der Nähe
des Geschäftszentrums von
Caruaru bietet ein Lesezimmer
und ein Cybercafé.
🛈 80 🍴 50 🅿 🚭 🏊 🍸
🖾 Alle gängigen Karten

🍴 BODE ASSADO DO LUCIANO

$
RUA MESTRE VITALINO 511,
ALTO DO MOURA
TEL. 81/3722 0413
Traditionelle Landküche aus
dem Nordosten.
🍴 180 🅿 🕐 Mo geschl.
🖾 Alle gängigen Karten

FERNANDO DE NORONHA

🏨 DOLPHIN HOTEL

$$$$
BR-363, VACARIA
TEL. 81/3366 6601
dolphinhotel.tur.br
Umgeben vom Regenwald am
Morro do Pico. Toller Ausblick
vom Restaurant.
🛈 11 🍴 64 🕐 So geschl.
🖾 Alle gängigen Karten

🏨 POUSADA
🍴 MARAVILHA

$$$$$
BR-363, BAÍA DO SUESTE
TEL. 81/3619 0028
www.pousadamaravilha.com.br
Exklusives Gästehaus im
japanischen Stil.
🛈 8 🍴 30 🅿 🚭 🏊 🖾 AE,
MC, V

🏨 POUSADA SOLAR
🍴 DOS VENTOS

$$$$$
BR-363, VILA DO SUESTE
TEL. 81/3619 1347
Alle Bungalows verfügen
über eigene Veranden und
Meerblick.
🛈 9 🍴 26 🚭 🖾 AE, MC, V

🏨 POUSADA ZÉ MARIA

$$$$–$$$$$
RUA NICE CORDEIRO 1,
FLORESTA VELHA
TEL. 81/3619 1258
www.pousadazemaria.com.br
Bungalows mit Veranden beim
Morro do Pico.
🛈 21 🅿 🏊 🍸 🖾 MC, V

GRAVATÁ

🍴 BUCHADINHA DO GORDO

$
RUA 7 DE SETEMBRO 594
TEL. 81/3533 0995
Traditionelle Küche des
Nordostens.
🍴 100 🖾 MC, V

ILHA DE ITAMARACÁ

🏨 POUSADA VENTO LESTE
🍴 $$

ESTR. DO FORTE, PE-1, KM 4,
FORTE ORANGE
TEL. 81/3544 1699
Einfache, aber ordentliche
Unterkunft. Der Manager
nimmt Gäste manchmal auf
Exkursionen mit.
🛈 33 🍴 60 🅿 🚭 🏊
🖾 MC, V

🚭 Nichtraucher 🅚 Klimaanlage 🏊 Hallenbad 🏊 Swimmingpool 🍸 Fitnessclub 🖾 Kreditkarten

🍴 RESTAURANTE DA IRMÃ GICÉLIA

$

FINAL DA ESTRADA DO FORTE,
KM 5, FORTE ORANGE
TEL. 81/3544 2971
Einfaches Essen bei vielfälti-
gem Angebot.
🍽 120 💳 MC, V

RECIFE & OLINDA

🏨 HOTEL 7 COLINAS
🍴 $$–$$$

LADEIRA DO SÃO FRANCISCO
307, CARMO, OLINDA
TEL. 81/3493 7766
www.hotel7colinas.com.br
Attraktives Gästehaus in einem
Gebäude im Kolonialstil.
🛏 44 🍽 50 💳 🔌 💳 Alle
gängigen Karten

🏨 CULT HOTEL
$$

AV. CONSELHEIRO AGUIAR 755,
BOA VIAGEM, RECIFE
TEL. 81/2123 2777
culthotel.com.br
Kunstvoll designtes Hotel beim
Strand Boa Viagem.
🛏 60 🅿 💳 💳 🔌 💳 Keine

🏨 POUSADA DO
🍴 AMPARO
$$

RUA DO AMPARO 199, OLINDA
TEL. 81/3429 6889
www.pousadadoamparo.com.br
Das reizende und gemütliche
Gästehaus evoziert das 18. Jh.
🛏 18 🍽 50 🅿 💳 🔌
💳 AE, MC, V

DER BESONDERE TIPP

🏨 POUSADA DOS 4 CANTOS
$$

RUA PRUDENTE DE MORAIS 441,
CARMO OLINDA
TEL. 81/3429 0220
www.pousada4cantos.com.br
In einem großen Kolonialge-
bäude des 19. Jhs.
🛏 18 💳 🔌 💳 AE, MC, V

DER BESONDERE TIPP

🍴 OFICINA DO SABOR
$$$

RUA DO AMPARO 335, AMPARO,
OLINDA
TEL. 81/3429 3331
Moderne Küche des Nord-
ostens, unter Leitung von
Küchenchef César Santos.
🍽 120 🅿 🕐 Mo geschl.
💳 DC, MC, V

🍴 RECANTO DO PICUÍ
$$

RUA RIBEIRO DE BRITO 1197, BOA
VIAGEM, RECIFE
TEL. 81/3325 5901
Gutes Restaurant für Speisen
des Nordostens.
🍽 300 🅿 💳 DC

🍴 RESTAURANTE LEITE
$$

PRAÇA JOAQUIM NABUCO 147,
SANTO ANTÔNIO, RECIFE
TEL. 81/3224 7977
Das Restaurant besteht
seit mehr als hundert Jahren
und bietet eine Auswahl
traditioneller brasilianischer
Speisen.
🍽 160 🅿 🕐 Sa geschl.
💳 DC, MC, V

🍴 CALDINHO DO DOGÃO
$

PRAÇA DO FORTIM 27,
CARMO OLINDA
TEL. 81/3439 4499
Bar mit regionalen Fleisch- und
anderen Gerichten.
🍽 650 💳 DC, MC, V

🍴 EDMILSON DA CARNE DE SOL
$

AV. MARIA IRENE 311, JORDÃO
TEL. 81/3082 6481
Eines der besten Restaurants
in ganz Recife, bekannt
für traditionelles Essen des
Nordostens.
🍽 300 💳 Keine

PREISE

HOTELS
Die Preise beziehen sich auf
ein Doppelzimmer in der
Hochsaison.

$$$$$	über 290 €
$$$$	220–290 €
$$$	145–220 €
$$	75–145 €
$	unter 75 €

RESTAURANTS
Die Preise beziehen sich
auf eine Mahlzeit mit drei
Gängen ohne Getränke.

$$$$$	über 45 €
$$$$	33–45 €
$$$	22–33 €
$$	10–22 €
$	unter 10 €

RIO GRANDE DO NORTE

GALINHOS

🏨 AMAGALI POUSADA
$$

AV. BEIRA RIO 17, CENTRO
TEL. 84/3552 0083
www.amagali.com
Chalets auf 2 ha großem
Gelände mit Kokospalmen.
🛏 18 🅿 💳 💳 🔌
💳 Alle gängigen Karten

NATAL

🏨 MANARY PRAIA
🍴 HOTEL
$$$

RUA FRANCISCO GURGEL 9067,
PRAIA DE PONTA NEGRA
TEL. 84/3204 2900
www.manary.com.br
Neokoloniales Gebäude an der
Praia de Ponta Negra.
🛏 23 🍽 32 💳 🔌 📺
💳 MC, V

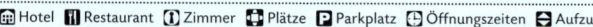

⊞ CORAIS DE
⛉ MARACAJAÚ
$
RUA DA IGREJA 8,
CORAIS DE MARACAJAÚ
TEL. 84/3261 6313
www.coraisdemaracajau.com
Attraktives Gästehaus am
Strand.
ⓘ 20 ⛉ 50 🚭 🏊
🏧 AE, MC, V

⛉ CAMARÕES
RESTAURANTE
$$$
AV. ENGENHEIRO ROBERTO
FREIRE 2610, PONTA NEGRA
TEL. 84/3209 2424
Serviert seit 1989 köstliche,
nach Art der Region zuberei-
tete Meeresfrüchte-
Gerichte.
⛉ 200 🅿 🚭 🏧 AE, MC, V

⛉ PAÇOCA DE PILÃO
RESTAURANTE
$$
AV. DEPUTADO MÁRCIO
MARINHO 5708, PRAIA DE PI-
RANGI DO NORTE, PARNAMIRIM
TEL. 84/3238 2088
2012 herrschte Adalva Dias
Rodrigues mit 75 Jahren noch
immer über die Küche dieses
traditionellen Restaurants,
das Speisen des Nordostens
serviert.
⛉ 200 🅿 🏧 MC, V

PRAIA DA PIPA
(TIBAÚ DO SUL)

⊞ POUSADA TOCA DA
⛉ CORUJA
$$$$
AV. BAÍA DOS GOLFINHOS 464
TEL. 84/3246 2095
www.tocadacoruja.com.br
Gästehaus der gehobenen
Kategorie auf einem 2,5 ha
großen Anwesen mit üppiger
Vegetation.
ⓘ 28 ⛉ 50 🅿 🚭 🏊
🏧 AE, MC, V

⛉ RESTAURANTE O
CRUZEIRO PESCADOR
$$$
RUA DOS CONCRIS 1, CHAPADÃO
TEL. 84/3246 2026
Das 1996 gegründete
Restaurant hat sich zum
Slow-Food-Zentrum der Stadt
entwickelt. Für besondere
Anlässe und größere Gruppen
sind Reservierungen nötig.
⛉ 20 🅿 🏧 Keine

PIAUÍ

PARNAÍBA

⊞ HOTEL POUSADA
⛉ DOS VENTOS
$$
AV. SÃO SEBASTIÃO 2586,
PINDORAMA
TEL. 86/3322 2177
www.pousadadosventos.com.br
Gute Unterkunft beim
Atalaia-Strand.
ⓘ 50 ⛉ 60 🅿 🚭 🏊
🏧 AE, MC, V

⛉ RESTAURANTE LA
BARCA
$
AV. NAÇÕES UNIDAS 200
TEL. 86/3322 2825
Spezialisiert auf Seafood.
⛉ 70 🚭 🏧 AE, MC, V

SERRA DA CAPIVARA
(SÃO RAIMUNDO
NONATO)

⊞ POUSADA ZABELÊ
$
PRAÇA MAJOR TOINHO 280,
CENTRO
TEL. 89/3582 2726
www.pousadazabele.com.br
Einfache und saubere, nach
Vögeln benannte Zimmer.
ⓘ 16 🅿 🚭 🏧 Alle gängi
gen Karten

⛉ BODE ASSADO LUIS
TANGA
$

RUA FRANCISCO ANTUNES DE
MACEDO 449, SANTA FÉ
TEL. 89/3582 2128
Spezialisiert auf Ziegenfleisch
vom Grill.
⛉ 48 🏧 Keine

⛉ RESTAURANTE DA
RAIMUNDA E DO JOÃO
PIU
$
RUA ANTÔNIO DE CASTRO
MARQUES 279, GAVIÃO
TEL. 89/3582 2175
Großzügige Portionen
nordöstlicher Haus-
manns-Standardgerichte wie
baião de dois. Rund um die Uhr
geöffnet. Wenn es geschlossen
aussieht, einfach klopfen; die
Betreiber wohnen hinterm
Restaurant und öffnen dann.
Traditionell kommen Feiernde
nach dem örtlichen Tanz-
vergnügen hierher, aber das
herzhafte Essen genießt man
vielleicht besser mittags.
⛉ 50 🏧 Keine

⛉ RESTAURANTE E CON-
FEITARIA SABOR E ARTE
$
RUA AVELINO FREITAS 517,
CENTRO
TEL. 89/3582 2835 ODER
9922 2115
Mittagsbuffets und ausge-
zeichnete Snacks.
⛉ 50 🏧 Keine

SERGIPE

ARACAJU

⊞ ARUANÃ HOTEL
⛉ ECO PRAIA
$
ROD. PRESIDENTE JOSÉ SARNEY
1000, ARUANÃ
TEL. 79/2105 5200
www.aruanahotel.com.br
Schön gestaltete Unterkunft
am Strand.
ⓘ 54 ⛉ 110 🅿 🚭 🏊 🏋
🏧 DC, MC, V

🚭 Nichtraucher 🅺 Klimaanlage 🏊 Hallenbad 🏊 Swimmingpool 🏋 Fitnessclub 🏧 Kreditkarten

🍴 O MIGUEL

$$

AV. ANTÔNIO ALVES 340,
ATALAIA VELHA
TEL. 79/3243 4142
www.restauranteomiguel.
com.br
Das traditionelle Essen des
Nordostens lockt sogar brasili-
anische Promis an.
🔱 240 🅿 🕃 Alle gängigen
Karten

🍴 BAR E RESTAURANTE TIA GLEIDE

$

AV. SANTOS DUMONT, ATALAIA
TEL. 79/3248 8434
Einer der populärsten Strand-
kioske der Stadt, mit guter
Regionalküche.
🕃 Keine

CANINDÉ DE SÃO FRANCISCO

🏨 XINGÓ PARQUE
🍴 $$

SE-206, SERRA DO CHAPÉU DE
COURO
TEL. 79/3346 1245
Eine der besten der wenigen
Optionen der Gegend.
🚪 60 🔱 20 🅿 🕃 ⛴
🕃 Alle gängigen Karten

■ AMAZONIEN

ACRE

RIO BRANCO

🏨 IMPERADOR GALVEZ
🍴 $$

RUA SANTA INÊS 401, AVIÁRIO
TEL. 68/3223 7027
www.hotelimperador.com.br
Hier speisen brasilianische
Politiker und Promis auf
Durchreise.
🚪 42 🔱 60 🅿 🕃 ⛴
🕃 AE, MC, V

🍴 POINT DO PATO

$

PRAÇA JOSÉ BISTENI, JARDIM

TROPICAL III
TEL. 68/3224 8009
Regionale Küche.
🔱 100 🕃 So geschl.
🕃 Alle gängigen Karten

AMAPÁ

MACAPÁ

🏨 HOTEL IBIS MACAPÁ
$

RUA TIRADENTES 303, CENTRO
TEL. 96/2101 9050
www.accor.com.br
Ableger einer internatio-
nalen Kette in Amazonas-
Nähe.
🚪 96 🅿 🖥 🕃 🕃 Alle
gängigen Karten

OIAPOQUE

🏨 CHÁCARA DO PARAÍSO
$

RUA AZARIAS NETO BAIRRO,
PLANALTO
TEL. 96/3521 1761
www.chacaradoparaiso.com
Chalets in parkähnlichem
Ambiente mit von der Kultur
der Amazonas-Indianer inspirierter Architektur.
🚪 10 🕃 Keine

AMAZONAS

DSCHUNGEL-LODGES

Der Bundesstaat Amazonas
wartet mit zahlreichen Dschun-
gel-Lodges auf. In der Regel
handelt es sich um Öko-Lodges
mit Komplettservice, die neben
einzigartigen Unterkünften auch
Outdoor-Aktivitäten anbieten.

🏨 AMAZON JUNGLE PALACE
$$$$$

RIO NEGRO, MARGEM DIREITA
LAGO DO TATU, MANAUS
TEL. 92/3212 5600
amazonjunglepalace.com.br
Luxus-Lodge auf einem
Kahn am linken Ufer des

Río Negro etwas außerhalb
von Manaus. Gäste können
am Pool relaxen oder an
Tier-, Boots- oder Wander-
expeditionen im Dschungel
teilnehmen.
🚪 69 🖥 🕃 🕃 ⛴
🕃 Alle gängigen Karten

🏨 AMAZON TURTLE
🍴 LODGE
$$$$$

PARANÁ DO MAMORI, LAGO DO
TRACAJÁ, CAREIRO DO CASTAN-
HO, MANAUS
TEL. 92/3877 9247
www.amazonturtlelodge.
com.br
Die Lodge bietet ihren Gästen
spezielle Vogelbeobachtungs-
und Kajak-/Camping-Expedi-
tionen. Komfortable, sparsam
eingerichtete Apartments und
Bungalows am Tracajá-See.
🚪 18 🔱 56 🕃 🕃 🕃 Keine

🏨 ANAVILHANAS
🍴 JUNGLE LODGE
$$$$$

AM-352, KM 1, NOVO AIRÃO
TEL. 92/3622 8996
www.anavilhanaslodge.com
Cottages und Bungalows im
Wald mit minimalistischer
Einrichtung und modernen
Annehmlichkeiten – wohl die
beste Dschungel-Lodge im
gehobenen Segment.
🚪 20 🔱 44 🕃 🕃 ⛴
🕃 Alle gängigen Karten

🏨 ARIAÚ AMAZON TOWERS
$$$$$

PARANÁ DO RIO ARIAÚ,
IRANDUBA, ARIAÚ
TEL. 92/2121 5000
www.ariauamazontowers.com
Jede Menge Baumwipfelwege
und spektakuläre Lage beim
Anavilhanas-Archipel. Suiten
mit Balkon und einzelne
Baumhäuser in Wipfelhöhe.
🚪 240 🕃 ⛴ 🕃 🕃 Alle
gängigen Karten

🏨 Hotel 🍴 Restaurant 🚪 Zimmer 🔱 Plätze 🅿 Parkplatz 🕃 Öffnungszeiten 🖥 Aufzug

CRISTALINO JUNGLE LODGE
$$$$$

AV. PERIMETRAL OESTE 2001,
ALTA FLORESTA
TEL. 66/3521 1396
www.cristalinolodge.com.br
Erstklassige Öko-Lodge am
Südende des Amazonas-Re-
genwalds inmitten eines
privaten Naturreservats. Die
einfachen, aber gemütlichen
Hütten sind wie diejenigen
des Kayabi-Stammes der
Region strohgedeckt. Von
einer schwimmenden Ter-
rasse im Fluss aus kann man
schön Vögel beobachten
und baden. Das Restaurant
serviert regionale Gerichte,
oder man gönnt sich an der
Bar einen Caipirinha.
🚹 16 🗝 Alle gängigen
Karten

JUMA LODGE
$$$$$

LAGOA DO JUMA,
FAZENDINHA, AUTAZÉS
TEL. 92/3232 2707
www.jumalodge.com
Die Bungalows der komplett
in die Amazonas-Landschaft
eingebetteten Lodge stehen
auf Stelzen, einige mit Blick
in den Wald, andere mit
Blick auf den See. Vom Hän-
gematten-Pavillon oder der
eigenen Terrasse kann man
dem Konzert der Tiere lauschen, oder man nimmt an
einer der vielen Aktivitäten
und Exkursionen teil. 5 km
per Boot von Manaus.
🚹 20 🗝 MC, V

AMAZON ECOPARK JUNGLE
$$$$–$$$$$

RIO TARUMÃ AÇU, MANAUS
TEL. 92/9146 0594
www.amazonecopark.
com.br
Zwei Bootsstunden von
Manaus entfernt – gut
für Leute, die in einer
Dschungel-Lodge nächtigen

möchten, aber keine Zeit
haben, weiter in den Urwald
vorzudringen.
🚹 84 🗝 🏊 🗝 DC, MC, V

DER BESONDERE TIPP

POUSADA UACARÍ RESERVA DE MAMIRAUÁ
$$$$

RESERVA DE MAMIRAUÁ,
MÉDIO SOLIMÕES, TEFÉ
TEL. 97/3343 4160
www.pousadauacari.com.br
Die schwimmende Öko-
Lodge auf einer stillen
Lagune ist zwar abgelegen,
lohnt aber die Mühe der
Anreise. Jeder Bungalow
verfügt über zwei Zimmer
und zwei Badezimmer sowie
einen Balkon mit Ausblick.
🚹 10 🗝 AE, MC, V

MALOCAS JUNGLE LODGE
$$$

BAIXO RIO PRETO DA EVA,
PRESIDENTE FIGUEIREDO
TEL. 92/3648 0119
www.malocas.com
Die Architektur dieser Lodge
am Rio Preto, einem Neben-
fluss des Amazonas, kopiert
die traditionellen Hütten der
Indios, denen die Lodge ihren
Namen verdankt. Zahlreiche
Outdoor-Aktivitäten.
🚹 12 🗝 Keine

MANAUS

TROPICAL HOTEL
$$–$$$

AV. CORONEL TEIXEIRA 1320,
PONTA NEGRA
TEL. 92/2123 5000
www.tropicalhotel.com.br
Das Tropical, eine Mischung
aus Hotel und Anlage im Stil
des Club Med, ist in einer
Stadt mit beschränktem
Angebot seit Langem die
erste Wahl für Reisende.
🚹 556 🛏 180

🅿 🗝 🗝 🏊 🗝 Alle gängi-
gen Karten

BOUTIQUE HOTEL CASA TEATRO
$

RUA 10 DE JULHO 632, CENTRO
TEL. 92/3633 8381
www.casateatro.com.br
Dieses neue Hotel beim alten
Opernhaus in der Altstadt von
Manaus bietet kleine, aber
helle und moderne Zimmer.
🚹 23 🗝 🗝 Alle gängigen
Karten

DER BESONDERE TIPP

CANTO DA PEIXADA
$$

RUA EMÍLIO MOREIRA 1677,
PRAÇA 14 DE JANEIRO
TEL. 92/234 3021
www.cantodapeixada.com
Hier wird regionaler Fisch auf
alle nur erdenkliche Weise
zubereitet. Das Restaurant
ist schon seit 30 Jahren eine
Institution in Manaus und
bewirtete sogar schon Papst
Johannes Paul II.
🪑 160 🕐 So geschl. 🗝 🗝 V

BAR DO ARMANDO
$

RUA 10 DE JULHO 593, CENTRO
TEL. 92/3232 1195
Kleiner boteco, beliebt bei den
Intellektuellen und Bohemiens
der Stadt. Bietet das kälteste
Bier im Ort.
🪑 60 🗝 Keine

NOVO AIRÃO

POUSADA BELA VISTA
$

AV. PRESIDENTE GETÚLIO
VARGAS 47, CENTRO
TEL. 92/3365 1023
www.pousada-belavista.com
Auf einem knapp 4000 m²
großen Gelände nicht weit
vom Nationalpark.
🚹 22 🅿 🗝 🗝 🏊
🗝 MC, V

🗝 Nichtraucher 🗝 Klimaanlage 🗝 Hallenbad 🏊 Swimmingpool 🗝 Fitnessclub 🗝 Kreditkarten

PARINTINS

🏨 AMAZON RIVER
🍴 RESORT HOTEL
$

RUA JOAQUIM DE FREITAS VIEIRA
697, SANTA RITA
TEL. 92/3533 1342
Die komfortabelste der
wenigen Unterkünfte vor
Ort. Besucher des jährlichen
Festivals der Stadt schlafen oft
auf den Booten, mit denen sie
gekommen sind.
ℹ 61 🛏 100 🅿 📶 📶 Alle
gängigen Karten

PRESIDENTE FIGUEIREDO

🏨 POUSADA CACHOEIRA
🍴 DO SANTUÁRIO
$

AM-240, KM 12, ZONA RURAL
TEL. 92/3324 1741
Dieses Gästehaus in einem
privaten Naturreservat bietet
großzügige Einrichtungen
sowie drei Wasserfälle, natürliche Becken und Bäche.
ℹ 40 🛏 30 🅿 📶 📶
📶 Alle gängigen Karten

PARÁ

ALGODOAL

🏨 POUSADA ABC
$

TRAVESSA ELIAS SARAIVA 25,
PRAIA DA CAIXA D'ÁGUA
TEL. 91/8190 3226
Wie die anderen Unterkünfte
hier klein und einfach.
ℹ 7 📶 📶 Keine

ALTER DO CHÃO

🏨 BELOALTER HOTEL
$$

RUA PEDRO TEIXEIRA 500
TEL. 91/3527 1230
www.beloalter.com.br
Die beste Option in einer
Gegend, die nicht mit guten
Unterkünften gesegnet ist.
ℹ 29 🅿 📶 📶 📶 MC, V

BELÉM

🏨 RADISSON HOTEL
🍴 BELÉM
$$$

AV. COMANDANTE BRÁS DE
AGUIAR 321, NAZARÉ
TEL. 91/3205 1399
www.radisson.com
Neues Radisson-Hotel im
Viertel Nazaré.
ℹ 78 🛏 80 🅿 📶 📶
📶 Alle gängigen Karten

🍴 BOTECO DAS ONZE
$$

PRAÇA FREI CAETANO BRANDÃO
CIDADE VELHA
TEL. 91/3224 8599
Noblerer *boteco* mit Mittag-
und Abendessen sowie abends
Live-Musik.
🛏 350 🅿 📶 📶 📶 DC,
MC, V

🍴 LÁ EM CASA
$$

BLVD. CASTILHOS FRANÇA
ESTAÇÃO DAS DOCAS GALPÃO
2 LOJA 4
TEL. 91/3212 5588
Preisgekröntes Restaurant mit
Terrasse am Río Guamá und
erstklassiger Regionalküche
mit internationalem Flair.
Besonders beliebt ist *pato no
tucupi*, Ente mit *jambu*-Blättern.
🛏 230 🅿 📶 DC, MC, V

🍴 REMANSO DO PEIXE
$$

TRAVESSA BARÃO DO TRIUNFO
2590 CASA 64, MARCO
TEL. 91/3228 2477
Dieses in einem Wohngebiet
versteckte Juwel bietet mit die
beste moderne Amazonas-Kü-
che. Besonders gut ist der
heimische Fisch.
🛏 130 🕐 Mo geschl. 📶
📶 Alle gängigen Karten

🍴 CAIRU
$

BLVD. CASTILHOS FRANÇA 707,

CAMPINA
TEL. 91/3212 5595
Die berühmteste Eiscreme-
Kette Beléms ist auf Regen-
wald-Geschmäcker spezialisiert
wie *açaí* und *cupuaçu*. Man
kann die Sorten auch mischen
oder einen der 20 verschie-
denen *picolés* (Eis am Stil)
probieren.
🛏 100 📶 Keine

🍴 TACACÁ DA DONA
MARIA
$

AV. NAZARÉ 902, NAZARÉ
TEL. 91/9142 0433
Der beste Stand für *tacacá*-
Suppe, traditionelles Amazo-
nas-Straßenessen.
📶 Keine

MARAJÓ/SOURE

🏨 HOTEL CASARÃO
🍴 AMAZÔNIA
$–$$

RUA QUARTA 6226, SÃO PEDRO
TEL. 91/3741 1988
In einem umgebauten Koloni-
alhaus des 18. Jhs.
🚹 10 🛏 50 🅿 🚭 🆂 🏊
🏧 AE, MC, V

🍴 DELÍCIAS DA NALVA
$
RUA QUARTA 1051,
MACAXEIRA,
TEL. 91/8229 9678
Eines der besten der
einzigartigen lokaltypischen
Restaurants in Marajó.
🛏 40 🏧 Keine

RONDÔNIA

PORTO VELHO

🏨 HOTEL VILA RICA
🍴 $$
AV. CARLOS GOMES 1616,
SÃO CRISTOVÃO
TEL. 69/3224 3433
www.hotelvilarica.com.br
Eine gute Wahl in einem Ort
mit beschränktem Angebot.
🚹 115 🛏 50 🅿 🚭 🆂
🏊 🏧 Alle gängigen Karten

🍴 CARAVELA DO
MADEIRA
$
RUA JOSÉ CAMACHO 104,
ARIGOLÂNDIA
TEL. 69/3221 6641
Frischer Fisch mit Aussicht.
🛏 120 🅿 🚭 Mo geschl.
🆂 🏧 MC, V

RORAIMA

AMAJARI

🏨 ESTÂNCIA ECOLÓGICA
🍴 SESC TEPEQUÉM
$$
GLEBA TEPEQUÉM 3775,
VILA DO PAIVA
TEL. 95/3621 3942
Öko-Lodge mit Baumwipfel-
parcours.
🚹 4 Hütten 🛏 100 🅿 🏋
🏧 AE, MC, V

BOA VISTA

🏨 BOA VISTA ECO HOTEL
🍴 $$
AV. GLAYCON DE PAIVA 1240,
MECEJANA
TEL. 95/3621 7100
www.boavistaecohotel.com
In zentraler Lage in der Stadt
– gute Standard-Unterkunft,
aber gewiss nicht „öko".
🚹 106 🛏 60 🅿 🚭 🆂
🏧 Alle gängigen Karten

TOCANTINS

LAGOA DA CONFUSÃO

🏨 FAZENDA PRAIA ALTA
🍴 $$
TO-255, KM 121, ZONA RURAL
TEL. 63/3364 1112
www.fazendapraioalta.
com.br
Der bewirtschaftete Bauernhof lockt vor allem Angler
und Ökotouristen an.
🚹 11 🛏 80 🆂 🏊 MC, V

JALAPÃO
(MATEIROS & PONTE
ALTA DO TOCANTINS)

🏨 POUSADA SANTA
HELENA
$
AV. MARANHÃO,
CENTRO MATEIROS
TEL. 63/3534 1050
www.pousadasantahelenajal
apao.com.br
Einfache Unterkunft, aber
Jalapão bietet nicht viel Auswahl. Oft zelten Besucher.
🚹 18 🅿 🆂 🏊 🏧 Alle
gängigen Karten

🏨 PLANALTO POUSADA
🍴 $
PRAÇA CAPITÃO ANTÔNIO
MASCARENHA 436, CENTRO,
PONTE ALTA DO TOCANTINS
TEL. 63/3378 1141
Annehmbare Unterkunft in
Jalapão.
🚹 10 🅿 🏧 Keine

PALMAS

🏨 POUSADA DOS
🍴 GIRASSIÓS
$$
103 SUL, CONJUNTO 03, LOTE
39B & 39C, CENTRO
TEL. 63/3212 0202
pousadadosgirassois.com.br
Einigermaßen komfortables
Hotel für eine Übernachtung
in der Hauptstadt am Anfang
oder Ende eines Trips nach
Jalapão.
🚹 70 🛏 70 🅿 🆂 🏊 🏋
🏧 MC, V

🍴 PORTAL DO SUL
RODÍZIO
$
102 N AV. TEOTÔNIO SEGURADO
CJ 1, LOTE 4
TEL. 63/3225 8744
Traditionelles All-you-can-eat-
Steakhaus mit Salatbuffet.
🛏 300 🏧 Alle gängigen
Karten

🚭 Nichtraucher 🆂 Klimaanlage 🆂 Hallenbad 🏊 Swimmingpool 🏋 Fitnessclub 🏧 Kreditkarten

Einkaufen

Da der brasilianische Real zu den überbewertetsten Währungen der Welt gehört, ist das Land nicht unbedingt ein Einkaufsparadies. Die Ausnahme bilden typisch brasilianische Produkte. Neben Kunsthandwerk sind dies vor allem Fußballtrikots, besonders des Nationalteams, Flip-Flops der Marke Havaianas und der Zuckerrohrschnaps Cachaça. Fußballtrikots findet man in allen besseren Sportgeschäften, Havaianas in den meisten Warenhäusern und Cachaça in jedem Supermarkt.

Jede Region bietet eigenes typisches Kunsthandwerk.

■ RIO DE JANEIRO

Am interessantesten sind in Rio wohl Strandbekleidung, Musik-CDs, Schmuck mit brasilianischen Edel- und Halbedelsteinen sowie Kunsthandwerk aus dem ganzen Land.

Rio Sul
Rua Lauro Müller 116, Botafogo,
Tel. 21/2122 8070
www.riosul.com.br
Einer der ältesten *shoppings* (Einkaufszentren) der Stadt.

Shopping Leblon
Av. Afrânio Melo Franco 290,
Leblon
Tel. 21/2430 5122
www.shoppingleblon.com.br
Größtes und glamourösestes
Einkaufszentrum in der Zona
Sul mit mehr als 200 stilvollen
Geschäften.

São Conrado Fashion Mall
Estrada da Gávea 899,
São Conrado
Tel. 21/2111 4444
www.fashionmall.com.br
Schick und elegant.

Brasil & Cia
Rua Maria Quitéria 27, Ipanema
Tel. 21/2267 4603
www.brasilecia.com.br
Angeboten werden originelle Dekorationsobjekte aus
Materialien wie Sisal, Ton, Stoff,
Pappmaschee und *capim dourado*,
dem „goldenem Gras" einer seltenen Pflanze im Amazonas-Staat
Tocantins.

Novo Desenho
Museu de Arte Moderno,
Av. Infante Dom Henrique 85,
Parque do Flamengo
Tel. 21/2524 2290
www.novodesnho.com.br
Der Designshop des Museu de
Arte Moderno präsentiert einige
schöne brasilianische Designerartikel. Mo geschl.

Bossa Nova & Companhia
Rua Duvivier 37, Copacabana
Tel. 21/2295 8096
www.bossanovaecompanhia.
com.br
Das im Beco das Garrafas, der
legendären Gasse, in der die Bossa
Nova entstand, versteckte Musikgeschäft ist eine echte Schatztruhe
für Samba-Fans.

Casa Oliveira de Música
Rua da Carioca 70, Centro
Tel. 21/2508 8539
www.casaoliveirademusica.com.br
Eine der letzten von vielen Musikhandlungen in der Rua da Carioca
lohnt einen Besuch vor allem für
Leute, die sich für brasilianische
Perkussions- und Saiteninstrumente interessieren.
So geschl.

Garapa Doida
Rua Carlos Góis 234, Loja F,
Leblon
Tel. 21/2274 8186
Rios erstes und einziges Geschäft
rein für Cachaça.
So geschl.

Livraria Argumento
Rua Dias Ferreira 417, Leblon
Tel. 21/2239 5294
www.livrariaargumento.com.br

Gemütliche Viertel-*livraria* (Buchhandlung), die den Bewohnern
von Leblon als zweites Zuhause
dient.

Livraria da Travessa
Rua Visconde de Pirajá 572,
Ipanema
Tel. 21/3205 9002
www.travessa.com.br
Diese ruhige, gut sortierte Buchhandlung hat mehrere Filialen
in der Stadt, aber diese hier in
Ipanema ist besonders nett und
hat dazu noch ein tolles Café.

Maracatu Brasil
Rua Ipiranga 49, Laranjeiras
Tel. 21/2557 4754
www.maracatubrasil.com.br
Diese Kombination aus Musikschule und Aufnahmestudio
verkauft sehr gute gebrauchte
und neue brasilianische Saiten-
und Perkussionsinstrumente.
So geschl.

■ DER SÜDOSTEN

MINAS GERAIS

BELO HORIZONTE

Centro de Arte Popular Mineira
Rua Rio de Janeiro 1046, Centro
Tel. 31/3214 5354
Kunstgewerbezentrum.
So geschl.

Centro de Artesanato Mineiro
Av. Afonso Pena 1537,
Palácio das Artes, Centro
Tel. 31/3274 9434
Kunstgewerbezentrum.
Sa & So nachm. geschl.

Feira Mineira de Arte e Artesanato
Av. Antônio Abrahão Caram 1001,
Pampulha
Tel. 31/3491 2798
www.feiramineira.com.br
Kunsthandwerksmarkt.
Geöffnet Do nachm. & So
8–18 Uhr.

Mercado Central
Av. Augusto de Lima 744, Centro
Tel. 31/3274 9434
www.mercadocentral.com.br
Auf dem Stadtmarkt sind lokale
Erzeugnisse und Kunsthandwerk
im Angebot.

SÃO PAULO

SÃO PAULO-STADT

Feira da Liberdade
Praça da Liberdade
Tel. 11/3208 5090
www.feiraliberdade.com.br
Kunsthandwerksmarkt am
Wochenende.

Feira da Praça Benedito Calixto
Praça Benedito Calixto 112,
Pinheiros
www.pracabeneditocalixto.com.br
Kunsthandwerksmarkt (siehe
S. 108)
Nur Sa geöffnet.

Havaianas
Rua Oscar Freire 1116,
Jardim Paulista
Tel. 11/3079 3415
br.havaianas.com
Geschäft für Flip-Flops.
So vorm. geschl.

Livraria da Vila
Alameda Lorena 1731,
Jardim Paulista
Tel. 11/3062 1063
www.livrariadavila.com.br
Buchhandlung.

Mercado Municipal de São Paulo
Rua da Cantareira 306, Centro
Tel. 11/3313 7456
www.mercadomunicipal.com.br
Stadtmarkt mit Lebensmittel- und
anderen Ständen.

Mercado das Flores
CEAGESP (Blumenmarkt)
Av. Doutor Gastão Vidigal 1946,
Vila Leopoldina
www.feiradeflores.com.br
Blumenmarkt (siehe S. 109).
Di & Fr geschl.

Rua 25 de Março
Rua 25 de Março, Centro
Freiluft-Einkaufszentrum.

■ DER SÜDEN

PARANÁ

CURITIBA

Feira do Largo da Ordem
Bet. Praça Garibaldi & Rua Barão
do Serro Azul São Francisco
www.feiralargodaordem.com.br
Traditioneller sonntäglicher
Kunstgewerbemarkt im Zen-
trum.

Feirinha Praça da Espanha
Praça Central do Batel, Batel
Samstäglicher Antiquitätenmarkt.

Mercado Municipal
Av. 7 de Setembro 1865, Centro
Tel. 41/3363 3764
www.mercadomunicipaldecuri
tiba.com.br
Lebensmittel- und Kunstgewerbemarkt.

RIO GRANDE DO SUL

GRAMADO

Chocolates Prawer
Av. das Hortências 4100, Gramado
Tel. 54/3286 1580
www.prawer.com.br
Kleiner Schokoladenhersteller.

PORTO ALEGRE

Brique da Redenção
Av. José Bonifácio, Parque Farrou-
pilha, Bom Fim
www.brinquedaredencao.com.br
Sonntäglicher Antiquitäten- und
Kunstgewerbemarkt im Park.

Mercado Público
Largo Jornalista Glênio Peres,
Centro
Tel. 51/3289 4800
www.mercadopublico.com.br
Gut für *chimarrão* und andere
regionale Produkte.
So geschl.

SANTA CATARINA

FLORIANÓPOLIS

Casa Açoriana
Rua Cônego Serpa 30, Santo
Antônio de Lisboa
Tel. 48/3235 1268
www.casaacoriana.com.br
Kunstgewerbeladen und Kunst-
galerie mit Café und Restaurant,
geprägt von der Kultur der
Einwanderer von den portugiesi-
schen Azoren.

Casa da Alfândega
Rua Conselheiro Mafra 141, Centro
Tel. 48/3028 8100
www.fcc.fc.gov.br/casadaalfandega
Kunsthandwerkszentrum.
So geschl.

■ SÜDWESTEN & PANTANAL

BUNDESDISTRIKT

BRASÍLIA

BSB Mix
Pontão do Lago Sul, SHIS Q1,
Cj. 10, Lago Sul
Tel. 61/3364 2761
www.bsbmix.com
Wochenendmarkt, u.a. mit Stän-
den für Mode.

**Feira de Artesanato da
Torre de TV**
Eixo Monumental Norte/Sul
Tel. 61/3226 6719
www.feiradatorredf.com.br
Kunstgewerbemarkt mit gutem
Straßenessen.
Mo–Mi geschl.

Feira Permanente do Guará
Área Especial do CAVF Guará II
Tel. 61/3382 2323
Traditioneller Kunstgewerbemarkt
mit gutem Straßenessen.
Mo–Mi geschl.

MATO GROSSO

CUIABÁ

Casa do Artesão
Rua 13 de Junho 315, Centro Norte
Tel. 65/3611 0500
Kunsthandwerkszentrum.
So geschl.

MATO GROSSO
DO SUL

BONITO

Bonito Feito a Mão
Rua Pilad Rebuá 1956, Centro
Tel. 67/3255 1950
Handgenähte Artikel wie Kissen
und Handtaschen mit Bildern im
Stil der Region.

CORUMBÁ

Casa de Massa Barro
Rua Cacimba de Saúde
Tel. 67/3231 0518
Tonwaren mit Bildern von Tieren
der Region und religiösen Figuren.
So geschl.

Cooperativa Vila Moinho
Rua Domingos Sahib 300,
Beira Rio
Tel. 67/3232 9981
Die Kooperative versammelt
mehr als drei Dutzend lokale
Künstler.
Sa & So geschl.

MIRANDA

**Centro Referencial da
Cultura Terena**
Trevo de Miranda
Tontöpfe, Tierskulpturen und
anderes von den Terena.

■ DER NORDOSTEN

ALAGOAS

UNIÃO DOS PALMARES

Atêlier Dona Irinéia
Zwischen Vale do Paraíba &
Mundaú, 3 km von União dos
Palmares
Tel. 82/9989 4575
Keramik aus lokaler Produktion.

BAHIA

SALVADOR

Feira de São Joaquim
Zwischen Cidade Baixa & Baía de
Todos os Santos & Av. Engenheiro
Oscar Pontes, Comércio
Straßenmarkt mit vielfältigem
Angebot.

Mercado Modelo
Praça Visconde de Cairu,
Comércio
Tel. 71/3241 2893
www.mercadomodelobahia.com.br
Touristisches Kunsthandwerks-
zentrum.

CEARÁ

FORTALEZA

Feira Noturna
Av. Beira-Mar, Praia do Meireles
Abendlicher Kunsthandwerks-
markt am Strand.

Mercado Central
Av. Alberto Nepomuceno 199,
Centro
Tel. 85/3454 8586
www.mercadocentraldefortaleza.
com.br

Markt mit Kunsthandwerk und
mehr.

MARANHÃO

SÃO LUÍS

Casa das Tulhas
Largo do Comércio, Rua da Estrela
184, Praia Grande
Markt mit sehr vielfältigem loka-
lem Angebot, z.B. Snacks, Maniok-
Cachaça und Kunsthandwerk.

PARAÍBA

JOÃO PESSOA

**Mercado de Artesanato
Paraibano**
Av. Senador Rui Carneiro 241
Brisamar
Tel. 83/3247 8288
www.mercadoartesanatopb.com.br
Kunstgewerbemarkt.

PERNAMBUCO

BEZERROS

Atêlier J. Borges
Av. Major Aprigio da Fonseca 420,
BR-232, Bezerros
Tel. 81/3728 0364 oder 8839 0373
Künstleratelier.

**Centro de Artesanato de
Pernambuco**
BR-232, KM 101
Tel. 81/3728 6650
Kunsthandwerkszentrum.
Mo geschl.

CARUARU

Feira de Caruaru
Av. Lourival José da Silva 592,
Petrópolis
Tel. 81/3721 3490
Durch ein Lied von Luiz Gonzaga
berühmt gewordener Markt.

LAGOA DO CARRO

Associação das Tapeceiras
PE-90, KM 8

Tel. 81/3621 8315
Die Stadt ist bekannt für ihre hausgemachten Produkte wie die Teppiche aus Schafswolle, die man in dieser Webervereinigung bekommt.

Centro de Produção Artesanal
Praça Costa Azevedo, Tracunhaém
Tel. 81/3646 1208
Tracunhaém ist für seine Keramik bekannt. Es können mehrere Werkstätten besucht werden. Das Centro de Produção Artesanal verkauft deren Produkte.

RECIFE

Centro de Artesanato de Pernambuco
Av. Alfredo Lisboa, Armazém 11, Recife Antigo
Tel. 81/3181 3450
Kunsthandwerkszentrum.

Mercado São José
Praça Dom Vital, São José
Tel. 81/3232 2319
Markt in einem Gebäude von 1875 mit Kunsthandwerk, *cordel* (populäre Volksliteratur) und Straßenessen.

PIAUÍ

SERRA DA CAPIVARA (SÃO RAIMUNDO NONATO)

Cerâmica Serra da Capivara
Rua Ângelo Acelino 682
Tel. 89/3582 1949
www.ceramicacapivara.com.br
Von den nahen archäologischen Funden inspirierte Keramik.

RIO GRANDE DO NORTE

NATAL

Alma Brasileira
Rua Senador Theotônia Vilela 4,

Ponta Negra
Tel. 84/3219 3174
Kunsthandwerkszentrum.
So geschl.

Associação das Labirinteiras de Campo de Santana
RN-063, KM 45, Nísia Floresta
Tel. 84/3277 8002
Hier kann man Frauen beim Stricken zuschauen und ihre Erzeugnisse kaufen. Termin telefonisch vereinbaren.

SERGIPE

ARACAJU

Centro de Arte e Cultura de Sergipe
Av. Santos Dumont, Praia de Atalaia
Tel. 79/3255 1413
www.ceramicacapivara.com.br
Kunsthandwerkszentrum.

■ AMAZONIEN

ACRE

RIO BRANCO

Casa do Artesão
Rua Coronel João Donato
Parque da Maternidade
Tel. 68/3223 0010
Kunsthandwerkszentrum.
So geschl.

Casa dos Povos da Floresta
Via Parque Setor B Aviário, Parque da Maternidade
Tel. 68/3227 6584
Indigenes Kunsthandwerk.
So geschl.

AMAZONAS

MANAUS

Ecoshop
Rua Dez de Julho 509, Centro
Tel. 92/3234 8870
www.ecoshop.com.br
Der Ecoshop verkauft nur in

Manaus hergestellte Waren.
So geschl.

Feira de Artesanato e Produtos do Amazonas
Av. Eduardo Ribeiro, Centro
Sonntäglicher Kunstgewerbemarkt mit Ständen mit lokalen Köstlichkeiten.

Mercado Municipal Adolfo Lisboa
Rua dos Barés 46, Centro
Tel. 92/3231 8441
Stadtmarkt mit Kunsthandwerk, Heilkräutern, Lebensmitteln und mehr.

SÃO GABRIEL DA CACHOEIRA

Wariró – Casa de Produtos Indígenas do Rio Negro
Av. 31 de Março, Centro
Tel. 97/3471 1450
www.foirn.org.br
Produkte der Völker der Umgebung.
Sa & So geschl.

PARÁ

BELÉM

Complexo Ver-o-Peso & Mercado Municipal de Carnes Francisco Bolonha
Blvd. Castilhos de França, Cidade Velha
Großer Fisch-, Lebensmittel- und Fleischmarkt, auch Kunsthandwerk ist hier erhältlich.
Mo geschl.

RORAIMA

BOA VISTA

Centro de Artesanato da Praça das Águas
Praça das Águas, Centro
Kunsthandwerk von verschiedenen indigenen Völkern der Region.

Outdoor-Aktivitäten

Außer Wintersport ist in Brasilien so gut wie jede Freizeitaktivität möglich. Für die verschiedenen Outdoor-Angebote gibt es ein paar wenige nationale oder bundesstaatliche Organisationen. Hier einige Anbieter, Vereinigungen und Organisationen, die für Reisende vielleicht von Nutzen sein können:

Abenteuer- & Öko-Tourismus

Die **Associação Brasileira das Empresas de Ecoturismo e Turísmo de Aventura** (Brasilianische Vereinigung von Öko-Tourismus- und Abenteuer-Tourismus-Anbietern, ABETA, *www.abeta.tur.br*) ist ein Zusammenschluss von kleinen Anbietern im ganzen Land. Die Website des Verbands ist nur auf Portugiesisch, aber man kann sich durch die Seiten der Anbieter klicken, von denen viele englische Versionen bieten.

Gemeindetourismus

Kleine, von örtlichen Gemeinden organisierte Tourismusprojekte sind auch in Brasilien auf dem Vormarsch. Leider gibt es keine nationale Vereinigung, die diese Gruppen repräsentiert. Die am besten organisierte Gemeinde-tourismus-Gruppe gibt es im nordöstlichen Staat Ceará, die **Rede Cearense de Turismo Comunitário** (*Tucum, www.tucum. org*). Die Organisation **Projeto Bagagem** (Gepäck-Projekt; *www. projetobagagem.org*) arbeitet mit mehreren Gruppen zusammen.

Klettern

Rio ist ein Paradies für Kletterer, nicht nur wegen der rund tausend Kletterrouten in der Stadt, den meisten aller Städte weltweit, sondern auch wegen der atemberaubenden Landschaft, in der die Routen liegen, mit dem Zuckerhut, Corcovado und Morro Dois Irmãos. Klettertrips und Unterricht für Anfänger bieten z.B.:

Climb in Rio (*Tel. 21/2557 7299, www.climbinrio.com*) und **Companhia da Escalada** (*Tel. 21/2567 7105, www.companhiadaescalada. com.br*).

Ländlicher Tourismus

Das **Instituto de Desenvolvi-mento do Turismo Rural** (Institut für die Entwicklung des ländlichen Tourismus; *www.turismorural.org. br*) fördert den ländlichen Touris-mus in Brasilien.

Radfahren

Der **Clube de Cicloturismo do Brasil** (Brasilianischer Fahrradclub; *www.clubedecicloturismo.com.br*) ist eine nationale Vereinigung von Fahrradfreunden.

Surfen

Surfrider Foundation Brasil (*www.surfrider.org.br*): In Brasilien gibt es einen Ableger dieser in Kalifornien ansässigen internati-onalen Küstenschutzgruppe, die sich aus Surfern zusammensetzt.

Tauchen

Die Küste Brasiliens bietet gute Tauchmöglichkeiten. Die **Pro-fessional Association of Diving Instructors** (PADI; *www.padi.com/ brasil/list.asp*) hat Mitglieder in Brasilien.

Vogelbeobachtung

Avistar (*www.avistarbrasil.com.br*): Diese Gruppe organisiert jedes Jahr im Mai in São Paulo eine Ornithologen-Konferenz. Die beste Quelle in Sachen Vogelbeobachtung auf nationa-ler Ebene.

REGISTER

Fett gedruckte Seitenzahlen verweisen
auf Abbildungen, GROSSBUCHSTABEN
auf Themenbereiche; NP steht für
Nationalpark.

BILDNACHWEIS

Copyright © der Originalausgabe: National Geographic Society,
Washington, D.C. 2014

Deutsche Ausgabe veröffentlicht von NATIONAL GEOGRAPHIC
DEUTSCHLAND (G+J/RBA GmbH & Co KG), Hamburg 2014
1. Auflage, Hamburg 2014

Übersetzung: Katharina Grimm, Maria Meinel, Gunter Mühl
Lektorat: Gudrun Raether-Klünker
Gesamtproducing: Bintang Buchservice GmbH, www.bintang-berlin.de
Druck und Verarbeitung: Firmengruppe APPL, aprinta druck GmbH, Wemding

Printed in Germany
ISBN 978-3-95559-036-9

Titel der amerikanischen Originalausgabe:
National Geographic Traveler Brazil

Die National Geographic Society, eine der größten gemeinnützigen
wissenschaftlichen Vereinigungen der Welt, wurde 1888 gegründet,
um »die geographischen Kenntnisse zu mehren und zu verbreiten«.
Sie unterstützt die Erforschung und Erhaltung von Lebensräumen
sowie Forschungs- und Bildungsprogramme. Ihre weltweit mehr
als neun Millionen Mitglieder erhalten monatlich das NATIONAL
GEOGRAPHIC-Magazin, in dem die besten Fotografen der Welt
berichten. Ihr Ziel: *inspiring people to care about the planet,* Menschen
zu inspirieren, sich für ihren Planeten einzusetzen.

Die National Geographic Society informiert nicht nur durch das
Magazin, sondern auch durch Bücher, Fernsehprogramme und DVDs.

Falls Sie mehr über NATIONAL GEOGRAPHIC wissen wollen, besuchen
Sie unsere Website unter www.nationalgeographic.de

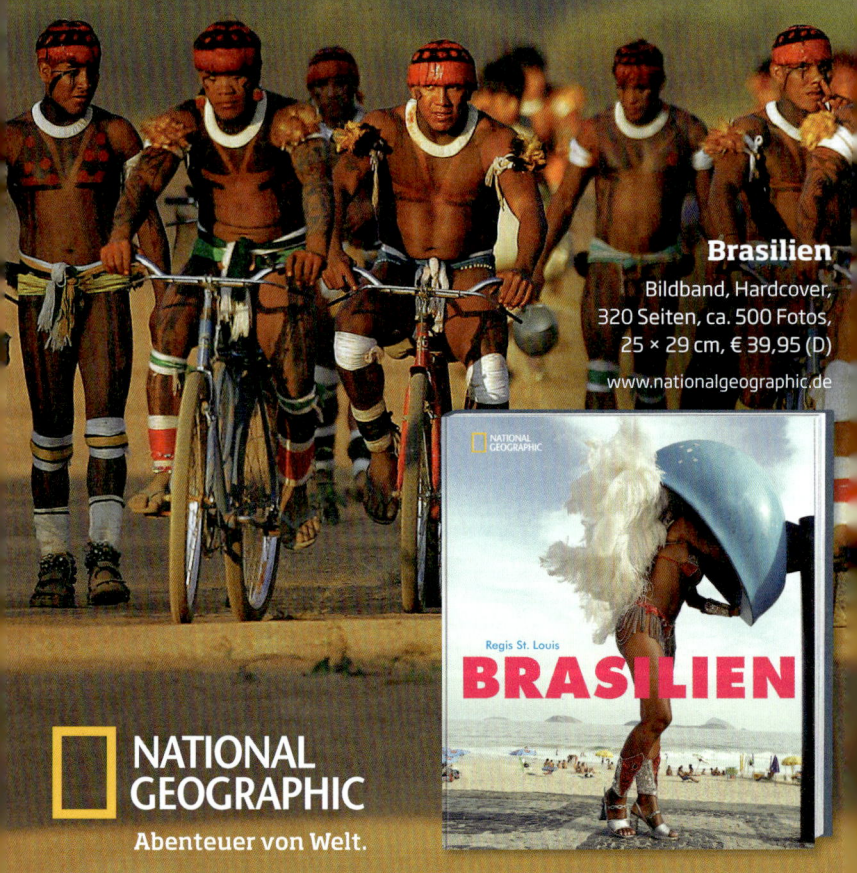